Über dieses Buch

Anna Michailovna Pankratovas Studie über den Aufbau des Fabrikräte-Systems in Rußland ist 1923 in Moskau erschienen. Sie kam bald auf die schwarze Liste und ist bis heute in keinem Ostblockland mehr veröffentlicht worden. Die vorliegende Ausgabe ist die erste in deutscher Sprache. Pankratovas Buch ist eine der wichtigsten Quellen zu den Organisationsformen der russischen Arbeiterbewegung und wirft ein ganz neues Licht auf die Rolle des Proletariats und seiner Räte in der Oktoberrevolution und im Übergang zum Sozialismus.

Die Autorin beschäftigt sich ausführlich mit der Vorgeschichte der Fabrikkomitees, also der Herausbildung spezifischer Organisationsformen und Funktionen seit Entstehen des russischen Fabrik-Industrie-Systems. Die Besonderheiten des Formwechsels in diesem System von der feudalen zur kapitalistischen Ausbeutung haben eine entscheidende Bedeutung für die Bestimmung des Klassenbewußtseins des russischen Proletariats.

Der dokumentarische Wert des Buches tritt dann vor allem in der Beschreibung des Revolutionierungsprozesses der Fabrikkomitees vor der Oktoberrevolution und deren qualitativ neuer Rolle im Übergang zur Ökonomik des sog. ›Kriegskommunismus‹ bzw. später der Neuen Ökonomischen Politik hervor.

In einem Anhang sind die wichtigsten Gesetze, Instruktionen für und über die Fabrikkomitees, die Arbeiterkontrolle, die Verschmelzung mit den Gewerkschaften und die Produktionsorganisation dokumentiert.

Arbeiterbewegung —
Theorie und Geschichte

Herausgeber:
Claudio Pozzoli

Redaktion:
Klaus Kamberger

In der Reihe ›Arbeiterbewegung — Theorie und Geschichte‹ erscheinen Jahrbücher und Einzelausgaben.

Die *Jahrbücher* sind jeweils Schwerpunktthemen aus der Theorie und Geschichte des Sozialismus und der Arbeiterbewegung gewidmet; sie enthalten außerdem Einzelaufsätze, Dokumente, Interviews, Kommentare, Bibliographien, Rezensionen und Hinweise (nähere Erläuterungen siehe ›Editorische Vorbemerkung‹ im ›Jahrbuch 1‹).

Die *Einzelausgaben* ergänzen und erweitern die Reihe um Textsammlungen, Dokumentationen und Abhandlungen.

A. M. Pankratova

Fabrikräte in Rußland

Der Kampf um die sozialistische Fabrik
Unter der Redaktion von N. M. Pokrovskij

Eingeleitet
und für die deutsche Ausgabe eingerichtet
von Hartmut Mehringer

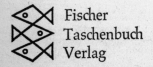

Fischer
Taschenbuch
Verlag

Deutsche Erstausgabe
Fischer Taschenbuch Verlag
März 1976

Umschlagentwurf: Jan Buchholz / Reni Hinsch
Titel der Originalausgabe:
Fabzavkomy Rossii v bor'be za socialističeskuju fabriku
Erschienen bei:
Izdatel'stvo »Krasnaja Nov'«, Glavpolitprosvet, Moskva 1923

Aus dem Russischen übersetzt von Karl Schlögel

Fischer Taschenbuch Verlag GmbH, Frankfurt am Main
© Fischer Taschenbuch Verlag GmbH, Frankfurt am Main 1975
Gesamtherstellung: Hanseatische Druckanstalt GmbH, Hamburg
Printed in Germany
1180-ISBN 3 436 01867 8

Inhaltsverzeichnis

Einleitung von Hartmut Mehringer ... 9

Vorwort ... 33

I Einführung

Entstehung und Entwicklung des Kampfes für eine Fabrikverfassung ... 35

II Die Fabrikverfassung in Rußland bis zur Revolution im Jahre 1917 ... 49

Erstes Kapitel: Der Kampf zwischen Arbeit und Kapital in der leibeigenschaftlichen Fabrik ... 49

Zweites Kapitel: Die kapitalistische Fabrik nach der Reform von 1861 und die Entwicklung des Kampfes um das Mitspracherecht der Arbeiter ... 62

Drittes Kapitel: Die »Polizeifabrik« und das Anwachsen des Klassenkampfes der Arbeiter ... 75

Viertes Kapitel: Die bürgerlich-kapitalistische Fabrik und der Kampf um eine Fabrikverfassung ... 95

Fünftes Kapitel: Die »imperialistische Fabrik« und der »kriegsindustrielle Sozialismus« ... 140

III Die Fabrikkomitees in Rußland in der Epoche der Revolution 1917–1918 ... 165

Erstes Kapitel: Die »konstitutionelle Fabrik« in der Periode der Februarrevolution ... 165

Zweites Kapitel: Im Kampf um die sozialistische Fabrik ... 209

Drittes Kapitel: Die Fabrikkomitees in der Epoche der Diktatur des Proletariats und ihre Rolle bei der Errichtung der sozialistischen Fabrik 239

IV Anhang 271

I. Regierungsakte zu den Fabrikkomitees 271

II. Statuten der Fabrikkomitees 277

III. Die Durchführung der Kontrolle 302

IV. Eine Instruktion, die in der Provinz selbständig ausgearbeitet wurde 306

V. Verordnung über die Leitung der nationalisierten Unternehmen 311

Anmerkungen 317

Einleitung

1. Eigenart und Problematik der Arbeit

Pankratovas Arbeit über die Fabrikkomitees verdient aus einer Reihe von Gründen besonderes Interesse. Gerade in den letzten 10 Jahren ist eine umfangreiche historiographische Literatur zur russischen Revolution von 1917 und ihrer Vorgeschichte entstanden; ursprünglich aus dem Interesse motiviert, das die Politik des Kalten Krieges an einer Förderung der sogenannten Osteuropa-Geschichte hatte, um sich aus der Erforschung der russischen Revolution und ihrer Hintergründe ihre Legitimationsideologien »wissenschaftlich« bestätigen zu lassen, entwickelte sich nach dem Durchlaufen der Stufe der Bochensky, Wetter etc. eine breite historische Forschungs- und Publikationstätigkeit, die den ursprünglich gesetzten ideologischen Rahmen sprengte und immer kritischere, vor allem aber äußerst materialreiche und detaillierte Ergebnisse hervorbrachte, welche in der — im Verlauf der Studentenrevolte kulminierenden — Veränderung des ideologischen Gesamtklimas im intellektuellen Bereich auch ein wesentlich breiteres und »fachidiotische« Grenzen sprengendes Interesse fanden.

Aber auch diese breite Literatur blieb zunächst zumeist an dem historiographischen Grundproblem hängen, das fast ausnahmslos die gesamte sowjetische Geschichtsschreibung und die historiographisch-ideologischen Auseinandersetzungen der marxistischen und nichtmarxistischen Linken seit 1917 kennzeichnet: Aufgrund der Tatsache, daß die Oktoberrevolution, als Revolution der Bol'ševiki etikettiert, siegreich blieb und die bolschewistische Partei sich durchsetzte — mit all den ungeheuren historischen Implikationen, die das bis heute hat — wirkt der Oktober 1917 historiographisch gesehen wie ein riesenhafter retrospektiver Zerrspiegel, der die Rolle der sich schließlich durchsetzenden Fraktion der revolutionären russischen Bewegung a priori ins Überdimensionale vergrößert und die anderen Gruppierungen, Fraktionen und Organisationen letztlich zu bloßen Hindernissen auf dem Weg der siegreichen Durchsetzung der »richtigen« Politik und ihrer fraktionellen Träger in einem als linear begriffenen Prozeß reduziert — und zwar gleichgültig, von welcher ideologischen Pro- oder Kontra-Position aus eine historiographische Arbeit jeweils ausging. Eine ähnliche Verzerrung ergibt sich aber nicht nur gegenüber den anderen Gruppierungen der russischen revolutionären Bewegung, sondern auch gegenüber der breiten Masse der russischen Bevölkerung während, vor und nach der Oktoberrevolution, die letztlich immer nur als Anhängsel dieser und jener Organisation gesehen wurde, welche sich auf die Massen berief und in ihrem Namen zu handeln behauptete; abgesehen von statistischen Angaben und memoirenhaften Ereignisschilderungen über das Verhalten einzelner Arbeiter, Bauern oder Rotarmisten an bestimmten revolutionären Kulminationspunkten blieb ihre Geschichte von der »offiziellen« und in Parteitagsprotokollen und Zentralorgan-Artikeln belegbaren Parteiengeschichte überdeckt.

Pankratovas Arbeit stellt zumindest von ihrem Ansatz her einen Beitrag zu der realen Geschichte dieser gesellschaftlichen Bewegung dar, die jenseits oder vielmehr in einem ganz elementaren Sinn unterhalb jener »offiziellen« Organisations- und Institutionengeschichte verlief und nicht nur — wie diese — cum grano salis die über der Wasseroberfläche sichtbare Spitze des Eisbergs zum Gegenstand hat. Aus dieser Sachlage ergeben sich sowohl das besondere Interesse, das diese Arbeit verdient, als auch spezifische Verständnisschwierigkeiten für den heutigen westeuropäischen Leser. Auf der einen Seite setzt Pankratova, um im Bilde zu bleiben, sozusagen »unter der Wasseroberfläche« an und versucht, konkret die Situation in den Fabriken, die Entwicklung der Fabrikkämpfe und der — meist präventiven — Kampfmaßnahmen von Unternehmerorganisationen und Regierung und Geheimpolizei gegen die Fabrikbewegung zu beschreiben; das bringt es jedoch auf der anderen Seite notwendig mit sich, daß der Leser über ein gewisses Maß an Vorinformationen verfügen muß, um die Berichte der Autorin in einen größeren historischen Gesamtzusammenhang einordnen zu können.

Verstärkt wird dieses Problem noch dadurch, daß die Arbeit zu Beginn der 20er Jahre geschrieben und 1922 vollendet wurde, in einer Zeit also, in der sich in breiten Schichten der russischen Bevölkerung der Enthusiasmus der siegreichen Revolution trotz aller unmittelbaren materiellen Schwierigkeiten in ein außerordentlich starkes historisches Interesse für die Geschichte und Vorgeschichte der Oktoberrevolution umsetzte und ganz allgemein ein breites historisches Bewußtsein vorhanden war. Ein Buch wie das vorliegende wurzelt in der engen Vertrautheit und der unmittelbaren Betroffenheit durch die Vergangenheit, die für den heutigen Leser natürlich nicht mehr gegeben sind. Diese Kluft kann eine Einleitung in keiner Weise ohne weiteres überbrücken; dennoch muß versucht werden, die vorliegende Arbeit in einen konkreteren historischen Rahmen zu stellen und die Grundzüge und Besonderheiten der politischen, ökonomischen und ideologischen Entwicklung Rußlands im entsprechenden Zeitraum aufzuzeigen.

2. Zur Person Pankratovas

Anna Michajlovna Pankratova wurde am 28. 1. / 9. 2. 1897 in Odessa geboren. 1917 schloß sie ihre Studien an der Universität von Odessa ab, trat 1919 in die Partei ein und arbeitete seit 1921/22 am Institut der Roten Professur[1]; dieses Institut wurde am 16. Februar 1921 zur Ausbildung der künftigen sowjetrussischen Hochschullehrer für Gesellschaftswissenschaften gegründet. 1925 schloß sie ihre Ausbildung an der Historischen Abteilung dieses Instituts ab und wurde an die Moskauer Universität berufen. Sie arbeitete weiterhin vor allem auf dem Gebiet der Geschichte der russischen Arbeiterklasse und verfaßte im Verlauf ihrer lebenslangen Tätigkeit rund 200 historische Arbeiten. Politisch wurde sie zunächst im Rahmen der Sowjethierarchie aktiv. Auf dem XIX. Parteikongreß 1952 wurde sie schließlich ins ZK der KPR gewählt, von 1953 an bis zu ihrem Tode am 25. Mai 1957 war sie verantwortlicher Redakteur der historischen Zeitung »Voprosy istorii« (Historische Fragen).

Die vorliegende Arbeit scheint eine Art Zulassungsarbeit für das Institut der Roten Professur gewesen zu sein.

3. Die Besonderheiten der industriellen Entwicklung Rußlands

Das Einsetzen der industriellen Entwicklung vollzog sich in Rußland nicht nach westeuropäischem Muster, d. h. im Rahmen und als Entwicklungsbedingung der bürgerlichen Klasse und ihrer zuerst eintretenden ökonomischen Vorherrschaft und anschließend erfolgenden politischen Machtübernahme bzw. Durchsetzung. Die spezifischen Bedingungen Rußlands — überstarke Machtkonzentration in den Händen der zaristischen Autokratie, deren Existenzbedingung eine ständisch gegliederte Agrargesellschaft war, starke Privilegierung des Adels auf Kosten der immer stärker ausgepreßten unfreien Bauernschaft[2], die infolgedessen keine Basis für einen entwicklungsfähigen inneren Konsum- und Produktionsgütermarkt bilden konnte, das fast völlige Fehlen von Handels- und Gewerbestädten westeuropäischen Musters[3], Faktoren also, die in einem engen wechselseitigen Begründungszusammenhang stehen — hatten der Entwicklung einer bürgerlichen Klasse und ihrer kapitalistisch-industriellen Wirtschaftsform keinen Raum geboten und Rußland zunächst von der in Westeuropa einsetzenden industriellen Revolution ausgeschlossen und unberührt gelassen. Schon unter Peter I., der bewußt Industrien aus Westeuropa nach Rußland zu verpflanzen suchte und ausländische Spezialisten ins Land holte, war der Staat der eigentliche Promotor rudimentärer Manufaktur-Industrialisierung und gleichzeitig ihr wesentlicher Abnehmer gewesen, da es sich bei diesen ins Land geholten Betrieben nahezu ausschließlich um Unternehmen handelte, die Rüstungsgüter für die russischen Armeen produzierten.[4] Der ständig zunehmende technologische Abstand zu Westeuropa war jedoch aufgrund verschiedenster Faktoren bis zu den Befreiungskriegen noch nicht deutlich sichtbar geworden; eklatant trat er erst im Krimkrieg (1853–1856) hervor. Die Niederlage zeigte, daß Rußland als militärisch-politische Größe im politischen und wirtschaftlichen Konkurrenzkampf der übrigen europäischen Staaten, vor allem der vier Großmächte, mit seinen damaligen ökonomisch-technologischen Voraussetzungen nicht mehr mithalten konnte. Die Notwendigkeit, zumindest militärisch wieder auf die Ebene der westeuropäischen Großmächte zu gelangen, sowie die Bildung eines kapitalistischen Weltmarktes, auf dem Rußland als reiner Rohstofflieferant nur reagierender, nicht jedoch agierender Faktor sein konnte, was wiederum die inneren sozioökonomischen Schwierigkeiten verstärkte, zwangen die Autokratie, sich auf irgendeine Weise dem von den westeuropäischen Großmächten und bald auch den USA und noch später Japan diktierten kapitalistischen Standard anzupassen.

Die Konsequenz war die 1861 erfolgende Aufhebung der bäuerlichen Leibeigenschaft. Sie wurde jedoch nur sehr halbherzig durchgeführt – und zwar sowohl aufgrund der spezifischen Widersprüche, die sich in Rußland ergaben, als auch vor allem aus dem Bemühen der Autokratie, die Position des Adels, dessen Einkünfte fast ausschließlich auf den von Leibeigenen bewirtschafteten Landgütern bzw. in geringerem Maße den Possessionsfabriken beruhten, nicht grundlegend zu schwächen. Die Bauern blieben de facto weiterhin an die Scholle gebunden und mußten das Land, das sie auf eigene Rechnung bewirtschaften wollten, in einem komplizierten, langwierigen und kostspieligen System von den Grundherren erwerben – mit einem Wort, grundsätzlich wurde die Bauernbefreiung ohne ihr notwendiges Korrelat durchgeführt, nämlich eine grundlegende Bodenreform, die die Entwicklung einer ökonomisch tragfähigen und sich rasch kapitalisierenden Landwirtschaft und damit die Bildung eines inneren Marktes erst ermöglicht hätte. Immerhin hatte das zur Folge, daß durch die verstärkt einsetzende illegale wie legale Abwanderung der Bauern in die Städte sich ein Potential »freier« Arbeitskraft bildete, das für den Aufbau großer Industriebetriebe unabdingbare Voraussetzung war.[5]

In der Bauernbefreiung verwickelte sich die Autokratie erneut in den Grundwiderspruch ihrer eigenen Existenz: Da sie ihrer eigenen Selbsterhaltung wegen, wollte sie nicht ihre politische Alleinherrschaft aufgeben, genötigt war, eine »uneuropäische« Gesellschafts- und Wirtschaftsform aufrechtzuerhalten, die eine »organische« Entwicklung der ursprünglichen Kapitalakkumulation und der Industrialisierung in Rußland weiterhin unmöglich machte, mußte sie selbst die Rolle des Motors und eigentlichen Schrittmachers der kapitalistischen Entwicklung in Rußland übernehmen, d. h. einer ökonomisch unentwickelten, agrarisch bestimmten Gesellschaft ohne die erforderlichen sozioökonomischen Grundlagen die Industrie sozusagen künstlich aufpropfen, um ihre außenpolitisch-militärische Abhängigkeit abbauen und der wachsenden inneren Schwierigkeiten, die sich auch und gerade aus dieser Abhängigkeit ständig neu ergaben, Herr werden zu können; sie mußte gewissermaßen die Rolle eines Gesamtkapitalisten übernehmen, und so ergab sich das historische Paradoxon, daß die Autokratie in der Absicht, ihre äußere Abhängigkeit zu beseitigen, sie im Gegenteil sogar noch weiter verschärfte, indem sie nämlich, um die industrielle Entwicklung voranzutreiben, auf die Kapitalien der europäischen Börsen zurückgriff — innere Kapitalien fehlten ebenso wie nach wie vor ein tragfähiger innerer Markt — und sich mit Anleihen immer mehr verschuldete; gleichzeitig mußte sie, um darüber hinaus private Auslandsinvestitionen ins Land zu locken, ausländischen Unternehmern ungeheure Steuerprivilegien einräumen. So zeigt sich in Rußland das merkwürdige Faktum, daß eine autokratische Herrschaftsform ihre einzige Überlebenschance darin sah, sozusagen »künstlich« eine Entwicklung einzuleiten, die mit ihrem Weiterbestehen letztlich unvereinbar war.

Neben ausländischen Kapitalien mittels Staatsanleihen holte die Autokratie, wie bereits erwähnt, vor allem ausländische Bank- und Industrieunternehmen nach Rußland; dies lief erneut einer — in westeuropäischem Sinn — »organischen« kapitalistischen Entwicklung in nationalem Rahmen zuwider, da es eine agrarisch bestimmte Primitivwirtschaft nicht mit den einfachen Anfangsformen industrieller Entwicklung konfrontierte, sondern unmittelbar mit ihren damals modernsten und am höchsten entwickelten Formen.[6] Die sofort einsetzende Großproduktion begünstigte zwar die rasche Entwicklung des Fabrikproletariats zu einer politisch tragfähigen, wenn auch in relativ wenigen industriellen Zentren vereinigten Schicht, verhinderte aber andererseits die Bildung einer ökonomisch starken und politisch relevanten, breiten bürgerlichen Klasse, da die kapitalistischen Unternehmungen sich a priori auf eine sehr kleine, monopolistisch strukturierte Schicht von Großkapitalisten beschränkten. Die vorhandenen bürgerlichen Kräfte sahen sich auf Proletariat und Bauerntum als notwendige und einzig mögliche Verbündete in ihrem Kampf um »bürgerliche« Befreiung verwiesen.

4. Der Aufschwung der Produktion durch die »freie« Lohnarbeit und die Entwicklung der Arbeiterkämpfe

Nach der Bauernbefreiung von 1861 »setzt in Rußland eine neue Periode der ökonomischen Entwicklung ein, die gekennzeichnet ist durch rasche Anhäufung ›freier‹ Arbeit, fieberhaften Ausbau des

Eisenbahnnetzes, Errichtung von Häfen, unaufhörlichen Zustrom ausländischen Kapitals, Europäisierung der industriellen Technik, Verbilligung und Erleichterung des Kredits, Anwachsen der Zahl der Aktiengesellschaften, Einführung der Goldwährung, tollsten Protektionismus und lawinenartige Vermehrung der Staatsschuld. [...] indem das europäische Kapital die große Industrie schuf und den Bauern proletarisierte, untergrub es automatisch die Grundpfeiler der asiatisch-moskowitischen Urständigkeit«.[7] Die Zahl der Betriebe stieg von etwa 10 000 im Jahr 1861 auf über 40 000 um die Jahrhundertwende, die Zahl der Arbeiter von rund 500 000 auf etwa 2 Millionen.

Dieser industrielle Aufschwung, auf den allerdings Ende der 90er Jahre eine Depression folgte, setzte sich gleichzeitig um in eine bis zur Revolution von 1905 ständig ansteigende Flut von Arbeiterkämpfen, die unter den spezifischen Herrschaftsbedingungen in Rußland und ohne das organisierende wie kanalisierende Wirken von Gewerkschaften einen elementareren, heftigeren Charakter hatten als der Großteil der Kämpfe in Westeuropa.

Neben einem bis 1897 übermäßig langen und harten Arbeitstag waren die Arbeiter einem ausgeklügelten Geldstrafensystem ausgesetzt, das die Unternehmer letztlich nach eigenem Ermessen als Lohnkürzungsinstrument einsetzen konnten. Der eingesparte Lohn floß zunächst unmittelbar in die Taschen der Unternehmer; ab 1886 mußte er zwar formal in eine Art Sozialfonds abgegeben werden, den Unternehmern blieb aber genügend Spielraum für betrügerische Manipulationen. Ein weiteres Problem, an dem sich der Widerstand der Arbeiter besonders entzündete, war die Abnahme der Stückproduktion durch den Unternehmer bzw. seine Verwalter, die – für die Arbeiter völlig unkontrollierbar – Produkte als Ausschuß klassifizieren und den Arbeitern den entsprechenden Stücklohn verweigern bzw. sogar noch angeblich verschwendetes Material in Abzug bringen konnten. Die Forderungen der Arbeiter in dieser Zeit zielen immer wieder auf diese drei zentralen Punkte des damaligen russischen Fabriksystems ab, und die Forderung nach Fabrikältesten – oder, wie wir heute sagen würden, Vertrauensleuten – entwickelte sich gerade aus dem Bestreben, die Abnahme der Produkte nicht völlig der Unternehmerwillkür zu überlassen.[8]

Der Petersburger Generalstreik der Spinner und Weber von 1896 – 40 000 Arbeiter traten in den Ausstand und streikten geschlossen über einen Monat lang – war der erste einer großen Reihe von Massenstreiks, die in der Folgezeit in immer kürzeren Abständen bis 1905 das russische Imperium erschütterten. Es folgten der Eisenbahnerstreik in Moskau im Sommer 1896, 1897 ein erneuter Streik der Petersburger Textilarbeiter, gefolgt von mehreren Streiks in anderen Industriegebieten, die im Juni 1897 zur ersten gesetzlichen

Festlegung der Höchstdauer des Arbeitstages auf elfeinhalb Stunden führten.[9] Der erneute Streik Petersburger Textilarbeiter Ende 1898 wurde vom Militär blutig niedergeworfen. Die Zentren der Streikbewegungen lagen hier und in der Folgezeit neben Petersburg und Moskau immer wieder in den polnischen und baltischen Provinzen sowie vor allem in der Bergbau- und Hüttenindustrie im Donecbecken und im Ural sowie im kaukasischen Erdölgebiet.

Das neue Jahrhundert begann mit einer starken industriellen Depression und einer allgemeinen Industrie- und Handelskrise. Vorübergehende Massenarbeitslosigkeit und die Versuche der Regierung, vor allem im Kaukasus die Arbeitslosen per Schub an ihre jeweiligen Herkunftsorte zu transportieren, lösten erneut eine Welle von Massenstreiks aus. Ende 1902 kam es zu dem berühmten Generalstreik in Rostov am Don[10], dessen Niederschlagung durch Truppen zur Folge hatte, daß im Frühjahr 1903 der ganze Süden Rußlands in Flammen stand; vor allem in Odessa kam es zu ausgedehnten Kämpfen.[11] 1904 kam es zu einem erneuten großen Generalstreik in Odessa, und Ende 1904 begann — wiederum zunächst unter der Flagge des Zubatovschen »legalen« Arbeitervereins — der große Ausstand in Petersburg, der mit dem Blutsonntag (9./22. Januar 1905) den Beginn der russischen Revolution von 1905 darstellt.

Wir haben in dieser Aufzählung nur besonders markante Punkte der allgemeinen Streikbewegung der russischen Arbeiter in diesen Jahren herausgegriffen, die natürlich von einer großen Welle kleinerer und größerer Kämpfe und Streikaktionen in allen Industriegebieten Rußlands begleitet und umrahmt waren. Die zaristische Regierung stand hier im Kräftefeld zwischen Arbeit und Kapital in einem ständigen Widerspruch. Auf der einen Seite mußte sie bestrebt sein, die Arbeiter um jeden Preis von einer politischen Stoßrichtung ihres Kampfes, nämlich vom Kampf gegen die Selbstherrschaft, abzubringen; zu diesem Zweck nahm sie ökonomische Kämpfe in Kauf und förderte sie in einzelnen Fällen sogar über die Zubatovschen Arbeitervereine, die durchaus auch harte ökonomische Kämpfe durchführten, welche zu deutlichen Lohnerhöhungen führten. Auf der anderen Seite war die zaristische Regierung, wie weiter oben bereits aufgeführt, in viel stärkerem Maße als in den westeuropäischen Staaten eine Art Gesamtkapitalist, der mittels einer starken Reglementierung des industriellen Lebens das von den einzelnen Kapitalisten gewünschte sogenannte »freie Spiel der Kräfte« beschränkte und einengte.

Gerade auch aufgrund dieses Widerspruchs war die politische Starre in Rußland um die Jahrhundertwende ganz allgemein in Bewegung geraten. 1901 kam es in den russischen Universitätsstädten zu einer regelrechten Studentenrevolte mit schweren Straßenschlachten zwischen Polizeikräften und demonstrierenden Studenten.[12] Die bürgerlichen und die liberalen adeligen Oppositionskräfte versuchten, sich über die Zemstvos[13] zu organisieren und zu einer eigenständigen politischen Kraft zu werden. Neben den Streikbewegungen der Arbeiter her lief — meist ohne Berührungspunkte — ein Strom lokal begrenzter Bauernunruhen, und auch die Autonomiebestrebungen der nichtrussischen Völkerschaften von den Polen bis zu den kaukasischen Völkern traten immer deutlicher hervor.

Der Ausbruch des Kriegs gegen Japan Anfang 1904 verschüttete diese Widersprüche und Bewegungen zunächst unter einer Welle von großrussischem Chauvinismus; dieser äußerte sich in so grotesken Formen wie in den öffentlich angestellten Überlegungen der russischen Oberkommandierenden, ob ein russischer Soldat zwei oder nur anderthalb der »gelben Affen« der japanischen Armee aufwiege.[14] Die rasch aufeinanderfolgenden und in Rußland als äußerst schmählich empfundenen Niederlagen gegen die Japaner gipfelten im fast völligen Verlust der russischen Ostseeflotte im Mai 1905, die, um an den Kriegsschauplatz zu gelangen, die halbe Welt umsegelt hatte, und in der schließlichen Kapitulation von Port Arthur am 2./15. Juni 1905. Sie schufen die letzten noch notwendigen Voraussetzungen für den revolutionären Sturm, der im Januar 1905 losbrach und in den »Oktobertagen« des Jahres 1905 seinen Kulminationspunkt erreichen sollte.

5. Die Revolution von 1905–1907

Der riesenhafte Generalstreik, der in Petersburg Anfang Januar 1905 ausbrach, hatte den »legalen« Zubatovschen Arbeiterverein[15], an dessen Spitze der Pope und agent provocateur Gapon stand, nolens volens zu einer Art organisierendem Zentrum gemacht. Am 9./22. Januar 1905 zog eine riesige Demonstration — oder vielmehr eine Bittprozession mit Ikonen und Zarenbildern — mit Gapon an der Spitze vor das Winterpalais, um »Väterchen Zar« anzuflehen, seine Aufmerksamkeit auf die Not der Arbeiter zu richten. Die verantwortlichen Autoritäten reagierten hilflos-brutal: Sie ließen die Massen durch Elitetruppen zusammenschießen. Der »Blutsonntag« forderte eine niemals genau festgestellte Zahl von Opfern, die aber mit Sicherheit in die Hunderte gingen. Die sofortige Antwort auf den »Blutsonntag« waren Streiks und Demonstrationen in fast allen Städten und Industriegebieten Rußlands, und die Zahl der Streikenden war in den ersten beiden Monaten des Jahres 1905 größer als in den zehn vorausgegangenen Jahren insgesamt.[16] Der Entrüstungssturm in ganz Rußland trieb auch die bürgerliche Intelligenz und die Zemstvos und Selbstverwaltungskörperschaften der Städte zu radikaler Kritik: Es formierten sich berufsständische und politische Organisationen der bürgerlichen Intelligenz und des liberalen Adels, die auf Konstitution und größere bürgerliche Freiheiten drängten. Im Frühjahr 1905 setzten zahlreiche Bauernaufstände ein, die im Herbst 1905, nach Einbringen der Ernte, ihren Höhepunkt erreichten, und die Streiks vor allem der Eisenbahner, die natürlich eine Schlüsselposition innehatten, rissen nicht ab.

Mit dem 9./22. Januar hatte die Regierung letztlich die Kontrolle über die innenpolitische Entwicklung und die sich in mehreren aufeinanderfolgenden Wellen ausbreitende revolutionäre Bewegung verloren. Auch ihr Versuch, unmittelbar nach dem Blutsonntag durch Schaffung einer Kommission unter dem Senator Šidlovskij zwecks »Feststellung der Ursachen der Unzufriedenheit der Petersburger Fabrikarbeiter und Ausarbeitung von Vorschlägen für Maßnahmen zu ihrer Beseitigung«[17] die Arbeiter zu beruhigen, brachte nichts ein: An dieser Kommission sollten auch gewählte Arbeitervertreter teilnehmen, die in einem komplizierten Wahlverfahren aus der in Berufs- und Wahlgruppen eingeteilten Arbeiterschaft ermittelt werden sollten; ironischerweise schuf die Regierung damit selbst letztlich die organisatorischen Voraussetzungen für die Entstehung des Petersburger Arbeiterdeputiertenrats und trug trotz — oder vielmehr gerade wegen — des kläglichen Scheiterns des Šidlovskij-Experiments zur weiteren Revolutionierung der Lage bei.

Ihren Höhepunkt erreichte die Bewegung — nach dem Scheitern des Experiments der Bulyginschen Duma[18] — im Herbst 1905. Im Laufe des Oktoberstreiks, der von den Eisenbahnarbeitern ausging, das ganze Verkehrsnetz lahmlegte und sehr rasch die städtischen Arbeiter erfaßte und den Charakter eines Generalstreiks annahm, bildeten sich auf der Grundlage der ganz unterschiedlich benannten, zustandegekommenen und auftretenden Fabrikkomitees[19] in Petersburg und in Moskau, aber auch in einer Reihe anderer Städte die Arbeiterdeputiertenräte. Der Rat in Petersburg hatte dabei als hauptstädtischer Rat von Anfang an eine übergeordnete Stellung.[20]

Am 17./30. Oktober schließlich mußte der Zar nachgeben. Das »Oktobermanifest« versprach die Gewährung bürgerlicher Freiheitsrechte, die Erweiterung des Wahlrechts für die Duma und — gegenüber der Bulyginschen Duma vor allem wichtig — das Gesetzgebungsrecht und das Recht zur Kontrolle der Legalität der Verwaltung.

Drei Monate lang bildete der Arbeiterdeputiertenrat in Petersburg eine Art Gegenmacht zu der zaristischen Regierung. Dann war die Bewegung aufgrund der Versprechen der Regierung und erheblicher ökonomischer Zugeständnisse an die Arbeiter so weit abgeflaut, daß die Obrigkeit zuschlagen zu können glaubte: Im Dezember 1905 wurde der Petersburger Arbeiterdeputiertenrat verhaftet; in Moskau, wo sich der Rat relativ spät erst gebildet hatte, kam es im Dezember zu einem blutigen Aufstand, der nach mehrtägigen Kämpfen schließlich von regierungstreuen Truppen niedergeschlagen werden konnte.

Nichtsdestoweniger wies die erste Duma, nach dem neuen Wahlgesetz gewählt, eine breite oppositionelle Mehrheit auf: Den stärksten Block bildeten die Konstitutionellen Demokraten (K.D. = Kadetten) mit ihrem Führer Miljukov sowie eine Reihe kleinerer Parteien aus den Reihen der bisherigen Zemstvoopposition. Sie bildeten den liberalen, bürgerlich-oppositionellen Dumaflügel. Die Duma wurde jedoch aufgrund ihres oppositionellen Charakters bereits anderthalb Monate nach ihrem ersten Zusammentreten, am 9./22. Juni 1906, aufgelöst und Neuwahl angeordnet. Die zweite Duma, die im Februar 1907 zusammentrat, wies eine noch radikalere Zusammensetzung auf. Zugleich mit ihrer erneuten Auflösung im Juni 1907 führte der damalige Ministerpräsident Stolypin einen partiellen Staatsstreich durch: Er oktroyierte ein neues Wahlgesetz, das für die dritte und die vierte Duma, die bis 1912 bzw. 1917 tagte, eine reaktionäre Mehrheit sicherte.[21]

Im Laufe des Jahres 1906 neigte sich der Sieg langsam, aber sicher der Regierungsseite zu. Die ständigen Bauernerhebungen und Aktionen verschiedenster revolutionärer Kampfgruppen wurden mit einer rigorosen militärischen Standgerichtsbarkeit bekämpft, die Protestmaßnahmen der oppositionellen Vertreter der ersten Duma, die sich nach Vyborg in Finnland begeben hatten und von dort aus eine Steuerverweigerungskampagne zu organisieren versuchten, hatten kaum Wirkung, und die in den »Schwarzen Hundert« organisierte extreme Rechte veranstaltete mit unmittelbarer Unterstützung durch die Polizei blutige Judenpogrome, die auch die Arbeiter einschüchtern halfen.[21]

Der zaristischen Regierung unter ihrem neuen Ministerpräsidenten Stolypin (1906–1911) gelang es nicht nur, die bürgerliche Opposition durch eine fügsam gemachte Duma zu kanalisieren und letztlich bis 1917 unschädlich zu machen; sie versuchte auch mit zunächst bemerkenswertem Erfolg, die Bauernfrage anzugehen und den bäuerlichen Widerstand durch die zügige Schaffung einer Klasse reicher Mittelbauern, der sogenannten Kulaken, zu neutralisieren. Sie erließ dazu neue Landgesetze, die einer partiellen Landreform gleichkamen, und obwohl diese Entwicklung natürlich Zeit erforderte, waren 1913 immerhin schon 10 Prozent des bäuerlichen Landbesitzes im Besitz solcher neuen Mittelbauern. Die Selbstherrschaft versuchte sich eine Atempause zu verschaffen – doch der innere Druck des russischen Sozialgefüges war schon so weit angestiegen, daß selbst die nahezu völlige Lähmung der oppositionellen Kräfte zwischen 1907 und 1910 nicht mehr den notwendigen Spielraum verschaffte.

6. Niedergang und Wiederaufschwung der Arbeiterbewegung / Der Weltkrieg

Nach dem gewaltigen Aufschwung des Jahres 1905 erlebte die russische Arbeiterbewegung 1907–1910 eine Periode des Niedergangs. Die Errungenschaften von 1905, die – zumindest formal – Koalitions-, Versammlungs- und Streikfreiheit bedeutet hatten und den Gewerkschaften eine legale Existenz sicherten, wurden mehr und mehr auf dem Verordnungsweg und dem Weg unmittelbarer Polizeirepression eingeschränkt. Dazu kam eine erneute wirtschaftliche Depression und die Furcht um die Arbeitsplätze, die die Arbeiter lähmte.

Während im Jahr 1907 noch – laut offizieller Statistik – nahezu 750 000 Arbeiter gestreikt hatten und die SDAPR auf ihrem V. Parteikongreß im Mai 1907 in London noch vom bevorstehenden »vollständigen Sieg in der gegenwärtigen Revolution« sprechen zu können glaubte[23], fiel diese Zahl bereits im folgenden Jahr auf rund 175 000, 1909 auf etwa 65 000 und 1910 auf rund 45 000.[24] Die Besserung der ökonomischen Gesamtsituation und eine Rückkehr zu industrieller Prosperität änderten die Lage jedoch sehr rasch: 1911 gibt die offizielle Statistik bereits wieder über 100 000 streikende Arbeiter an, 1912 schnellt die Zahl auf rund 725 000 empor, im Jahre 1913 streiken über 860 000 Arbeiter und in der ersten Hälfte des Jahres 1914 ebenso viele Arbeiter wie im entsprechenden Zeitraum des Jahres 1905 (Januar bis Juli 1914 nahezu anderthalb Millionen).[25] Eine Wiederholung von 1905 schien unmittelbar bevorzustehen.

Der Kriegsausbruch im August 1914 schnitt diese Entwicklung – vergleichbar dem Ausbruch des russisch-japanischen Kriegs Anfang 1904 – zunächst einmal radikal ab. Die erneute Welle großrussischen Nationalismus und Chauvinismus erfaßte sogar einen breiten Teil der bisherigen radikalen Opposition bis weit in die Reihen der SDAPR – Men'ševiki wie Bol'ševiki – und auch der Sozialisten-Revolutionäre hinein: Die prinzipielle Kriegsgegnerschaft, in deren Zusammenhang sich über die Konferenzen von Zimmerwald und Kienthal[26] die organisatorischen Keime der späteren Kommunistischen Internationale formierten, war auf kleine und zunächst völlig ohnmächtige Gruppen beschränkt, die – von Rußland aus gesehen – ausschließlich im Exil bestanden; wenngleich die sozialdemokratischen Dumaabgeordneten in ihrer Mehrzahl die Kriegskredite abgelehnt hatten, waren doch aufgrund des brutalen Durchgreifens der Polizei gegenüber den legalen sozialdemokratischen Zeitungen und Gruppierungen keine organisatorischen Kerne in Rußland mehr vorhanden, an denen sich die revolutionäre Kriegsgegnerschaft hätte formieren können. Sozialdemokratische Führer wie Plechanov, Aleksinskij, Maslov und Čcheidze traten offen für den Krieg ein, und die Führer des europäischen Sozialismus hatten all ihre vorherigen feierlichen Erklärungen und Resolutionen gegen Krieg und Militarismus über Bord geworfen und die Arbeiter ihrer Völker zur Unterstützung der jeweiligen »nationalen Verteidigung« aufgerufen.

Die Atempause, die der Zarismus in Rußland durch den Kriegsausbruch erhielt, muß neben der — in wirtschaftlichen und ideologischen Momenten begründeten — Aufhebung der bürgerlichen Oppositionskräfte vor allem auch auf die durch den Krieg erfolgte Neuzusammensetzung der Arbeiterklasse zurückgeführt werden: Ein Großteil der »alten« Arbeiter wurde eingezogen und an die Front gesteckt und durch »neue«, unerfahrene, noch stark bäuerlich geprägte Arbeiter ersetzt, unter denen sich vor allem viele Frauen befanden. Die Umstellung auf Kriegsproduktion, maschinelle Umstrukturierungen des Produktionsprozesses und ganz allgemein die Ausweitung der Massenproduktion verstärkten diese Bewegung der Ablösung »alter« Arbeiter noch weiter.

Die Atempause für den Zarismus war jedoch nur von kurzer Dauer. Bereits im Sommer 1915 setzten erneut Streikbewegungen ein, die zunächst unmittelbare wirtschaftliche Forderungen in den Vordergrund stellten, schon 1916 jedoch durch politische Parolen und Forderungen nach Beendigung des Krieges ergänzt wurden; die Zahl der Streikenden entwickelte sich folgendermaßen: knapp 115 000 im September 1915, nahezu 130 000 im Januar und nahezu 190 000 im Oktober 1916.[27]

Den in Rußland verbliebenen Sozialisten und den sich neu entwickelnden Arbeiteravantgarden bot sich in den im Sommer 1915 ins Leben gerufenen Kriegsindustriekomitees zum erstenmal seit 1914 wieder eine Organisationsmöglichkeit in breiterem Rahmen. Die Kriegsindustriekomitees waren »als Selbsthilfeorganisationen der Gesellschaft« dazu bestimmt, die »Produktion zu steigern und aus den Fesseln der zaristischen Bürokratie zu befreien«[28], und waren somit erneut Ausdruck des weiter oben bereits aufgewiesenen grundsätzlichen Widerspruchs zwischen dem »Gesamtkapitalisten« in Gestalt der zaristischen Herrschaftsgewalt und den Einzelkapitalisten. Führend traten bei den Kriegsindustriekomitees die »Kadetten« und die »Oktobristen« hervor. Ähnlich wie 1905 in der Šidlovskij-Kommission sollten auch die Arbeiter vertreten sein: sie sollten bevollmächtigte Wahlmänner und diese Delegierte für die »Arbeitergruppe« sowohl des zentralen Kriegsindustriekomitees in Petrograd[29] wie in die »Arbeitergruppen« der verschiedenen lokalen Kriegsindustriekomitees wählen.

Trotz anfänglicher Auseinandersetzungen innerhalb der Sozialisten in Rußland wie vor allem in der Emigration über die mögliche Rolle der »Arbeitergruppen« und die Notwendigkeit eines Boykotts der Wahlen — ein Standpunkt, den vor allem Lenin vertrat[30] — formierten sich die »Arbeitergruppen« und spielten bald eine gewichtige, wenn auch gegenüber der immer stärker anschwellenden Streikbewegung durchaus ambivalente Rolle. Sie befanden sich zwar vor allem in den Händen der rechten Men'ševiki, vornehmlich der Gruppe um Čcheidze, vertraten also überwiegend eine sozialpatriotische, d. h. den Krieg unterstützende Politik, formulierten aber ökonomische und politische Forderungen der Streikbewegung als linker Flügel innerhalb der Kriegsindustriekomitees genügend klar, um einmal die Aufmerksamkeit der Öffentlichkeit auf die Nöte und Forderungen der Arbeiterklasse zu lenken und zum anderen die organisatorischen Kerne zu bilden, an denen sich — ähnlich wie bei der Šidlovskij-Kommission 1905 — erneut die Idee der Arbeiterdeputiertenräte, der Sowjets, konkretisierte und schließlich in die Realität umsetzte.

7. Das Jahr 1917

Die Ereignisse des Jahres 1917 sind von Pankratova in ihrem historischen Gesamtzusammenhang relativ ausführlich dargestellt und dürften darüber hinaus beim heutigen Leser auf größeres Vorverständnis treffen, so daß wir uns hier mit einem relativ knappen Abriß der Ereignisse begnügen können. Die »Arbeitergruppe« beim Zentralen Kriegsindustriekomitee hatte sich unter dem Druck der Streikbewegung um die Jahreswende 1916/17 zunehmend radikalisiert bzw. war gezwungen worden, politisch schärfer Position zu beziehen. Am 27. Januar/9. Februar 1917 wurde sie verhaftet, ohne daß das der Streikbewegung Einhalt geboten hätte. Die Arbeiter verließen die Fabriken und veranstalteten Massendemonstrationen in Petrograd, die Truppen, die gegen sie eingesetzt wurden, rebellierten gegen ihre Offiziere und verbrüderten sich mit den Demonstranten oder verhielten sich zumindest neutral, so daß sie nicht eingesetzt werden konnten. Die militärisch-polizeiliche Macht der zaristischen Herrschaft schmolz buchstäblich immer mehr dahin und ging in der revolutionären Masse auf. Die Bewegung war, wie die an den Ereignissen Beteiligten vielfach bekunden[31], von niemandem gelenkt — es gab kein Zentrum, das in der Lage gewesen wäre, politische Direktiven auszugeben. Am 27. Februar/12. März 1917 befand sich die Stadt völlig in der Hand der Revolutionäre, es gab keine Truppen mehr, die von außerhalb kurzfristig hätten eingesetzt werden können; der Zar löste die Duma auf und trat selbst am 2./15. März 1917 zurück.

Als neue Machtzentren bildeten sich auf der einen Seite das Duma-Komitee, ein provisorischer Ausschuß von ehemaligen Dumamitgliedern, und der Petrograder Sowjet der Arbeiter- und Soldatendeputierten. Zwischen beiden kam es sehr rasch zu einer Vereinbarung über die Bildung einer Provisorischen Regierung, in die die Sowjetführer mit einer Ausnahme, nämlich Kerenskij, nicht eintraten, der sie aber unter bestimmten Bedingungen ihre Unterstützung zusagten.

Durch die Fortführung des Krieges und das Festhalten an den alliierten Kriegszielen für Rußland geriet die Provisorische Regierung jedoch sehr rasch in grundsätzlichen Gegensatz zum Sowjet, der sich bereits am 14./27. März in einem berühmt gewordenen Aufruf an die »Proletarier und Werktätigen aller Länder« wandte und zu einem Frieden ohne Kontributionen und Annexionen aufrief. Allerdings stellte niemand — nicht einmal die nach der Februarrevolution aus der sibirischen Verbannung zurückgekehrten bolschewistischen Führer wie Stalin und Kamenev — die Fortführung des Krieges in Frage, so lange es nicht zu einem solchen Frieden komme. Erst die Rückkehr Lenins und die »Aprilthesen« warfen hier das Steuer herum: Sie forderten den Kampf gegen die Provisorische Regierung, den Übergang der Macht auf die Sowjets, die Enteignung bzw. Nationalisierung des Grundbesitzes und der Banken und die Bildung einer Sowjetrepublik und verurteilten jeden Krieg als imperialistisch, solange sich das Proletariat nicht allein im Besitz der Macht befinde. Das war zu diesem Zeitpunkt, an dem die Bol'ševiki eine verschwindende Minderheit innerhalb der Sowjets bildeten und Lenin sich nicht einmal auf unbedingte Gefolgschaft innerhalb der eigenen Fraktion verlassen konnte, eine sehr kühne Analyse der Situation — sie erfüllte sich jedoch innerhalb des halben Jahres, das über die Julitage, den Kornilov-Putsch und die vergeblichen Versuche der Provisorischen Regierung, der ständig fortschreitenden Aushöhlung ihrer Macht Einhalt zu gebieten, schließlich zur Oktoberrevolution und der Machtübernahme durch die Bol'ševiki führte.

8. Die Jahre 1918–1922: Kriegskommunismus und Neue Ökonomische Politik

Die Bedingungen, unter denen die revolutionäre Regierung an den Aufbau des Sozialismus gehen mußte, waren alles andere als günstig. Rußland befand sich noch im Krieg, und der Friedensschluß mit den Mittelmächten Anfang 1918 in Brest-Litovsk mußte mit ungeheuren Gebietsabtretungen erkauft werden. Darüber hinaus war Rußland keineswegs ein hoch- und durchindustrialisiertes Land, in dem die materiellen Vorbedingungen für den Aufbau des Sozialismus bereits gegeben gewesen wären, sondern ein gegenüber den westeuropäischen Staaten zurückgebliebenes Land, dessen Industrie zudem durch den Krieg zerstört, unbrauchbar gemacht oder nach über drei Jahren Krieg auf bloße Kriegsgüterproduktion umgestellt war. Der dem

Land aufgezwungene Bürgerkrieg gegen konterrevolutionäre weißgardistische Truppen und gegen ausländische Interventionstruppen, der bis 1921 dauern sollte, verschärfte diese Situation noch zusätzlich; ein großer Teil der Transportmittel (Eisenbahn) wurde in seinem Verlauf zerstört und erschwerte die ohnehin schwierige Versorgungslage noch weiter. Das Produktionsniveau der Vorkriegszeit konnte erst nach 1922, also nach Einführung der Neuen Ökonomischen Politik (NEP), wieder erreicht werden.

Die Konsequenz war in den Jahren des Bürgerkriegs der sogenannte Kriegskommunismus, eine gigantische Versorgungsdiktatur, die die Industrie wieder auf- und weiter ausbauen, ihre Demobilisierung, d. h. die Umstellung von Kriegs- auf Friedensproduktion, nach Maßgabe der durch den Bürgerkrieg gesetzten Notwendigkeiten durchführen und Produktion, Arbeitskräftebedarf und Rohstoffversorgung der Betriebe organisieren sollte; auf der anderen Seite hatte sie mit bürokratischen Zwangsmaßnahmen den Austausch zwischen Stadt und Land und die Lebensmittelversorgung der städtischen Bevölkerung und der Roten Armee durchzuführen und zu garantieren. Zu diesem Zweck wurden zwei gigantische, strikt zentralisierte Apparate geschaffen, die Volkswirtschaftsräte mit dem Obersten Volkswirtschaftsrat an der Spitze und das Volkskommissariat für Versorgung (Narkomprod). Diese Organisationen konnten ihre Aufgabe jedoch nur erfüllen, wenn sie rigoros mit hierarchischer Befehlsgewalt von oben nach unten agierten und den Produktions- und Distributionsprozeß bis in seine letzten Verästelungen planmäßig erfaßten und regulierten — und das bedeutete natürlich die vollständige Aufhebung der Arbeiterkontrolle der Produktion, d. h. der Leitung und Organisierung der Produktion durch die unmittelbaren Produzenten selbst, eine Forderung, die die Seele des gesamten bisherigen Kampfes der Arbeiter und ihrer autonomen Organisationen, der Fabrikkomitees, gewesen war. Die Fabrikkomitees hatten im Laufe des Jahres 1917 und vor allem in den ersten Monaten nach der Oktoberrevolution bis tief ins Jahr 1918 hinein die Funktionen der Leitung und Organisierung der Betriebe selbst übernommen; mit der Durchsetzung des Systems des Kriegskommunismus und seiner Produktionsorganisation wurden diese Bereiche sehr rasch immer stärker aus dem Aufgabenbereich der Fabrikkomitees ausgegliedert und eingesetzten Direktoren, meist bürgerlichen Spezialisten, übertragen.[32] Die Fabrikkomitees wurden schließlich mit den Gewerkschaften organisatorisch vereinigt und vereinheitlicht und somit auch formal als autonome Organisationen der Arbeiterklasse liquidiert.

Das System des Kriegskommunismus erreichte seine letzte Zuspitzung in dem vor allem von Trockij unterstützten Projekt der »Militarisierung der Gewerkschaften«, d. h. ihrer völligen Integration in den Produktionsprozeß als Aufsichts- und Kontrollpersonal zur Überwachung der Arbeiter — mit dem Argument, gegenüber dem Staat der Diktatur des Proletariats benötige das Proletariat keine Organisationen zur Vertretung seiner spezifischen Interessen mehr. Diese Ende 1920 aufgestellte Forderung führte innerhalb der KPR zu scharfen Auseinandersetzungen und stieß vor allem auf den Widerstand Lenins. Zu diesem Zeitpunkt war jedoch aufgrund der immer verheerenderen Auswirkungen des kriegskommunistischen Systems die russische Wirtschaft nahezu vollständig paralysiert, und es wurde klar, daß mit einer weiteren dirigistischen Zentralisierung die Situation sich nur noch weiter verschärfen würde. Die Industrie lag völlig darnieder und erreichte selbst in den günstigsten Fällen nur mehr ein Drittel der Vorkriegsproduktion. Die Bauern lieferten ihre Produkte nicht mehr freiwillig ab, sondern horteten sie und verkauften sie auf dem Schwarzmarkt; die ständigen Zwangsrequisitionen von Lebensmitteln dämpften zudem die bäuerliche Arbeitsleistung ganz erheblich, da privater Verkauf untersagt war und der damit gegebene materielle Anreiz infolgedessen wegfiel. Die Versorgung der städtischen Bevölkerung ließ sich nicht mehr sichern. Es bestand nur noch die Möglichkeit, das Steuer vollständig herumzuwerfen, und es ist weitgehend das Verdienst Lenins, diesen Umschwung, die Neue Ökonomische Politik, durchgesetzt zu haben.

Lenin sah die NEP als notwendigen strategischen Rückzug, um die materiellen Voraussetzungen für eine Wiederaufnahme der Offensive im Aufbau des Sozialismus zu schaffen. Der zentrale Punkt der NEP war die Ersetzung der bäuerlichen Ablieferungspflicht durch die Naturalsteuer und die Wiederzulassung des freien Binnenhandels. Durch die Schaffung dieses materiellen Anreizes für die Bauern, die daraufhin ihre überschüssigen Produkte auf dem freien Binnenmarkt verkaufen konnten, nahm die landwirtschaftliche Produktion binnen kürzester Frist wieder starken Aufschwung, ebenso die Konsumgüterindustrie und das Transportwesen, einen Aufschwung, der natürlich vom Staat gezielt unterstützt wurde. Damit hatten jedoch die Gewerkschaften als Organe proletarischer Interessenvertretung — wir werden auf dieses Problem weiter unten noch eingehen — ganz unbestreitbar wieder eine wesentliche Funktion gewonnen — war doch die NEP ein Zurückweichen vor dem Kapitalismus, dem bestimmte Entfaltungsmöglichkeiten erneut geboten werden mußten. Für die Fabrikkomitees, die inzwischen reine Gewerkschaftszellen geworden waren, bedeutete dies jedoch eine Zementierung der bereits durch den Kriegskommunismus geschaffenen Bedingungen, die eine Weiterführung der Offensive der Arbeiter, eine Verstärkung ihres Einflusses auf die Organisation der Produktion, eine Fortführung des Prinzips der Arbeiterkontrolle über die Produktion ausschloß — und, wenn man so will, bis heute ausgeschlossen hat.[33]

9. Fabrikkomitees, Gewerkschaften und das Problem des »kapitalistischen Wegs«: Die Gewerkschaftsdiskussion von 1920/21 und die Position Pankratovas

Es scheint abschließend wenig sinnvoll, letztlich geschichtsphilosophische bzw. -spekulative Überlegungen über das Verhältnis anzustellen in dem emanzipatorische Möglichkeiten und harte einschränkende Notwendigkeiten in dem konkreten Bedingungszusammenhang des sozialistischen Aufbaus in der Sowjetunion nach dem Oktober zueinanderstanden oder mit theoretischen Postulaten an die Art und Weise des sozialistischen Aufbaus wie Shylock mit seinem Pfund Fleisch zu rechten. Es mag genügen, neben dem Bedingungszusammenhang die Probleme und die theoretischen Positionen aufzuzeigen, wie sie die konkrete Richtung bestimmten oder zu verändern suchten, und wie die historisch-theoretische Position Pankratovas hier einzuordnen ist. Halten wir zunächst nur fest, daß ein Zentralproblem des sozialistischen Aufbaus — nämlich das Auftreten von Widersprüchen materieller Natur zwischen den Interessen des proletarischen Staates, der Diktatur des Proletariats, wie sie die KPR (b) verstand, und den Interessen des Proletariats als Klasse der unmittelbaren Produzenten — noch außerhalb des Erfahrungszusammenhangs der Revolutionäre des Jahrs 1917 stand; es begann sich bestenfalls hinter dem formal sicherlich benannten, viel vordergründigeren Widerspruch zwischen den unmittelbaren und den historischen Interessen des Proletariats langsam herauszuschälen. Es würde zu weit führen, hier die gesamte bolschewistische Parteidoktrin — die Partei als die historische Quintessenz des Proletariats, als seine *Vertreterin* und sein Garant für eine sozialistische Weiterentwicklung — mit in die theoretische Diskussion einzubeziehen, was sicherlich geschehen müßte, wollte man diesen Problemkreis umfassend behandeln.

Angesichts der immer schwieriger werdenden wirtschaftlichen Lage der Sowjetunion unter dem kriegskommunistischen System hatten sich, wie z. B. Isaac Deutscher darstellt, im Lauf des Jahres 1920 drei grundsätzliche Positionen innerhalb der KPR (b) herausgebildet, die sich in der Debatte über den Platz der Gewerkschaften im Staat im Winter 1920/21 entluden, im Grunde aber viel grundsätzlichere Meinungsverschiedenheiten über den Charakter des sozialistischen Aufbaus und die Diktatur des Proletariats selbst bezeichneten. Die Revolution hatte, wie Deutscher treffend formuliert, »jenen Kreuzweg erreicht, der Machiavelli so gut bekannt war, und an dem sie es schwierig oder unmöglich fand, die Menge bei ihrer revolutionären Überzeugung festzuhalten und sich gezwungen sah, ›zu Mitteln zu greifen (...), um sie, wenn sie nicht mehr glaubt, zum Glauben zu zwingen‹. Für die bolschewistische Partei ergab sich daraus ein Loyalitätskonflikt, der in mancher Hinsicht tiefer war als jeder ihr bisher bekannte, ein Konflikt, der all die turbulenten Auseinandersetzungen und finsteren Säuberungen der kommenden Jahrzehnte im Keim enthielt. An diesem Kreuzweg erduldete der Bolschewismus moralische Qualen, wie sie sich in der Geschichte weniger intensiver und leidenschaftlicher Bewegungen nicht denken lassen. Lenin erinnerte später an die ›fieberhafte‹ und die ›tödliche Krankheit‹, von der die Partei im Winter 1920/21 während der stürmischen Debatte über den Platz der Gewerkschaften im Staat ergriffen war.«[34]

Wie bereits angesprochen, wurde die eine dieser drei Positionen, die Deutscher anführt, von Trockij und später noch vor allem von Bucharin vertreten. Diese Richtung wollte — in völliger Verkennung der tatsächlich durch den Kriegskommunismus aufgeworfenen ökonomischen Probleme — das ökonomisch-politische System des Kriegskommunismus durch weitere Zentralisierung, planmäßige Erfassung und bürokratische Ausrichtung aller wirtschaftlichen Kräfte und Reserven zur Vollendung bringen bzw. gewissermaßen über sich selbst hinaustreiben; sie strebte danach, die Gewerkschaften mit der Begründung, sie seien unter der Diktatur des Proletariats unnötig, da das Proletariat schließlich nicht gegen sich selbst streiken könne, durch eine »Militarisierung der Arbeit« ihrer Autonomie zu berauben und die Vertretung der materiellen Interessen der Arbeiterklasse in die Hände eben der zentralen Planungsstellen zu legen, deren Aufgabe es andererseits war, den wirtschaftlichen Aufbau unter möglichst effizienter Verwertung aller Ressourcen an Material und Arbeitskräften voranzutreiben. Für die Fabrikkomitees, ob als autonome Arbeiterorgane oder als Gewerkschaftszellen, war in einer solchen Konzeption kein Platz mehr vorhanden — es sei denn als Aufsichtsorgane, die über Arbeitsmoral und Produktionsdisziplin der Belegschaften und die Erfüllung der Produktionspläne zu wachen haben würden; und das in noch viel stärkerem Maß, als es durch die bisherige Entwicklung nach der Oktoberrevolution ohnehin schon vollzogen war, die unter harten ökonomisch-politischen Zwängen, allerdings auch unter technologischen Effizienzgesichtspunkten die im Jahr 1917 erreichte Arbeiterselbstverwaltung bzw. Arbeiterkontrolle über die Produktion nicht weiter entfaltet, sondern über das immer wieder aufgestellte Prinzip der Nichteinmischung der Fabrikkomitees in die Belange der Betriebsleitungen weiter abgebaut hatte.

Gegen diese bereits vollzogene Entwicklung der Fabrikkomitees, die ja inzwischen vollständig in die Gewerkschaften integriert und nicht mehr Instrumente der Arbeiterkontrolle waren, machte die zweite Richtung innerhalb der KPR (b) Front — die sogenannte Arbeiteropposition mit Aleksandra Kollontaj und Šljapnikov an der

Spitze. Von Lenin als anarchosyndikalistische Abweichung klassifiziert, werden sie von Deutscher, der hier offensichtlich einen legitimatorischen Standpunkt im Sinne Trockijs bezieht, letztlich als zwar »hochgesinnte«, aber »utopische Träume« charakterisiert: »Sie wollten die Erfüllung des vollen Kommunismus – nicht mehr und nicht weniger – der nach der Theorie einer aus dem Vollen wirtschaftenden Gesellschaft vorbehalten war. (...) Sie forderten die Partei auf, die Industrie, oder was von ihr noch übrig war, wiederum der Kontrolle jener Fabrikkomitees zu unterstellen, die gleich nach der Oktoberrevolution gezeigt hatten, daß sie den Reichtum der Nation lediglich vergeuden und verschwenden konnten.«[35]

Ganz so war die Sache nun sicherlich nicht. Die Arbeiteropposition wandte sich gegen Trockijs Militarisierungsprojekt und gegen »die Gängelung der Gewerkschaften durch Regierung und Partei. (...) In einer halb syndikalistischen Weise forderten sie, daß Gewerkschaften, Fabrikkomitees und ein Allrussischer Produzentenkongreß die Kontrolle über die gesamte Wirtschaft übernehmen sollte. Während Trockij auseinandersetzte, daß die Gewerkschaften logischerweise nicht die Arbeiter gegen den Arbeiterstaat verteidigen konnten, brandmarkten Šljapnikov und Kollontaj den Sowjetstaat bereits als das Bollwerk einer neuen privilegierten Bürokratie.«[36] Man mag diese Einschätzung teilen oder nicht – Deutscher teilt sie sicherlich nicht –, unbezweifelbar richtig ist, daß die Arbeiteropposition den Finger auf die Wunde legte, an der der Aufbau des Sozialismus in der Sowjetunion von Anfang an krankte – wenn man so will, aufgrund der äußeren und inneren Bedingungen unausweichlich kranken mußte. Wenn die Arbeiteropposition auch nicht in der Lage war, ein unter den damaligen Bedingungen Sowjetrußlands konkret verwirklichbares Alternativmodell zu entwickeln, so ist doch sicher richtig, daß die Kritik der Arbeiteropposition hellsichtig auf Widersprüche hinwies, die sich erst im Lauf der folgenden Jahre und Jahrzehnte voll herausbilden und den sozialistischen Aufbau in der Sowjetunion endgültig zu einem planstaatlich-staatskapitalistischen Wirtschaftsaufbau ohne Verwirklichung einer wie auch immer gearteten Kontrolle durch die unmittelbaren Produzenten machen sollte.[37]

Die dritte Position, gewissermaßen die »mittlere«, die unter den damaligen Umständen auch am stärksten »realitätsgerecht« war, wurde vor allem von Lenin vertreten; ihr schloß sich auf dem X. Parteitag, der auch die Wendung zur Neuen Ökonomischen Politik brachte, die Mehrheit der Partei an. Lenin argumentierte, daß die Sowjetunion kein Arbeiterstaat, sondern ein Arbeiter- und Bauernstaat mit bürokratischen Auswüchsen sei: »Da haben Sie die Realität des Übergangs. (...) Unser heutiger Staat ist derart beschaffen, daß das in seiner Gesamtheit organisierte Proletariat sich schützen muß, wir aber müssen diese Arbeiterorganisationen zum Schutz der Arbeiter gegenüber ihrem Staat und zum Schutz des Staates durch die Arbeiter ausnutzen. (...) (Man müsse es) verstehen (...), die Maßnahmen der Staatsmacht zum Schutz der materiallen und geistigen Interessen des in seiner Gesamtheit vereinigten Proletariats *gegenüber* dieser Staatsmacht auszunutzen.«[38] Mithin seien die Gewerkschaften notwendig sowohl als Interessenvertretung der Arbeiterklasse als auch als Gegengewicht gegen eine von Seiten des Staates zu zentralistisch, zu bürokratisch, zu wenig konkret auf die Arbeiterklasse bezogen durchgeführte Planung und Organisation der Produktion.

Lenin sah darüber hinaus die Gefahr einer Spaltung zwischen Partei und Gewerkschaften, die sich natürlich scharf gegen den Versuch wandten, die Gewerkschaften de facto zur Selbstauflösung zu zwingen und zu reinen Ausführungsorganen des Wirtschaftsplans zu degradieren. Dazu kommt noch die Tatsache, daß unmittelbar vor dem »Rückzug«, dem »Umweg« über die staatskapitalistische Politik der NEP, eine gewerkschaftliche Interessenvertretung der Arbeiter ganz besonders notwendig war und daß Lenin in den Gewerkschaften die Organismen sah, die nach dem Durchschreiten der Phase der NEP die Träger der Arbeiterkontrolle über die Produktion werden sollten. Nicht zuletzt hieß es auch im Parteiprogramm der KPR (b), die Gewerkschaften »müssen dahin gelangen, daß sie die ganze Leitung der gesamten Volkswirtschaft als eines einheitlichen wirtschaftlichen Ganzen tatsächlich in ihren Händen konzentrieren«[39].

Auf dem X. Parteikongreß der KPR (b) im März 1921 votierte die überwältigende Mehrheit der Delegierten für die »mittlere« Richtung; die Arbeiteropposition und die Richtung Trockij-Bucharin wurden zu Abweichungen erklärt. Gleichzeitig brachte der X. Parteikongreß, wie bereits gesagt, die Wendung zur Neuen Ökonomischen Politik, ein Umschwung, dessen Dringlichkeit durch den während des Kongresses losbrechenden und mit außergewöhnlicher Grausamkeit militärisch niedergeworfenen Kronstädter Aufstand nur noch unterstrichen wurde; er war im Namen der »dritten Revolution« explizit gegen die Herrschaft der Bol'ševiki gerichtet, was es natürlich leicht machte, ihn als konterrevolutionären, weißgardistischen Putschversuch zu diffamieren. In Wirklichkeit liefen die Forderungen der Aufständischen in die gleiche Richtung wie die Forderungen der Arbeiteropposition; die »bolschewistische Tyrannei« sollte darüber hinaus beseitigt werden und über freie Wahlen eine wirkliche, von allen Parteien unabhängige Sowjetdemokratie errichtet werden.[40]

Pankratova hat diese ungemein schwerwiegenden und tiefgehenden Auseinandersetzungen, bei denen es in der Tat um die grundsätzliche Weichenstellung für den weiteren Entwicklungsweg der

Sowjetunion insgesamt ging, kaum mehr behandelt – nicht zufällig, denn die eigenständige politische Rolle der Fabrikkomitees war zu diesem Zeitpunkt letztlich bereits ausgespielt. Ihr politischer Standort befindet sich jedoch unzweideutig weder bei der Trockij-Bucharin-Richtung noch – was an sich nahe läge – bei der Arbeiteropposition, sondern bei der »mittleren« Richtung, wie sie auch in ihrer gesamten historischen Darstellung den »offiziellen« Parteistandpunkt höchstens unbewußt verläßt. So ist ihre Arbeit auch von der tiefen Ambivalenz gekennzeichnet, die den sozialistischen Aufbau in der Sowjetunion grundsätzlich charakterisiert und die sich auch und gerade an der »inneren Ordnung« der Fabrik festmachen läßt.

In ihrer Darstellung legt die Autorin besonderes Gewicht auf die – wie sie es nennt – »rechtlichen« Forderungen und Kampfziele der Arbeiter in den Fabriken vor 1917, d. h. jene Forderungen, die 1917 unter dem Begriff des Kampfes um die Arbeiterkontrolle der Produktion zum revolutionären Credo gerade auch der Bol'ševiki geworden waren. Wir haben gesehen, wie die bereits erreichte Stufe der Arbeiterkontrolle nach der Oktoberrevolution unter scheinbar neutralen, technizistischen Effizienzgesichtspunkten Schritt für Schritt sehr rasch wieder abgebaut wurde – und auch Pankratova stellt das deutlich dar, wenngleich mit einer bestimmten politischen Naivität und rein vom offiziellen Parteistandpunkt aus. Dieser Prozeß, wird jedoch von Pankratova in keiner Weise kritisch hinterfragt, sondern als unumgänglich dargestellt. Sie teilt hier – wie übrigens durchaus auch Lenin, wenigstens bis zu einem gewissen Grad[41] – die Illusion, die materiellen Grundlagen für eine sozialistische bzw. kommunistische Gesellschaft könnten nur auf einem kapitalistischen Weg, d. h. nach strikt ökonomischen Effizienzkriterien, aufgebaut werden, nach zentral erstellten Plänen, deren Exekution einfach über eine hierarchische Stufenleiter nach unten delegiert werden müsse. In einem solchen Schema haben natürlich autonome Produzentenorganisationen wie beispielsweise Fabrikkomitees keinen politischen Stellenwert mehr – es sei denn die Überwachung der Plandurchführung in den einzelnen Fabriken, d. h. ihre Verwandlung in die untersten Organe eines zentralisierten Planungs- und Exekutionsorganismus. Hier werden jedoch die kapitalistischen Verhältnisse innerhalb der Fabriken genau wieder reproduziert: die kapitalistische Arbeitsteilung zwischen Ausführenden und Anordnenden, d. h. zwischen Arbeitern auf der einen und Technikern, Spezialisten und Aufsichtspersonal auf der anderen Seite wird aufrechterhalten, und die Notwendigkeit der technischen Planerfüllung verhindert die Ausbildung einer sozialistischen Kooperation und die Mobilisierung der unmittelbaren Produzenten an ihrem Arbeitsplatz zur Umgestaltung ihrer eigenen Arbeitsbedingungen; mit einem Wort, die gesamte innere Ordnung und Struktur der Fabrik – und damit letztlich auch der Gesellschaft – bleibt kapitalistischen Kriterien und Konkurrenzmechanismen unterworfen und besitzt gar keine Möglichkeit, sich in Richtung auf sozialistische Verhältnisse hin zu entwickeln.

Daß dieser Weg des sozialistischen Aufbaus nicht unumgänglich notwendig ist, zeigen beispielsweise die Erfahrungen in China, wo die Schaffung der Grundlagen des Sozialismus bewußt auf einem materialen nichtkapitalistischen Weg vorangetrieben wurde und offensichtlich noch wird[42] – unabhängig davon, wie man die chinesische Revolution insgesamt im einzelnen einschätzen mag. Die Autorin geht auf diese grundsätzlichen Probleme des sozialistischen Aufbaus nicht ein – und konnte das aus ihrem damaligen historischen Erfahrungszusammenhang vermutlich auch gar nicht. Daß ihre Arbeit nichtsdestoweniger einen zentral wichtigen Beitrag zu Geschichte und Vorgeschichte der Oktoberrevolution und der nachfolgenden Jahre bildet, liegt, wie bereits eingangs angeführt, an ihrem besonderen Thema, das besonders stark in die *konkrete* Problematik von ökonomischem und politischem Kampf der Arbeiter und sozialistischem Aufbau einzudringen zwingt.

10. Zur Gestaltung des Bandes

Der Herausgeber ließ das 4. Kapitel von Teil III, das letzte Kapitel der Arbeit, weg; die Autorin behandelt darin die Fabrikkomitees in Westeuropa und ihre historische Rolle im Kampf um den Sozialismus. Abgesehen davon, daß dieses Kapitel relativ kurz ist, war es der Autorin schon von ihrer Materiallage her nicht möglich, hier eine historiographisch wie politisch fundierte Einschätzung abgeben zu können. Wie bereits in den Anmerkungen des Herausgebers zu Teil I (Einführung) angeführt, faßt Pankratova historisch so unterschiedliche Formen wie die Betriebsräte in Deutschland nach der Novemberrevolution, die, einmal institutionalisiert, ihren Charakter als revolutionäre Betriebsorganisationen alsbald grundsätzlich änderten, die englischen Factory Committees und die italienischen Arbeiterräte umstandslos als »Fabrikkomitees« zusammen und stellt sie auf eine Stufe mit den russischen Fabrikkomitees. Ein Abdruck dieses Kapitels hätte einen ungeheuren Aufwand an erklärenden und differenzierenden Anmerkungen erfordert, und da zu diesen Themen inzwischen reichliche Literatur vorliegt[43], glaubte der Herausgeber unter Verweis auf diese Literatur guten Gewissens auf dieses Kapitel der Arbeit verzichten zu können.

Die 1973 vollendete Übersetzung aus dem Russischen warf einige Probleme auf und erforderte eine gründliche Übersetzungskorrektur vor allem in fachterminologischer Hinsicht. Aus technischen Gründen war eine vollständige Überarbeitung nicht möglich, so daß für gelegentliche Unebenheiten im Ausdruck um Verständnis gebeten wird; sie liegen großenteils an der Autorin selbst, die — gelinde gesagt — einen etwas ungleichgewichtigen Stil schreibt und auch beim russischen Leser großes Vorwissen voraussetzte.

Russische Namen und Begriffe wurden in der heute allgemein üblichen wissenschaftlichen Umschrift wiedergegeben. Dabei stehen: š für den russischen Buchstaben, der einem harten, stimmlosen sch entspricht, ž für ein weiches, stimmhaftes sch, z für ein weiches s, c für den Laut, der unserem z entspricht, č für ein tsch, šč für schtsch, y für ein sogenanntes hartes i, das wie eine Mischung zwischen i und ü ausgesprochen wird; das Zeichen (') ist ein Weichezeichen, das den vorhergehenden Konsonanten erweicht, ('') ein Härtezeichen, das den vorangehenden Konsonanten härtet.

Verzichtet wurde darauf nur bei Begriffen, die sich in einer anderen Schreibweise inzwischen voll eingebürgert haben, wie z. B. »Sowjet«, oder auch bei Begriffen, die zwar auf russischen Namen oder Bezeichnungen beruhen, aber deutsche Bildungen sind: so heißt es z. B. zwar »Bol'ševiki«, aber »bolschewistisch«. Russische Firmennamen eindeutig westeuropäischen Ursprungs, wie z. B. Bromley oder Nabholz, wurden zuallermeist in ihrer westlichen Schreibweise wiedergegeben.

Bei den Sowjets folgte der Herausgeber der Benennung, wie sie sich jeweils historisch herausbildete: So wird anläßlich der Revolution von 1905 von »Arbeiterdeputiertenräten« gesprochen, während die Räte von 1917 als »Sowjets der Arbeiterdeputierten« usw. bezeichnet werden. Zu den häufig stark differenzierenden Namen für einzelne solcher Räte sei auf Fußnote[19] dieser Einleitung verwiesen.

Anmerkungen oder Teile von Anmerkungen im laufenden Text, die in eckigen Klammern stehen, stammen vom Herausgeber. Verweise der Autorin auf Werke von Marx, Engels und Lenin wurden generell nach Marx/Engels, Werke (MEW) bzw. Lenin, Werke (LW) wiedergegeben, letztere nach der aufgrund der vierten russischen Ausgabe der Werke Lenins vom Institut für Marxismus-Leninismus beim ZK der SED besorgten deutschen Ausgabe.

Bis Februar 1918 galt in Rußland der julianische Kalender, der gegenüber dem gregorianischen Kalender im 19. Jahrhundert um 12, im 20. Jahrhundert um 13 Tage zurück war. Soweit Daten nicht ohnehin nach beiden Kalendern angegeben sind, handelt es sich vor Februar 1918 um Zeitangaben nach dem julianischen Kalender; der Leser muß hier nur jeweils 12 bzw. 13 Tage hinzurechnen, um auf die entsprechenden Daten nach dem gregorianischen Kalender zu kommen.

Die Autorin gibt bei Zitaten sehr häufig die Belegstellen nicht an; soweit möglich, wurden solche Zitate verifiziert, ohne hier allerdings Anspruch auf Vollständigkeit zu stellen. *Hartmut Mehringer*

Vorwort

Das vorliegende Buch über die Fabrikkomitees stellt im strengen Sinn keine geschichtliche Darstellung der Tätigkeit der Fabrikkomitees dar. Es entstand einerseits als Resultat jener Schlußfolgerungen und Beobachtungen, die die Autorin in ihrer unmittelbaren praktischen Arbeit auf dem Gebiet der Gewerkschaftsbewegung machte, andererseits als Resultat jener Verallgemeinerungen und theoretischen Arbeit am historischen Seminar M. N. Pokrovskijs am Institut der Roten Professur. Gerade letztere gaben ihr die Möglichkeit, vom Standpunkt der historischen Perspektive und der prinzipiellen Einschätzung jene gewaltige revolutionäre Rolle zu untersuchen, die die primären Betriebsorganisationen im Kampf der Arbeiterklasse für eine sozialistische Fabrik gespielt hatten.

Nach dem Sieg der proletarischen Revolution führt das russische Proletariat seinen heroischen Kampf unter dem Banner des sozialistischen Aufbaus weiter und leistet angestrengteste Arbeit. Die erste und schwierigste Etappe auf diesem langen und qualvollen Weg zum Sozialismus ist die Umwandlung der ehemaligen kapitalistischen Fabrik in eine neue, die sozialistische, als deren Schöpfer und Herr jetzt der Produzent selbst — die siegreiche revolutionäre Arbeiterklasse — auftritt.

Lange vor dem Oktobersieg 1917 hat die Arbeiterklasse ihren Kampf aufgenommen. Sie führt diesen Kampf solange, als sie selbst als Arbeiterklasse existiert, die sich ihrer Klassenaufgaben und ihrer sozialistischen Ziele bewußt geworden ist.

Die Fabrikkomitees waren — anfangs als die Instrumente der Arbeiterklasse im Klassenkampf, später als die Organe der ökonomischen Diktatur — mit den Massen am engsten verbunden; sie waren aktiver Ausdruck des Kampfs der Arbeiterklasse um den Sozialismus.

Deshalb ist die Geschichte dieses Kampfes von so großem Interesse. Jeder Arbeiter, jeder, der am Aufbau der sozialistischen Republik der Arbeiter und Bauern teilnimmt, muß die grundlegenden Etappen kennen, die auf diesem Weg durchlaufen wurden. Namentlich diese Überlegung war es, die die Autorin veranlaßte, diese Arbeit als einen ersten Versuch zu veröffentlichen, den schon zurückgelegten Weg zu überblicken.

Zweifellos stellt das Fehlen einer allgemeinen oder speziellen Untersuchung der Tätigkeit und des allgemeinen Entwicklungsganges der Organisationen, die jedem Arbeiter so vertraut sind wie die Fabrikkomitees, in unserer Literatur über die Arbeiterbewegung ein Problem dar. Vielleicht füllt die vorgelegte Arbeit bei all ihren Mängeln, deren sich die Autorin bewußt ist, diese Lücke etwas aus.

A. M. Pankratova

I. Einführung: Entstehung und Entwicklung des Kampfes für eine Fabrikverfassung

1. Ökonomische Umwälzung und historische Rolle der Fabrikkomitees

Die breite Massenbewegung, die bekannt ist unter dem Namen der Bewegung der Fabrikkomitees, begleitete die Momente des Aufschwungs der Arbeiterrevolutionen der letzten Jahre nicht nur in Rußland, sondern auch in beinahe allen kapitalistischen Ländern des Westens. Die Fabrikkomitees wurden zu den vorgeschobensten Posten des Proletariats und zu seiner Basis in der Entwicklung des revolutionären Klassenkampfes. Komintern und Profintern riefen das Proletariat auf, mit Hilfe dieser Fabrikkomitees[1] jede Fabrik und jeden Betrieb in eine Festung der Revolution zu verwandeln. Andererseits versuchten die II. und die Amsterdamer Internationale gerade diese untersten Zellen des Fabrikproletariats zu Stützpunkten der Übereinkunft mit der Bourgeoisie, zu Organen der »Klassenkollaboration« zu machen.

Die reformistischen Theorien Legiens und seiner Anhänger, mit Hilfe der Betriebsräte die »Betriebsdemokratie«[2] zu verwirklichen und das friedliche »Hineinwachsen« des Sozialismus in das kapitalistische System zu gewährleisten, haben in Europa bedeutende Verbreitung gefunden und eine breite Literatur, insbesondere in Deutschland, hervorgebracht. Innerhalb der Fabrikkomitees selbst verschärfte sich der Kampf zwischen reformistischer und revolutionärer Strömung um die Vorherrschaft. Die Kongresse der deutschen Betriebsräte können ein klares Bild von jenem Klassenkampf vermitteln, der sich gegenwärtig in solcher Breite in allen kapitalistischen Ländern entfaltet.

Doch der Gang und die Entwicklung des Klassenkampfes des Proletariats bestimmen bis zu einem gewissen Grad seine Richtung, seine Methoden und sogar seinen Ausgang. Es zeigt sich ganz offensichtlich, daß die gegenwärtige Arbeiterbewegung über den Rahmen der kapitalistischen Gesellschaft hinauswächst, daß der Gang der Entwicklung der Produktivkräfte selbst zu einem grundsätzlichen Wandel in den Aufgaben der Bewegung führt, die immer mehr und aktiver von Losungen des Kampfes für die Verbesserung der Arbeitsbedingungen zu Losungen der entschiedenen Umwälzung der Produktionsverhältnisse und -mittel übergeht. »Betriebsdemokratie«

– von den Reformisten verstanden als Harmonisierung der Interessen von Arbeit und Kapital, als Versuch, die Beziehungen zwischen Arbeit und Kapital auf den Prinzipien der Gleichberechtigung aufzubauen – wird vom Gang der Geschichte zur Seite geschleudert, da im gegenwärtigen kapitalistischen System die Forderung nach der Einschränkung des Kapitalismus nicht nur auf dem Gebiet der Arbeitsbedingungen, sondern auch auf dem Gebiet der Produktion unausweichlich ist.

Das alte kapitalistische Fabriksystem, errichtet auf den Prinzipien hierarchischer Autorität und Unterordnung, ist zum Tode verurteilt. Mit jedem Tag wird die Losung der Sozialisierung der Fabrik, d. h. der radikalen Veränderung der Produktionsverhältnisse, immer mehr zur Kampflosung der gegenwärtigen Arbeiterbewegung. Führt die »Demokratisierung der Fabrik« zu jenen »demokratischen« Formen, die wir in der Politik der Reformisten sehen, oder bezeichnet im Gegenteil der Kampf für die »Demokratisierung der Fabrik« den aktiven Eingriff der Arbeiterklasse in den Produktionsprozeß, den revolutionären Umsturz im System der ökonomischen Verhältnisse? So ist im Augenblick das Problem in der ganzen Welt aufgeworfen, und so war es vor dem Oktober auch der Arbeiterbewegung Rußlands gestellt.

In der geschichtlichen Entwicklung des Kampfs zwischen Arbeit und Kapital im kapitalistischen Fabriksystem in Rußland können wir genau verfolgen, wie das allmähliche Anwachsen der revolutionären Stimmung in der Masse der Arbeiter im Zusammenhang mit dem Prozeß der ökonomischen, sozialen und politischen Entwicklung Rußlands mit Unausweichlichkeit zur ökonomischen Umwälzung und zur Ablösung kapitalistischer Produktionsverhältnisse durch sozialistische führen mußte und geführt hat. Im Schoß der sich entwickelnden kapitalistischen Fabrik erwuchsen die Wurzeln des neuen sozialistischen Systems, für dessen Entstehung und Entwicklung das industrielle Kapital die objektiven Bedingungen geschaffen hat. Auf der anderen Seite jedoch förderte das außergewöhnlich schnelle Wachstum des russischen Kapitalismus den Umstand, daß zusammen mit der Entstehung eines sozialistischen Proletariats und einer großindustriellen Bourgeoisie jeweils in engem Kontakt mit dem einen oder der anderen riesige Massen einer proletarisierten Bauernschaft, die in die Fabrik gingen, und eine alte räuberische Bourgeoisie bestehen blieben, die daran gewöhnt war, Methoden der ursprünglichen Akkumulation anzuwenden, und enge Verbindungen und Freundschaft mit der Bürokratie und dem Zarismus aufrechterhielt. Diese eigentümlichen Bedingungen der Entwicklung des russischen Kapitalismus führten zum scharfen und offenen, zeitweise stürmischen Zusammenprall der Klassenantagonismen. Bei uns gab es keine Grundlage für die Entwicklung legaler Organisationen und friedlicher

Kampfmittel. Um so weniger gab es im russischen kapitalistischen Fabriksystem einen Platz für eine »demokratische« Ordnung und eine Zusammenarbeit der Klassen..

Den Sturm auf das Kapital begann die Arbeiterklasse Rußlands mit den ersten Schritten ihrer Formierung als Klasse. Die ganze Kraft ihres Widerstandes und später des Angriffs aufs Kapital konzentrierte sie in den Fabrikzellen, mit denen sie besonders eng verbunden war. Hier begann sie ihren historischen Kampf gegen den Absolutismus in der Fabrik und erreichte am Anfang eine – wenngleich nicht voll ausgeformte – Fabrikverfassung. Von dort ging sie über zum Kampf um ihre wirtschaftliche und rechtliche Befreiung im Staat. In den Momenten des Aufschwungs des Kampfes – in Perioden des Anwachsens der Revolution – beschränkte sich die Arbeiterklasse bereits nicht mehr auf die Eroberung einer Fabrikverfassung, sondern erweiterte den Rahmen ihrer Selbstverwaltung bis an die Grenzen der Verwaltung der eroberten Fabrik, d. h. bis zum aktiven Eingriff in den Produktionsprozeß und den Umbau der Produktionsverhältnisse in einer sozialistischen Richtung. So vollendete sich die ökonomische Umwälzung in den Oktobertagen, und die russischen Fabrikkomitees spielten dabei als Klassenkampforganisationen eine gewaltige revolutionäre Rolle.

Für Rußland wurde das Problem entschieden in voller und kategorischer Ablehnung der sogenannten ›demokratischen‹ Fabrik, wie sie die Reformisten verstehen, als eines Mittels zur friedlichen Einführung und zum friedlichen Hineinwachsen des Sozialismus ins kapitalistische System. Im Gegenteil: die russische Arbeiterklasse eroberte die Fabrikverfassung, um sie in ein Kampfinstrument für die völlige Beherrschung der Fabrik, für die Schaffung der neuen sozialistischen Fabrik, zu verwandeln. Ein solch natürlicher Gang der historischen Entwicklung des Kampfes um die tatsächliche ›Demokratisierung‹ der Fabrik in Rußland schloß die Möglichkeit aus, das Problem so zu stellen, wie es die Reformisten Westeuropas tun.

Diese Faktoren haben auch den Plan der vorliegenden Arbeit vorausbestimmt. Wir wollten in einem kursorischen Abriß die soziale und wirtschaftliche Dynamik der kapitalistischen russischen Fabrik, die Evolution der Produktionsmittel und Produktionsverhältnisse sowie die Rolle des ›subjektiven‹ Faktors in dieser Evolution darstellen, der diese revolutioniert, d. h. also der Arbeiterklasse, die mit dem Wachstum des Kapitalismus anwuchs, aber schon mit ihren ersten Schritten auf die Organisation neuer sozialistischer Formen und Verhältnisse der Produktion abzielte.

Andererseits mußten wir zeigen, daß die Arbeiterorganisationen – insbesondere die von uns untersuchten Fabrikkomitees – in diesem Prozeß eine *kämpferische* und *revolutionäre* Rolle spielten, deren Tätigkeit administrativ-staatliche und kapitalistische Willkür mit wie immer gearteten formaljuristischen Schranken nicht beenden konnten. Unseres Erachtens kann man die Geschichte der Fabrikkomitees nicht untersuchen, ohne die Entstehung und objektive Bedeutung der Fabrikkomitees, von der in dem gedrängten Einführungsabschnitt die Rede war, im modernen kapitalistischen Produktionssystem genau zu studieren und ohne den Stellenwert dieser Einrichtung im industriellen Arbeitsrecht zu bestimmen. Ohne die Betrachtung dieser Faktoren werden viele Momente des Kampfes um die sozialistische Fabrik unverständlich bleiben, besonders unter den eigentümlichen russischen Bedingungen.

2. Das Fabriksystem und der Stellenwert der Arbeitervertretung in der Fabrik

Die Fabrikkomitees konnten, ähnlich wie die gewerkschaftlichen Organisationen, erst auf einem bestimmten Entwicklungsstadium der kapitalistischen Industrie und des mit dieser Entwicklung verbundenen Wachstums der Arbeiterklasse entstehen. Den besten und vollständigsten Ausdruck der kapitalistischen Organisation der Produktion und des auf ihr basierenden Verhältnisses zwischen Arbeit und Kapital finden wir in jenem unter dem Namen Fabriksystem voll ausgebildeten und bestimmten System von Beziehungen, das bekannt ist und das den allgemeinen Charakter und Inhalt der Fabrikverfassung vorausbestimmte.

Die kapitalistische Fabrik stellt sich nicht nur als technisches und ökonomisches System, als Organisation der Arbeit dar, sondern auch als ein aus ihr hervorgehender umfassender Komplex gesellschaftlicher Arbeitsbeziehungen, die in ihrem Wesen antagonistisch sind und sich in Abhängigkeit von dem Kräfteverhältnis innerhalb des sozialen Systems der Fabrik verändern. Die Fabrik – das ist ein so harmlos klingender Sammelbegriff, hinter dem sich aber die ganze ungeheuerliche Macht des Kapitals über den modernen Sklaven, der ihm seine Arbeitskraft verkauft, verbirgt.

Woraus entstand historisch die moderne Fabrik? Sie war das Resultat der industriellen Revolution des 18. Jahrhunderts und entstand auf dem Boden der »Manufakturen« in Westeuropa, die Menschen und Produktionsmittel unter der leitenden Rolle des Kapitals an einem Ort zusammenfaßten und vereinigten. Die Einführung von Maschinen in den »Manufakturen« führte zur Schaffung von Fabriken und Werkstätten, die auf maschineller Produktion basierten und bereits nicht mehr abhängig waren von persönlichem Geschick, Kraft und Sachkenntnis derer, die in der Werkstatt zusammengefaßt waren, sondern vom automatischen Maschinensystem, das den ganzen Prozeß der Produktion eines Fabrikats ausführte und nur der Leitung und einer bestimmten Kontrolle des Produktionsgangs unterworfen war.

Und dieser letzte Umstand führte dazu, daß der Arbeiter, der sich in der Manufaktur noch einen bestimmten Grad von Unabhängigkeit und Selbständigkeit bewahrt hatte, endgültig und in ganzem Umfang an die Maschine gekettet wurde, an die Fabrik und ihren Herren — den kapitalistischen Eigentümer. Nach den Worten von Andrew Ure, den Marx als den »Pindar der automatischen Fabrik« bezeichnete, stellt die Fabrik »einen ungeheuren Automaten (dar), zusammengesetzt aus zahllosen mechanischen und selbstbewußten Organen«; und der zweite Bestandteil dieser Fabrik, die in ihr beschäftigten Arbeiter, die ein »System produktiver Maschinerie überwachen«, seien nur ein Anhängsel dieses Systems, der »zentralen Bewegungskraft untergeordnet«.[3] So ergab sich aus dem Primat der Maschine über die bewußte Arbeit des lebendigen Menschen seine untergeordnete Lage, die bestimmt ist durch die Technik des neuen Fabriksystems. Die zentrale Maschine wird nicht nur zum Automaten, sondern auch zum autokratischen Selbstherrscher, der für den modernen Arbeiter, nach einem Ausdruck von Marx, aus der »lebenslangen Spezialität, ein Teilwerkzeug zu führen, [...] die lebenslange Spezialität, einer Teilmaschine zu dienen«[4], macht. Die durch die maschinelle Technik geschaffene Ordnung, an und für sich unumgänglich und jedem Produktionsprozeß eigen, verwandelte sich unter dem Kapitalismus in die Versklavung des Lohnarbeiters. Der kapitalistische Prozeß ist nicht nur Arbeitsprozeß, sondern auch Prozeß der Produktion von Mehrwert, dessen einzige Quelle der Lohnarbeiter ist; die Produktionsinstrumente selbst fungieren nur als Mittel beschleunigter und rationalisierter Auspressung dieses Mehrwerts. Gerade in diesem Teil des kapitalistischen Produktionsprozesses wächst unausweichlich die Herrschaft des Kapitals über die Arbeiter, die ihm ihre Ware, die Arbeitskraft, verkauft haben, während der Kapitalist sich selbst nicht nur als Eigentümer der »Arbeitshände«, sondern auch als Herrscher über sie begreift. »Die Leitung des Kapitalisten«, sagt Marx, »ist nicht nur eine aus der Natur des gesellschaftlichen Arbeitsprozesses entspringende und ihm angehörige besondre Funktion, sie ist zugleich Funktion der Ausbeutung eines gesellschaftlichen Arbeitsprozesses und daher bedingt durch den unvermeidlichen Antagonismus zwischen dem Ausbeuter und dem Rohmaterial seiner Ausbeutung.«[5] Aufgrund des Kommandos des Kapitals besteht innerhalb der Fabrik eine eigentümliche Fabrikhierarchie: »Wie eine Armee militärischer, bedarf eine unter dem Kommando desselben Kapitals zusammenwirkende Arbeitermasse industrieller Oberoffiziere (...) und Unteroffiziere (...), die während des Arbeitsprozesses im Namen des Kapitals kommandieren.«[6]

Das ist das Wesen des kapitalistischen Fabriksystems, das auch die Grundlage für die Errichtung einer Ordnung innerhalb der Fabrik abgibt, die man charakterisieren könnte mit dem Namen Fabrikabsolutismus. Die Macht des Kapitals über den Arbeiter gilt nicht nur während des Arbeitsprozesses, sondern erstreckt sich auf sein ganzes gesellschaftliches und persönliches Leben und beraubt ihn damit faktisch seiner individuellen Freiheit.

Betrachtet man die rechtliche Lage der Arbeiterklasse, enthüllt sich dieser Despotismus um so offener und gröber, je frühere Perioden der Entwicklung dieses Systems wir untersuchen; um so offener und grausamer sehen wir diese Despotie wirken, je weniger die Arbeiterklasse in der Lage ist, Widerstannd zu leisten. Das Kapital verwirklicht seine Selbstherrschaft voll und ganz in dem von ihm geschaffenen Fabrikregime, in jener Kasernendisziplin, die jede Kleinigkeit mit Hilfe eines für jede Fabrik speziell ausgearbeiteten »Disziplinarkodex« und einer »Betriebsordnung« reglementiert. Und Millionen Menschen sind dieser »Ordnung« untergeordnet und erkennen ohne Widerspruch ihre Verbindlichkeit an. Die Wurzeln dieser Unterordnung liegen noch in jenem Stadium der Entwicklung der Industrie, das eine in Rußland unter dem Namen »Fabrikfeudalismus« bekannte Struktur geschaffen hatte. Die wirtschaftliche Macht kam dem Besitzer des Unternehmens zu dank seiner sozialen Stellung als Eigentümer von Produktionsinstrumenten. In das »Recht des Herrn im eigenen Hause« durfte sich kein »Unbefugter« einmischen — sei es der Staat oder sei es eine andere Organisation. Um so weniger Recht hatte der Arbeiter auf dem Gebiet rechtlicher Bestimmungen der Fabrikordnung. Der Staat überließ dem Kapitalisten als dem Eigentümer und Besitzer völlig das Reglement der inneren Verhältnisse des Wirtschaftsunternehmens; dabei schätzte er die Rolle des Unternehmers eher als eine Frage der Gewohnheit denn als juristisches Problem ein und überließ es dem Unternehmer selbst, den Rahmen seiner Rechte gegenüber den Arbeitern zu bestimmen und zu erweitern. Die Überreste von Traditionen aus der Handwerksordnung beeinflußten den Charakter dieser »patriarchalischen« Beziehungen, rechtfertigten in Sitte und »Recht« die Willkür des Unternehmers. Von einem »Stimmrecht« des Arbeiters konnte keine Rede sein. Drückende Rechtlosigkeit war das Los des Arbeiters in diesem frühen Entwicklungsstadium des Fabriksystems. Es bedurfte eines langen Entwicklungsweges der kapitalistischen Produktion und des Anwachsens der Lohnarbeit, um dieses absolutistische Regime in der Fabrik einzuschränken. Unruhe und Protest gegen dieses Regime entstanden bald nach dem Einsetzen der industriellen Entwicklung und durchliefen eine ganze Reihe von Phasen. Nach Übergriffen, nach Diebstahl und Zerstörung von Maschinen, schließlich nach der Zerstörung von Fabriken suchte der Arbeiter nach anderen, zweckmäßigeren und effektiveren Mitteln im Kampf mit dem immer mehr sich steigernden Druck des Kapitals und der von ihm geschaffenen

Rechtsordnung in den Fabriken. Aber bald begriff er, daß er vereinzelt, als bloß isolierter »freier« Verkäufer seiner »Arbeitshände« dem Kapital keinen Widerstand leisten konnte. Schon die Tatsache der Konzentration der Arbeiter an einem Ort und die Gleichartigkeit der Existenzbedingungen deuteten andere Kampfmethoden an. Der ökonomische Zwang veranlaßte die Arbeiter einer Fabrik, als ein Ganzes aufzutreten, vor allem, wenn es darum ging, die Höhe des Arbeitslohns zu halten. Der Streik war das schärfste Moment dieses Kampfes in der Fabrik, und die Streikleiter waren die ersten Vertreter der Masse der Arbeiter in den Fabriken. Diese episodischen Kampfmaßnahmen erwiesen sich jedoch als unzureichend. Der ökonomische Fortschritt verschlechterte die Lage der Arbeiter, hielt sie unter der Drohung der Arbeitslosigkeit, des Hungers und der Not. Natürlich und unausweichlich gelangte die Arbeiterklasse zu der Notwendigkeit, sich zu vereinigen. Dies geschah aber schon zu einem Zeitpunkt, da die Arbeiterklasse sich als Klasse bewußt wurde, die sich mit der Lage des Sklaven nicht aussöhnen kann und nicht aussöhnen will.

Zu diesem Zeitpunkt setzten die Arbeiter dem Absolutismus in den Fabriken die Forderung der Fabrikverfassung entgegen. Sie verlangten die Anerkennung des Rechts der Arbeiter, in die Bedingungen der Arbeit und das Leben in den Unternehmen einzugreifen und die Willkür des Unternehmers zu beschränken. Sie wollten die Erfüllung der Bedingungen des Arbeitsvertrages und die Arbeitsbedingungen kontrollieren. Sie forderten ihre Teilnahme an der Festsetzung von Regeln zur inneren Ordnung, der Einstellung und Entlassung der Arbeiter. Da die Arbeiter jedoch mit zersplitterten Anstrengungen nur schwer ihre Forderungen durchsetzen konnten, forderten sie diese Rechte für ihre Organisationen, verlangten die Anerkennung ihrer Vertreter – der Gewerkschaften und der Arbeiterkomitees – durch die Fabrikanten und den Staat. Sidney und Beatrice Webb beschreiben in ihrer bekannten Arbeit über die Demokratie in der Industrie, wenn sie die Entwicklung der Arbeiterdemokratie und ihren Kampf für ihre Rechte charakterisieren, diese Etappe der Auflehnung der Arbeiterklasse gegen den Fabrikabsolutismus folgendermaßen: »Für sie (die Masse der Arbeiter) bezeichnete die unkontrollierte Macht der Produktionsmittelbesitzer, die ihnen erlaubte, den Arbeiter jeder Existenzmöglichkeit zu berauben, falls er ihren Bedingungen widersprach, eine weitaus realere Beraubung der Freiheit und erzeugte ein weitaus schärferes Empfinden für die persönliche Abhängigkeit als die offizielle Rechtsprechung des Gerichts und die ferne, kaum vernehmbare Herrschaft des Königs. Die Industriekönige können ähnlich den Königen vergangener Zeiten beim besten Willen nicht verstehen, warum man ihre Macht einschränken müsse, so daß sie sich – wie jene – gar nicht darum bemühen, den

Beweis dafür zu erbringen, die Aufrechterhaltung dieser Macht sei für die Gesellschaft notwendig. Gegen diese industrielle Autokratie protestierten im Laufe des ganzen Jahrhunderts die Lohnarbeiter immer heftiger. Die Agitation für die Koalitionsfreiheit und für die Fabrikgesetzgebung war im wesentlichen die Forderung nach einer Verfassung angesichts der absoluten Herrschaft in der Industrie.«[7]

Es ist völlig natürlich, daß die absoluten Monarchen der Industrie zunächst jedem Versuch, das Joch zu beseitigen, mit größter Feindseligkeit entgegentraten. Richtig bemerken die Webbs, daß den industriellen Monarchen schon der Gedanke an die Möglichkeit, mit den Arbeitern als gleichen zu reden, ungeheuerlich erschien. Das ganze Fabriksystem, das sie befehligten, widersprach gleichsam diesem Bemühen der »Sklaven«, aus der völligen Unterwerfung auszubrechen. Als dann aber die ersten Anfänge von Selbsttätigkeit und Organisiertheit der Arbeiter sichtbar wurden, die Erwachen und Anwachsen des Klassenbewußtseins zeigten, beeilte sich der absolutistische Kapitalist, sich selbst für den Kampf mit der Arbeiterklasse zu organisieren und auf jenem »Fabrikkodex« zu bestehen, »worin das Kapital seine Autokratie über seine Arbeiter, ohne die sonst vom Bürgertum so beliebte Teilung der Gewalten und das noch beliebtere Repräsentativsystem, privatgesetzlich und eigenherrlich formuliert«[8].

So liegt in der historisch herausgebildeten Struktur des modernen Unternehmens immer noch ein starkes Element des unternehmerischen Absolutismus. Und je näher das Fabriksystem in seiner technischen und ökonomischen Struktur dem vorangegangenen Handwerks- und Manufaktur-Produktionssystem stand, desto »patriarchalischer« gestalteten sich die Beziehungen zwischen Arbeit und Kapital, desto weniger Raum war für die Stimme der Arbeitervertretung, desto offensichtlicher traten die Spuren des Fabrikabsolutismus hervor und desto drückender war die Rechtlosigkeit des Arbeiters.

Erst mit der Entwicklung des zusammen mit der großen industriellen Produktion entstehenden großindustriellen Proletariats gewann die Arbeitervertretung insbesondere auf Fabrikebene einen festen Platz im absolutistischen Fabriksystem. In ausdauerndem Kampf und in grausamen Zusammenstößen mit dem Kapital behauptete sich das Proletariat in diesem System als gleichberechtigter Partner.

3. Der Stellenwert der Fabrikkomitees im Kampf um die Rechte der Arbeiter in der Fabrik

Der historische Kampf der Arbeiterklasse in allen kapitalistischen Staaten für die Veränderung der inneren Struktur der Unternehmen und für die Einrichtung einer demokratischen Rechtsordnung entwickelte sich in zwei Richtungen: einerseits in die Richtung einer

Verringerung der Macht der Unternehmer bei der Festsetzung des individuellen Lohnvertrags, zum anderen in Richtung einer von der Arbeiterklasse erstrebten Fabrikgesetzgebung, die die Willkür der Unternehmer einschränkte. Demgegenüber tendiert das moderne industrielle Unternehmen seiner Natur nach zur Schaffung einer autonomen, außerhalb der Gesetzgebung stehenden inneren Ordnung, und nur dank des Drucks von außen — Widerstand der Arbeiterklasse, Konkurrenz, staatliche Einmischung usw. — kommt es allmählich dazu, daß die innere Ordnung der Betriebe unter Mitwirkung der Arbeiterorganisationen geregelt wird (kollektive Arbeitsverträge). Wir sprachen schon davon, daß die Vertretungsorganisationen in den Fabriken sich entwickeln und auf den Gang des Kampfes zwischen Arbeit und Kapital innerhalb der Unternehmen Einfluß gewinnen konnten — ein Ergebnis der schon hochentwickelten kapitalistischen Industrie, verkörpert im sogenannten Fabriksystem. Jetzt wollen wir zeigen, daß die Fabrikkomitees einerseits das Anwachsen des Selbstbewußtseins und der Kampfbereitschaft des Proletariats beweisen, also nicht nur die Existenz des objektiven ökonomischen, sondern auch des subjektiven Faktors der kommenden Revolution. Das sind zwei Seiten ein und desselben Prozesses, die beinahe gleichzeitig heranwachsen.

Die Rolle des ›subjektiven‹ Faktors im Kampf mit dem Kapital kam historisch ebenso an einem besonderen Punkt zum Ausdruck: im Kampf um den Arbeitsvertrag. Dieser Kampf hatte schon in der Blüteperiode des Handwerks begonnen, als die Meister auf dem auf individuellen Arbeitsverhältnissen aufgebauten Zunftreglement der handwerklichen Tätigkeit, auf der Erhaltung der patriarchalischen Struktur der Beziehungen beharrten. Und die Gesellen, die in immer größere ökonomische Unselbständigkeit geraten waren, versuchten demgegenüber ihre ökonomische und rechtliche Stellung zu bessern, indem sie bei der Bestimmung der Arbeitsbedingungen das Vertragsprinzip zu stärken suchten. Die Entwicklung der Manufaktur- und Fabrikindustrie nahm der Zunftorganisation ihren reglementierenden Charakter und zerbrach die Enge des korporativen Systems. Sie war zunächst jedoch keineswegs von einer Erweiterung der Rechte der Arbeiter begleitet, ihre Beziehungen mit den Fabrikherren selbst zu regulieren, sondern führte zu einer strengen Herrschaftsordnung in allen Details des Fabriklebens. In dieser Periode erhielt der »Fabrikfeudalismus« seine juristische und moralische Sanktionierung von seiten des Staates, der nicht nur die Arbeiter, sondern auch die Fabrikherren in jeder Hinsicht bevormundete und wachsam kontrollierte. Doch schon seit Ende des 18. und Beginn des 19. Jahrhunderts verlangte die ökonomische Entwicklung in den meisten kapitalistischen Ländern einen grundsätzlichen Wandel in der Wirtschaftspolitik, die umfassende Aufhebung der Beschränkungen und die persönliche Initiative für das sich entwickelnde Kapital. Die Einmischung des Staates in die »privatrechtlichen« Beziehungen zwischen Arbeitgebern und Arbeitern begann man als schädlich und unzulässig zu betrachten. Die Konkurrenz war Hauptmotor und grundlegender Faktor, der das ganze ökonomische Leben und alle gesellschaftlichen Beziehungen bestimmte, die »Vertragsfreiheit« der einzige Regulator in den Beziehungen zwischen Arbeit und Kapital. In dieser Gestalt entwickelten sich die Prinzipien des »Wirtschaftsliberalismus«. Doch berührten diese Prinzipien die Lage der Arbeiter faktisch nicht, da die ökonomische Ungleichheit die bloß verbale »Freiheit des persönlichen Vertrages« mit einschloß. Ganz im Gegenteil: Während die kapitalistischen Unternehmer die regulierende Tätigkeit der Staatsmacht zurückwiesen, dachten sie nicht daran, die früher erlassenen Gesetze und Verordnungen zu beseitigen und zu verändern, die die inneren Verhältnisse in den industriellen Unternehmen betrafen und die die Arbeiter jetzt der unumschränkten Autokratie des Kapitals unterwarfen. Die »Vertragsfreiheit« hatte die Freiheit zur Errichtung der unbeschränkten Macht des Eigentümers und der ungestraften Exploitation der ökonomisch von ihm abhängigen Arbeiter mit sich gebracht. In Frankreich z. B. wurden diese »freien Verträge« denn auch »Verträge der Unterwerfung« genannt.

In der Tat führten der anwachsende Widerstand der Arbeiterklasse und die harten Kämpfe zwischen Arbeit und Kapital dazu, daß man rechtliche Mittel für die Beilegung von Konflikten suchte. Schon zu Beginn des 19. Jahrhunderts tauchten Projekte auf, nach denen die Ordnung, die auf der Macht des einzelnen Unternehmers in der Fabrik basiert, einer gewissen Kontrolle unterstellt werden sollte. Im Jahre 1801 finden wir den Entwurf eines Fabrikgesetzes in Frankreich mit dem Vorschlag, das Reglement nur nach der Bekanntmachung an Arbeiter und Behörden anzuerkennen; 1848 finden wir ein vom Frankfurter Parlament angenommenes deutsches Projekt über die Notwendigkeit, Regeln für die interne Ordnung mittels »Lohnkommissionen«[9], d. h. Fabrikversammlungen aus Vertretern der Fabrikanten und Arbeiter festzusetzen; im selben Jahr taucht das Projekt des Schweizer Juristen Bluntschli auf, das den Umfang und die Grenzen der Strafvollmacht des Fabrikherrn definierte; dies sind die ersten ausformulierten Versuche, eine Fabrikordnung mit dem Ziel zu institutionalisieren, den Absolutismus des Unternehmers zu beschränken und unter Kontrolle zu bringen. Doch bis zu einer Beteiligung einer freien Arbeitervertretung – vor allem auf Fabrikebene – an dieser Kontrolle war es noch weit.

Der Kapitalismus selbst schuf die grundlegenden Bedingungen für die neue Ordnung: die Entwicklung der Technik führte zu einer Ausgleichung der Arbeitsbedingungen, da die Massenproduktion einerseits die Arbeit der Fabrikarbeiter entindividualisierte, andererseits die Arbeitsbedingungen vereinheitlichte und es damit möglich machte, den individuellen Vertrag durch Kollektivverträge zu ersetzen.

Das massenhafte Auftreten von Kollektivverträgen machte die neue Phase in der Entwicklung des Wirtschaftslebens und der Bewegung des Proletariats deutlich; sie war gekennzeichnet von der Anerkennung der Legalität von Arbeiterorganisationen und deren Teilnahme bei der Festsetzung von rechtlichen Normen im internen Leben des Unternehmens. In dem Maße, in dem die gewerkschaftlichen Organisationen immer mehr rechtliche Formen annahmen, büßte die Macht des Unternehmers immer mehr den Charakter persönlicher Entscheidung ein. Auch der einzelne Unternehmer löste sich immer mehr auf in Aktien- und ähnliche kollektive, kapitalistisch geleitete Gesellschaften, die der Fabrikadministration die wirtschaftlichen Vollmachten innerhalb des Unternehmens übertrugen. Der patriarchalische Charakter der Beziehungen verschwand für immer. Zur Verteidigung der rechtlichen Interessen der Arbeiter traten verschiedene Arbeiterorganisationen auf – sie waren die bevollmächtigten Vertreter der Arbeiterklasse und sprachen in ihrem Namen. Der »freie Vertrag« wurde ersetzt durch die Abmachung zweier vertragsschließender Kollektive, und der Inhalt dieser Abmachungen bestimmte sich ausschließlich aus dem Kräfteverhältnis.

So gewann die Arbeitervertretung rechtlich-gesetzlichen Charakter. Unfähig, die Entstehung dieser Organisationen zu verhindern, versuchte das Kapital, diese für seine Interessen einzuspannen, indem es der Tätigkeit der Arbeiterorganisationen eine falsche Richtung gab. Der Lohnvertrag legt beiden Seiten Rechte und Pflichten auf, die aus der spezifischen Position jeder der beiden Gruppen in der Produktion resultieren. In die Verpflichtung der Arbeitervertreter geht die Erhaltung der Rechte und Interessen der Arbeiter ein: Aber es ist nicht ihre Pflicht, die Erfüllung der vom Unternehmer aufgestellten Regeln durch die Arbeiter oder die Einhaltung der Disziplin zu kontrollieren; das ist Sache des Unternehmers oder der Unternehmensadministration. Diese Funktionen können die von den Arbeitern Gewählten nicht übernehmen, da sonst auch die Zwangsgestalt des Kapitalisten an sie übergehen würde. Auf der Basis der Verteidigung der Interessen der durch sie repräsentierten Arbeiter hat die Fabrik-Selbstverwaltung ihre Grenzen, die genau abgesteckt sind durch die Bedingungen der kapitalistischen Produktion. Wie wir an Beispielen von Arbeiterkomitees in Deutschland und Rußland (die autonomen Kommissionen der Drucker) sehen, beschritten die Unternehmer nicht selten den Weg, die Kompetenzen der Vertreter gegenüber den Arbeitern auszuweiten, indem sie sie mit Prärogativen der betrieblichen Macht versahen und sie hinter ihrem Rücken als unfreiwillige Helfershelfer benutzten.

Es bleibt noch einiges zu sagen über eine andere Richtung des Kampfes der Arbeiterklasse für die Veränderung der inneren Struktur des Unternehmens — über den Kampf für eine den Interessen der Arbeiterklasse entgegenkommende Fabrikgesetzgebung. Die Bourgeoisie hatte zu Beginn hartnäckig gegen ein Koalitionsrecht der Arbeiter gekämpft und dabei die staatliche Macht und Gesetzgebung in ihrem Interesse ausgenutzt. Der Staat mischte sich nur unter dem Druck sozialer und ökonomischer Notwendigkeiten in die unantastbare Macht des Unternehmers ein und glättete bis zu einem gewissen Grad die schärfsten Gegensätze in den Beziehungen, die unerwünschte Konflikte, Streiks und die Erschütterung der existierenden Ordnung heraufbeschworen. Von seinem Klassencharakter her dazu bestimmt, den Interessen der herrschenden Klasse zu dienen, zielte der Staat in seiner ganzen Gesetzgebung über die Lohnarbeit darauf ab, der Bourgeoisie die »gesetzliche« Möglichkeit zur Exploitation der Arbeiter zu geben und zu erleichtern. Und nichtsdestoweniger erreichten die Arbeiter, auch die ersten Sozialisten, und sogar die »liberale« Bourgeoisie, das Eingreifen des Staates in die Beziehungen zwischen Arbeit und Kapital, die von Willkür des Unternehmers und unbeständigen Marktbedingungen reguliert waren.

Wenn Marx und Engels auch die geringe praktische Bedeutung der Fabrikgesetzgebung durchaus erkannten, unterstützten sie doch den Kampf der Arbeiterklasse in dieser Richtung leidenschaftlich. Marx, der die Fabrikgesetzgebung als ersten bescheidenen Fortschritt einschätzte, der dem Kapital entrissen worden war, nannte die Fabrikgesetzgebung die »erste bewußte und planmäßige Rückwirkung der Gesellschaft auf die naturwüchsige Gestalt ihres Produktionsprozesses«[10]. Nur unter dem Druck der Arbeiter also und unter dem Einfluß der Konkurrenz, ließen die Kapitalisten die Einmischung des Staates in ihre Ausbeuterrechte zu, nicht ohne sich entgegenzustellen. Besonders traten sie jedem Aspekt der Gesetzgebung entgegen, der die Regulierung des Arbeitslohns zum Gegenstand hatte; denn hier lag ein offensichtlicher Eingriff in das »Allerheiligste« des Kapitalismus vor — in das Reich des Mehrwerts.

Auch die Reglementierung des Arbeitstages wurde nur in einem Prozeß langen und hartnäckigen Kampfes erreicht, und ein regelrechter Bürgerkrieg fand an der ganzen Front zwischen der Klasse der Kapitalisten und der Arbeiterklasse statt: das war ein Eingriff in die innere Struktur der Fabrik und die Wechselbeziehungen ihrer grundlegenden sozialen Bestandteile. Es ist klar, daß die Fabrikgesetzgebung immer Kampfergebnis war und daß sie die Errungenschaften der Arbeiterklasse nur dann sanktionierte, wenn erwiesen war, daß sie ihr nicht wieder entrissen werden konnten.

Deshalb ist auch die Gesetzgebung über Fabrikkomitees so spärlich. Im Westen wie in Rußland erhält sie ihre mehr oder weniger definitive Form erst nach Siegen der Revolution. Bis zum Sieg der Revolution hatten alle gesetzgeberischen Entwürfe über die Fabrikkomitees sehr fragmentarischen Charakter und waren kaum ausformuliert; lediglich ihr Name erinnerte daran, daß sie Organe der Arbeiterselbstverwaltung sein sollten.[11]

Diese Tatsachen führen uns zu folgenden Schlüssen:

1. Die Fabrikkomitees – Resultat der Entwicklung der kapitalistischen Industrie und des parallelen Wachstums der Arbeiterklasse – erhalten ihren allgemeinen Charakter und ihren Inhalt abhängig von den Besonderheiten der Entwicklung des kapitalistischen Fabriksystems, das auf autoritären Beziehungen basiert. Nur in hartnäckigen Klassenkämpfen behauptet sich das Proletariat in ihm als gleichberechtigt.

2. Legalisierung und gesetzliche Verankerung im Arbeitsrecht erfährt die Institution der Arbeitervertretung insbesondere auf Fabrikebene ebenfalls nur nach lang andauerndem Kampf des Proletariats, das sich als Klasse formiert hat.

3. Der Kampf um den kollektiven Arbeitsvertrag, für die Anerkennung der Arbeiterorganisationen, für das Recht, in der Fabrik eine bestimmte Rechtsordnung aufzustellen, der Kampf für eine günstigere Tendenz der Fabrikgesetzgebung, die sich bis auf das Gebiet der Arbeitsbedingungen erstreckt – all dies sind verschiedene Formen ein und desselben Kampfes gegen die Autokratie des Unternehmers.

4. Die Grenzen der Fabrikgesetzgebung sind bestimmt durch die Bedingungen der kapitalistischen Produktionsweise selbst. Die Frontlinie verläuft zwischen den widersprüchlichen Interessen des kapitalistischen Eigentümers, der nach dem Maximum an Mehrwert strebt, und dem für Lohn arbeitenden Proletariat, das der kapitalistischen Ausbeutung Widerstand leistet.

Diese allgemeinen Resultate erhalten aus dem konkreten Kampf um die russische Fabrikverfassung nicht nur ihre lebendige Bestätigung und Vertiefung, sondern veranlassen die Arbeiterklasse, immer wieder die Lehren der Geschichte zu studieren und die gemachte Erfahrung für den weiteren Kampf zu nutzen.

II. Die Fabrikverfassung in Rußland bis zur Revolution im Jahre 1917

Erstes Kapitel

Der Kampf zwischen Arbeit und Kapital in der leibeigenschaftlichen Fabrik

1. Das leibeigenschaftliche Regime in der frühen russischen Fabrik

Das russische Fabriksystem basierte lange Zeit auf den Bedingungen des Leibeigenschaftsrechts und der Zwangsarbeit. Seine ganze Struktur trug den deutlichen Stempel der Raubbauwirtschaft, die der Periode der ursprünglichen Akkumulation des industriellen Kapitals eigentümlich ist und das Fundament seiner zukünftigen Macht durch verstärkte Ausbeutung der Arbeiter legt. Deshalb erscheint die russische Fabrik zu Beginn ihrer Entwicklung als klassisches Muster des Absolutismus in den durch ihr ganzes System geschaffenen Beziehungen zwischen Arbeit und Kapital. Ihre Ordnung ergab sich aus der ökonomischen und sozialpolitischen Lage, in der sich die eben entstehende russische Großindustrie befand.

In Rußland gab es die für den Westen typische Entwicklung der städtischen Handwerksproduktion mit einer starken, aber abgeschlossenen Zunftorganisation nicht. Handel und Handelskapital — bereits im 16. und 17. Jahrhundert entwickelt — zogen es, anstatt eine selbständige Produktion zu organisieren, vor, Produkte aus der Arbeit mittlerer Produzenten aufzukaufen, die, wenngleich ökonomisch abhängig, doch nicht in Lohnarbeiter verwandelt waren. Für die Befriedigung der Nachfrage nach Luxusgegenständen wurden oft Handwerksmeister aus dem Ausland geholt. Handwerks- und Manufakturunternehmen entwickelten sich bis zu Peter I. langsam, sporadisch und kaum vom Staat kontrolliert. In der Gesetzgebung der Epoche vor Peter finden sich kaum Verordnungen, die die Organisation der Produktion oder das Reglement der Fabrikindustrie betreffen. Der erste Grund, der Peter veranlaßte, sich mit der industriellen Umgestaltung Rußlands zu befassen, war die Notwendigkeit, größere ökonomische Unabhängigkeit gegenüber den Hansestädten, Holland und England zu gewinnen, Gebieten, aus denen die für die Befriedigung der militärischen Bedürfnisse notwendigen Güter wie Uniformtuch, Leinwand, Waffen und Pulver bezogen wurden. Peter, durch die Entwicklung des Handelskapitals gezwungen, Krieg mit den westlichen Nachbarn zu führen, bemühte sich nicht nur, in Rußland ein reguläres Heer und eine Flotte, sondern auch Fabriken zu schaffen, die die für Armee, Artillerie und Flotte unentbehrlichen Güter pro-

werden, Strafe zahlen wie oben aufgeführt und in Ketten im Kerker zwei oder drei Tage zubringen.«

Peter unterwarf das gesamte industrielle Leben einem strengen Reglement und fortgesetzter Kontrolle und wies in seinen Verordnungen immer wieder daraufhin, daß in den Unternehmen ein hartes Regime existieren müsse. So führt er in seinem wichtigsten Gesetzgebungsakt vom 3. Dezember 1723 hinsichtlich des »Manufaktur«-Reglements detailliert alle Verpflichtungen des Manufakturkollegiums[3] nicht nur auf dem Gebiet von Organisation der Produktion und Leitung, sondern auch bezüglich der Ausnutzung der Arbeitskraft auf. Punkt 14 dieser Verordnung besagt: »Das Kollegium muß aufs strengste darauf achten, daß die Fabrikanten die Arbeiter und Lehrlinge ordentlich halten und nach Gebühr entlohnen.« In Punkt 15 und 16 verweist die Verordnung auf die Notwendigkeit, die Arbeiter einer systematischen Ausbildung zu unterwerfen und Arbeiter und Lehrlinge im Falle eines Verstoßes zu verurteilen. Eine Verordnung der Admiralität aus dem Jahre 1722 setzte besondere Kontrolleure ein, die verpflichtet waren, die Arbeit zu überwachen.

Ähnlich strenge Verordnungen für das industrielle Leben finden wir auch bei den Nachfolgern Peters, die im allgemeinen sein System fortsetzten. Doch hatten all diese Verordnungen eher die Hebung des Wohlstandes der russischen Kaufmannschaft im Auge als eine Begrenzung der Exploitation der Arbeiter. Der »Generalukaz für alle Fabriken« aus der Regierungszeit der Anna Ivanovna vom 7. Januar 1736 erkannte alle Arbeiter in den Fabriken den Fabrikanten als Leibeigene zu, denen damit die unumschränkte Macht über alle »sich in ihren Fabriken Befindlichen« übertragen wurde. Im Punkt 5 dieses Generalukaz heißt es: »Wer von den auf ewig in die Fabriken Weggegebenen zu seinem früheren Wohnort oder an andere Plätze entflieht, darf nirgendwo aufgenommen und behalten werden, sondern ist zu fangen und dem Voevoden zuzuführen; diese Leute müssen zur Strafe in eben jene Fabriken geschickt werden, aus denen sie entlaufen sind (...). Und wer von den oben Genannten jetzt in der Fabrik unverbesserlich und keiner Lehre zugänglich ist, muß von den Fabrikanten selbst, nach ausreichender Bestrafung ans Kammerkollegium gemeldet werden, das ihn auf Zeugnis der Fabrikanten für ein solch unanständiges Leben in die Verbannung in ferne Städte oder zur Arbeit nach Kamčatka verschickt, damit er als Schreckensbeispiel für die anderen wirkt; und Leute, die in Streit oder in Prügelei oder in Trunkenheit ergriffen werden, darf man nirgends auch nicht einen Tag aufnehmen, sondern muß sie ohne Verzug in die Fabrik schicken, und *nur dem Fabrikanten steht es zu, sie vor ihren Brüdern zu bestrafen.*«

Das bemerkenswerteste Dokument, das die innere Struktur der

leibeigenschaftlichen Fabrik charakterisiert, stellen vermutlich die sogenannten »Arbeiter-Regeln« und das »Reglement« der Anna Leopol'dovna dar, die am 2. September 1741 als Resultat der Arbeiten einer speziellen »Kommission für die Kontrolle der Tuchfabriken« erschienen sind.

Diese Kommission kam, nachdem sie den Zustand der Tuchfabriken untersucht hatte, zu dem Schluß, daß in den Tuchfabriken »Unordnung« herrsche, weil es in ihnen »Verordnungen, nach denen die Arbeitsleute sich verhalten sollten, in keiner Weise« gebe. Ausgehend von diesem Gedanken arbeitete die Kommission genaue Verordnungen aus, die das ganze innere Leben des Unternehmens, die Verpflichtungen der Fabrikanten und der Meister, der Aufseher und der »Arbeitsleute« bis ins letzte Detail betrafen. Während sie den Fabrikanten anriet, pflichtgemäß ihre Obliegenheiten zu erfüllen und sich dabei in keiner Weise beleidigend oder verletzend zu betragen, sondern in allem recht und gut die Christenwürde zu wahren, erkannte sie die schwere Lage der leibeigenen Arbeiter an und war gezwungen, ihre Notlage zu konstatieren: »Bis jetzt war es beschämend zu sehen, daß ein großer Teil der Arbeitsleute in den Werkstätten so abgerissen und schlecht gekleidet ist, daß einige von ihnen kaum ein ganzes Hemd auf den Schultern tragen.« Die Notwendigkeit, »Arbeitsregeln« aufzustellen — diesen ersten bürokratischen Versuch vereinzelter »Regeln der inneren Ordnung« —, motiviert die Kommission reichlich merkwürdig: »Weil sich gegenwärtig sowohl dem Interesse wie auch der Absicht der Fabrikunternehmer zuwiderlaufende schädliche Unordnung, große Eigenwilligkeit und außerordentliche Frechheit bei den Handwerks- und Arbeitsleuten in einer großen Anzahl von Tuch- und Wollfabriken eingewurzelt haben, die zu großer Zerstörung führen, ist es erforderlich, daß verständige Leute für die Abwendung aller für die Zukunft schädlichen Folgen die unten aufgeführten Regeln niederschreiben, die aufs genaueste erfüllt werden müssen.«

Diese ›Regeln‹ setzen die Arbeitszeit, das Essen, die Ruhe, die Dienste und die Ausmaße der Strafen genau fest; sie legen fest, was getan werden darf und was nicht. Interessant ist Punkt 7, der die Wechselbeziehungen zwischen Fabrikanten und Arbeitern betrifft: »Alle Streitigkeiten zwischen den zur Fabrik gehörigen Aufsehern, Handwerks- und Arbeitsleuten müssen dem Fabrikinhaber zur Entscheidung vorgetragen werden. (...) Wenn (...) die Fabrikleute (...) gegen den Fabrikanten irgendwelche Klage vorzutragen haben, dann sind sie verpflichtet, zuerst ihren Vertretern höflich ihre Klagen mitzuteilen, und wenn die Schwierigkeiten nicht behoben werden können, müssen sie nach einer Beratung mit ihren Aufsehern vor dem Fabrikinhaber mit der gebotenen Ehrerbietung erscheinen und um wohlwollendes Gehör für ihre Klagen bitten.« Diese Lösung aller Streitigkeiten und »Beleidigungen« mit Hilfe des »Fabrikinhabers« gab früher vielen Publizisten Anlaß, vom »patriarchalischen Wesen« der Beziehungen zwischen Arbeitgebern und Arbeitern in Rußland zu sprechen; Punkt 8 der »Arbeiterregeln« unterstreicht jedoch ganz deutlich, daß man bei der leibeigenschaftlichen Fabrik in keiner Weise von »patriarchalischen« Beziehungen sprechen kann: für mangelnde Ehrerbietung und Dienstbeflissenheit gegenüber dem Fabrikanten oder anderen Vorgesetzten folgte Bestrafung mit der Knute und Geldstrafe: »Und wenn einer gegen seinen Vorgesetzten handgreiflich wird, dann ist er vor den Augen aller Fabrikangehörigen grausam mit Peitschenhieben zu bestrafen und hat ein halbes Jahr Brot mit Wasser zu bekommen.«[4] Auch in den Fabriken des Hofs, die sich insbesondere vom Ende des 18. Jahrhunderts an entwickelten, und den Votčina-Fabriken, allgemein in den sogenannten Possessionsfabriken[5] spiegelt das Fabrikregime exakt jenen leibeigenschaftlichen Zustand wider, in dem sich das ganze Land befand. Besondere Stärke erreichte der leibeigenschaftliche Druck in der Regierungszeit Katharinas II., mit dem Manifest vom 17. März 1775, das »allen und jedem, ohne daß er hierzu eines anderen Erlaubnis bedarf«, die Freiheit gibt, eine Fabrik zu eröffnen, und das zugleich das Prinzip der Konkurrenz legalisiert. Durch nichts eingeengt, von der Konkurrenz zur Jagd nach Maximalprofit getrieben, schufen die Fabrikanten die unmenschlichsten Arbeits- und Lebensbedingungen für die leibeigenschaftlichen Arbeiter. Semevskij zeichnet in seiner bekannten Arbeit über die Bergwerksbauern in der zweiten Hälfte des 18. Jahrhunderts[6] zahlreiche krasse Bilder von den Existenzbedingungen und vom Kampf der Possessionsarbeiter unter der Herrschaft Katharinas II. Die Bergwerksindustrie im Ural, ausschließlich betrieben mit Zwangsarbeit, mit einer gewaltigen Nachfrage nach Arbeitskräften, hatte zur Versklavung der freien Siedler des Ural geführt und die Ackerbau treibenden Bauern in unfreie Bergwerksarbeiter verwandelt. Der Prozeß dieser Verwandlung war schmerzhaft, und die Willkür der Bergwerksbesitzer nahm unwahrscheinliche Ausmaße an. I. Sigov erzählt in seiner Untersuchung ›Das Volk und die Possessionsgüter im Ural‹,[7] die das Leibeigenschaftsregime in den Bergwerken im Ural beschreibt, daß Fälle überliefert werden, in denen auf Anordnung der Vorgesetzten Menschen lebendig in Hochöfen geworfen oder in Teichen ersäuft wurden. Sich über die Unterdrückung der Bergwerksbesitzer zu beschweren, war nicht gefahrlos, da jeden Bittsteller Stockschläge, Auspeitschung und Weggabe zu den Rekruten erwarteten.

Die fortgesetzten Unterdrückungsmaßnahmen riefen jedoch Klagen, Unruhen und Aufstände von seiten der Bergwerksarbeiter und Bauern hervor. Fürst Vjazemskij, von Katharina in die Bergwerke im Ural entsandt, beschrieb die schwere Lage der leibeigenen Fabrikarbeiter, und Katharina ordnete an: »Wenn von seiten der Werksleitungen irgendwelche unziemliche Quälerei oder Hinterziehung des Arbeitslohns vorkommt, dann haben die Arbeiter das Recht, bei Gerichten ehrerbietig um Frieden zu bitten, wenn sie Bittsteller ausschicken, die niemand in irgendeiner Weise behindern darf.« Das war alles, was auf juristischem Gebiet von einer adeligen und auf Leibeigenschaft beruhenden Regierung zu erwarten war.

Doch der Arbeiter konnte sich auch im Zustand völliger Knechtung mit seiner Lage nicht aussöhnen. Unermüdlich protestierte und kämpfte er gegen seine Rechtlosigkeit und Erniedrigung; und diesen seinen Protest und die ersten Forderungen nach Selbstbestimmung seines Schicksals sehen wir schon deutlich in dieser Epoche der Versklavung des Arbeiters, als sein Klassenbewußtsein noch kaum hervorgetreten und geformt war.

2. Die ersten Kampfversuche der Arbeiter gegen den Fabrikabsolutismus und die ersten Arbeitervertretungen in der Fabrik

Der Kampf der Arbeiter gegen das leibeigenschaftliche Regime nimmt besonders unter Katharina II. bereits große Ausmaße an. In dieser Zeit drang die Fabrik mächtig im Alltag des russischen Lebens vor: nach Angaben Rožkovs in seinem Abriß der ökonomischen Geschichte Rußlands[8] gab es am Ende der Herrschaftszeit Peters in Rußland 233, unter Katharina II. im Jahre 1762 984 und im Jahr 1796 3 461 Fabriken. Gegen Ende des 18. Jahrhunderts beschäftigten die Tuch-, die mechanische und die Hüttenindustrie Hunderttausende von Arbeitern. Und bereits diese Votčina-, Adels- und Possessionsfabriken kannten ihre »Arbeiterfrage«. War die materielle Lage der Arbeiter in den Werken der Krone zwar nicht schwerer, so war sie doch weniger leicht veränderbar als in den privaten Werken; doch die Rechtlosigkeit war bei allen die gleiche. Die Arbeiter in den privaten Betrieben forderten für sich nicht einmal einen solchen Arbeitslohn und eine solche Stundenzahl, wie sie in den Werken der Krone Norm waren. Der Arbeitstag dauerte in der Bergwerks- und Fabrikindustrie in der Regel von Sonnenaufgang- bis Sonnenuntergang. In einer Verordnung, herausgegeben von Peter I. am 5. April 1722, wurde vorgeschrieben, die Glocke eine Stunde vor Sonnenaufgang und eine Stunde nach Sonnenuntergang zu läuten. Die Strafordnung, das Kasernenregime, die unmenschlichen Bestrafungen, die Unterdrückungen von seiten der Fabrikmeister und der höchsten Administration ergeben das Bild einer unerträglichen Lage der Arbeiter. Die schweren Arbeitsbedingungen riefen ununterbrochen Unruhen und Aufstände hervor, die häufig durch Streitkräfte pazifiziert wurden.

Martov führt in seiner »Geschichte der russischen Sozialdemokratie«[9] offizielle Berichte über die ununterbrochene Kette solcher Unruhen der Leibeigenen in den Fabriken an: 1796 kam es zu Unruhen unter den Fabrikarbeitern in Kazan', 1797 im Moskauer Gouvernement, 1798 und 1800 wieder in Kazan', 1806 in den Gouvernements von Moskau und Jaroslavl', 1811 im Gouvernement von Tambov, 1814 in Kaluga, 1815 in Jaroslavl', 1816 in Petersburg, 1817 erneut in Jaroslavl' und Kazan', 1819 in Kazan', 1821 in den Gouvernements Voronež und Kaluga, 1823 in den Gouvernements von Vladimir und Moskau, 1829 in Kazan', 1834 in Kazan', 1837 in Tula, 1844 im Moskauer und 1851 im Gouvernement von Voronež.

In ihren oben erwähnten Arbeiten führen Semevskij und Sigov Berichte über zahlreiche Unruhen der Bergwerksarbeiter im Ural und in Sibirien an, die sich mit den rebellierenden Bauern vereinigten und den Kern der Aufständischen Pugačevs bildeten. Diese fortgesetzten Unruhen der Arbeiter wurden, besonders wenn sie begleitet waren von Exzessen gewalttätigen Charakters, von Militär und Polizeikräften aufs grausamste unterdrückt. »Diesen Geist der Gewalttätigkeit, des Mißtrauens gegenüber den Vorgesetzten und die Mißachtung der Anordnungen der höchsten Vorgesetzten vollständig zu besänftigen und auszulöschen, wird kaum möglich sein«, referierte der Novgoroder Gouverneur in einer Strafsache von neun Handwerkern, die »für Ungehorsam gegenüber den Vorgesetzten« zum Tode verurteilt worden waren. Das Auditoriatsdepartement erkannte jedoch die Verfügung des Gouverneurs über die Erhängung von acht und die Erschießung eines der Aufständigen nicht an und verordnete: »Die drei Angeklagten, die am ehesten für die Frechheit und Aufwiegelung der Fabrikgesellen Anlaß gegeben haben, sind auszuschließen aus diesem Stand. Anstelle der Todesstrafe erhalten sie mit der Knute 25 Schläge. Ihnen sind die Nasen abzuschneiden, und danach werden sie verbannt. Die übrigen sechs Angeklagten sind mit Spießruten sechsmal durch tausend Menschen zu treiben und dann wegzuschicken nach Archangel'sk in die dortige Spinnerei.«[10]

Der Kampf war häufig sehr langwierig und hart; er wurde vor allem deshalb geführt, weil die Arbeiter — vor allem in den Possessionsfabriken — sich als freie Leute betrachteten und nicht bereit waren, die unbeschränkte Macht der Unternehmer anzuerkennen. Ein Verwalter namens Abaimov aus einem Werk in Jurjuzan' schrieb im Mai 1858: »Gegenwärtig ist die Leitung der Fabriken sehr schwierig geworden; die Bauerntölpel verstehen nichts, und da sie bisher an der Kette lebten, versuchen sie jetzt wie gewöhnliche Kettenhunde sich loszureißen.« Unruhe und Unzufriedenheit unter den Arbeitern gingen so weit, daß es zu Brandstiftungen und gewaltsamen Ausbrüchen kam; bis zur »Befreiung« vom leibeigenschaftlichen Joch waren dies die üblichen Arten des Protests. Der Kampf der Arbeiter ging seit der Zeit Katharinas in mannigfaltigen Formen vor sich, die von Petitionen bis zu regelrechten Massenaufständen reichten.

Trotz der Gegenmaßnahmen von seiten der Behörden, die die Beschwerden der Arbeiter als das Resultat »eigenwilliger Gedanken« und »gewalttätigen Geistes« der Arbeiter betrachteten, entsandten die leibeigenen Fabrikarbeiter unermüdlich ihre »Boten« und »Vertrauten« — die ersten Arbeitervertreter — zu Gouverneuren, Ministern und nicht selten zum Zaren selbst mit der Klage über die Unterdrückungsmaßnahmen und die schlechten Lebensbedingungen. Nicht selten bedrohten derartige Klagen die von den Arbeitern Bevollmächtigten mit schweren Strafen und sogar dem Tod. Das bereits angeführte Auditoriatsdepartement übergab beispielsweise die Arbeiter Lebedev und Všipov, die Klage über ihre Fabrikordnung erhoben hatten, dem Kriegsgericht. Das Gericht befand sie »der eigenmächtigen Abwesenheit vom Kommando schuldig«; sie hätten mit komplizierten Bitten und Belästigungen nicht nur Seine Kaiserliche Hoheit, sondern auch die ganze Zarenfamilie bedrängt, daher verhängte es über sie die »Todesstrafe durch Erhängen«. Im Jahre 1816 verurteilte eine Kriegsgerichtskommission zehn Arbeiter für ein Bittgesuch an den Herrscher zu »Knutenhieben, Aufschneiden der Nasenlöcher und Verbannung zur ewigen Arbeit auf den Galeeren«[11].

Das massenhafte Hervortreten von Unzufriedenheit bei den Arbeitern und die Versuche, ihre Lage nach dem Aufstand der Dekabristen, der bei den Arbeitern offene Sympathie gefunden hatte, zu verändern, begannen der Regierung als gefährliche Bedrohung der gesellschaftlichen Ordnung zu erscheinen und führten im Jahre 1826 zur Schaffung der 3. Abteilung in der Kanzlei Seiner Majestät, die ihr besonderes Augenmerk auf die Arbeiterunruhen und die Ordnungsstörungen innerhalb der Fabriken richtete. Die Archivmaterialien aus dieser 3. Abteilung liefern zahlreiche Fakten über die Unruhen der Fabrikarbeiter in der Periode von 1824 bis 1860 und geben ein allgemeines Bild vom Kampf der leibeigenen Arbeiter.[12] Und schon in dieser Zeit sehen wir einen hartnäckigen Kampf innerhalb der Fabrik nicht nur um die Erhöhung des Arbeitslohns oder die Verkürzung des Arbeitstages, sondern auch um die rechtliche Lage und vor allem die Befreiung von der Leibeigenschaft in der Fabrik.

Besonders interessant in dieser Hinsicht ist der Kampf der Arbeiter der Possessionsfabrik von Frjanovsk (Bezirk Bogorodsk) im Jahre 1800, der Kampf der Arbeiter der Tuchfabrik Osokin in Kazan', der Chlebnikov-Fabrik und einer Reihe anderer.[13] Für uns sind vor allem die Resultate dieses Kampfes und seine Errungenschaften auf dem Gebiet der Gesetzgebung von Interesse.

Namentlich dieser hartnäckige Kampf und die fortgesetzten Unruhen, Beschwerden und Bittgänge der Bevollmächtigten, jene Energie, mit der diese ersten Fabrikvertreter »Genugtuung von den Unterdrückern« suchten, veranlaßten die Regierung »Verordnungen« zu erlassen, die die Arbeit und die Beziehungen zwischen Arbeitern und Fabrikanten reglementierten und sogar die erste Arbeitervertretung anerkannten. Zwar bewirkte das im Kampf erreichte Stimmrecht durch ihre Vertreter angesichts der faktischen und der juristischen Hörigkeit der Arbeiter nichts, doch ist hier nur das Faktum des Auftretens der Arbeitervertretung und des Kampfes um sie im Prozeß der Geburt und der ersten Schritte der Arbeiterklasse wichtig.

Die Arbeiter der Frjanovsker Fabrik baten darum, daß »sechs Mann, von ihnen selbst aus ihrer Mitte gewählt, die Ordnung in der Fabrik und die Zahlung des Geldes beaufsichtigen«. Der Senat sanktionierte nach einem langen und hartnäckigen Kampf der Arbeiter die Verordnung über die Frjanovsker Fabrik, in der § 15 der Bitte der Fabrikarbeiter über die Wahlleute entsprach. Die Funktionen dieser Arbeiter-Ältesten wurden folgendermaßen bestimmt: »Die Verpflichtung des Ältesten besteht in folgendem:
1. Er ist verpflichtet aufzupassen, daß das Kontor bei der Auszahlung des Geldes an die Handwerksleute keine ungerechtfertigten Abzüge vornimmt;
2. jeden Tag muß ein für die Ordnung und Reinhaltung zuständiger Ältester in der Fabrik anwesend sein, der auch verpflichtet ist,
3. eigenhändig auf einem Zettel zu bezeugen, daß die auf ihnen eingetragenen Mengen der Materialien eben dieselben sind, die den Handwerksleuten tatsächlich ausgegeben wurden, und daß der Handwerksmann das Geld auf richtige Weise erhalten hat und ungerechtfertigte Abzüge an Brot, Holz und sonstigem nicht vorgekommen sind;
4. bei der Wahl des Ältesten muß die ganze Belegschaft teilnehmen.«

In dieser merkwürdigen »Verordnung« finden wir die ersten, eigenartig formulierten Vorläufer der Arbeiterkontrolle (Punkt 3), und eine so breite »demokratische« Basis (Punkt 4, »die ganze Belegschaft nimmt teil«), wie sie nicht einmal das Gesetz über die Ältesten aus dem Jahre 1903 besaß. Aber der leibeigenschaftliche Rahmen, der den Hintergrund dieser »Demokratisierung« bildete, erlaubt natürlich nicht, ihre reale Bedeutung zu überschätzen. Ein noch ungewöhnlicheres Beispiel für die erste Arbeiterverwaltung in der Fabrik kann man in der Vereinbarung finden, die die Arbeiter nach mehrfachen Zusammenstößen mit dem Fabrikanten der Papierfabrik in Krasnosel'sk in der Nähe von Petersburg, die Chlebnikov gehörte, erreichten. Diesem Übereinkommen zufolge achteten die Arbeiter, die dem Bevollmächtigten des Fabrikanten untergeordnet waren, selbst mittels der von ihnen gewählten Handwerksleute auf den ganzen Arbeitsprozeß, auf die Auszahlung der Stücklöhne usw. Für die Einhaltung dieses Vertrages führten die Arbeiter der Chlebnikov-

Fabrik einen langen harten Kampf auch mit der neuen Besitzerin der Fabrik, die sich natürlich mit der »unerhörten Eigenmächtigkeit« der Arbeiter nicht abfinden konnte und sich fortgesetzt beim Minister des Inneren darüber beschwerte, daß »die Arbeiter jegliche Ehrerbietung fallengelassen und unter sich eine Vereinigung gebildet haben, die die Arbeiter leitet und jede Obrigkeit ablehnt«.

Die Regierung setzte manchmal Kommissionen zur »Erforschung« der Ursachen der Unruhen und der Unzufriedenheit der Arbeiter ein; verständlich, daß die Kommissionen niemals die Beschwerden der Arbeiter gerecht fanden und meinten, daß ihre Unzufriedenheit »nicht nur von der Not kommt, sondern durch die Aufwiegelung zu Ungehorsam und Eigenmächtigkeit durch die Bittsteller aus den Fabriken«. So schrieb Burnašev, der in ›aufständische Fabriken‹ geschickt worden war, an die Manufaktur-Abteilung des Ministeriums des Inneren im Jahre 1818: »Solange die Fabrikleute ihrem Herren keinen Gehorsam erweisen, solange sie von der falschen Meinung über die Freiheit, die sich in ihrem Kopf festgesetzt hat, nicht ablassen und solange ihnen der Geist der Eigenmächtigkeit nicht ausgetrieben wird«, solange könne man nicht auf Ruhe und Ordnung in der Fabrik hoffen.

3. Die erste Fabrikgesetzgebung im Kampf mit dem Fabrikabsolutismus

Der Kampf der Arbeiter gegen die Leibeigenschaft in der Fabrik beschränkte sich nicht auf die unbeständige Wahrnehmung von Mitspracherechten in Fragen der Arbeit, sondern zwang auch die höchsten Ebenen des Regimes, Schritt für Schritt die leibeigenschaftlichen Verhältnisse zu verändern. Wir haben bereits aufgezeigt, daß in materieller und rechtlicher Hinsicht die Arbeiter der Votčina- und Possessionsfabriken keinen gesetzlichen Schutz genossen und unter totaler und unkontrollierbarer Befehlsgewalt der Fabrikherren standen.

Nach dem Gesetz von 1803 konnte die Fabrik bei Mißbrauch durch ihren Besitzer mitsamt den Arbeitern von der Krone übernommen werden; tatsächlich geschah jedoch das Gegenteil: Arbeiter, die sich über Mißbräuche beschwert hatten, verfielen der absoluten Verfügungsgewalt der Fabrikanten; dies geschah zum Beispiel mit den Bittstellern einer Fabrik in Jaroslavl', die dafür ausgepeitscht wurden, daß sie »Wahrheit und ihre Rechte« forderten. Wenn es eine Einmischung in das innere Leben der leibeigenschaftlichen Fabrik von seiten der Behörden gab, dann ging sie meistens vom Innen- und daneben vom Finanzministerium aus, unter deren unmittelbarer Führung die Fabriken standen. Daß bisweilen höfisch-aristokratische Vertreter der Zarenregierung für die Arbeiter eintraten, läßt sich nicht aus humanitären Denken oder als Anstrengung erklären, die Lage der Arbeiter zu verbessern, sondern entsprang ihren eigenen Klassenvorteilen. Der Adel begegnete dem Wachstum und dem Einfluß der Handel und Industrie betreibenden Klasse in Rußland mit Feindseligkeit und unterstützte alles, was die Entwicklung des Kapitals bremste, darunter auch einige Versuche der Arbeiter, ihre Ansprüche geltend zu machen, sofern sie nicht durch »unvernünftige Exzesse« die Regierung selbst in Gefahr brachten. Anfänglich gab es keine staatliche, gesetzlich verankerte Regulierung der Beziehungen zwischen Arbeitern und Fabrikanten, wenn man jene Verordnungen Peters und seiner Nachfolger außer acht läßt, die faktisch den Arbeiter versklavt und ihn dem Gutsbesitzer-Fabrikanten unterworfen hatten. Doch schon seit Beginn des 19. Jahrhunderts, als sich neben der leibeigenschaftlichen Fronarbeit die freie Lohnarbeit entwickelte (von 90 000 Arbeitern waren 45 625 zu Beginn des 19. Jahrhunderts freie Lohnarbeiter), als die alten feudalen Beziehungen durch das Wachstum kapitalistischer Verhältnisse aufgelöst wurden und sich gleichzeitig auch der Kampf der Arbeiter gegen die leibeigenschaftlichen Zustände verstärkte, war die traditionelle »patriarchalische« Struktur bereits überholt, und die Notwendigkeit der Einmischung der Legislative in die Selbstherrschaft der Fabrikanten wurde offensichtlich.

Bereits 1818 lag dem Innenministerium ein Memorandum vor, das die Unruhen in den Possessionsfabriken dadurch erklärte, daß »von seiten der Regierung keine positive Verordnung vorliegt, weder zur Bestimmung der gegenseitigen Beziehungen und Verpflichtungen der Besitzer der Possessionsfabriken und der Handwerksleute, noch hinsichtlich des Stückarbeitslohns. Bis jetzt hängt die Festsetzung des Stücklohns von der Willkür des Fabrikbesitzers ab, der, solange er nicht verpflichtet war, der Regierung diesbezüglich Rechenschaft abzulegen, natürlich mehr in seinem Nutzen handelte. Dies macht die Handwerksleute in der Arbeit nachlässig; Bußen und Bestrafungen, die über sie dafür verhängt werden, führen sie notwendig dazu, über solche Ungerechtigkeit gegenüber der Regierung ein Wehegeschrei zu erheben; deshalb besteht dringendste Notwendigkeit für den Erlaß einer Verordnung über alle Possessionsfabriken.«

Das Resultat dieser Untersuchung der Regierung war die Einführung einer »Verordnung« in einigen großen Fabriken, analog jener von uns betrachteten »Verordnung« für die »Frjanovsker Manufaktur«. An diesem ersten Gesetzgebungsversuch sind für uns die deutlich erkennbaren Keime völlig neuer Methoden zur Regelung und Festsetzung des Verhältnisses zwischen Arbeit und Kapital interessant; sie sind die ersten groben Striche der späteren Gesetzgebung zum Statut der Fabriken. Zweifellos kann man von dieser entfernten Vorform der Fabrikvertretung, von den »Ältesten« der Frjanovsker Manufaktur unter den Bedingungen des leibeigenschaftlichen Regimes und der noch völlig fehlenden Formierung der Arbeiter als Klasse, als von einer Vorform von Klassen- und Kampforganisation noch überhaupt nicht sprechen; doch muß sie als erster Schritt auf dem Wege der Begrenzung der Autokratie der Unternehmer bezeichnet werden.

Es ist merkwürdig, daß die Idee der Arbeiterdelegierten vom Moskauer Generalgouverneur, Fürst Golicyn, unterstützt wurde, der 1832 mit einem »liberalen« Projekt zur Verbesserung der Lage der Arbeiter – sogar mit »restriktiven« Regeln für die Fabrikanten – hervortrat. Doch das Innen- und das Finanzministerium und ebenso der Ministerrat »sahen es als unmöglich an«, sich in die Fabrikordnung einzumischen. Das Projekt des Fürsten Golicyn, das dem Wesen nach ziemlich harmlos war und von den Fabrikanten »Beschränkungen« wie die Einführung von Bilanzbüchern in der Fabrik und die Herausgabe von Auszügen daraus an die Arbeiter u. ä. forderte, bezeichnete man als »beleidigend für die ehrbare Schicht der Manufakturbesitzer«.

Letztendlich wurde das Projekt bis zur Unkenntlichkeit verstümmelt und 1835 in dem für die Fabrikanten wünschenswerten Sinne verabschiedet; am 24. Mai 1835 wurde die »Verordnung über die Beziehung zwischen den Besitzern der Fabrikunternehmen und den Arbeitsleuten, die in ihnen für Lohn arbeiteten«, erlassen.

Dies war der erste Schritt der Regierung auf dem Gebiet der Fabrikgesetzgebung für die Lohnarbeiter. Doch es war auch der erste Akt, der beweist, daß im Kampf zwischen Arbeitern und Unternehmern die Regierung immer auf der Seite der letzteren stand, welche Ängste auch immer die herrschende Adelsklasse vor dem Erstarken der Bourgeoisie hatte, welche zu ihrer Ablösung herantrat. Dazu hatten ökonomische Gründe geführt, die die Förderung der Manufaktur erheischten. Schon das Gesetz von 1835, das den Arbeitern verbot, die Fabriken vor Ende des Vertrages zu verlassen, und gleichzeitig dem Fabrikherrn das Recht gab, den Arbeiter jederzeit zu entlassen, zeigte, daß, je länger, desto mehr, der industrielle Kapitalist zum faktischen Herrn nicht nur in seiner Fabrik, sondern im Lande wurde.

Im Erlaß dieser »Verordnungen« sah die Regierung das »Mittel, den wechselseitigen überhöhten Ansprüchen – der Unternehmer gegenüber den Fabrikbauern und dieser gegenüber den Unternehmern – den Boden zu entziehen«: »je schneller diese Absicht verwirklicht wird, desto schneller werden die in den Fabriken herrschenden Zwistigkeiten beseitigt«.

Aber sogar die »wohlgesonnene« Einmischung des »neutralen« Staates in das innere Leben der Fabrik rief eine scharfe Reaktion der Fabrikanten hervor. Die Fabrik-»Verordnungen« wurden das Ziel erbitterter Angriffe und heftiger Kritik: »Diese Verordnungen sind nicht nur nicht nützlich, sondern schädlich für die Manufakturen, da sie den Fabrikleuten zu denken Anlaß geben, sie seien zu keiner Tätigkeit außer den in den ›Verordnungen‹ angeführten den Fabrikanten gegenüber verpflichtet, weshalb die Macht des Fabrikanten in ihren Augen jedes Gewicht verliert (...). Derartige Verordnungen schreiben den Unternehmern der Possessionsfabriken Regeln vor, nach denen die Handwerksleute regiert werden sollen, die ihnen Anlaß geben, sich für unabhängig zu betrachten.«[14]

Dies war der erste Versuch einer bürokratischen Reglementierung der Beziehungen zwischen Arbeit und Kapital innerhalb der Fabrik. Dabei ist zu bemerken, daß unter den Faktoren, die die Regierung veranlaßten, ins Fabrikleben einzugreifen, nicht zuletzt politisch-polizeiliche Motive bestimmend waren. Schon seit den dreißiger Jahren taucht in Regierungskreisen der Gedanke auf, daß die Fabrikarbeiter ein Element gesellschaftlicher Gefahr darstellten. Die Revolution von 1848 in Frankreich und ihre Resonanz in anderen Ländern bestätigten die Regierung in dieser Meinung und veranlaßten sie zu weiteren Vorsichtsmaßnahmen. Nicht allein die Organisiertheit der Arbeiter, sondern die Entwicklung der Fabrikunternehmen an sich, das bloße Faktum der Konzentration der Arbeiter in den Fabriken, flößte der Regierung geradezu abergläubische Angst ein. Die Moskauer Generalgouverneur Zakrevskij schrieb in einer ausführlichen Denkschrift an Zar Nikolaus I., daß in Moskau allein 36 000 Fabrikarbeiter vorhanden seien und daß »die Regierung zur Aufrechterhaltung der Ruhe und des Wohlbefindens, die gegenwärtig Rußland allein genießt, die Ansammlung heimatloser und unsittlicher Leute nicht zulassen dürfe, die sich leicht jeder Bewegung anschlössen, die die Ruhe der Gesellschaft oder der Privatperson zerstöre«.[15] Zakrevskij schlägt ein Verbot einer weiteren Ausdehnung der Produktion vor. Und dies ist nicht nur der einzige Aspekt. Zur Illustration kann man ein neues »Projekt von Regeln für Fabrikarbeiter« aus dem Jahre 1849 anführen, das vorschlägt, »Fabrikarbeitern das Betreten von Schenken, Restaurants und Speiseküchen zu verbieten«. Würden die Regeln verletzt oder werde ihnen nicht entsprochen, seien die Arbeiter der Polizei zur Bestrafung zu übergeben. Die Polizei müsse dafür sorgen, daß alle Arbeiter, die man zurück nach dem Dorf gehen ließe, unverzüglich aus der Stadt entfernt würden. Die Fabrik dürfe nur mit Zustimmung der Vorgesetzten oder des Gutsbesitzers betreten werden, usw.[16] Mit einem Wort, in diesen »Regeln« offenbaren sich die politischen und polizeilichen Ängste der Regierung. Das erklärt auch die Widersprüche in den Aktivitäten der Regierung gegenüber der Arbeiterklasse. Auf der einen Seite werden »Älteste« ernannt und »Verordnungen« für die Fabriken ausgearbeitet, auf der anderen alle Versuche der Arbeiter, sich aus ihrer rechtlosen Lage zu befreien, grausam unterdrückt und die von den Arbeitern gewählten Ältesten und Delegierten gemaßregelt und geprügelt.

Die »Verordnungen« werden in den drei unruhigsten Fabriken eingeführt: den Fabriken Jakovlev, Osokin und Lazarev[17]; doch unter dem Druck der Fabrikanten und der Industrie- und Handelsabteilung des Innenministeriums, die beteuern, alle Vorteile bei den »Verordnungen« lägen auf der Seite der Fabrikarbeiter, den Fabrikanten blieben aber nur Nachteile, werden die »Verordnungen« wieder aufgehoben.

So kreuzten sich in der Arbeiterpolitik der Regierung vor der Reform die verschiedensten und zeitweise widersprüchlichsten Überlegungen, die im Endergebnis für die Lage der Arbeiter und ihre rechtliche Situation keine fühlbare Erleichterung brachten. Und trotz des energischen Kampfes der Arbeiter und trotz der ersten rudimentären Versuche, in die Fabrikgesetzgebung einzugreifen, blieb die innere Struktur der russischen Fabrik vor der Reform lange Zeit stabil und unverändert, dabei wurden im allgemeinen die grundlegenden Züge des Fabrikabsolutismus im ganzen Fabriksystem, das sich rechtlich ins leibeigenschaftliche System einfügte, konserviert.

Zweites Kapitel

Die kapitalistische Fabrik nach der Reform von 1861 und die Entwicklung des Kampfes um das Mitspracherecht der Arbeiter

1. Das Fabrikregime in der Zeit nach der Reform

Schon im Laufe der ersten Hälfte des 19. Jahrhunderts nahm die Entwicklung der großen Industrie deutlich kapitalistische Formen an und verdrängte dabei immer mehr die leibeigenschaftliche Arbeit durch freie Lohnarbeit. Noch im Jahre 1809 bezifferte sich die Zahl aller Fabriken auf 2423 mit insgesamt 95 202 Arbeitern, von denen 45 265 freie Lohnarbeiter waren. Ende der vierziger Jahre gab es bereits 10 000 Fabriken.

Die pedantische Reglementierung der Produktion in den Possessionsfabriken, die den technischen Fortschritt bremste; die geringe Produktivität der Zwangsarbeit; die ununterbrochenen Unruhen der Possessionsarbeiter; die Konkurrenz mit der ertragreicheren und profitableren Lohnarbeit in den kapitalistischen Fabriken; die vervollkommneten technischen Produktionsmethoden – all diese technischen, ökonomischen und sozialen Momente veranlaßten die Fabrikanten und die Regierung, von der Zwangsarbeit zur freien Lohnarbeit überzugehen. Das Gesetz von 1840 formulierte diese Tendenz und brachte die Fabrikanten dazu, zu neuen Produktionsformen überzugehen; bereits zu Beginn der sechziger Jahre bildeten freie Arbeiter faktisch den Grundstock fast der gesamten großen Industrie. Die politische Reform sanktionierte nur noch ökonomisch unumgängliche Maßnahmen, die von der Entwicklung selbst bestimmt wurden.

Weitaus langsamer und schwieriger vollzog sich der Übergang in der inneren Struktur und in den Wechselbeziehungen zwischen Arbeit und Kapital, wie sie sich in der leibeigenschaftlichen Fabrik herausgebildet hatten. Die immer massivere Rolle der Fabrik im Leben Rußlands rief unter dem Adel — vor allem in slawophil orientierten Kreisen — Unruhe hervor; sie strebten danach, dem sich entwickelnden Fabriksystem eine patriarchalische Struktur zu verleihen und die kapitalistischen Züge zurückzudrängen. »Der Fabrikant ist der Vater, die Arbeiter sind seine Kinder« — diese und ähnliche naive und idealistische Formeln sollten dazu dienen, das Sklavenregime in der alten Fabrik zu verschleiern und zu beschönigen. In dem beständig wiederholten Leitsatz, daß die »Einführung des Fabriksystems für Rußland absolut nicht notwendig« sei, spiegeln sich die Vorstellungen der adelig-gutsherrlichen Gesellschaft besonders deutlich wider. Einer ihrer Ideologen[18] empfahl, die russische Industrie auf »nationalen Fundamenten« zu organisieren und »die Fabrikassoziationen nach dem Muster der russischen Dorfgemeinden« zu reorganisieren. Der objektive Entwicklungsgang des Landes stieß Rußland jedoch auf den Weg einer beschleunigten kapitalistischen Umstrukturierung der Industrie. Die Maschine wurde zur allgemeinen und alltäglichen Erscheinung, verdrängte Kustar' und Handwerker, und die Fabrik formte, unabhängig von den Wünschen einzelner Kreise der nikolaitischen Adelsgesellschaft, immer stärker sowohl das Gesicht als auch das gesamte gesellschaftlich-ökonomische System Rußlands nach den Maßstäben des Kapitalismus um.

»All jene logischen Konsequenzen der Einführung der maschinellen Arbeit und des mit ihm unzertrennlich verbundenen Fabriksystems, die Europa erfährt, und deren es sich zu entledigen sucht, sehen wir jetzt bei uns in voller Blüte«, konstatierte Dement'ev in seiner bekannten Untersuchung[19]. Er führt eine ganze Reihe beredter objektiver Zahlen und Fakten an, die das für das kapitalistische Fabriksystem gewöhnliche Bild ergeben: schwere und materiell ungesicherte Arbeit des Arbeiters mit ständig drohender Herabsetzung des ohnedies niedrigen Hungerlohns, Exploitation der Frauen und Kinderarbeit, unglaubliche Wohnungs- und Ernährungsnot der Arbeiter usw.[20]

In der Entwicklung der Organisiertheit der Arbeiterklasse Rußlands spiegelte sich ein allmähliches Absterben der leibeigenschaftlichen Mentalität und ein schwaches Wachsen von Klassenbewußtsein wider. »Der Geist der Solidarität und Einheit, der Bewußtheit und des Protestes dringt mit großer Mühe in ein derartiges Milieu ein«, bemerkt Pažitnov, der in seiner Arbeit »Die Lage der Arbeiterklasse in Rußland« verschiedene Aspekte der Lage der Arbeiter nach den Reformen der sechziger Jahre untersucht hat. »Unsere Arbeiterklasse trug lange Zeit die Spuren ihrer dörflichen Herkunft an sich, und dies erklärt uns viel an jener Ordnung, die in Fabriken und Werken herrschte.«[21] An einer anderen Stelle konkretisiert er diese Situation: »Die Wechselbeziehungen zwischen beiden Seiten — den Unternehmern und Arbeitern — fußten auf der Grundlage des freien Vertrages, der nicht eingeengt war durch eine Kontrolle von seiten des Staates. Alle Schrecken der ursprünglichen, unkontrollierten kapitalistischen Phase fanden hier ihren Ausdruck, denn die Freiheit des Vertrages diente bloß als ideologische Hülle, hinter der sich die zügellose Willkür der Kapitalisten bei der Exploitation der Arbeiter verbarg.«

Die »Kontrakte« als besondere, primitive Form des »freien« Vertrages in Rußland führten die Arbeiter in vollständige Ausbeutung und Abhängigkeit und schufen neue Zwangsverhältnisse in der juristisch »freien« Fabrik. Die ökonomische Lage in der Fabrik verbesserte sich mit der freien Lohnarbeit kaum. Mit Ausnahme der sehr kleinen Gruppe besonders qualifizierter Arbeiter war bei den übrigen Arbeitern eine starke Senkung des Reallohns zu verzeichnen (zum Beispiel wurde der Lohn der Maschinenweber von Ivanovo-Voznesensk bis zu 41 % gesenkt). Die Praxis der Überstunden verlängerte den Arbeitstag bis auf 18 und 20 Stunden; furchtbare sanitäre Bedingungen in der Periode der sechziger Jahre, das ständige Risiko, infolge fehlender Schutzvorrichtungen getötet oder verkrüppelt und auf die Straße gesetzt zu werden, ohne daß irgendwelche soziale Sicherungen bestanden hätten — all diese Fakten legen Zeugnis ab, daß die ökonomische Lage der Arbeiter in der Fabrik nach der Reform äußerst schlecht war; schon die rein rechtliche Seite des Fabrikregimes nach der Reform spiegelt völlig unerträgliche Verhältnisse wider.

Die Fabrikstruktur in der Zeit nach der Reform ist gekennzeichnet von einer außerordentlichen Entwicklung des Systems der Fabrikstrafen.[22] Das Strafsystem muß nicht nur von der Seite des materiellen Elends, das es für die Arbeiter, und des Vorteils, den es den Fabrikanten brachte (für die die aus den Geldstrafen stammenden Kapitalien einen soliden Fonds von Einkünften ausmachten), gesehen werden, sondern auch von seiner rechtlichen Seite. Dieses System war in den Händen des Fabrikanten ein Kampfinstrument; denn damit hatte er die Möglichkeit, dank weitestgehender Strafverordnungen den Arbeiter bis aufs äußerste zu erniedrigen und ihn auf

Schritt und Tritt seine Macht als Herr fühlen zu lassen. Durch seine Not und Rechtlosigkeit eingeschüchtert, nahm der russische Arbeiter tatsächlich lange Zeit mit stumpfer Ergebenheit sowohl die »Kontrakte« als auch die Ausbeutung und das ganze System der knechtenden Verordnungen des Fabrikregimes hin, und er unterschied sich dabei nur wenig vom Leibeigenen.

Wahrscheinlich sind es diese Mentalität und die vollständige Atomisierung der Arbeiterklasse, die damals die weitverbreitete Meinung förderten, daß es in Rußland weder eine Arbeiterklasse noch eine Arbeiterfrage im westeuropäischen Sinne gebe. Die Vorstellung vom »gutmütigen Bauernburschen« anstelle des Proletariers mit klarem Klassenbewußtsein lebte lange in den konservativsten Kreisen der Bourgeoisie fort, die sich bis hin zur Revolution von 1905 auf diese Weise zu beruhigen suchten.

Das Leben jedoch geizte nicht mit Fakten, die diese wirklichkeitsfremden Vorstellungen von der Arbeiterklasse entschieden beiseite wischten.

2. Der Kampf in der Fabrik und die ersten »konstitutionellen« Errungenschaften

Die inneren Widersprüche der kapitalistischen Ordnung drangen schnell in Leben und Bewußtsein der Arbeiter ein und weckten sie damit zu aktivem und bewußtem Protest im Kampf. Die Zunahme der Streiks sowie Inhalt und Charakter der »Forderungen« in der Periode dieser Streiks widerlegten nachdrücklich die Vorstellung, es gebe in Rußland gar keine Arbeiterklasse. Es gab sie, und sie erhob bereits gewaltig die Stimme des Protestes gegen Willkür und Unterdrückung.

In den ersten beiden Jahrzehnten nach den Reformen von 1861 war ihre Stimme noch schwach. Doch bereits in den siebziger Jahren veränderten sich Charakter und Formen ihres Protestes.

Immer häufiger setzte sich in den Forderungen der noch unorganisierten Massen Klassensolidarität durch. In den Ausständen und Streiks wurden zusammen mit ökonomischen Forderungen (Erhöhung des Lohns, Kürzung des Arbeitstages, Verbesserung der Wohnungslage usw.) Forderungen rechtlichen Charakters aufgestellt: Beseitigung der physischen Strafen, der grausamen Behandlung, der besonders schmachvollen Arbeits- und Lebensbedingungen der Frauen, Recht auf freie Wahl der Meister und Fabrikältesten usw.

Die ersten Schritte des Kapitalismus nach der Reform sind von massiven Streiks mit zuweilen sehr stürmischem Verlauf begleitet. Die Ausstandsbewegung der siebziger Jahre erfaßte zunächst die Petersburger Fabriken, um sich dann in anderen Industriezentren fortzusetzen. Wir gehen auf diese Bewegung nur insofern ein, als eines ihrer hauptsächlichsten Momente die Forderung nach grundsätzlicher Umwandlung der traditionellen leibeigenschaftlichen Beziehungen innerhalb des neuen Fabriksystems bildete.

Der erste Ausstand, der nicht nur von eng ökonomischen, sondern auch von rechtlichen Forderungen ausgegangen war, war der bekannte Streik in der Neva-Baumwollspinnerei; er gilt historisch als der erste Ausstand in der Geschichte der russischen Arbeiterbewegung. Am 22. Mai 1870 forderten die Baumwollspinner eine Erhöhung des Arbeitslohns; zu diesem Zweck wählten die Arbeiter während des Streiks aus ihrer Mitte Deputierte, die die Verhandlungen mit der Fabrik- und Lokaladministration führen sollten. Die Arbeiterbevollmächtigten leiteten den Streik, erarbeiteten einen Vorschlag für die Festsetzung des Preises der Arbeit und legten ihn dem Direktor vor — sie verliehen überhaupt dem Streik einen bisher noch nie dagewesenen organisierten Charakter. Der Streik rief große Unruhe hervor und zerstörte das Märchen, es gebe in Rußland keine Arbeiterklasse und keine Arbeiterfrage: »Auch bei uns hat es einen Streik gegeben, auch uns behütet Gott nicht« — mit Pathos und Selbstmitleid leitete eine Zeitung wie »Novoe Vremja«[23] ihren Bericht über den Streik ein.

Die daraufhin vor Gericht gestellten Arbeiterdeputierten wurden als Rädelsführer zu sieben Tagen Arrest verurteilt. Doch dieser erste Protest im Bereich der Fabriken blieb nicht ohne Nachahmung: im selben Jahr 1870 kam es zu Streikbewegungen unter den Kronstädter Werftarbeitern und in einer Fabrik in Warschau. Und schon zwei Jahre später, im August 1872, kam es zu einem neuen Streik in der Kränkholmer Manufaktur, der von seinem rechtlichen Hintergrund her großes Interesse verdient. Die Fabrik wurde auf der Grundlage einer besonderen Polizeiverordnung geleitet, die der Fabrikleitung die Ausübung von Polizeigewalt übertragen hatte. Diese »Arbeitsregeln der Manufaktur« — eines der wie gewöhnlich kurzsichtigen und unsinnigen Produkte der bürokratischen Reglementierung — versklavten die Arbeiter vollständig. In Punkt 1 wurde z. B. festgesetzt, daß »die Arbeiter verpflichtet sind, sich widerspruchslos den Anordnungen der Manufaktur unterzuordnen und bis zum Jahresende zu arbeiten«. Des weiteren wurde eine lange Reihe von Strafen für jede Verletzung der in den ›Regeln‹ enthaltenen Ordnung festgelegt. § 20 bildet eine besondere Perle: »Jeder, ohne Unterschied des Geschlechts, haftet mit seiner Habe und seiner Person *für alle hier nicht im einzelnen aufgeführten Schäden*, die der Manufaktur zum Nachteil gereichen«. Und § 25 setzt die Arbeiter sogar in ihren kasernierten Wohnverhältnissen unter die Knute der Wächter: »In der Wohnungsunterbringung muß jeder sich den festgesetzten Regeln der Manufaktur unterordnen. Die Hausverwaltungen, die Ältesten, die Wächter und ihre Helfer müssen streng darauf achten, daß die Arbeiter sich friedlich aufführen, nicht mit ihren Nachbarn in Streit geraten und die Gebote der Reinlichkeit beachten. Wer sich diesen Regeln nicht unterordnet, wird bestraft.« Die Arbeiter traten gegen das Regime der Knechtung auf, das durch solche »Regeln« geschaffen wurde — Regeln, die die Fabrik in ein Gefängnis verwandelten; sie wählten Delegierte und entsandten sie zum Gouverneur mit der Forderung nach Verbesserung ihrer ökonomischen und rechtlichen Lage. Insbesondere suchten die Deputierten Punkt 8 ihrer Forderung durchzusetzen, der lautete, »den Ältesten Petr Sek abzulösen und zu gestatten, daß in Zukunft der Älteste von der ganzen Gemeinschaft der Fabrikarbeiter gewählt wird«[24]. Die Folgen dieses Ausstandes waren die üblichen: Verhaftung der Delegierten und Pazifizierung der Streikenden mit Hilfe der Soldaten.

Charakteristisch für die Willkür der Fabrikanten ist ein kleines Detail: Die ›Regeln‹, die den Unternehmern Gerichts- und Polizeirechte zuerkannten, waren in Wirklichkeit offiziell von niemandem sanktioniert, sondern von den Unternehmern selbst zur Unterwerfung der Arbeiter verfaßt und ungesetzlich gedruckt worden.

Nach 1876 nahmen die Streiks im Zusammenhang mit der industriellen Stagnation Abwehrcharakter an, bis die Bewegung mit dem Aufschwung des Jahres 1878 von neuem auflebte. Einer der wichtigsten Streiks fand in dieser Periode (1878) in der Neuen Baumwollspinnerei in Petersburg statt. Er zählte ungefähr 2000 Beteiligte, die sich am 27. Februar an den Stadtgouverneur mit der Bitte wandten, in die Angelegenheiten der Fabrik einzugreifen und auf die Fabrikadministration einzuwirken, die die Herabsetzung der Tarife verkündet hatte. Doch als die Arbeiter sich überzeugt hatten, daß die Versprechungen des Stadtgouverneurs nicht erfüllt wurden, stellten sie ihre Forderungen auf: Kürzung des Arbeitstages um 2 Stunden, Beseitigung der Strafen usw. Interessant ist die Motivierung für Punkt 4: »Wir fordern die unverzügliche Abschaffung der Strafen für schlechtes Benehmen, da die Fabrikherren oder ihre bezahlten Lakaien nicht unparteiische Richter unseres Verhaltens sein können.« Hier klingt schon klar das Bewußtsein der eigenen Menschenwürde und der Unabhängigkeit vom Fabrikherren durch, der noch kurz zuvor Herr von Leibeigenen gewesen war.

Die Arbeiter glaubten in den Abwehr- und Verteidigungsschlachten für ihre Rechte immer noch an die Möglichkeit einer Hilfe von oben. Sie wandten sich mit einer Petition an den Hof des Thronfolgers Alexander III., in der es heißt: »Wir wenden uns an Euch wie an einen Vater. Wenn unsere gerechten Forderungen nicht erfüllt werden, dann wissen wir, daß wir auf niemanden hoffen dürfen und daß wir uns auf uns selbst und unsere Hände verlassen müssen.« Trotz der Tatsache, daß die Petition ohne Folgen blieb und der Streik am 10. Tag gewaltsam unterdrückt wurde, hegten die Arbeiter bis zum 9. Januar 1905, als sie sich mit einer ähnlichen Petition an »Väterchen Zar« wandten, immer noch die Hoffnung, daß »irgend jemand für sie eintreten« werde.

Doch das Leben selbst stieß die Arbeiter auf den Weg des revolutionären Klassenkampfes und schmiedete das Bewußtsein und die Kampfbereitschaft der Arbeiterklasse.

Der Streik in der Neuen Baumwollspinnerei war ein bestimmter Wendepunkt in der Arbeiterbewegung und rief eine Reihe von Streiks in anderen Fabriken hervor. Es bleibt zu bemerken, daß die Arbeiter der Neuen Baumwollspinnerei in allen ihren Streiks der Periode 1878/79 im Zusammenhang mit ökonomischen Forderungen unverändert an ihrer Forderung nach Beteiligung ihrer Delegierten bei der Lösung von Fragen des Fabriklebens festhielten. Genau dieselben Forderungen beinhalteten die Beschlüsse der Versammlung der von den Webern in Petersburger Fabriken gewählten Delegierten: Anerkennung von Arbeitsdelegierten, welche sowohl bei Ausgabe des Materials als auch bei Ablieferung der hergestellten Ware zugegen sein mußten.[25]

In der Periode von drei Jahren (1878–1880) fanden ungefähr 29 Streiks mit je 30 bis 35 Teilnehmern statt.[26]

Diese Zahlen bezeugen in einem ebensolchen Maße das Wachstum des Klassenbewußtseins und der Klassensolidarität des Proletariats in der Epoche nach der Reform, wie die oben angeführten Punkte seiner Streikprogramme (rechtliche Forderungen) seine Reife und die Einsicht in die Aufgaben der Arbeiterklasse dokumentieren. Es gilt allerdings an dieser Stelle einen Vorbehalt zu machen: Wir begegnen hier erst den Anfängen, den ersten Schritten dieses historischen Wachstumsprozesses des Heranreifens eines kämpferischen proletarischen Kerns.

3. Die Entwicklung des Kampfes in der Fabrik in den achtziger und neunziger Jahren

»Heben wir den Schleier auf von der Fabrikwelt Rußlands, von den Lebens- und Arbeitsbedingungen des Arbeiters in dieser Welt, vom Verhältnis des Fabrikanten zum Arbeiter. Diese Welt ist gewöhnlich hermetisch vor uns abgeriegelt durch die hohen Steinmauern der Fabrikgebäude mit ihren eingebauten Eisengittern.«

Diese Charakteristik trifft die innere Struktur der russischen Fabrik in der Reformperiode völlig richtig. ›Normalerweise‹ ließ sich in der Tat kaum etwas über den inneren Lebensrhythmus und die Wechselbeziehungen im sozialen Organismus der Fabrik erfahren. Erst die Streiks, die Konflikte und andere Ereignisse entlarvten den ihm innewohnenden tiefen Antagonismus — den säkularen Kampf zwischen Arbeit und Kapital.

Die Streiks der achtziger Jahre, die fast gleichzeitig in den verschiedenen Teilen Rußlands begannen, machten sichtbar, wie stark die Überreste und Spuren leibeigenschaftlicher Verhältnisse in der russischen Fabrik noch waren und in welch rechtlosem Zustand sich die Arbeiter befanden.[27]

»Der Fabrikbesitzer«, schreibt Prof. Janžul, »ist der uneingeschränkte Herrscher und Gesetzgeber, den kein Gesetz in die Schranken weist und der nach eigenem Gutdünken schaltet und waltet. Die Arbeiter sind verpflichtet sich ihm widerspruchslos zu unterwerfen, wie es die ›Regeln‹ jeder Fabrik besagen.«[28] In den achtziger Jahren herrschte die extreme Reaktion nicht nur in der Regierungspolitik, sondern auch hinsichtlich der Lage der Arbeiterklasse innerhalb der Fabrik. Es sei nur auf die natürliche Übereinstimmung zwischen dem politischen Regime im Staat und dem Regime in der Fabrik hingewiesen. Es kann rechtliche Verhältnisse in der Fabrik nur in einem Staat geben, der das Recht achtet. In den achtziger Jahren verfolgte die Regierung jede Art von Ansätzen gesellschaftlicher Bewußtwerdung und Organisierung, und die Repressionen von seiten der kapitalistischen Unternehmer verstärkten sich ebenfalls. Es war aber bereits unmöglich, die erwachende Arbeiterklasse zu unterdrücken. Der Streik bei Morozov im Jahre 1885 zeigte vielmehr, so Katkov, »wie ein Salut das urbi et orbi verkündet, die Geburt der revolutionären Arbeiterklasse in Rußland«. Diesem Streik kommt in der Geschichte des Kampfes gegen den Absolutismus des Kapitals in der Fabrik besondere Bedeutung zu, und es ist folglich notwendig, genauer auf ihn einzugehen. Ihm voraus ging die ganze Periode der Streiks in der Krengol'm-Manufaktur in Narva (1872), der Chludov-Manufaktur (1880) sowie der Voznesenskij-Manufaktur in Vjazniki und der Manufaktur von Žirardov[28a], die alle bereits einen heftigen Charakter besaßen und die besonders das ›russische Lancashire‹ — das Gebiet in den Gouvernements von Jaroslavl' und Vladimir mit Zentren wie Ivanovo-Voznesensk und Orechovo-Zuevo — aufwühlten. Nach Worten des Fabrikinspektors Dement'ev »wurden Streiks im Gouvernement von Vladimir in den Jahren 1884 und 1885 immer häufiger und nahmen einen so heftigen Charakter an, daß eine Verbesserung der Lage der Arbeiter unumgänglich wurde. Die äußere Ruhe ließ sich erst mit Hilfe des Militärs wieder herstellen.«

Der historisch bedeutsame Streik in der Manufaktur von T.S. Morozov in Nikol'sko (Gebiet von Orechovo-Zuevo) fand bereits einen günstigen Boden vor und wurde seinerseits zum Zündfunken für die folgenden Streiks. Der Streik wurde auf kleinen Versammlungen der Arbeiterdelegierten vorbereitet, unter denen besonders Mojseenko und Volkov durch ihre Führungsqualitäten hervortraten.

Die Arbeiter traten mit einem besonderen Entwurf auf: mit »Forderungen, die die allgemeine Zustimmung der Arbeiter besitzen«, womit offensichtlich die allgemeine Einmütigkeit und Solidarität unter den Arbeitern unterstrichen werden sollte. Diese Forderungen, die rein rechtlichen Charakter besaßen, liefen in ihrem Kern darauf hinaus, den Arbeiter in die Lage eines freien und gegenüber dem Unternehmer gleichberechtigten Menschen zu versetzen. Die Arbeiter verlangten: 1. »eine völlige Umgestaltung des Arbeitsverhältnisses, des Verhältnisses zwischen Unternehmern und Arbeitern«, 2. »die freie Wahl von Ältesten in den Werkstätten; sie sollten nicht länger als jeweils drei Monate amtieren, um nicht den Warenabsatz zu persönlicher Bereicherung nutzen zu können«; 3. »die Durchführung einer allmonatlichen Abrechnung« und 4. »die Entfernung derjenigen Angestellten, Meister und Vorarbeiter aus dem Arbeitsverhältnis, bei denen die Arbeiter dies für erforderlich halten«. Die Fabrikbesitzer fühlten sich hier so direkt in ihrer Selbstherrschaft betroffen, daß sie nicht einmal bereit waren, Verhandlungen mit den Arbeitern aufzunehmen, sondern sich direkt an die Zentralgewalt wandten, um Unterstützung durch den Einsatz von Truppen zu erlangen.

Als die Truppen die Delegierten und Führer der Arbeiter festnahmen, kamen ihnen die Fabrikarbeiter geschlossen mit Knüppeln und Eisenstangen zu Hilfe und forderten vor allem die Freilassung ihres »Deputierten Vasilij«. Mit den Arbeitern wurde abgerechnet. Der Repression durch die Truppen folgten 800 Verbannungen. Aber wenn auch der Sieg zunächst nicht auf Seiten der Arbeiter war, so blieb der Streik doch nicht ohne praktisches Ergebnis: die »Forderungen« wurden nämlich von der Regierung zur Erstellung der Fabrikgesetzgebung benutzt, die das Ergebnis der Streikbewegung der achtziger Jahre war.

Der Morozov-Streik läßt sich als Einschnitt in der sich bis dahin ruhig entwickelnden und hautpsächlich ökonomisch bestimmten Bewegung des Proletariats bezeichnen. Dieser Einschnitt trennt unserer Meinung nach auch zwei Entwicklungsperioden des kapitalistischen Fabriksystems in Rußland: die Periode der Fabrik der Reformzeit mit einem vergleichsweise schwach entwickelten Industriekapital wird abgelöst vom modernen kapitalistischen Fabriksystem im westeuropäischen Sinne.

In dieser Zeit gelangt die Großindustrie mit Hilfe ausländischen Kapitals in Lodz, Warschau, Dombrov und anderen Zentren der Westgebiete zu voller Blüte, aber ebenso schnell wuchs auch ein anderes Zentrum der Großindustrie, welches ebenfalls mit ausländischem Kapital gegründet wurde – nämlich das im Süden Rußlands. Gerade diese beiden Zentren der Entwicklung großkapitalistischer Produktion wurden neben Petersburg zum Ausgangspunkt des revolutionären Kampfes der Arbeiter in den neunziger Jahren. Ein Streik löste den anderen ab, von Stadt zu Stadt, von Fabrik zu Fabrik breitete sich die Welle der Streiks aus, in denen der revolutionäre russische Arbeiter seine Waffe gegen das Kapital schärfte. Zur gleichen Zeit halfen die sozialistischen Zirkel und die ersten sozialdemokratischen Vereinigungen und Gruppen bei der Herausbildung von Klassenbewußtsein. Im Innern der Fabriken und Betriebe entwickelte sich immer stärker und immer schneller eine neue Kraft — die kämpfende Arbeiterklasse, die es bereits vermochte, dem Kapital Widerstand zu leisten — wenn auch noch nicht als Gegner von gleicher Stärke.

4. Arbeitergesetzgebung und Fabrikordnung in der Zeit nach der Reform

Wie bereits gesagt, stellte die russische Fabrik in der Reformperiode, besonders in den ersten Jahrzehnten nach der Reform, dasselbe Muster einer »absoluten Monarchie« dar wie in der Zeit vor der Reform — mit dem einzigen Unterschied, daß das frühere »leibeigenschaftliche Arbeitshaus« mit den juristisch leibeigen und abhängig gemachten Arbeiter-Sklaven sich in ein formal freies, gesetzlich abgesichertes »Strafbataillon« verwandelt hatte.

Alle Artikel des sogenannten »Industrie-Reglements« und ebenso die 1885–1886 folgenden Gesetze, welche die Wechselbeziehungen zwischen Arbeitern und Fabrikanten und die Bedingungen des Lohnvertrages regulierten, setzten faktisch die direkte Polizeigewalt des Fabrikverwalters über die Arbeiter fest. Die Gesetze, die das Verhältnis zwischen Arbeit und Kapital in der Fabrik regulieren sollten, wurden zum Mittel der maskierten Versklavung der Arbeiter. An der Ausarbeitung der »Fabrikverfassung« war der Arbeiter noch nicht beteiligt. Erst in der Periode des Kampfes, dessen Mittel Streiks waren, schickte er seine Deputierten und Bevollmächtigten vor, wobei deren Funktion mit Beendigung des Arbeitsaufstandes erlosch. Die »Regeln«, welche das Fabrikleben, die Bedingungen der Arbeit und ihrer Wechselbeziehungen mit dem Kapital regulierten, wurden erst unter dem Druck und der drohenden Gefahr der Streikbewegung ohne jede Beteiligung der Arbeiter auf bürokratischem Weg aufgestellt. Die Durchführung der Arbeitergesetze wurde ohne Vertretung und Kontrolle von seiten der Arbeiter unter dem wachsamen Auge der Fabrikpolizei oder der mit dieser Rolle beauftragten Fabrikinspektion gehandhabt.

Dies war die wirkliche Bedeutung der »legislativen Einschränkung« des Fabrikabsolutismus der Reformperiode. Ihre Bedeutung erscheint noch geringfügiger, wenn wir hinzufügen, daß »die Fürsorge in Rußland mit der Ausübung von Repressalien Hand in Hand ging: die Fürsorge war notwendig, um die Illusion von der Sorge der Obrigkeit um die Untertanen zu bekräftigen«, die Entfaltung der

Selbsttätigkeit der Arbeiter zu behindern und den Einsatz scharfer Unterdrückungsmaßnahmen zu vermeiden, um unruhige Arbeiterelemente wie auch die Arbeiterbewegung insgesamt niederzuhalten. Darin bestand die ganze Weisheit der »Arbeiterpolitik« der Bürokratie.

Diese aufgezeigten Punkte einer bürokratischen Gesetzgebung treten besonders scharf in jenen Bestimmungen, Anordnungen und Gesetzen der Regierung zutage, die die Reglementierung der inneren Ordnung der Fabrik der Reformperiode berühren. Das erklärt sich daraus, daß die Regierung die Reglementierung der Beziehungen zwischen Arbeit und Kapital in der Fabrik entweder unter dem Druck der von unten vorgetragenen und durch die Streiks untermauerten Forderungen anging oder unter dem Zwang eigener Ängste, welche eine solch »gefährliche Anhäufung« unzuverlässiger und unruhiger Elemennte, wie sie die Fabrik eben darstellte, dem Polizeistaat einflößte. Die Regierung war gezwungen, je nach Möglichkeit zu lavieren, um einerseits die Kapitalisten nicht einzuengen, sich aber andererseits den Anschein geben zu können, sie habe auch das Wohl der Arbeiter im Auge.

Diese Taktik, die sich in der »Polizeifabrik« Anfang der neunziger Jahre herausbildete und zu einem ganzen System des »Polizeisozialismus« (»Zubatovščina«)[29] entwickelte, gelangte in Ansätzen bereits in der Fabrik der Reformperiode zur Anwendung. Wir beziehen uns hier auf die sogenannten »Hüttenwerks-Genossenschaften«, die einzigen von der Regierung nach der Reform zugelassenen betrieblichen Organisationen: In ihrem Aufbau, ihren Aufgaben und ihrer Tätigkeit läßt sich bei genauerer Betrachtung überall unschwer jener polizeiliche Grundcharakter erkennen, den die Fabrik nach der Reform überall besaß und in den sowohl die reinen Zubatov-Organisationen als auch die vom bürokratischen Regime am 10. Juni 1903 begründete Einrichtung der »Fabrikältesten«[30] mit einbezogen werden müssen.

Lassen sich nun die Hüttenwerks-Genossenschaften als eines der Vorbilder der späteren Fabrikkomitees betrachten? Gegründet in der »Epoche der liberalen Reformen« am 8. Mai 1861, besaßen sie einige liberale Charakterzüge: die Anerkennung des Rechts auf Meinungsäußerung innerhalb der Beziehungen zwischen Arbeitern und Besitzern, die Anerkennung aller Fabrikarbeiter als Mitglieder der Fabrik, die einen Vertrag über mindestens ein Jahr abgeschlossen hatten. An der Spitze der Genossenschaft stand das Hüttenwerks-Kuratorium, seiner Natur nach ein Exekutivbüro, welches sich aus vier von den Arbeitern gewählten Vertretern und dem von der Betriebsleitung ernannten Vorsitzenden zusammensetzte. Das Gesetz zur Einrichtung dieser Kuratorien wurde mit der Absicht geschaffen, »den Zusammenhang zwischen den Betrieben und den in ihnen arbeitenden Leuten zu festigen«, und verfolgte die Aufgabe, »aufkommende Unstimmigkeiten bei der Arbeit möglichst effektiv zu klären«. Der Verwaltung des Kuratorium unterlag 1. »Prüfung und Entscheidung bei Meinungsverschiedenheiten und Streit zwischen Fabrikleitung und Arbeitern wegen der Ausführung der Arbeiten oder der Einbehaltung von auf vertraglicher Grundlage von Lohn oder Stücklohn abgezogenen Bußen und Strafgeldern, 2. die Verwaltung der Unterstützungskasse«. An der Ausarbeitung der Lohnbedingungen waren die »Kuratorien« natürlich überhaupt nicht beteiligt. Sie untersuchten und bestimmten lediglich in Streitfällen zwischen der Fabrikverwaltung und den Arbeitern, wobei sie vor allem den Arbeitern Strafen und Abzüge auferlegten, und sie stellten aus ihren Kassen den Bedürftigen Unterstützungs- und Pensionsgelder zur Verfügung. Auf diese Weise mußten die Hüttenwerks-Genossenschaften gleichzeitig sowohl Funktionen einer Arbeiterverwaltung gegenüber den Besitzern als auch solche der Altersfürsorge und Kredithilfe übernehmen. Die konkreten Umstände der Arbeit der Hüttenwerks-Genossenschaften und ihre Resultate zeugen davon, daß die Regierung wie auch die Industriellen sich bemühten, sie nicht nur »unschädlich zu machen«, sondern sie in den Dienst der Interessen des Kapitals zu stellen: ihnen werden administrativ-polizeiliche Funktionen übertragen (Aufsicht über die von den Fabrikanten selbst aufgestellten Regeln der inneren Ordnung, Eintreibung von Strafgeldern, Anwendung von Bestrafungen und andere Aufsichtsfunktionen).

Auf diese Weise existierten die »liberalen« Eigenschaften des Gesetzes, die angesichts der allgemeinen Rechtlosigkeit und Unterdrückung des Proletariats eingebracht wurden, nicht nur lediglich auf dem Papier, sondern sie wandten sich gegen den Arbeiter selbst, indem sie Zersplitterung und Spaltung in ihre Reihen trugen und sie noch mehr der Gewalt des Kapitals unterwarfen.

Die geringsten Äußerungen von Selbsttätigkeit und Aktivität der Arbeiter hatten unverzüglich eine weitere Einschränkung der Rechte bzw. die vollständige Liquidierung einer so »gefährlichen« Arbeiterorganisation zur Folge — so geschehen z. B. 1896 in Zlato-Ustov und in einer Reihe anderer Hüttenwerks-Genossenschaften, die sich anfänglich auf die Untersuchung von Unstimmigkeiten unter den Arbeiter selbst beschränkt hatten, daraufhin aber insgesamt aufgelöst wurden.

Die Entwicklung der russischen Fabrikgesetzgebung begann in den achtziger Jahren. Die Frage, wieweit eine Reglementierung der Beziehungen zwischen Lohnarbeitern und den Kapitalisten unumgänglich sei, stand nun auf der Tagesordnung allerhöchster Kreise, und zwar um so bestimmter, je weiter und stärker sich der Streikkampf der Arbeiter für die Verbesserung ihrer ökonomischen und rechtlichen Lage entwickelte.

Doch alle Versuche der Regierung in dieser Richtung stießen auf den hartnäckigen Widerstand der Fabrikanten, vor allem im zentralen Industrierayon, die als besonders grausam in der Ausbeutung der Arbeiter galten.

Eine besondere Opposition rief das Projekt einer Fabrikinspektion hervor; denn es wurde von den Kapitalisten als ein direkter Anschlag auf die »Rechte des Herrn im eigenen Hause« betrachtet.

Doch die Gefahr von seiten der Arbeiterbewegung, die immer mehr an Umfang zugenommen hatte, war stärker als der Wunsch der Regierung, keinen Konflikt mit dem Unternehmer-Kapital heraufzubeschwören. Die Regierung mußte sich im Interesse der Erhaltung der »Ordnung« mit dem Erlaß von Gesetzen beeilen, die die Beziehungen zwischen Kapitalisten und Arbeitern regelten. Graf Tolstoj, Minister des Inneren, benannte das in einem Brief an den Finanzminister im Jahre 1885 ganz offen: »Die von den örtlichen Behörden durchgeführte Untersuchung der Ursachen der Arbeiterstreiks ergab, daß sie die Ausmaße ernster Unruhen anzunehmen drohten und hauptsächlich deshalb entstanden, weil in unserer Gesetzgebung allgemeine Verordnungen fehlen, auf deren Grundlage die Beziehungen zwischen Fabrikanten und Arbeitern bestimmt werden könnten. Ein derartiger Mangel in der Gesetzgebung, der verschiedene Ordnungen in den jeweiligen Fabriken bedingt, ließ willkürlichen und zum Nachteil der Arbeiter gewendeten Ordnungen der Fabrikanten Raum und erzeugte in erster Linie die gegenwärtige äußerst schwierige Lage.«

Dasselbe konstatierten auch die vereinigten Departements im Staatsrat, als man den Gesetzentwurf vom 3. Juni 1886 diskutierte: Unter Verweis auf das von einer Sonderkommission aufgezeigte »große Elend der Arbeiter in der Fabrik« unterstrich die Kommission, daß »solche Formen nur auf der Grundlage der lange praktizierten Usurpation der Rechte der schwächeren Seite entstehen konnten«.[31]

Auch dieses »Schutz«-Gesetz von 1886 über »den Lohn und das gegenseitige Verhältnis von Fabrikanten und Arbeitern«, dessen 60 Artikel – nach einer treffenden Bemerkung von M. G. Lunc – »zur einen Hälfte vom Polizeidenken der Regierung, zur anderen von den materiellen Interessen des Kapitals« diktiert wurden, trug nichts bei zu einer spürbaren Verbesserung der Lage der Arbeiter innerhalb der selbst von der Regierung als »Usurpation« und »Willkür« charakterisierten Beziehungen. »Das Gesetz schrieb der Fabrikinspektion nicht die Veränderung, sondern die Aufsicht der Beschäftigungsbedingungen vor, untersagte die Entlohnung in Naturalien, verbot den Lohnabzug für medizinische Hilfe, für Beleuchtung und Arbeitswerkzeuge, und schrieb eine Lohnauszahlung ein oder zwei Mal im Monat vor.« Das war das Wesentliche in diesem Gesetz. Es beließ den Kapitalisten die entscheidende Gewalt über die Arbeiter mittels der Lohn- und Paßbücher, das Recht, den Arbeiter beim geringfügigsten Anlaß »für Frechheit und schlechtes Benehmen« und ähnliches zu entlassen.[32]

Im übrigen sind die kleinen praktischen Resultate der Fabrikgesetzgebung, die das innere Leben und die Beziehungen zwischen Arbeit und Kapital in der Fabrik nach der Reform regelte, nicht unwesentlich. Die ganze Fabrikgesetzgebung in Rußland ist das Ergebnis des Kampfes der Arbeiterklasse, ihres Wachstums als einer Klasse, die neue Produktionsformen hervorbringt. In dieser Periode war die Arbeiterklasse noch zu schwach und zu unorganisiert, als daß sie auf die gesetzgeberische Intervention der Staatsmacht in einem für sie positiven Sinne hätte Einfluß nehmen können. Doch war sie stark genug, um einen Eingriff der Staatsmacht in die bis dahin beinahe unerschütterte absolutistische Struktur der kapitalistischen Fabrik durchzusetzen.

Drittes Kapitel

Die »Polizeifabrik« und das Anwachsen des Klassenkampfes der Arbeiter

1. Das Wachstum des kapitalistischen Fabriksystems und die »Ängste« der Regierung

Wir haben gezeigt, daß das russische Fabriksystem schon seit dem Ende des 19. Jahrhunderts immer mehr kapitalistischen Charakter annahm. Die Industrie nahm in den Jahren 1893 bis 1899 einen unerhörten Aufschwung. Die durch die Extraprofite angelockten ausländischen Kapitalien förderten die industrielle Prosperität des Landes. Die einheimischen Kapitalien aus dem Bereich von Handel und Landwirtschaft tendierten ebenso — weitaus bereitwilliger als früher — zu Investitionen in der Industrie, die von staatlichen Zollsätzen gestützt und mit Staatsanleihen und Subsidien aufgepäppelt wurde.

Einen entscheidenden Anstoß für den Aufschwung der Industrie bildeten auch der verstärkte Eisenbahnbau, der forcierte Bau von Kriegsschiffen, die rasche Ausweitung der Städte, die ihrerseits das Wachstum der Eisen-, Erdöl- und Kohleproduktion und ähnlicher Industriezweige hervorriefen. Zwischen 1890 und 1900 wuchs die Metallindustrie um das Neunfache, die chemische um das Achtfache und die Hüttenindustrie um das Viereinhalbfache.[33] Die Konzentration der Industrie, die deutlich machte, daß in Rußland ein Industriekapitalismus westeuropäischen Typs heranwuchs, erreichte in dieser Periode bedeutende Ausmaße.

Doch parallell zum Wachstum des Kapitals wuchs auch sein uralter Antagonist und künftiger Totengräber – das Proletariat: in der Periode 1865 bis 1890 stieg die Zahl der Arbeiter von 706 000 auf 1 432 000, von 1890 bis 1900 auf 3 000 000, das heißt jeweils um das Doppelte.

Natürlich verstärkte sich durch das Anwachsen der technischen und sozial-ökonomischen Struktur des kapitalistischen Fabriksystems der Widerspruch zu dem Regime von Rechtslosigkeit, Knechtung und Ausbeutung aus der Periode der ursprünglichen Akkumulation, das die Fabrik auch noch nach der Reform beherrscht hatte. Dieser Widerspruch fand seinen Ausdruck in der fortgeschrittenen Bewegung der Arbeiterklasse, die den Weg des aktiven Widerstands gegen das Kapital und des Kampfes um die Besserung ihrer Lage in ökonomischer und rechtlicher Hinsicht beschritt.

Die Jahre 1896/1897 waren ein Kulminationspunkt in der Entwicklung der Arbeiterbewegung dieser Periode. Die offiziellen Angaben besagen, daß innerhalb dieser zwei Jahre 263 Unternehmen von Streiks erfaßt wurden und daß die Zahl der Streikenden insgesamt 89 000 erreichte. Martov gibt ihre Zahl mit nicht weniger als 170 000 an, wobei von Streiks in der Hauptsache große Industrieunternehmen betroffen waren.[34]

In den meisten Fällen spielte sich der Kampf noch innerhalb der Grenzen der einzelnen Fabrik oder des einzelnen Werkes ab. Das gleichzeitige Auftreten der Arbeiter eines ganzen Produktionszweiges war noch keine häufige Erscheinung, und dennoch trug der Kampf erstmalig den Charakter einer die ganze Klasse umfassenden Bewegung – und zum ersten Mal war der Kampf auf die Veränderung der gesellschaftlichen Bedingungen der Lage des Proletariats gerichtet. Es ist interessant, daß Motive und Forderungen juristischer Art immer häufiger Anlaß zu Ausständen und Streiks wurden. Diese Streikbewegung, die sich rasch ausgeweitet hatte und die begleitet war von einem Aufschwung des Klassenbewußtseins und des Anspruchs auf Menschenwürde innerhalb der Arbeiterschaft, veranlaßte die Fabrikanten und Fabrikverwaltungen, das auch nach der Reform noch vorherrschende »patriarchalische« Regime in der Fabrik aufzuweichen. Die folgende Tabelle, die wir der angeführten Arbeit Martovs entnehmen, legt dar, welcher Art die Resultate des Kampfes der Arbeiter um die Abschaffung des knechtenden Fabrikregimes waren:

	für die Arbeiter	für die Unternehmer	Kompromiß
Streiks infolge von Strafen und Lohnabzügen	23,07 %	69,23 %	7,69 %
infolge von Maßnahmen der Fabrikverwaltung	27,27 %	58,44 %	14,28 %

Diese Ziffern besagen, daß die überwiegende Zahl der Streiks noch mit einem Sieg der Kapitalisten endet und daß dies erst die ersten relativ formierten und bewußten Schritte der Arbeiterklasse auf dem Gebiet des Kampfes um ihre Rechte waren; der Prozentsatz (23 bis 27 %) der von den Arbeitern siegreich beendeten Auseinandersetzungen muß unter diesen Umständen als ziemlich bedeutend angesehen werden.

Die Regierung, konfrontiert mit dem Anwachsen der Arbeiterklasse, konnte sich nicht mehr mit den Illusionen von der »friedlichen Idylle« und dem »patriarchalischen Charakter« der Beziehungen zwischen Arbeitern und Fabrikanten trösten. Besorgt mußte sie konstatieren, daß die »Fabrikarbeiter gegenwärtig keineswegs mehr dieselben sind wie vor zehn bis zwanzig Jahren«: »Innerhalb der letzten drei bis vier Jahre«, führte Fürst Svjatopolk-Mirskij über die Ursachen der häufigen Streiks der Arbeiter aus, »hat sich aus dem gutmütigen Bauernburschen ein eigenartiger Typ des halbgebildeten Intelligenzlers herausgebildet, der es für seine Pflicht erachtet, Religion und Familie zu verleugnen, das Gesetz zu mißachten, sich der Behörde nicht unterzuordnen und sich über sie lustig zu machen.«

Die Regierung bemerkte völlig richtig den Prozeß der Umwandlung des »gutmütigen Bauernburschen« in den Fabrikproletarier: den Angaben zufolge, die vom Fabrikinspektor des Moskauer Distrikts für die Jahre 1883 bis 1893 gesammelt wurden, machten in 1 263 Fabriken die Arbeiter, die im Dorf kein Land besaßen und das ganze Jahr hindurch in der Fabrik arbeiteten, 82 % und die Arbeiter, die im Sommer die Fabrik zu Feldarbeiten verließen, 18 % aus.[35]

Die Betrachtung der Wandlung des ehemaligen Bauern in den Fabrikarbeiter und ihrer Ursachen bringt Dement'ev zu einem ähnlichen Schluß: »Wir finden also die bereits formierte Klasse der Arbeiter vor, die kein eigenes Dach über dem Kopf, die faktisch kein Eigentum hat – eine Klasse, die durch nichts gebunden ist und von der Hand in den Mund lebt.«[36] Selbstverständlich bedeutet dieses Losreißen vom Dorf noch nicht, daß im russischen Arbeiter dieser Periode alle Spuren seiner bäuerlichen Herkunft getilgt gewesen wären. Die Zusammensetzung der Arbeiterklasse war – wie auch später noch – heterogen: es gab relativ wenige Elemente, von denen Fürst Mirskij sagte, daß sich in ihnen bereits Klassenbewußtsein gebildet habe, und es gab Elemente, die – wenn auch aufgrund des Verlusts ihres Bodens ökonomisch nicht mehr auf dem Land verwurzelt – zumindest ihrer Psyche nach dem bäuerlichen Milieu zuzurechnen waren.

Doch insgesamt vollzog sich die Bildung der Arbeiterklasse ähnlich wie im Westen durch den kapitalistischen Produktionsprozeß, und diese Klasse strebte von den ersten Schritten ihrer bewußten Klassenexistenz an auf sozialistische Ziele hin. Daher beunruhigte und verunsicherte die Regierung nicht so sehr das Wachstum der Arbeiterklasse an sich als vielmehr der sich in ihr abspielende Prozeß der Formierung einer neuen Klasse, die dem alten Regime gesellschaftlich zur Gefahr wurde. Für eigentlich gefährlich hielt man nicht die »Fabrikaufstände«, sondern jene »Erschütterung der Grundlagen« der Selbstherrschaft, die sie hierbeiführten und die jedesmal die »Erhaltung der Ordnung« bedrohten, welche in den Augen der Bürokratie mit dem Wohlergehen der Gesellschaft überhaupt identisch war. Die Regierung war über die Verbindung der Arbeiterbewegung mit den ersten sozialdemokratischen Gruppen, über die Arbeit der revolutionären Arbeiterzirkel in den Fabriken, über die Verbreitung der mit ihrer Hilfe herausgebrachten sozialistischen Flugblätter und Aufrufe, die konkret in den einzelnen Fabriken Mißstände und Mängel aufdeckten und zugleich auf die Kampfmittel hinwiesen, gut informiert, mit einem Wort: sie war informiert über all jene Arbeit, die die Arbeiterklasse Rußlands auf den Übergang vom rein ökonomischen zum politischen Kampf vorbereitete. Dieser Umstand war es vor allem, der der Regierung die größte Sorge bereitete: »Nachdem die Agitatoren sich zum Ziel gesetzt hatten«, so spricht wiederum Svjatopolk-Mirskij, »die Arbeiter zum Kampf gegen die Regierung und zur Durchsetzung ihrer Ideen massenhaft zu organisieren, machten sie rasch bedeutende Fortschritte.« Man mußte auf irgendeine Weise diese »gefährliche« Neigung der Arbeiterklasse zur Organisierung, zur Selbsttätigkeit und zur »Politik« einschränken, man mußte der »Agitation« die Grundlage entziehen und gleichzeitig die Anlässe zu heftigen und verlustreichen Streiks und Unruhen, die den normalen Arbeitsgang in den industriellen Unternehmen desorganisierten, herabschrauben. Diese Aufgabe nahm die Regierung in Angriff, indem sie für einige Zeit die individuelle Willkür der Fabrikherren einschränkte und an ihre Stelle die Willkür der Polizei setzte. So verwandelte sich die kapitalistische Fabrik für einen gewissen Zeitraum in eine »Polizei«fabrik, mit einem eigenartigen internen Polizeiregime auf kapitalistischer Basis.

2. Die Einmischung der Polizei in das innere Leben der Fabrik

Die Einmischung der Polizei in das innere Leben der Fabrik, die sich schließlich in dem umfassenden System des sogenannten »Polizeisozialismus vollendete, entstand allmählich und durchlief eine ganze Reihe von Phasen. Die Regierung hatte sich die Frage einer Einmischung der Polizei in die Beziehungen zwischen Kapitalisten und Arbeitern grundsätzlich schon zu Beginn der siebziger Jahre gestellt. In einem von der »3. Abteilung« (der Polizei) zusammengestellten Bericht an den Zaren heißt es: »Die Lage ist sowohl für die lokale Polizei wie für die oberste Polizeibehörde äußerst schwierig. Auf welche Seite soll man sich stellen? Die Arbeiter gegen die Fabrikanten unterstützen und damit in Zukunft ihre Widerspenstigkeit fördern — das ist genauso problematisch wie sie mit strengen Maßnahmen zu zwingen, die Arbeit wiederaufzunehmen unter Bedingungen, die in ihren Augen ungerecht sind und sich in der Tat als ungerecht herausstellen können. Auch darf man nicht außer Acht lassen, daß, selbst wenn ein bestimmter Streik nicht das Resultat einer Agitation im Sinne der sogenannten ›Arbeiterfrage‹ war, so doch in jedem Falle die Arbeiterbevölkerung, die gegen ihren kapitalistischen Arbeitsherren aufgebracht ist, einen fruchtbaren Boden für die Agitatoren abgibt.«[37]

Dieser Bericht ist in seinem unentschiedenen Ton ganz charakteristisch für die »Arbeiterpolitik« der Regierung im allgemeinen. Die Regierung, die sich im Laufe der Zeit immer mehr auf die erstarkende industrielle Bourgeoisie stützte und befürchtete, diese in ihrer Rechtsherrlichkeit einzuschränken, sah sich auf der anderen Seite einer drohenden politischen Explosion von unten, von seiten der Arbeiterklasse ausgesetzt. Man mußte irgendein ausgleichendes Mittel finden, um sowohl den Frieden mit dem Kapital zu erhalten als auch sich gegenüber der »Agitation« und den »Ordnungsstörungen« der Arbeiter zu sichern.

Anfangs sah man ein solches Mittel in grausamer Unterdrückung der Arbeiter. Massenverhaftungen und Verbannungen von Arbeitern, Versuche, die Streikenden mit Gewalt an die Arbeit zurückzuzwingen (zum Beispiel während des Petersburger Streiks im Jahre 1896 nach den Krönungstagen, als die Polizei in die Wohnghettos einbrach und die Arbeiter mit brutaler Gewalt in die Fabrik zurücktrieb), Einschüchterung und Druck über die eigens zu den Behörden gerufenen Delegierten, gepaart mit Aufrufen an die Arbeiter (nach dem Muster des Aufrufs Vittes aus dem Jahre 1895), Prügel und nackte physische Gewalt (Methoden, mit denen man z. B. die streikenden Weber der Neuen Baumwollspinnerei an die Arbeit zurückzwang), Massenentlassungen — all diese Methoden administrativen und polizeilichen Eingreifens sollten nach Meinung der Regierung zunächst gegen die Arbeiterklasse eingesetzt werden, um die Arbeiterbewegung zerschlagen zu können.

Dies erwies sich jedoch als unmöglich; man mußte die Taktik ändern: Die Angst vor den Arbeitern erwies sich als stärker als die Angst vor den Kapitalisten. Durch Konzessionen versuchte man halbwegs und unvollständig, in Absprachen und Einschränkungen die »Arbeiterfrage« mit Hilfe einer Fabrikgesetzgebung zu regeln. Jede Bestimmung dieser Fabrikgesetzgebung kam mühevoll zustande: als Geburtshelfer fungierten die russischen Industriellen selbst. Sie waren von der Regierung zu den vorbereitenden Diskussionen der Gesetzentwürfe eingeladen worden. Da aber die Interessen der Unternehmer nicht immer zusammenfielen (das war beispielsweise bei den Petersburger und Moskauer Industriellen der Fall, deren Meinungen zur »Arbeiterfrage« immer auseinandergingen), wurden viele Gesetze lange nicht verabschiedet. Erst als die Regierung von der Arbeiterbewegung buchstäblich an die Wand gedrückt wurde, entschied sie sich im Interesse der »Ordnung« für eine Einmischung auf dem Weg der Gesetzgebung.

Das ist der Grund dafür, daß die russische Fabrikgesetzgebung, außer den verschleierten, nichtsdestoweniger aber sehr weitgehenden Kompromissen gegenüber dem Kapital, an sich den Stempel der Polizeipolitik trug. Doch diese polizeilich bestimmte Gesetzgebung erwies sich für sich genommen als unzureichend. Man brauchte Überwachungsorgane, die ihr Auge und Ohr in der Fabrik hatten, und wir finden Entwürfe zur Schaffung einer Fabrikpolizei und eine immer stärker werdende Tendenz, die Fabrikinspektion eben diesen Zwecken unterzuordnen.

In ihren geheimen Rundschreiben schlug die Regierung den Polizeibeamten und in gleicher Weise den Fabrikinspektoren vor, den Arbeitern nachdrücklich klarzumachen, daß »sogar die Bemühung um die Durchsetzung gesetzlicher Rechte auf gewalttätigem oder ungesetzlichem Wege« der Verfolgung und Strafe unterlägen (Rundschreiben vom 5. Dezember 1895). In einem anderen Rundschreiben vom 12. August 1897 ist, sogar ohne die Zustimmung von seiten des Finanzministers, ein ganzes Programm von Polizeimaßnahmen gegen Streikende dargelegt.[38]

In dem Bemühen, die Arbeiterbewegung durch Polizeimaßnahmen niederzuringen, ging die Regierung schließlich so weit, daß sie den Fabrikanten untersagte, den Arbeitern Zugeständnisse zu machen, selbst dann, wenn sie selbst sie für unumgänglich hielten. Auf diese Weise gerieten plötzlich die Reglementierung des gesamten internen Fabriklebens, die Regelung der Beziehungen zwischen Arbeitern und Fabrikanten, die Verhütung und Liquidierung von Konflikten in den Fabriken in die Hände der Polizei.

Die Fabrikanten versöhnten sich sehr rasch mit diesem Eingriff in ihre Rechte und kamen der Polizei entgegen, zumindest so lange, als es für sie von Vorteil war, mit Hilfe der Polizeikräfte die Arbeiter zu disziplinieren und auszubeuten. Die Entwicklung des Streikkampfes in den siebziger bis neunziger Jahren kostete die Fabrikanten viel Mühe und Verluste. Um die fallenden Profite stabil zu halten, schlugen sie die Dienste der Polizei nicht aus, immer noch in der Hoffnung, mittels Repressionen die »Ordnung« in den Fabriken aufrecht erhalten zu können. Doch als diese Eingriffe der Polizei in die Struktur der kapitalistischen Fabrik die Arbeiterbewegung nicht nur nicht paralysierten, sondern ihr sogar zu weiterem Aufschwung verhalfen, als das System der Polizeiprovokation in der Fabrik insgesamt vorherrschend war und einen »normalen« Produktionsablauf unmöglich machte, gingen die Industriellen einmütig zu offener und heftiger Opposition über, die sich besonders klar im Protest gegen die »Zubatovščina«[39] artikulierte. Außerdem war insbesondere die neue Industriebourgeoisie, die Unternehmen mit der besten technischen Ausrüstung geschaffen und in ihren Fabriken moderne westeuropäische Systeme eingeführt hatte, bereits nicht mehr auf die Hilfe von außen angewiesen. Im Gegenteil: die Einmischung dieser Kräfte von außen störte die Durchsetzung rein kapitalistischer Verhältnisse in der Fabrik. Der Kampf zwischen Industriellen und Polizeimacht um den Grad des Einflusses jeder Gruppe bei der Herstellung einer wünschenswerten Fabrikordnung fand seinen Ausdruck auch in einem alten Ressortstreit zwischen dem Finanzministerium, das die Industriellen repräsentierte, und dem Innenministerium, hinter dem die Polizeibürokratie und der gutsbesitzende Adel der zaristischen Gesellschaft standen. Ohne hier bei Analyse und Charakteristik dieses Kampfes weiter zu verweilen, bleibt zu bemerken, daß die fortwährenden Zugeständnisse, die dem Innenministerium abgerungen wurden, und die Vergrößerung des Einflusses des Finanzministeriums auf die Sphäre nicht nur des industriellen, sondern auch des politischen Lebens des Landes, das Aufblühen der kapitalistischen Fabrik, die nun von jeglicher Reglementierung befreit war, und den Sieg dieser Fabrik über die Überbleibsel des »Fabrikfeudalismus« durchschlagend zum Ausdruck brachten.

3. Die »Zubatov-Verfassung« und ihre Erscheinungsformen im russischen Fabriksystem

Der Plan, die Arbeiterbewegung mit Hilfe der Polizei in den Griff zu bekommen, entwickelte sich so im Prozeß der naturwüchsigen Intervention der Polizei in das Fabrikleben, die ja das Ziel hatte, die Arbeiterklasse mit polizeilichen Mitteln zu disziplinieren.

Bereits am 8. April 1898 formulierte der Moskauer Polizeichef Trepov in einem Vortrag (der übrigens von Zubatov verfaßt worden war) vor der Sicherheitsabteilung den Gedanken einer Intervention der Regierung in die sogenannte Arbeiterfrage: »Ist es denn nicht Pflicht der Regierung, möglichst schnell den Revolutionären diese willkommene Waffe aus der Hand zu schlagen (gemeint ist die Agitation auf der Grundlage alltäglicher Not) und die Ausführung aller Aufgaben selbst zu übernehmen? Solange der Revolutionär den reinen Sozialismus predigt, kann man mit ihm mit Unterdrückungsmaßnahmen fertig werden, sobald er aber anfängt, die kleinen Mängel der existierenden Rechtsordnung für sich auszubeuten, helfen Unterdrückungsmaßnahmen kaum, vielmehr muß man ihm die Basis unter den Füßen wegziehen.«[40]

Trepov schlägt der Regierung — mit dem Ziel einer Entwaffnung des sozialistischen Agitators — vor, »dem Arbeiter den gesetzlichen Ausweg aus seiner schwierigen Lage zu zeigen«, gleichzeitig versucht er, zwischen den älteren und konservativeren Arbeitern und der übrigen Arbeiterbewegung zu differenzieren, um diese auf den »gesetzlichen Weg« zur Durchsetzung ihrer Forderungen herüberzuziehen. »Womit sich ein Revolutionär befaßt, dafür muß sich auch die Polizei interessieren« — das ist die programmatische Formulierung des »Polizeisozialismus«, »teilen und herrschen« die Taktik für die Durchsetzung des Programms, das der Polizei empfohlen wird.

Im selben Jahr trat auch der Chef der Gendarmerie, General Panteleev, mit einem Entwurf zu sozialen Reformen hervor, in dem er vorschlug: Verbesserung der sanitären Verhältnisse im Leben der Arbeiter und zur Überwachung der Arbeiter Organisation einer speziellen Fabrikpolizei.[41]

Den Polizeiplänen kam auch das immer stärkere Bedürfnis nach Organisierung innerhalb der Arbeiterklasse entgegen; der ökonomische Kampf der Arbeiterklasse gewann an Gewicht und forderte eine permanente organisatorische Leitung. Die illegalen Organisationen erfaßten nur einen verschwindenden Teil der Arbeiter. Beinahe kein Streik verging, ohne daß die Forderung nach Anerkennung der von Arbeitern gewählten Bevollmächtigten erhoben wurde. Wie stark innerhalb der Arbeitermassen die Bereitschaft zur Organisierung war, wie weit das Bedürfnis der Arbeiter nach einer »Fabrikverfassung« herangereift war, läßt sich daran ablesen, wie schnell, umstandslos und bereitwillig die Arbeitermassen zu den Versammlungen strömten, die von Zubatov-Agenten in Moskau und anderen Städten organisiert wurden.

Auf den von Ozerov und anderen Moskauer Professoren veranstalteten Seminaren und Vorlesungen für Maschinen- und unqualifizierte Arbeiter betonten die teilnehmenden Arbeiter immer wieder, daß sie sich organisieren wollten. »Die Deputierten«, so beklagten sie sich, »das ist ein Wort, das die Fabrikverwaltung nicht anerkennen will — sie will uns nicht einmal als Menschen anerkennen.«

»Der einzelne Arbeiter erreicht nie etwas«, schrieb ein Arbeiter an Ozerov. »Wir versammeln uns mit der ganzen Werkstatt und bringen unsere Beschwerde vor, aber da nicht alle sprechen können, wählt man einen von uns, der erfahrener und beredter sprechen kann, der sozusagen Zahn um Zahn verhandeln kann. Aber diese Leute machen sich strafbar, und man wirft sie sofort aus der Fabrik.

Warum? Das wissen Sie doch nur zu gut — weil wir solche Leute nicht haben dürfen.« Und ein weiterer Arbeiter: »Wenn es zu Meinungsverschiedenheiten kommt, ruft die Verwaltung per Telefon die Polizei, und man treibt uns direkt an die Arbeit, wie früher die Leibeigenen. Und wer klarzumachen versucht, daß auch er ein Mensch ist, den bringt man ins Polizeirevier und sagt, er sei ein Sozialist. So hat man uns den Adligen zuerst weggenommen und dann den Kaufleuten zugeschrieben.«

»Die Deputierten«, so schreibt ein dritter Arbeiter, »werden als erste entlassen. Doch wenn wir einen Deputierten wählen, der dem Fabrikbesitzer zum Geburtstag gratulieren soll, oder wenn gar Deputierte mit einem Geschenk anrücken, dann empfängt man diese mit Aufmerksamkeit und Hochachtung, während man die anderen Deputierten für Anführer hält.«

Die Atmosphäre der Rechtlosigkeit in den Fabriken wird verstärkt durch die Willkür der untersten Ebenen der Fabrikverwaltung: »Der Meister über uns, das ist ein Gott.«

Worin nun sah die Masse der Arbeiter, die damit unmittelbar konfrontiert war, den Ausweg aus einer solchen Lage? Ein Teil sprach sich für Arbeiterräte aus, die Kontrollfunktionen haben sollten. »Arbeiter und Kapitalist heißt zum gegenwärtigen Zeitpunkt hier Zwerg, da Riese, doch sobald wir uns zusammenschließen zu einer großen Familie, werden wir es mit ihm aufnehmen können.«

In der Mehrzahl dieser Äußerungen von Arbeitern kommt Zweifel zum Ausdruck, ob die Unternehmer sich bereitfinden würden, mit den Arbeiterdelegierten zusammenzuarbeiten: »Stimmen sie etwa dann zu, wenn ein Gesetz sie dazu zwingt? Es ist doch kaum denkbar, auf die Herausgabe eines solchen Gesetzes zu hoffen«, — das ist der pessimistische Tenor. »Noch kann man sich in den kleineren Betrieben an den Besitzer wenden. Es kommt auch vor, daß man Gespräche führt und Zugeständnisse macht, doch in den großen Werken, in den Aktiengesellschaften ist es schwierig, den Besitzer ausfindig zu machen. Hier saugen irgendwelche unsichtbaren Kräfte unsere ganzen Energien auf, richten unsere Gesundheit zugrunde, alles ist so eingerichtet, daß du nicht weißt, an wen du dich wenden kannst.«[42]

Wir haben absichtlich aus der Masse der Antworten der Arbeiter auf den Organisationsversammlungen der Gesellschaft der Maschinenarbeiter in Moskau die typischsten ausgewählt, um die Stimmung innerhalb der Masse der Fabrikarbeiter und die Atmosphäre der alltäglichen Rechtlosigkeit und Willkür zu illustrieren, die innerhalb der Fabrik zu Beginn der sogenannten »Zubatovščina« herrschte. Mit dieser Stimmung rechnete auch Zubatov, der einige Dutzend Fabrikanten nach Moskau in ein Gasthaus eingeladen und ihnen sein Programm des »Polizeisozialismus« dargelegt hatte.[43]

Zubatov entwickelte ganz offen den Plan seiner »Polizeifabrik«, die ihre eigene »Verfassung« brauchte. Dieses Dokument bestimmt in so charakteristischer Weise, so offensichtlich und deutlich die weiteren Wege der Regierungspolitik auf dem Gebiet der Fabrikverfassung, daß es noch weiter darauf einzugehen gilt. Mit dem Hinweis darauf, daß die »geheime Abteilung« unter dem Aspekt der Bedeutung für den Staat (was damit gemeint ist, spricht Zubatov nicht aus) entschieden hat, jenen Teil der Pflichten der Fabrikinspektion auf sich zu nehmen, der die Beziehungen zwischen Besitzer und Arbeiter umfaßt«, stelle sie sich die Aufgabe, tiefer in das innere Leben der Fabrik einzudringen.

»Die geheime Abteilung, wenig bekannt mit all den Besonderheiten des Lebens in den Fabriken und Werken, ergriff alle Maßnahmen, um in die Tiefe dieser für sie neuen Verpflichtungen einzudringen. Sie gelangte aufgrund ihrer Untersuchung zu der unerschütterlichen Überzeugung, daß das einzige Mittel, das stark genug ist, die Progrome des Kapitals und des Privateigentums zu verhüten, in der Ausweitung der Rechte der Fabrikarbeiter besteht. Doch soll dies jetzt nicht auf dem Wege der Gesetzgebung geschehen, wie der Herr Finanzminister meint, der erst kürzlich eine Gesetzesvorlage zum Streikrecht und zur Vertretung der Arbeiter eingebracht hat, sondern auf sozusagen außergesetzlichem, illegalem Wege.«

Das ist der zentrale Punkt dieser »Zubatovschen Verfassung«, die auch entsprechende organisatorische Formen annehmen sollte, wie der folgende Punkt zeigt: »Die Ausweitung der Rechte der Arbeiter in Fabriken und Betrieben muß (entgegen der Bestimmung über Vorbeugungsmaßnahmen u. ä.) darin bestehen, die Arbeiter einer jeden Fabrik zu einem besonderen Ganzen zusammenzufassen. Sie sollen ein eigenes Komitee haben, das von der Belegschaft direkt aus der Mitte der Arbeiter beiderlei Geschlechts gewählt wird. Solche Komitees haben die Aufgabe, auf Verbesserungen für die Arbeiter auf dem Gebiet der Löhne, der Steuern, der Verteilung der Arbeitszeit und der Regeln der inneren Ordnung im allgemeinen zu achten. Der Fabrikbesitzer darf in Zukunft seinen Arbeitern nicht unmittelbar gegenübertreten, sondern über die Komitees der einzelnen Fabriken; die allgemeine Aufsicht über die Komitees hat die geheime Abteilung, die zu ihren Zwecken besondere Agenten aus der Mitte erfahrener und wohlmeinender Arbeiter bestimmt, die durch lange Erfahrung die Kunst erlernt haben, Volksmassen zu lenken.«

Auf diese Weise fand die Idee der Arbeitervertretung in den Fabriken und Betrieben, die so lange im Innern der Arbeiterklasse herausgereift war, unerwartet ihre organisatorische Gestalt in der Polizei»verfassung«, der nach dem Plan der Regierung die Arbeiterorganisationen unterstellt werden sollten. Überflüssig zu sagen, daß diese »Verfassung« faktisch dem Arbeiter weder gleiche Rechte noch auch einfach die Möglichkeit zum Mitreden gegeben hat. Die Arbeiterkomitees waren notwendigerweise eine Polizeifalle oder ein Instrument, um die Unzufriedenheit der Arbeiter gegenüber den Kapitalisten auf ihre eigenen Vertreter umzuleiten. Das Zubatovsche Vorhaben der Arbeiterkomitees verheimlichte keineswegs die wirkliche Physiognomie und die tatsächlichen Absichten der Polizeigewalt. Doch die Arbeiter kamen erst allmählich dem provokatorischen Charakter jener Arbeiterorganisationen, die von der Regierung entgegen den Artikeln 116–117 des Erlasses über Vorbeugung und Verhinderung von Vergehen zugelassen worden waren; auf die Spur. Der rückständigere oder weniger erfahrene und politisch nicht reife Teil der Arbeiter trat in Moskau, Minsk und Odessa in jene Polizeiorganisationen ein. Anfangs glaubten sie fest daran, daß die Vorgesetzten wirklich ihrem Wunsch nach Erörterung der wirtschaftlichen und sozialen Nöte der Arbeiter entgegenkommen würden. Ozerov, einer der unmittelbaren Teilnehmer und Organisatoren des Moskauer »Rates der Arbeiter der Maschinen-Industrie«, erzählt, daß »die Arbeiter bald anfingen, ihren Rat in der bedrückenden Enge der Fabriken und Betriebe als Zufluchtsstätte anzusehen und dorthin ihre Beschwerden über Verletzungen der Fabrikgesetze, über schlechte sanitäre Bedingungen u. ä. einbrachten.« Grigor'evskij führt an, daß Arbeiter von Zubatov-Organisationen ganz offen Flugblätter des Polizeichefs in die Fabriken brachten, und zwar gegen das Verbot des Fabrikbesitzers und der Fabrikinspektion; gegenüber der Fabrikverwaltung traten sie für die Arbeiter im Namen des »Moskauer Arbeiterbundes« auf. Das Ergebnis dieser Tätigkeit sei »eine ganze Reihe von Streiks, deren Zahl im Laufe des Jahres 1902 in ganz bedeutendem Maße die gewöhnliche Norm überschritt, und eine gewaltige nicht dagewesene Menge kollektiver Unzufriedenheitserklärungen gewesen, deren Zahl sich im Laufe der Zeit immer mehr vergrößerte«[44].

Die gleichen Vorgänge können wir in der Provinz verfolgen. In »Proletarskoe Delo«, dem Organ der Odessaer Gruppe der SDAPR, wird berichtet, wie an den denkwürdigen blutigen Junitagen des Jahres 1903 die Delegierten, zum größten Teil »Zubatov-Leute«, noch glaubten, man könne die Politik ausschalten, und ihre Pflichten ganz im Sinne polizeilicher Einschüchterung verstanden: »In unserer Mitte darf es keine Außenseiter geben. Ihr selbst müßt dafür Sorge tragen, daß niemand Proklamationen in Umlauf bringt, rote Fahnen hißt oder ›Nieder mit der Selbstherrschaft‹ ruft.«[45]

Doch der Charakter der wiederauflebenden Streikbewegung überrannte schon nach einigen Tagen diese »wohlgemeinten« Reden und »zurückhaltenden« Stellungnahmen. Die »Zubatov-Leute« gaben den Anstoß und die legale Möglichkeit zum Ausbruch des Protestes, der innerhalb der Arbeiterklasse herangereift war und der sich um die Folgen nicht kümmerte. Nicht selten wurden die Streiks, die durch »Zubatov-Leute« selbst provoziert wurden, zum Funken, der sich in der angespannten Atmosphäre der Rechtlosigkeit in der Fabrik zum Brand ausweitete. Die Aufrufe und die Flugblätter, die von ihnen in den Fabriken verteilt wurden und in denen auf die Ziele des Kampfes gegen das Kapital hingewiesen wurde, weckten in ihrem Endergebnis nicht nur den Kampf gegen das Kapital, sondern auch gegen die politische Macht, die dieses unterstützte.

Die »Zubatov«-Verfassung brachte das Bewußtsein der Arbeiter zur notwendigen Einsicht, daß überhaupt eine Arbeiterverfassung notwendig sei. Die Delegierten, Bevollmächtigten und Ältesten aus den Reihen der »Zubatov-Leute« bewiesen die Zweckmäßigkeit und Notwendigkeit der Einrichtung der Arbeiter-Delegierten überhaupt, und die Aufrufe der »Zubatov-Leute« zur Verteidigung der Rechte und der Immunität der Deputierten hatten die Arbeiter in den Kampf gegen die politische Entrechtung der Arbeiterklasse insgesamt eintreten lassen.

Diese Wirkung zeigte sich beispielsweise daran, wie sich die »unabhängige Arbeiterpartei« (die Odessaer »Zubatov-Leute«) anläßlich eines Streiks wegen der Entlassung eines alten Arbeiters in dem Betrieb Restel' an die Arbeiter wandten: »Am 21. April legten die Arbeiter der Restel'-Betriebe die Arbeit nieder. Die eisernen Maschinen standen still, die Sirene verstummte, das Werk lag in Totenstille. Damit protestierten die Arbeiter gegen die Sklaverei, die sie im Betrieb umgibt, damit forderten die Arbeiter die Wiederherstellung ihrer verletzten Rechte, damit traten die Arbeiter wie ein Mann für die Verteidigung ihres herausgeworfenen Genossen ein, der 20 Jahre lang mit seiner Arbeit im Betrieb sein Recht auf Arbeit, auf Brot wahrgenommen hatte.«[46]

Die Juni- und Juliereignisse in Odessa, die sich nicht mehr nur gegen Restel' allein, sondern auch gegen die ökonomische und rechtliche Knechtung der Arbeiter durch die Kapitalisten wandte, waren die Reaktion auf ähnliche »Bekanntmachungen«.

Zu gleichartigen Vorgängen kam es in anderen Städten. Der Zusammenbruch der »Zubatov«-Politik war offensichtlich. Die Arbeiterbewegung war über die ihr von der Polizei gesetzten Grenzen hinausgewachsen, und die »Zubatov«-Organisationen, die als Organe der »Ordnung« ins Leben gerufen worden waren, verwandelten sich in ihr Gegenteil.

Und dies war natürlich: die Organisation der Arbeiter unter den Bedingungen der Rechtlosigkeit und Ausbeutung kann nur dann als Kampforganisation der Klasse existieren, wenn sie tatsächlich Organisation der Arbeiter ist.

Die »Sammlung der Berichte der Fabrikinspektoren für das Jahr

1902« enthält eine Vielzahl beredter Zahlen, die das Anwachsen des Selbstbewußtseins der Arbeiter in juristischen Belangen in eben dieser Periode zeigen. Der Arbeiter war nicht mehr der eingeschüchterte Sklave von früher. In ihm war das Gefühl für die eigene Menschenwürde und die Klassensolidarität erwacht. Er protestierte gegen das brutale Vorgehen und die Willkür der Fabrikverwaltung wie noch nie zuvor. Noch im Jahre 1901 betrug die Zahl der Beschwerden über brutales Vorgehen nur 161; 1902 lag sie bei 2 146, hatte sich also verdreizehnfacht. »Die Arbeiter«, berichtet zu diesem Anlaß der Inspektor eines Distrikts, »begannen unter dem Einfluß der oben erwähnten Bewegung härter auf das Verhalten der leitenden Instanzen und der Fabrikbesitzer zu reagieren und Klage zu führen über solche Vergehen, gegen die sie sich früher nicht beschwert hatten.«[47]

Die russische Arbeiterklasse begann von diesem Augenblick an, gleiche Rechte im System kapitalistischer Verhältnisse zu beanspruchen; ihren Forderungen verlieh sie im Laufe dieser ganzen Periode (1900–1903) Nachdruck durch beeindruckende Demonstrationen, Streiks und Ausstände.

Die Regierung suchte im Kräftefeld zwischen Industriellen und Arbeitern nach einer neuen Methode, die Arbeiter zu bändigen. Nachdem sie mit der offenen »Zubatovščina« gescheitert war, ging sie zu versteckten Formen der »Zubatovščina« über. Am Ende stand eine neue Spielart polizeilicher »Bemühung« um den Arbeiter — das Gesetz über die Einrichtung der Fabrikältesten.

Die Methoden der »geheimen Abteilung« wurden fortgesetzt. Spione wurden zu Hunderten in die Fabriken geschickt; die Fabrikanten und Meister, die sich in Polizisten und Spitzel verwandelt hatten, einzelne Arbeiter, die sich von der Polizei kaufen ließen, sie alle konnten dem Elan der Arbeiter keinen Abbruch tun und diskreditierten sich in den Augen der Arbeiter, die die Forderung nach Bevollmächtigten und frei gewählten Vertretern erhoben hatten. Man mußte die Taktik ändern.

»All dies erwies sich nur als schwaches Mittel, um die Bewegung zum Stillstand zu bringen. Deshalb entschied man sich, die Bewegung zu spalten und sie teilweise zu vereinnahmen« — so bewertet »Rabočaja Mysl'« den Umschwung in der Taktik der Regierung.[48] In der »Iskra« wird dieser Moment des Übergangs zu einer neuen Taktik, die sich im Gesetz vom 10. Juni 1903 niederschlug, so reflektiert: »Der Streik in der Fabrik Gužon 1902 in Moskau war eine Warnung. Der langjährige Bund des Kapitals mit der Staatsmacht bekam den ersten Riß, und die Moskauer Industriellen legten Protest beim Finanzminister ein: ›Wenn man mit der den Arbeitern vorgeschlagenen bekannten Organisation im Auge hat, sie von der Teilnahme an politischen, gegen die Regierung gewandten Aktivitäten abzulenken, so erweist es sich als nicht weniger gefährlich, ihnen die Möglichkeit zu Aktivitäten einzuräumen, die sich gegen das Kapital richten; es sei ›außerordentlich schwierig, wenn nicht gar unmöglich, mit den Massen fertigzuwerden, die durch bestimmte Erfolge in Bewegung geraten sind‹! Die Industriellen«, folgert die »Iskra«, »hatten recht. Das Experiment Zubatovs und Šaevičs[49] wurde ohne Erfolg beendet. Doch die Lawine der proletarischen Bewegung war ausgelöst, und die Regierung hatte nicht die geringste Möglichkeit, sie in ihrem Lauf aufzuhalten. Sie ergriff alle Möglichkeiten und suchte den Ausweg in einem Gesetzeswerk. *Das Resultat einer mißlungenen zweijährigen Arbeit waren schließlich die Fabrikältesten.*«[50]

Das Gesetz über die Fabrikältesten war ein neuer Versuch, durch die Bevormundung der Regierung die wachsende Selbsttätigkeit der Arbeiter zu paralysieren, doch mußte es — hatte es doch die Interessen der Industriellen, die gegenüber der staatlichen Einmischung immer ungehaltener wurden im Auge — auch der Macht des Kapitals großen Spielraum einräumen.

Regierung und Kapital waren gezwungen, Hand in Hand und gemeinsam gegen die Arbeiter vorzugehen. Die Polizeiverfassung, wie sie etwa den Moskauer Arbeitern der Maschinenindustrie verpaßt worden war, mußte abgelöst werden von einer Verfassung, die der friedlichen Zusammenarbeit von Kapital und Staatsmacht, die geeint waren durch ein Ziel: die Niederhaltung der Arbeiterklasse, — Raum ließ. Das waren der objektive Sinn und die unausgesprochenen fundamentalen Beweggründe des Gesetzes von 1903, dessen Inhalt wir uns jetzt zuwenden.

4. Die Einrichtung von Fabrikältesten und ihre Rolle im Kampf um eine Fabrikverfassung

Die Chronik der in Rußland wie im Ausland erscheinenden sozialistischen Zeitungen der Jahre 1901 bis 1903, die Korrespondenzen aus Fabriken und Betrieben in den Zeitungen »Rabočaja Mysl'«, »Rabočee Delo«, »Bor'ba« und anderen, vermitteln uns ein lebendiges und authentisches Bild der Lage in den Fabriken. Die Beschwerden über Willkür der Fabrikherren, Lohnkürzungen, Entlassungen von Arbeitern, Strafgelder usw., wiederholen sich in allen Korrespondenzen: »Man versichert uns, wir seien frei, arbeiteten nach freiem Vertrag, seien frei, diesen zu verletzen, wenn er uns nicht gefällt«, schreibt ein Arbeiter aus dem Betrieb Gold'berg, »ja, in Worten, aber in Wirklichkeit ist unsere Freiheit in den Händen der Kapitalisten, ja, sie ist noch einmal umklammert von den Tatzen seines Beschützers — der zaristischen Regierung. In Wahrheit sind wir nur frei, Hungers sterben.«

Nach der Unterdrückung des bekannten Streiks in den Obuchov-

Werken 1901 in Petersburg wurden, um jede Unruhe innerhalb des Werkes zu liquidieren, den Meistern jeweils zwei oder drei Matrosen zur Seite gestellt, wobei es den Matrosen aufs strengste untersagt war, Gespräche mit den Arbeitern zu führen. »Die Vorgesetzten versuchen, sich an den Arbeitern für den Streik zu rächen«, heißt es in einer Korrespondenz, »wobei sie sagen: Ich werde euch schon zeigen, wie man rebelliert.«

In einer Werft in Ochta wurde ein Schlosser deswegen entlassen, weil er im Namen der Arbeiter erklärt hatte, ein Schleifstein sei unbrauchbar geworden und tauge nicht mehr zum Schärfen der Werkzeuge. Der Fabrikherr hörte gar nicht zu und schrie: »Wenn du noch lange redest und herumstehst, dann verbanne ich dich aus Petersburg, genau wie die Anführer.« Aus dem Petersburger Röhrenwerk wurde berichtet, daß der Betrieb dort auf völlige Disziplinierung ausgerichtet sei: »Überall an den Wänden sind verschiedene Vorschriften aufgehängt, sogar in der Kantine – dort hängen Vorschriften über Ruhe und Ordnung.«

»Unser Werk«, schreibt ein Arbeiter aus einer Fabrik in Kolpino, »befindet sich im Augenblick in einem nicht gerade friedlichen Zustand: rund ums Werk patrouillieren Tag und Nacht bewaffnete Matrosen.«[51]

Diese Berichte mögen ein allgemeines Bild von der »Ordnung« vermitteln, die mit Hilfe der Polizei und der Armee in beinahe allen Fabriken errichtet worden war. Es ist einfach zu verstehen, daß die Arbeiter ununterbrochen rebellierten und streikten. Die Petersburger Streiks und Unruhen im Mai 1901, bei denen der Streik von einer Fabrik auf die andere übergriff, setzten sich 1902 in anderen Industriezentren fort. Der Generalstreik 1902 in Rostov, der Julistreik 1902 in Odessa, die Unruhen im Kaukasus, im Ural und in anderen russischen Industriezentren waren nur der stärkste und deutlichste Ausdruck des allgemeinen Protestes und des allgemeinen Aufschwungs des Bewußtseins des russischen Arbeiters, der sich nicht länger mit der Versklavung und Willkür, die ihn in der Fabrik niederhielten, aussöhnen konnte und wollte. »Sogar die Niederlage lehrt uns vieles«, schrieb ein Arbeiter des Obuchov-Werkes nach Unterdrückung des Streiks. »Wie durch ein fremdes Volk besiegt, rücken wir enger zusammen, und der Zusammenschluß gibt uns die Kraft, die wir so notwendig brauchen.«[52]

Das bemerkten auch die weitsichtigeren Vertreter des Kapitals. So zieht zum Beispiel A. N. Čikolev, der das Baltische Werk und weitere zehn Petersburger Großbetriebe untersuchte, in seinem Referat zur »Arbeiterfrage« vom Oktober 1901 offen die Konsequenz: »Ist es den Führern der Unruhen einmal gelungen, unter verschiedenen attraktiven Vorwänden die träge Masse der Arbeiter aufzuhetzen, dann wird es ihnen später noch viel leichter fallen, um so mehr, wenn die allgemeine Industriekrise, die die Arbeiter des Lohns beraubt, weitergehen wird und bestimmte Betriebe nicht mit gewissen *Präventivmaßnahmen* den entstehenden Unruhen die Grundlage entziehen; denn die Ursache für ihre Mobilisierung sind nicht allgemeine, mehr oder weniger utopische gesellschaftliche Anliegen, sondern konkrete Forderungen, die den Arbeitern des jeweiligen Werkes nur zu gut bewußt sind.«[53]

Čikolev machte den Vorschlag, in den Betrieben einheitliche Ordnungen festzusetzen und die herrschende Willkür in den Unternehmen zu zügeln. Zu ähnlichen Schlüssen war auch Fürst Svjatopolk-Mirskij, der spätere Innenminister, nach der Analyse der Petersburger Unruhen von 1901 gekommen.

Schon im April 1901 empfahl die beim Finanzministerium eingerichtete ständige »Konferenz über Maßnahmen zur Aufrechterhaltung der Ruhe in den Fabriken«, den Arbeitern »zwecks Beseitigung von Anlässen zu Unstimmigkeiten« die Möglichkeit zu geben, aus ihrer Mitte Älteste – die sogenannten »Staroste« – auszuwählen, die sich mit den allgemeinen Wünschen und Nöten der Arbeiter an die Fabrikleitung und die Inspektoren wenden sollten. Dieser »Konferenz« gehörten so einflußreiche Vertreter der Staatsmacht an wie Finanzminister Kovalevskij, Svjatopolk-Mirskij und der Polizeidirektor Zvoljanskij. Die Wahlordnung, die Rechte und Pflichten der Ältesten sollten vom Innenministerium und Finanzministerium gemeinsam festgelegt werden.

So hatte die Regierung bereits zu Beginn des Jahres 1901 die Institution der Fabrikältesten – »in Verbindung mit Fabrikverwaltungen« und Polizei – projektiert; aber bis ins Jahr 1903 konnte dieser Entwurf nicht realisiert werden. Die Industriellen bremsten seinen Erlaß ganz bewußt, da sie in der neuen Einrichtung einen Anschlag auf ihre Rechte sahen. Erst im März 1902 hatte diese Kommission unter Senator Obolenskij beim Finanzministerium, nach langem Hin und Her mit den Vertretern von Industrie und Bergbau, den Entwurf zu einer Verordnung »über die Einrichtung von Fabrikältesten und die gemeinsame Diskussion zwischen Arbeitern der Industriebetriebe über Angelegenheiten, die auf Grundlage des Lohnvertrags oder der Lebensbedingungen aufgetaucht sind«, ausgearbeitet.

Charakteristisch ist die Motivierung dieses Entwurfes durch das Finanzministerium[54]: Unter Hinweis darauf, daß die traditionelle Politik gegenüber den Arbeitern »nicht den entstandenen komplizierten Bedingungen des industriellen Lebens entspricht« und daß »im Interesse der Erhaltung der Ordnung und des gesellschaftlichen Friedens« alte Gesetze unbedingt »im Sinne der Zulassung von bestimmten Organisationsformen der Fabrikarbeiter« verändert werden müßten, folgert das Finanzministerium: »Die Einrichtung solcher Formen durch das Gesetz war um so notwendiger, als die lokalen Verwaltungsbehörden unter dem Druck der alltäglichen Ereignisse gezwungen waren, über die Schranken des aktuell geltenden Gesetzes hinauszugehen, Arbeiterorganisationen zuzulassen und Versammlungen berufsständischen und sogar klassenmäßigen Charakters zuzulassen, womit sie sich in das innere Leben der jeweiligen Fabriken eingemischt hatten.«

Das Finanzministerium entschuldigt sich buchstäblich bei dem »ehrbaren Stand der Fabrikanten« für den Zwangseingriff der Regierung in die Betriebsordnung und führt Beweise des unmittelbaren *Vorteils* eines solchen Eingriffs für die Fabrikanten an: »In all diesen Fällen (politischer Unzuverlässigkeit der Fabrikältesten) könnte die Fabrikverwaltung nach Aufklärung der Umstände einen solchen Ältesten nicht immer vor Beendigung der Frist, für die er gewählt ist, entlassen; die Sicherung guter Beziehungen zu den Arbeitern könnte manchmal die Fabrikleitung zwingen, davon Abstand zu nehmen, und die Tätigkeit des Ältesten würde statt Nutzen wesentlichen Schaden bringen. Aus diesen Überlegungen ist im Gesetzentwurf eine Verordnung eingeschlossen, nach der die Gouvernementsbehörden in all jenen Fällen, wo Arbeiter, die zu Ältesten gewählt wurden, nachweislich ihrer Bestimmung nicht Genüge tun, diese kurzfristig ihrer Funktionen entheben können.«

So war der erste Versuch, auf gesetzgeberischem Weg eine »Fabrikverfassung« einzuführen, die die Arbeiter in dem Streikkampf der letzten Jahrzehnte des 19. Jahrhunderts durchzusetzen versucht hatten, nichts anderes als ein bürokratisches Unterfangen, im Bunde mit dem Kapital die Arbeiterklasse zu pazifizieren. Weshalb aber wurde eine Vertretung der Arbeiter benötigt? Der Bericht des Staatsrates gibt auch darüber mit hinreichender Klarheit Aufschluß: »Einerseits waren nicht nur die Arbeitgeber, sondern auch die Behörden angesichts der Notwendigkeit, mit der unordentlichen und undisziplinierten Masse Verhandlungen zu führen, in eine schwierige Lage versetzt, andererseits waren die Arbeiter ohne das Recht, kollektiv zu agieren, der Möglichkeit beraubt, auf gesetzlichem Wege ihre allgemeinen Nöte darzustellen. Deshalb treten, sobald Unruhen über wirtschaftliche Fragen entstehen – wie Höhe des Arbeitslohns, Zahl der Arbeitsstunden u. ä. –, gewöhnlich die unruhigsten Personen hervor, und die politische Agitation macht sich diesen Umstand zunutze.«

Kann man die Einrichtung der Fabrikältesten als Organ der Selbstverwaltung in der Fabrik ansehen? Schon bei flüchtiger Lektüre des Gesetzestextes[55] kann man entschieden behaupten, daß die Ältesten im Jahre 1903 in keiner Weise als Form der kollektiven Selbsttätigkeit der Arbeiter gesehen werden können, da das Gesetz keinerlei Vertretung der Arbeiter gewährleistete. Der Wahlmodus lief auf die Ernennung der Fabrikältesten durch die Unternehmer hinaus.

Artikel 202 bestimmte, daß zu Ältesten nur Kandidaten gewählt werden dürften, die der herrschenden Ordnung positiv gegenüberstünden. Artikel 203 setzte deshalb für Kandidaten 25 Jahre Beschäftigungszeit im jeweiligen Betrieb fest. Dem Unternehmer gab das Gesetz (Artikel 208) das Recht, alle Bedingungen für die Wahl eines »zuverlässigen Fabrikältesten« aus eigener Machtvollkommenheit festzusetzen — die Wahlordnung, die Methode der Stimmabgabe, die Frist seiner Bevollmächtigtenfunktionen, die Arbeitsordnung usw., — mit einem Wort, alle »Kriterien für die Bestimmung der Ältesten, die aus den lokalen Bedingungen notwendig erscheinen.« Artikel 208 überließ also gerade den Fabrikbesitzern das Recht zur Ausarbeitung einer »Fabrikverfassung«, die doch zum Ziel haben sollte, den Absolutismus der Fabrikbesitzer zu beschränken.

Artikel 209 unterstellte andererseits die so »gewählten« Fabrikältesten der Befehlsgewalt der Polizeibehörde, die, wie wir wissen, legitimiert war, einen Fabrikältesten »zu jedem beliebigen Moment, falls er als ›politisch unzuverlässig‹ angesehen wird«, aus der Fabrik zu entfernen. So stellte das Gesetz die Arbeiter zwischen Unternehmer und Polizei. Was gab es den Arbeitern wirklich? Darüber gibt z. B. Artikel 204 Aufschluß, der dem Ältesten die Verpflichtung auferlegt, der Fabrikleitung über die Nöte der Arbeiter zu berichten oder über Angelegenheiten, die die Erfüllung der Arbeits- und Lebensbedingungen der Arbeiter im jeweiligen Unternehmen oder Handwerk betreffen. Die Beobachtung und Beurteilung von Fragen der *Erfüllung*, nicht aber der *Teilnahme an der Ausarbeitung* der Arbeitsbedingungen, machen den ganzen Umfang der Funktionen aus, die durch dieses Gesetz bestimmt wurden.

Das Gesetz vom 10. Juni 1903 trägt konsequent polizeilichen Charakter. In ihm ist eher davon die Rede, wie die »Arbeitervertretung« im Interesse der Aufrechterhaltung von »Ruhe in der Fabrik« instrumentalisiert werden kann, als davon, welche neuen Bedingungen für die Selbsttätigkeit der Arbeiter geschaffen werden können.

Eine völlig korrekte Einschätzung des Gesetzes leistete P. A. Ševalev[56], Zeitgenosse dieses Gesetzes, als er darauf hinwies, daß das Gesetz von 1903 »nur dem Anschein nach die Rechte der Arbeiter erweitert, in Wirklichkeit aber die der Fabrikanten vergrößert, indem es ihnen die Möglichkeit gibt, aus den Reihen der Arbeiter ›Polizisten‹ auszuwählen. In diesem Gesetz ist das Recht auf seiten des Fabrikanten: Die Zulassung von Fabrikältesten in der Fabrik hängt völlig von seinem Willen ab, ebenso die Bestimmung der Kriterien, die sie erfüllen müssen; Kontrolle und Durchführung der Wahlen und schließlich die Bestätigung des Fabrikältesten — all dies sind die Rechte des Fabrikanten.« Es sei nur natürlich, wenn solche Fabrikältesten eher an Hausmeister und Wächter denn an frei gewählte Arbeiter erinnerten und deshalb das Vertrauen der

Arbeiter nicht beanspruchen könnten.

Doch selbst in dieser Form erschien einer bestimmten Gruppe von Kapitalisten das Gesetz über die Fabrikältesten als gefährlich. Sie hatten verstanden, wie illusionär und trügerisch Hoffnungen waren, innerhalb der Arbeiterschaft Organisationen aufzubauen, deren Funktion es sein sollte, die Pläne der Polizei in die Tat umzusetzen. In einem mündlichen Bericht einer Gruppe von 36 Fabrikanten unter dem Vorsitz des Industriellen Glezmer an den Staatsrat wird auf die Risiken und die Unzweckmäßigkeit des neuen Gesetzes hingewiesen: »Die Fabrikältesten, die dem Einfluß der Polizei positiv gegenüberstehen, verlieren allmählich das Vertrauen der Arbeiter.« Weiter wird völlig richtig konstatiert: »*Es wäre der größte Fehler, dem Phantasiegebilde zu verfallen, die Arbeiterorganisation werde sich durch irgendwelche ihr vorgeschriebenen Grenzen aufhalten lassen. Ihre Entwicklung wird sich spontan in der Richtung vollziehen, die sie ursprünglich eingeschlagen hat. Je weiter diese Entwicklung schreitet, desto schwieriger wird es, den mächtigen Willen der organisierten und durch ihre Organisiertheit und enge Geschlossenheit starken Arbeitermassen, die bewußt zu einem Ganzen zusammengeschweißt sind, zu kontrollieren*«.

Denselben Standpunkt vertrat auch eine zunächst gegen das Gesetz auftretende Minderheit im Staatsrat: »Die Fabrikältesten sind nicht in der Lage, Mißverständnisse zwischen Fabrikanten und Arbeitern auszuschalten, im Gegenteil: eher sind sie fähig, Fälle von Unstimmigkeiten zu vervielfachen und innerhalb der Arbeiterschaft die Grundlage für eine höchst unerwünschte Organisation zu schaffen, mittels derer in breitem Umfang zerstörerische Lehren in die Volksmassen eindringen.«

Die Befürchtungen der Kapitalisten gingen so weit, daß sie die Möglichkeit sahen, die Regierung würde auf diese Art und Weise in die Arbeiterschaft die »Einflüsse internationaler Ideale, deren Nützlichkeit für Rußland keineswegs erwiesen ist«, hineintragen. Und wahrscheinlich aufgrund dieser Angst machten die Petersburger Fabrikanten – so kurios das klingen mag – der Regierung den Vorschlag, anstelle der Fabrikältesten eine »kirchengemeindliche Organisation« einzuführen, »damit die Arbeiter von den übrigen Schichten der Bevölkerung nicht losgerissen werden«.

Diesen charakteristischen Zug panischen Schreckens vor der Organisation der Arbeiterklasse können wir auch in den entschiedenen und »prinzipiellen« Protesten gegen die Idee der Arbeitervertretung als solche ausmachen: »Die Frage der Vertretung der Arbeiter«, so heißt es in den bereits zitierten Ausführungen der Gruppe Glezmer »steht in Widerspruch zu fundamentalen Bedingungen des Industrielebens. Der Fabrikant beschäftigt Arbeiter, aber nicht einen Verein der Arbeiter, daher ist er nicht verpflichtet, eine Vertretung der

Arbeiter anzuerkennen. Es existieren keine Probleme, die der Fabrikant mit dem Ältesten diskutieren müßte, denn man darf nicht zulassen, daß eine solche Diskussion Fragen wie Dauer der Arbeitszeit oder Lohn zum Gegenstand hat.«

Allerdings blieb dieses Gesetz weitgehend bloßes Papier und wurde kaum in die Realität umgesetzt. Prokopovič zitiert die Ergebnisse der Kokovcev-Kommission[57], nach denen Fabrikälteste nur in 30 bis 40 Unternehmen eingesetzt waren; Dmitriev zählt 39 Gouvernements auf, in denen das Gesetz nirgends durchgeführt wurde.

Das Verhältnis der Arbeiter zum Gesetz über die Fabrikältesten war klar.[58] Manchmal gelang es der Polizei jedoch, die Ältesten tatsächlich für ihre Ziele einzuspannen. Ein Flugblatt des Odessaer Komitees der SDAPR — »Über die Fabrikältesten« — führt folgende Tatsache an: »Obwohl das Gesetz sich mit seiner Geburt nicht beeilt hat, hat es sich doch schon zum Schaden der Arbeiter ausgewirkt«; in Nikolaev schlug der Stadtvorsteher auf dem Höhepunkt des Streiks im »Französischen Werk« im Juni den Arbeitern vor, einen Ältesten zu wählen. Der konservative Teil der Ältesten (das waren alle die Leute, die zwischen 2 und 4 Rubel pro Tag bekamen) wünschte, den Streik abzubrechen und friedlich die Arbeit wiederaufzunehmen. Bei der letzten Unterredung mit dem Direktor legten die Ältesten eine sehr schlechte Haltung an den Tag, und nur wenig hätte gefehlt, daß sie selbst um Erlaubnis gebeten hätten, wieder an die Arbeit gehen zu dürfen.

Nach Beendigung der Streiks entließ man sehr rasch viele Älteste und andere Arbeiter, die sich während des Streiks besonders exponiert und ihre politische Reife und Bewußtheit zum Ausdruck gebracht hatten.[59] »Naše Delo«, die Zeitung der Nikolaevsker Arbeiter, schrieb aus diesem Anlaß: »Die Betriebsverwaltung rechnet direkt damit, daß sie unter den Ältesten nicht die Verteidiger der Arbeiter, sondern ihre Instrukteure und neuen Spione findet.«

Das Fabrikältesten-Gesetz wurde von der Mehrheit der Arbeiter in Rußland — bewußt oder aus Klasseninstinkt — boykottiert. Nicht selten geschah es, daß trotz aller Filterungsmaßnahmen revolutionär gesinnte Arbeiter in Ältestenpositionen gelangten und der Verwaltung und der Polizei viel Ärger machten. In Orechovo-Zuevo zum Beispiel standen die Ältesten während der Streiks an der Spitze der Bewegung, bildeten Zentren der Streikorganisation, mittels derer finanzielle Unterstützung gewährt und Verhandlungen mit der Verwaltung geführt wurden.[60]

Die Parteiorganisationen und die frühen Gewerkschaftsorganisationen verhielten sich zu dem Gesetz unterschiedlich. Der zweite Parteitag der Sozialdemokratie empfahl die Ausnutzung dieser Einrichtung, indem man sich an den Ältestenwahlen beteiligte und starke und revolutionäre Vertreter aufstellte. Doch nach erfolglosen

Versuchen in dieser Richtung in der Provinz (Nikolaev, Kiev u. a.) nahmen die lokalen Organisationen eine ablehnende Einstellung zu dem Gesetz ein.

Wir haben uns sehr ausführlich mit diesem ersten Versuch der bürgerlich-polizeistaatlichen Macht, auf gesetzgeberischem Weg eine »Verfassung« in den Fabriken einzuführen beschäftigt, um darzutun, daß das Gesetz vom 10. Juni 1903 keinerlei »Verfassung« in das Fabrisystem hineingetragen hat und nicht hineintragen konnte, daß das Kapital sich nur unter allergrößter Anstrengung eine »Selbstbeschränkung« auferlegen läßt und daß es den Schein der Teilnahme der Arbeitervertretung nur in Augenblicken besonders scharfer Auseinandersetzungen akzeptiert, eben dann, wenn der »soziale Friede« ihm diktiert wird durch drohende Verluste aus dem unterbrochenen Produktionsprozeß. Die »Fabrikverfassung« ist errungen als Preis im Kampf zwischen Arbeiterklasse und der Selbstherrschaft des Kapitals auf ökonomischem und politischem Gebiet. Hier ist die Frage des Sieges die Frage nach der Stärke der kämpfenden Parteien.

Erst das Revolutionsjahr 1905 führte die Verfassung in den Fabriken und die Sanktionierung legaler Instanzen ein, da in jenem Augenblick die höchste Instanz, die sanktionieren konnte, der Wille des aufständischen Proletariats war.

Viertes Kapitel

Die bürgerlich-kapitalistische Fabrik und der Kampf um eine Fabrikverfassung

1. Kapitalisierung des russischen Fabriksystems und Übergang von der bürokratischen zur kapitalistischen Arbeitsordnung

Als Resultat der natürlichen Entwicklung der Produktivkräfte hatte sich die Fabrik des Kapitals der Reformperiode in die bürgerlich-kapitalistische Fabrik umgewandelt, wie sie für Westeuropa damals bereits typisch war. Der Prozeß der Kapitalisierung war am Vorabend der Revolution von 1905 fast abgeschlossen. Die industrielle Krise der Jahre 1900–1902, für Rußland in diesem Ausmaß eine neue Erfahrung, war ein Zeichen der kapitalistischen Reife des russischen Fabriksystems. Aber das Zarenregime mit all seinen Eigenschaften widersprach dieser »organischen« Entwicklung bürgerlich-kapitalistischer Verhältnisse, indem es die Unternehmer auf der einen Seite in seine »schützende« Hand, auf der anderen aber in polizeilichen Zaum nahm. Nirgendwo fesselten die Traditionen des Protektionismus die Entwicklung des Kapitalismus in einem solchen

Maße an Händen und Füßen wie in Rußland. Aber solange sie nicht die Extraprofite der Bourgeoisie behinderten, gab es von dieser Seite aus keinen besonderen Protest. Die Grundlage der ökonomischen Selbständigkeit der Unternehmer lag in den Händen der bürokratischen Regierung, welche die Fabrikanten und Manufakturisten der Eisenindustrie mithilfe von Zolltarifen unterstützte, die Zuckerfabrikanten mithilfe eines festgelegten Zuckerpreises und die Bergbauunternehmer und andere Kapitalisten durch staatliche Subventionen. Unternehmer und Regierung waren ein Bündnis, eine Art wechselseitiger Bürgschaft eingegangen; die unterschiedlichen Auffassungen beider Teile — z. B. hinsichtlich der *Methode* der Niederhaltung der Arbeiterklasse — bewirkten höchstens eine leichte Trübung des Verhältnisses, bildeten aber keinen zur Explosion drängenden Widerspruch.

Das Eindringen und Walten des »freien« ausländischen Kapitals, neue technische Verbesserungen und die Verfahren und Methoden des »reinen Kapitalismus« in den neuen Unternehmen zwangen einerseits die russischen Industriellen zu verstärkter Anstrengung. Sie verstärkten andererseits die Raubbaupolitik bei der Ausbeutung der Arbeiterklasse. Die russischen Industriellen unterschieden sich je nach dem Grad ihrer Annäherung an den Typus der westeuropäischen Kapitalisten bzw. ihrer ökonomischen Unterwerfung unter den »Protektionismus«. Entsprechend wuchs auch ihre Opposition zum alten Regime.

Die industrielle Krise und das Anwachsen der Arbeiterbewegung ließen die russischen Unternehmer schärfer die Widersprüche im Industrieorganismus verspüren, die durch die bürokratisch-polizeiliche Aufsicht allzu sehr verdeckt worden waren. Immer häufiger begannen Vertreter des Kapitals über die Last bürokratischer Einengung zu klagen und die Notwendigkeit zu betonen, solche Rechtsnormen auszuarbeiten, die eher in der Lage wären, das richtige Verhältnis zwischen Unternehmern und Arbeitern zu garantieren. Ohne die Regelung der »Arbeiterfrage« blieb die Industrie in ihrer Entwicklung auf halbem Weg stecken und drohte völlig in einer Sackgasse stecken zu bleiben. Die Industriellen (und besonders ihre fortgeschrittenste Fraktion) hielten es bereits nicht mehr nur für überflüssig, das System leibeigenschaftlich-patriarchalischer Verhältnisse zu schützen, sondern kamen sogar zu dem Schluß, daß für die progressive Entwicklung der Industrie eine »richtige Arbeiterklasse« notwendig sei. In diesem Zusammenhang ist der Vortrag der wissenschaftlich-technischen Kommission der Ingenieure der Bergbauindustrie aufschlußreich, der im Jahre 1903 vor dem Kongreß über Maßnahmen für eine möglichst weite Verbreitung von Eisenerzeugnissen in Rußland gehalten wurde. Es heißt hier: »Die kollektive Gruppierung von Industriearbeitern ist eine direkte Folge ihrer Arbeitsbedingungen und kann nicht durch irgendwelche äußere Anstrengungen aufgehoben werden. Das Fehlen einer Regelung der Arbeiterfrage in der russischen Industrie im allgemeinen und in der Eisenindustrie im besonderen trat besonders scharf in der Periode der industriellen Krise hervor. Besonders ausgeprägt ist die Unvollkommenheit der Bestimmungen zur Arbeiterfrage im Ural zu spüren, wo die Bevölkerung von altersher im Bergbau arbeitet. Die Bergbauingenieure erkennen, daß in der gegenwärtigen Zeit die Arbeiterfrage eine lebenswichtige und unaufschiebbare Frage ist, welche die gesamte Zukunft dieses Industriezweiges bestimmt.«[61]

Diese Erkenntnis steht am Beginn des neuen Weges, den das russische Industriekapital einschlug, wenn auch schleppend und mühsam und mit nach rückwärts gerichtetem Blick. Um so entschiedener schlugen die Erdölindustriellen von Baku diese Richtung ein. Ihr unabhängiger und bereits liberaler Ton erklärt sich durch ihre selbständige Rolle in der Erdölindustrie, deren Aufschwung nicht so sehr staatlichen Aufträgen und hohen Steuern, sondern der Existenz eines ständig wachsenden inneren und äußeren Marktes zu verdanken war. Larin vergleicht die Verhältnisse dieses »Zarenreiches des großen Kapitals« mit den transozeanischen Industriezentren halb-kolonialen Charakters: »Es ist derselbe alles durchdringende Geschäftsgeist, die Demokratisierung der Beziehungen, der in allem geltende große Maßstab, die scharfen Kontraste, die außerordentliche Beweglichkeit.« Dieser Charakter der industriellen Entwicklung bestimmte auch die Beziehungen zwischen Arbeit und Kapital, die durch die Kämpfe oder Übereinkünfte der beiden Seiten ohne Einmischung der Bürokratie reguliert wurden. Die Bakuer Erdölfabrikanten beschritten bereits im Jahre 1903, nach den bekannten Streiks vom 1.–14. Juli, den Weg der Anerkennung der Arbeiterorganisationen. In einem Rundschreiben der Gesellschaft der Gebrüder Nobel heißt es: »Um den Arbeitern die Möglichkeit zu geben, auf gesetzlichem Weg ihre Bedürfnisse und Bitten vorzutragen, ersucht die Gesellschaft um die Bewilligung, daß das Allerhöchst am 10. Juni bekräftigte Gesetz über die Einsetzung von Ältesten für die Arbeiter in ihren Fabriken, Werkstätten und gewerblichen Betrieben zur Anwendung gelange.« Dieser »Liberalismus« der Erdölindustriellen ging natürlich in bedeutendem Ausmaß auf Intensität und Aktivität der Bewegung des Bakuer Proletariats zurück.

Die Moskauer Fabrikanten hingegen, die sich um die wirtschaftliche Unterstützung der Regierung bemühten und über ein rückständiges, halbbäuerliches Proletariat verfügten, hielten krampfhaft an der leibeigenschaftlichen Ordnung fest, die ihnen die Möglichkeit gab, sich im Konkurrenzkampf mit den Industriellen von Petersburg und Lodz zu behaupten. So kommt es, daß sich diese Gruppe von Fabrikanten nur mit Mühe mit der neuen kapitalistischen Fabrikordnung abfinden konnte, den Kampf der Arbeiter um ihr Recht für eine »verbrecherische« Sache hielt und den Einsatz aller legalen und illegalen Mittel forderte, um diesen Kampf abzuwehren. Aber selbst sie wurden schnell eingeengt durch die bürokratische Bevormundung und die Unruhe stiftenden Reglementierungen, wie sie von der Regierung praktiziert wurden: »Die vorgeschlagene strenge Reglementierung der Verwaltung und der Wunsch, die Freiheit der Arbeit und des Lohns bis zu einem solchen Grade einzugrenzen, kann zu nichts Gutem führen.« So fixierte der Kongreß der Bergwerksunternehmer des Ural sein Verhältnis zum neuen Gesetzesobjekt eines staatlich regulierten Arbeitstages: »Die Aufgabe der Leitung und Entscheidung von ökonomischen Fragen, die zwischen Arbeitern und Unternehmern aufgeworfen werden, kann nicht unter dem Druck der Verwaltungsorganisation geleistet werden, weil sie Naturgesetzen, nicht aber menschlichem Ermessen unterliegen. (...) Die Bergwerksunternehmer sind der Meinung, daß der einzige Weg zur Verbesserung der Lebensbedingungen der Arbeiter und für die richtige Entscheidung ökonomischer Fragen nicht in der verstärkten administrativen Reglementierung liegt, sondern darin, *den Arbeitern die Möglichkeit einzuräumen, ihre Interessen gemeinschaftlich zu verteidigen.*«[62]

Diese Denkschrift stellt die Frage nach dem Wechselverhältnis zwischen Kapital und Arbeit zum erstenmal auf kapitalistische Weise: Gleichzeitig mit der Industrie entstünden und wüchsen neue gesellschaftliche Klassen mit den ihnen eigenen Erfordernissen und Bedingungen der Reproduktion; man möge die Herstellung ihrer Beziehungen ihnen selbst überlassen, denn beide Klassen entwüchsen ihren Kinderschuhen und wollten selbständig laufen! — Das ist die Begründung des Industriekapitals, das sich nicht länger von der Regierung gängeln lassen will.

Wie verhielt sich die Regierung gegenüber derartigen »Befreiungstendenzen« des Kapitals? Sie will natürlich die Zügel nicht aus der Hand geben. Das kann sie auch gar nicht tun. Die Arbeiterbewegung hatte schon lange die Beschränkung auf einzelne Betriebe und Fabriken hinter sich gelassen. Sie überrollte wie eine Welle ganze Städte und Distrikte.

Von der Streikbewegung des Jahres 1905 werden 13 110 Unternehmen erfaßt, das sind 93,2 % der Gesamtzahl. Von der Bewegung insgesamt werden 2 709 695 Menschen, d. h. 163,8 % aller Arbeiter mitgerissen: jeder Arbeiter war also an einem oder zwei Streiks beteiligt. Die offizielle Statistik der Streiks im europäischen Rußland in den Jahren 1895–1904 registrierte, nach der Aufarbeitung Varzars, für das Jahrfünft 1895–1900 730 vom Streik betroffene Unternehmen, dagegen im zweiten Jahrfünft bis 1905, trotz Krise und Stokkung in der Industrie in den ersten Jahren des Jahrhunderts, bereits

1 021 betroffene Unternehmen: »Die Streikbewegung in Rußland im Jahre 1905 übertraf in ihrer Stärke um das Fünffache die in Amerika und Deutschland und um das Zehnfache die in Frankreich. In ihrem absoluten Ausmaß übertraf sie z. B. die Gesamtsumme der im Jahre 1900 in den sieben industriell entwickeltsten Ländern der Welt streikenden Arbeiter um das Doppelte.«

Angesichts dieses mächtigen Aufstandes des Proletariats mußte das alte Regime eine Antwort geben. Es ist klar, daß diese Antwort nur zaghaft und unbestimmt sein konnte, eine Antwort, die niemanden zufriedenstellte.

Im Zuge ihrer Untersuchungen setzte die Regierung eine Kommission nach der anderen ein: Die Šidlovskij-Kommission (»zur unverzüglichen Aufklärung der Ursachen der Unzufriedenheit der Arbeiter in Petersburg und seinen Vorstädten und zur Ermittlung von Maßnahmen zu ihrer zukünftigen Beseitigung!), die Kokovcev-Kommission (»für die Begutachtung von Maßnahmen zur Regelung der Lebens- und Arbeitsbedingungen der Arbeiter in Industrieunternehmen«)[63] und eine Vielzahl untergeordneter Kommissionen, und sie produzierte eine Fülle von Konferenzen, Memoranden, Projekten, einzelnen Stellungnahmen usw. Es waren dies die letzten krampfhaften Versuche der Bürokratie, das Recht auf Reglementierung nicht aus den Händen zu geben. Aber das frucht- und kraftlose Ende dieser Versuche war schon vorentschieden. Die ständig betrogenen Arbeiter glaubten nicht länger Worten und Versprechungen. Sie zogen sich aus der Šidlovskij-Kommission in die Fabriken und Betriebe zurück und riefen dazu auf, von den Worten zu revolutionären Taten überzugehen. Auch die Unternehmer beriefen sich auf die »angespannte Stimmung« im Zusammenhang mit den militärischen Niederlagen und verließen die Kokovcev-Kommission »bis zum Eintreffen günstigerer Umstände«.

Ihre ironische Haltung gegenüber den hoffnungslosen gesetzgeberischen Versuchen der Regierung artikulierten die Industrieunternehmer sehr offenherzig: »Dem erwachsenen Arbeiter seinen freien Willen zu nehmen, den freien Arbeiter in eine ihrer Art nach leibeigenschaftliche Abhängigkeit von Gesetzesbuchstaben zu bringen, die jeden Lebensinhalt verloren haben – das hat bislang noch keine seriöse Gesetzgebung in der ganzen Welt geschafft«, erklärt der Direktor der »Südrussischen Metallgesellschaft«, Jasjukovič, der an den Beratungen der Unternehmer teil nahm.

Das Kapital erkannte im Jahre 1905 bereits den »freien Arbeiter« an und bemühte sich sogar, unter Ignorierung des Gesetzes, sich mit ihm zu »vertragen«.

Die Feinde begegneten sich zuerst wie früher. Und die Stärke des anderen fühlend, bereiteten sie sich zum Kampf vor, indem sie sich eilends organisierten, zusammenschlossen und in voller Rüstung hervortraten. Die Fabrikanten des Moskauer Industriegebietes erarbeiteten als erste eine »Konvention zur Aufstellung gemeinsamer Forderungen, bei denen keine Konzessionen zugelassen werden dürfen«.

Die Position der Arbeiter war ungünstiger. Noch bis zum Jahre 1905 standen ihre Bemühungen um Einigung und Organisierung unter dem harten Griff des strafenden »Gesetzes«, das sie verbot. Anstelle frei gewählter Vertretungen waren der Arbeiterklasse »gesetzliche« Älteste vorgesetzt, die nach dem beschriebenen Polizeirezept von 1903 aufgestellt worden waren. Aber auch die Arbeiterklasse hatte gelernt, ohne Gesetz auszukommen. Zu Anfang ersetzten und überdeckten der allgemeine Aufschwung, die Klassensolidarität und der heftige umfassende Protest das Fehlen der Organisiertheit der Arbeiter. Später, als sie im Kampf kräftiger und zuversichtlicher hervortraten, errichteten die Arbeiter ihre Arbeiterorganisationen, indem sie jede Gelegenheit nutzten und Kapital wie Regierungsgewalt vor vollendete Tatsachen stellten. Aus den Lehren des Kampfes mit den Kapitalisten der vorangegangenen Jahre behielt die bereits erstarkte Arbeiterklasse für immer eines im Gedächtnis: auf leichtem Weg erhält der Arbeiter nichts, im Kampf alles.

Der Kampf zwischen Arbeit und Kapital um eine Fabrikgesetzgebung, wie er sich in den Jahren 1905 bis 1907 entfaltete, lieferte die eindeutige Illustration für die zuvor entwickelte Konzeption des Kampfes.

Wie konnte die Zarenregierung diesem Druck von rechts und links widerstehen? Nach dem schicksalhaften 9. Januar 1905, an dem sich zusammen mit den Schüssen der Kosaken auch die letzten Hoffnungen der Arbeiter auf einen Schutz von oben verflüchtigt hatten, offenbarte die Regierung am 28. Januar 1905 auf einer Sitzung des Ministerrats anläßlich der Frage, ob man außerhalb des Gesetzes Arbeitervereinigungen organisieren müsse, ihren völligen Bankrott. Es heißt im Protokoll: »Nicht wiederherzustellendes Unglück ist geschehen. Aber um so größerer Bedeutung muß diese mit einem derart hohen Preis bezahlte Erfahrung haben, und ihre Konsequenzen müssen ausreichend sein, um ein- für allemal mit dem Gedanken Schluß zu machen, als sei die Einmischung der Polizeigewalt in der Sphäre des ökonomischen Lebens möglich.«

Im Frühjahr wandte sich die Regierung unter dem Druck der Arbeiterbewegung erneut der Frage der Zulassung von Arbeiterorganisationen zu. Aber sie fürchtete die Anerkennung der bereits bestehenden gewerkschaftlichen Organisationen der Arbeiter. Und im Zentrum eines von Fomin vertretenen Projekts standen nicht die Gewerkschaften, sondern »Arbeitergenossenschaften«, die ein Mittelding waren zwischen den Ältesten von 1903 und den Betriebsgewerkschaften. Das Projekt trug den Titel: »Grundlegende Bestimmungen der Organisationen von Personen, die in Industrieunternehmen beschäftigt sind«.

Die Ziele der Arbeitergenossenschaften wurden bereits etwas kühner formuliert als in dem Gesetz über die Ältesten: »Die Arbeitergenossenschaften haben die von ihren Mitgliedern gemeinsam geführte Erörterung von Fragen, welche die Arbeitsbedingungen bzw. die Lebensbedingungen unter der jeweils gegebenen Betriebsverwaltung betreffen, sowie die Ermittlung von Maßnahmen zur Verbesserung ihrer Existenz und zum Schutz der Interessen ihrer Mitglieder zum Ziel.« Der »Social'-Demokrat«[64] stellte die Übereinstimmung zwischen diesem neuen Projekt der Bürokratie von Arbeitergenossenschaften (Komitees) und der Bulyginschen Duma[65] fest: Das Arbeiterkomitee sei ähnlich wie die Bulyginsche Duma dem uneingeschränkten Herrscher (dem Fabrikbesitzer) beigeordnet, und nur nach dessen Aufforderung »gibt sie ihr Urteil zu Fragen ab, die die Arbeits- und Lebensbedingungen der Arbeiter in der jeweiligen Anstalt betreffen«. Auf diese Weise besitze es lediglich das Recht auf beratende Stimme, und dies auch nur in solchen Angelegenheiten und Fragen, bei welchen man es für nötig halte, sich an das Komitee zu wenden.

Das Gesetzesprojekt Fomins wurde stark gekürzt und umgearbeitet und blieb im Staatsrat hängen, obwohl dieser es von einem »unerwarteten Standpunkt« aus erläuterte: »Der Staatsrat verschließt sich nicht davor, daß mit der Verwirklichung dieser Vorschläge in der aktuellen Gesetzgebung über die Industriearbeiter ein völlig neuer Anfang eingeleitet werden wird. Eine Veröffentlichung des anstehenden Gesetzes bezeichnete den *Übergang vom System der Reglementierung der Beziehungen der Arbeitgeber und der administrativen Fürsorge gegenüber den Arbeitern zu einem neuen Weg, der den Fabrikanten und Arbeitern die Möglichkeit der freien und gleichzeitig gesetzlichen Selbsttätigkeit eröffnet.* Dies geschieht in Gestalt besonderer Berufsvereinigungen, deren Hauptaufgabe darin besteht, die im betrieblichen Bereich aufeinanderstoßenden Interessen der Entlöhner und Entlohnten in Übereinstimmung und Versöhnung zu bringen.«

Es gab im Staatsrat aber auch Widerspruch, der darauf hinwies, daß die Bestimmung normaler Arbeitsbedingungen auf dem Wege gutwilliger Übereinkunft zwischen den Unternehmern und den Berufsvereinigungen der Arbeiter nicht ausreichend geleistet werden könne und daß die Regierung folglich auch künftig nicht auf Reglementierungen verzichten könne.

Das Gesetzesprojekt über die »Arbeitergenossenschaften« stellt das Zwischenglied dar zum letzten Akt des bürokratischen Wirkens auf diesem Gebiet, dem verabschiedeten Gesetz über die Gewerkschaften vom 4. März 1906: Die Hüttenwerks-Genossenschaften, die Ältesten, die Arbeitergenossenschaften und schließlich gewerkschaftliche Vereinigungen — dies ist der Weg, den die bürokratische Reglementierung der Beziehungen zwischen Arbeit und Kapital in der kapitalistischen Fabrik durchgemacht hat.

Keine wie auch immer geartete bürokratische Reglementierung vermochte die Entwicklung des Kapitalismus aufzuhalten oder zu verändern.

Mit Hilfe der bürgerlichen Revolution von 1905 befreite sich die kapitalistische Fabrik von den Fesseln der Polizeibürokratie. Dabei waren die Arbeiter die ersten, die diese Fesseln mit einem mächtigen Aufbäumen ihres gebeugten Rückens zersprengten. Der Bourgeoisie blieb nichts anderes übrig, als dem Arbeiter die von ihm selbst zerrissenen Fesseln der Bürokratie abzustreifen, und sie beeilte sich, ihm ihre eigenen überzuziehen und sie nur um so fester und sicherer zuzuschnüren.

Der Regierung blieb nichts anderes zu tun, als diesen Prozeß, der sich vor ihren Augen abspielte, zu sanktionieren, wenn auch gegen ihren Willen. Bereits Anfang 1906 sagte sie sich in feierlicher Form von der früheren Politik los, »deren Grundgedanke auf die Möglichkeit hinauslief, die Ordnung in den Fabriken und Betrieben und die Ruhe unter den Arbeitern aufrechterhalten zu können«. »Künstliche Maßnahmen«, so gesteht eine Denkschrift des Handels- und Industrieministeriums ein, »erwiesen sich als erfolglos und führten zur Erschütterung der gesellschaftlichen Ordnung.«[66]

Die Regierung gelobte feierlich, einen »neuen Kurs« einzuschlagen — zugunsten einer Verringerung der administrativen Einmischung in die Beziehungen zwischen Unternehmern und Arbeitern und der Gewährung der notwendigen Handlungsfreiheit für deren gewerkschaftliche Organisationen.

2. Die Revolution von 1905 und die Eroberung der Fabrikverfassung

»Organisiert man die Arbeiter in einer geschlossenen ständischen Gruppe, so muß man voraussehen, daß sich diese Organisation, deren natürliches Streben es ist, ihre Interessen in einseitig verstandener Weise zu schützen, mit ihrer fortschreitenden Entwicklung auch gegen alles das wendet, was dieser Entwicklung entgegensteht.« Mit diesen Worten fällte Glezmer, ein Vertreter der Petersburger Industrie, mit einem bei ihm unerwarteten Verständnis vom Wesen des dialektischen Prozesses der Entwicklung der Arbeiterorganisationen ein Urteil, das prophetische Bedeutung bekommen sollte. Die Versuche der Zarenregierung, außerhalb des Gesetzes Arbeiterorganisationen zu bilden und diese mit besonders vertrauten Agenten und Arbeiterführern zu beschicken, entsprechend den Weisungen der

Polizeiorgane (die Zubatovschen und Gaponschen Organisationen); die ökonomischen Streiks, die bewußt von der Polizei niemals verhindert wurden; die Versammlungen und Vorlesungen, die das Ziel hatten, die Arbeiter von »dem schädlichen Einfluß der Propaganda« fernzuhalten – alles das gab der reifer werdenden Arbeiterbewegung Impulse und einen legalen Rahmen, diente als Quelle und Herd der Bewegung. Und sehr häufig gingen aus diesem Herd, der zum Schutz der alten Ordnung errichtet worden war, die Zerstörer eben dieser Ordnung hervor. Die Entwicklung des ökonomischen Kampfes führte zur ständigen Erweiterung der Forderungen der Arbeiter, zum Anwachsen ihres Klassenbewußtseins und zur Kräftigung der Ansätze der Arbeiterorganisierung.

Die bekannte Gaponsche »Vereinigung der russischen Fabrikarbeiter«, die mit dem Segen der Regierung im Jahre 1904 gegründet worden war, diente bereits im Jahre 1905 als Ausgangspunkt der sich über ganz Rußland ausbreitenden revolutionären Kämpfe, die sowohl Gapon als auch die ihn unterstützende Selbstherrschaft untergehen ließen.

Die Arbeiterbewegung begann mit der Erörterung ihrer alltäglichen Bedürfnisse und mit dem Kampf um ökonomische Erleichterungen, und sie endete in dem mächtigen revolutionären politischen Strom des Jahres 1905; organisiert in elf Polizeibezirken, verwandelte sie sich zu einer mächtigen Waffe der Revolution.

Im Bewußtsein der Arbeiter und in ihren alltäglichen Lebens- und Kampferfahrungen setzte sich so die Notwendigkeit der Organisation durch, die zwar schon 1903 weite Verbreitung gefunden hatte (allerdings im Namen anderer Ziele), 1905 jedoch natürlich und unausweichlich sich durchsetzte, spontan aus dem instinktiven Drang der Massen zur Selbstorganisierung. In dieser Zeit entstanden in fast allen Betrieben – außerhalb jedes gesetzlichen Rahmens – die Arbeiterdelegiertenorganisationen mühelos und schnell: in Form von Fabrikältesten, Fabrikdeputierten, Bevollmächtigten, Betriebskommissionen oder -komitees und Arbeiterräten.

Auf jeder Stufe waren sie Produkt der sie hervorbringenden revolutionären Verhältnisse und des verschärften Klassenkampfes des Proletariats, was allein daraus ersichtlich wird, daß diese nicht immer ausreichenden formierten Arbeiterzellen sich unverzüglich an die Spitze der kämpfenden Arbeiter ihres Betriebes stellten und zu den Führern dieses Kampfes wurden, wobei sie im Namen der für sie einstehenden Arbeitermassen hervortraten und deren Forderungen und Interessen formulierten und verteidigten.

Eben dieses Bild einer spontanen Entstehung von Betriebsorganisationen der Arbeiter finden wir in seinen wesentlichen Zügen später in der Revolution von 1917 wieder vor, nur in einem weit größeren Maßstab.

Man muß folglich die Quellen, den Ursprung der gegenwärtigen Arbeitervertretung auf Betriebsebene innerhalb der Arbeitermassen selbst suchen, in den Momenten größter Konzentration und enormen Aufschwungs, in Momenten, die eng verknüpft sind mit der Revolution oder ihrem relativ nahe bevorstehenden Ausbruchs bzw. mit einzelnen revolutionären Explosionen.

Wenden wir uns jetzt der Entstehung und Entwicklung der Fabrikorganisationen in Rußland während der Periode der ersten russischen Revolution zu. Unter welchen Umständen wurden diese ersten Organe der Fabrikselbstverwaltung geboren?

Es ist bekannt, daß sie auch schon vor 1905 in Betrieben entstanden waren. Fast alle bildeten sich in Zeiten der Streiks oder als deren Resultat. Sie zerfielen gleichzeitig mit der Liquidierung der Streiks und nur in Ausnahmefällen erhielten sie eine schriftlich fixierte »Verfassung« in Form einer Verfügung oder einer Instruktion, Ergebnis einer besonderen Übereinkunft zwischen Fabrikanten und Arbeitern wie z. B. in Baku im Jahre 1904. Allgemein herrschten jedoch bis zum Revolutionsjahr 1905 lediglich »vorübergehende« Organisationsformen der Fabrikarbeiter vor. Die Entwicklung der Streikkämpfe erforderte z. B. Organisatoren und Anführer; so stellten sich für einen mehr oder weniger langen Zeitraum die gewählten Streikkomitees an die Spitze der Fabrikmassen. Es gab Streikkassen, Parteizellen der Fabrik usw. Es waren Kampfgruppen, die die Arbeitermassen während des Aufschwungs der Bewegung vorantrieben, und man kann sagen, daß sie, wenn auch nicht die Vorläufer der Fabrikkomitees, so doch diesen eng verwandt waren, und zwar als Organe des kämpferischen Widerstands der Arbeiterklasse.

Diese Streikorganisationen der Fabriken waren aber in der Mehrzahl der Fälle Organe des *ökonomischen* Kampfes der Arbeiterklasse. Die Rechtlosigkeit der Arbeiterklasse erlaubte es ihr nicht, sich in diesem Kampfe zu entwickeln und bedeutende Erfolge zu erringen. Der ökonomische Kampf aber wird unausweichlich auch zum Kampf für die Verbesserung der rechtlichen Lage des Proletariats. Es sind dies dem Wesen nach zwei Seiten ein und desselben Prozesses der Befreiung der Arbeiterklasse, die ja »ihr eigenes Werk« sein muß.

Das Revolutionsjahr 1905 war das Jahr entwickelter Kämpfe der Arbeiterklasse nicht nur für ökonomische Verbesserungen, sondern gerade auch zur Schaffung rechtlicher Garantien. Die »Rechte des Lohnarbeiters« werden zum Brennpunkt der revolutionären Arbeiterbewegung im Jahre 1905. Von ihnen geht sie aus, von ihnen aus lassen sich sowohl Forderungen ökonomischen Charakters als auch solche nach politischen Freiheiten näher bestimmen.

Die »Iskra« schreibt dazu folgendes: »In dem Streben, sein eigenes ökonomisches, soziales und kulturelles Niveau anzuheben, und mit eben diesem Durst nach Verbesserungen, mit jener leidenschaftlichen Bemühung, den gebeugten Rücken aufzurichten, sich als Mensch zu fühlen, seine Würde zu verteidigen und menschliche Lebensbedingungen zu erreichen, reißt das Proletariat jene riesige Schicht arbeitender Menschen mit sich, die bis dahin das schwere Joch unfreier Arbeit passiv und indifferent getragen haben. Es gibt möglicherweise kein bezeichnenderes Beispiel für dieses unstillbare Verlangen nach Menschenwürde als den Wilnaer Streik der am meisten ausgestoßenen Parias der heutigen Gesellschaft, der ›unglücklichen Prostituierten‹ gegen ihre ›Herrinnen‹.[67]

Das Anwachsen des Bewußtseins des Arbeiters von seinen Rechten verstärkte im Jahre 1905 auch den Kampf der Arbeiterklasse um diese Rechte. Dieser Kampf zeigt sich auch in der Ausweitung jener Streiks, die die schweren Lebensbedingungen der Arbeiter: Lohnabzüge und Strafen, Fabrikordnungen, Maßnahmen der Fabrikadministration etc. zum Ausgangspunkt hatten; hier verschob sich auch das Verhältnis bei den Streiks, die mit einem Sieg der Arbeiter endeten, zugunsten der Arbeiter[68]. Seinen Kulminationspunkt erreichte der Kampf der Arbeiterklasse um ihre Rechte in den Monaten Oktober und November 1905, als die Revolution ihren größten Aufschwung erreichte. Das Problem einer entscheidenden Veränderung der inneren Struktur der alten Fabrik und der Regulierung der Beziehungen zwischen Arbeit und Kapital wurde zum erstenmal in seiner ganzen Bedeutung von den Arbeitern selbst gestellt. Seine Lösung suchte die Arbeiterklasse auf der Linie der Umwandlung der früheren wenig dauerhaften, gegenüber der neuen Lage unzureichenden Vertreterorganisationen zu bevollmächtigten und freien Organen der Arbeitervertretung. Das Recht auf Selbstverwaltung in der Fabrik wurde letzten Endes als die neue Aufgabe formuliert.

Der Kampf begann auf der ganzen Front. Mit Forderungen nach der Entlassung unerwünschter Verwalter hauptsächlich der Fabriken, nach Beteiligung an allen Lebensfragen des Unternehmens, nach Anerkennung gewählter Deputierter usw. nahm die Arbeiterklasse den Kampf auf gegen die Überreste der leibeigenschaftlichen Fabrik.

Verfolgen wir diesen Prozeß der Sprengung der alten Fabrik in seinen wesentlichsten Charakterzügen: Zum erstenmal wurde er in den Januartagen des Jahres 1905 in den Putilov-Werken spürbar, von wo der revolutionäre Funke zunächst auf die anderen Fabriken St. Petersburgs übersprang und schließlich alle Arbeiterstädte Rußlands erfaßte.

Bereits am 4. Januar beschloß eine allgemeine Versammlung der Arbeiter der Putilov-Werke: »Für die Klärung der Bedürfnisse der Streikenden ist eine Versammlung zwischen von den Arbeitern selbst gewählten Deputierten und Vertretern der Aktiengesellschaft der Putilov-Werke anzuberaumen. Bei dieser Versammlung müssen die

Arbeiter die gleiche Stimmenzahl wie die Unternehmervertreter haben.«

Und noch am Abend desselben Tages brachten die Deputierten der Fabrik gegenüber der Administration zusammen mit der Forderung nach Entlassung des Meisters Tetjavkin und nach Einführung des Achtstundentages noch zwei Forderungen vor, die zum unveränderlichen Bestandteil der Forderungen aller jener Fabriken Petersburgs und Rußlands wurden, die den Putilov-Streik unterstützten; sie lauteten: »Die Bewertung der Produkte und ihre Überprüfung muß von den Meistern in Übereinstimmung mit *gewählten Arbeitern* aus den Werkhallen erfolgen und muß danach verbindlich sein. Was die alten Bewertungskriterien betrifft, so müssen sie auf dieser Grundlage von neuem überprüft werden«; und: »In den Putilov-Werken muß eine ständige Kommission von Arbeiterdelegierten eingerichtet werden, die zusammen mit der Verwaltung die Ansprüche einzelner Arbeiter klärt. Es dürfen keine Arbeiter ohne Beschluß der Kommission entlassen werden.«

(Es folgen die üblichen ökonomischen Forderungen: Höhe der Arbeitslöhne, Überstundenarbeit, Frauenarbeit, medizinische und sanitäre Forderungen usw.) Aber gerade die beiden angeführten Punkte bildeten die Grundlage für alle weiteren Projekte von »Fabrikverfassungen«.

Ihre erste Form erhielt die geforderte »Fabrikverfassung« auf der von Gapon initiierten Versammlung des »Vereins russischer Fabrikarbeiter« vom 5. Januar, bei der auf Initiative der aktivsten Putilov-Arbeiter eine Resolution angenommen wurde, die die ökonomischen und rechtlichen Forderungen der Arbeiter formulierte. Charakteristisch für die Stimmung der Arbeiter in dieser Periode ist der einführende Teil dieser berühmt gewordenen »Resolution der Arbeiter über ihre lebensnotwendigen Bedürfnisse«: »Angesichts der völligen persönlichen Rechtlosigkeit, angesichts der Unterstützung der Interessen des Kapitals durch Polizei- und Regierungsgewalt, die bis zur Einsperrung und Verbannung und zur Aufstellung von Spionen und Provokateuren durch Ochranaabteilungen reicht, welche schweren Schaden in den Reihen der Arbeiter verursachen, angesichts dieser unbestreitbaren Macht, die dem Kapital dank seiner Vorherrschaft auf der ganzen Welt über die Arbeiter gegeben ist und welche unter der Protektion der Beamten bei völliger Rechtlosigkeit der Arbeitenden noch vergrößert wird, sind die Arbeiter ganz und gar Leibeigene der Arbeitgeber, der Betriebsherren und Fabrikanten und sind der völligen und unkontrollierten Macht einer ganzen Bande von Meistern und Untermeistern ausgeliefert, welche die Arbeiter zu ihrem Nutzen ausbeuten und auf diese Weise den ohnehin niedrigen Arbeitslohn noch mehr verringern.«[69]

Die »Forderungen« der Putilov-Arbeiter wurden zum Programm

der revolutionären Aktivität des ganzen russischen Proletariats. Der Brand begann in den Rüstungsfabriken und Werften, die für die »Verteidigung« arbeiteten. Die Niederlage im Fernen Osten war hier besonders scharf zu spüren, da die Widersprüche und die Fäulnis des alten Systems für diese Arbeiter offensichtlicher waren als für andere. Auf der anderen Seite sehen sie das außerordentliche Anwachsen des Kapitals, hervorgerufen durch die Kriegslieferungen und -aufträge, durch Prämien und Belohnungen für Unternehmer staatlicher und privater Betriebe, die seeuntauglich Schiffe produzierten (Bleinieten und Kitt statt Stahlvernietung) und zudem in einer bis dahin beispiellosen Weise die Arbeiter in diesen Fabriken ausbeuteten. Diese befanden sich dabei unter einem doppelten Joch, dem des Kapitals und dem der polizeilichen Aufsicht.

Das Bewußtsein der eigenen Würde und der Protest gegen ihre Sklavenstellung trat bei den Arbeitern der Rüstungsbetriebe eher als bei anderen zutage. Am 7. Januar 1905 trugen die Deputierten der Baltischen Werft ihre Forderungen vor, deren Ton bei weitem nicht mehr der alte war: »Die Arbeiter der Baltischen Werft fordern, daß die Werftverwaltung ihren Bedürfnissen aufrichtig entgegenkommt und sich nicht weiter in Tricks und leere Versprechungen, die sie dann doch nicht einhält, und in Polizeiaktionen flüchtet.«

Weiter forderten die Arbeiter der Baltischen Werft: die Einrichtung einer ständigen Kommission für die Werft, die sich aus von den Arbeitern gewählten Vertretern zusammensetzen sollte; einen höflichen Umgang mit den Arbeitern; die Entlassung von 14 groben umd verhaßten Meistern; einen Verweis für fünf Agenten der Administration; und »daß alle diese Verweise den genannten Personen in Anwesenheit der Arbeiter ausgesprochen werden«. »Die Meister, Untermeister, Aufseher und überhaupt die ganze Administration sollen mit den Arbeitern umgehen wie mit Menschen und nicht wie mit Sachen und ihnen gegenüber keine Schimpfworte mehr gebrauchen, wie es bei uns gehandhabt wird.«[70]

Prokopovič sagt in seinem Buch »Zur Arbeiterfrage in Rußland«, das unmittelbar nach den großen Streiks von 1905 herausgegeben wurde, bei der Aufzählung der Betriebe, die sich den Putilov-Werken angeschlossen und die Räder anhielten, um ihre Forderungen vorzutragen: »Wir besitzen keine ausführlichen Zeugnisse über Forderungen, die in anderen Fabriken und Betrieben aufgestellt wurden, aber die überwältigende Mehrheit der Petersburger Arbeiter, wenn nicht alle, schlossen sich den allgemeinen Forderungen der Putilov-Arbeiter an und ergänzten diese lediglich durch ihre ortsbedingten Forderungen.«[71]

Ferner weist Prokopovič darauf hin, daß dank einer gewissen Vertrautheit mit der Organisation, die ein Ergebnis der Versammlungen des Gaponschen »Vereins der russischen Fabrikarbeiter« war, auch der Streik selbst nach den Januarereignissen einen stärker organisierten Charakter besaß. Die Mitglieder dieser »legalen« Vereinigung stellten die Einheit der Aktionen der Arbeiter aus den verschiedenen Fabriken und Betrieben her. Oft standen die Mitglieder dieser Organisation in ihren Betrieben an der Spitze der eigenständig gebildeten Fabrikorganisationen und führten Streiks in den jeweiligen Betrieben.

Folgt daraus, daß die Gaponschen Organisationen die Arbeiterbewegung im Jahre 1905 hervorbrachten und daß sie die Kampforgane der Arbeiterklasse organisierten? Natürlich nicht. Als ob sie die von der Glezmerschen Fabrikantengruppe prophezeiten Befürchtungen erfüllen wollten, dienten sie vielmehr *objektiv* der Sache, gegen die sich ihre Initiatoren gewandt hatten, der Revolution der Arbeiterklasse, ihrem Sieg über die Selbstherrschaft insgesamt und gerade auch in der Fabrik.

Der 9. Januar in Petersburg rüttelte das demokratische Bewußtsein im ganzen Land auf. Streiks, Straßendemonstrationen, politische Losungen, der Kampf mit der Polizei — dies sind die Antworten der Arbeiter in allen Städten Rußlands. Und von der revolutionären Straßenaktion kehrte der Arbeiter nicht mehr als der frühere stumme Sklave in seine Fabrik zurück. Er forderte die Anerkennung seines Rechts, in allen seinen Lebensbereichen seine Stimme zur Geltung zu bringen.

In Moskau organisierten sich vor allen anderen die Drucker, es folgten die Metallarbeiter, schwächer reagierten die Textilarbeiter, deren Klassenbewußtsein sich noch nicht völlig von den Fesseln ehemals dörflicher Hörigkeit gelöst hatte. Die Bewegung erfaßte den Moskauer Distrikt und erfaßte von da aus die Wolgagebiete, den Süden, den westlichen Verwaltungsbezirk und den Kaukasus. Die Landkarte zeigte überall ein und dasselbe Bild: die Arbeiter nahmen den Kampf auf gegen die Sklaverei, die auf gesamtgesellschaftlicher Ebene wie auch bei ihnen in der Fabrik herrschte.

Die Forderungen fast aller streikenden Arbeiter lauteten gleich. Die Putilov-Verfassung wurde zur allrussischen Fabrikverfassung, und die einzelnen Orte fügten nur das hinzu, was bei ihnen noch besonders unerträglich war.

Bereits Anfang Februar wurden in 25 Punkten die von den Putilov-Arbeitern aufgestellten »Forderungen« in den Fabriken der Gebrüder Morozov weiter ausgearbeitet. Hauptforderung war die Anerkennung der von den Arbeitern gewählten Ältesten und Deputierten. In Ivanovo-Voznesensk trugen die in den Maistreiks in allen Fabriken gewählten Deputierten 31 Forderungen ähnlichen Charakters vor.[72]

In der Kašin-Fabrik in Kostroma wurden im Juli 1905 in den einzelnen Werkabteilungen Deputierte gewählt, die den Streik anführten und die Fabrikanten auf einer gemeinsamen Sitzung zur Ausarbeitung der Bedingungen der Weiterarbeit durch ihr sicheres Auftreten in großes Erstaunen versetzten: Sie mußten feststellen, mit welcher Bestimmtheit die Arbeiterdeputierten die sich ihrer Meinung nach ja nicht von der Masse des »Arbeitsviehs« unterschieden, auf ihre Einwände reagierten und allen Versuchen eine Abfuhr erteilten, die Arbeiter zu betrügen und sie davon zu überzeugen, daß ihre Forderungen unvernünftig und für sie selbst schädlich seien.

Auf der zweiten Sitzung verließen die Arbeiter demonstrativ den Saal, nachdem der Vertreter der Fabrikanten ihre Vertreter beleidigt hatte. Die Arbeiter beschlossen, den Streik fortzusetzen. Nachdem sie ungefähr drei Wochen durchgehalten hatten und nach geringen Zugeständnissen von seiten der Fabrikanten die Arbeit wieder aufgenommen hatten, erklärten sie: »Wir akzeptieren das Erreichte, aber wir verzichten nicht auf unsere Forderungen und werden uns auf einen neuen, noch heftigeren Kampf vorbereiten.«

Charakteristisch an dieser interessanten Geschichte, die in der Zeitung »Proletarij« berichtet wurde[73], ist das deutlich gewachsene Klassenbewußtsein, die Geschlossenheit und Solidarität im Kampf der Arbeiter. Stärker noch gilt das für die Charkover Arbeiter, die auf ihrem Selbstverwaltungsrecht bestanden: Am 1. Februar 1905 kam die erste Übereinkunft zwischen der Verwaltung der Lokomotivenfabrik und den Arbeiterdelegierten zustande. Sie setzte die Länge des Arbeitstages fest, die Bezahlung der Arbeiter, das Aussondern von Ausschuß und eine Reihe von Regelungen zur inneren Betriebsordnung. Zur Sicherung der »Verfassung« und zur Beaufsichtigung ihrer Durchführung im Betrieb wurde beschlossen (Punkt 14 der Übereinkunft), »eine Kommission von Bevollmächtigten aus den Werkhallen zu wählen«, wobei die Zahl ihrer Mitglieder proportional zu der Zahl der Arbeiter in den Hallen bestimmt werden sollte. »Diese Kommission hat alle Bedürfnisse und Forderungen der Arbeiter zunächst mit den Werkshallenleitern zu behandeln, und wenn es zu keiner Übereinkunft kommt, mit dem Fabrikdirektor.« Und: »Die Kommission nimmt an allen Entscheidungen über Einstellungen und Entlassungen teil, sie überwacht die richtige Handhabung des Strafgeldfonds und die Ausgabe von Unterstützungsgeldern aus diesem Fonds entsprechend dem in der Übereinkunft beschlossenen Rahmen.«[74]

Diese Reglementierung der Arbeitsbedingungen mit Hilfe einer Übereinkunft zwischen Fabrikanten und Arbeitern war jedoch, auch wenn sie besonders in ihrem ökonomischen Teil sehr ausführlich gehalten war, noch nicht das, was die Arbeiter, die nach der vollen betrieblichen Selbstverwaltung strebten, erreichen wollten. Am 19. März brachten die Arbeiter eine Resolution ein, die »nicht an irgendeine Regierungsinstitution oder Kommission gerichtet ist, da sie zu dem Schluß gekommen sind, daß diese den Arbeitern noch nie irgend etwas gebracht haben noch bringen können noch überhaupt irgend etwas zu geben imstande sind«; sie soll vielmehr »nur den Genossen Arbeitern und der ganzen russischen Gesellschaft zur Kenntnis gebracht werden«. Entschieden erklärten die Arbeiter der Lokomotivenfabrik im Schlußteil: »Wir halten es für erforderlich, zu dieser Erklärung über die unmittelbaren Bedürfnisse der Arbeiter, ohne deren unverzügliche und vollständige Befriedigung ein normaler Verlauf des gesamten Lebensprozesses in Rußland unmöglich ist, folgendes hinzuzufügen: Wir sind fest davon überzeugt, daß, solange die kapitalistische Produktionsweise existiert, die die Produktionsmittel in den Händen der Kapitalisten konzentriert, die Hauptursache der Versklavung der Arbeiterklasse nicht beseitigt werden kann.«[75]

Die Resolution, die offensichtlich unter dem Einfluß einer sozialistischen Organisation verfaßt worden ist, bezeugt nicht nur das wachsende Selbstbewußtsein der Arbeiterklasse, sondern auch die Einsicht (wenn auch möglicherweise von zunächst nur wenigen fortgeschrittenen Arbeitern) in den richtigen Weg, auf dem die Befreiung der Arbeiterklasse und ihre wirkliche Selbstverwaltung erkämpft werden kann.

So wurden überall und fast vom Beginn der Revolution an die ökonomischen und politischen Forderungen der Arbeiter eng verknüpft. Die innere Struktur der Fabrik war nicht vom äußeren Regime im Staat loszulösen.

Als die Regierung am 29. Januar auf »Allerhöchste Anordnung« die Šidlovskij-Kommission zur Regelung ökonomischer Fragen ernannte, erhoben die Arbeiter vor allem eine Reihe politischer Forderungen. Auf deren Ablehnung hin verweigerten die Wahlmänner der Arbeiter insgesamt die Wahl von Deputierten in die Kommission, blieben als die Vertreter der Arbeiterinteressen in den Betrieben und wurden von den Arbeitern als die Deputierten des Betriebs anerkannt.

Im gesamtrussischen Streik im Oktober 1905 trat die Arbeiterklasse auf diese Weise zwar nicht als Herr der Fabriken auf (bis dahin war es noch weit), aber durchaus auch nicht mehr als das frühere rechtlose und unterdrückte »Arbeitsvieh«. Begriffen die Kapitalisten den Sinn der sich überschlagenden Ereignisse? Und wie reagierten sie darauf?

Die Einsetzung einer neuen »Kommission zur Arbeiterfrage«, die die Moskauer Kaufmannsbörse im Februar und März vornahm, beweist, daß die Kapitalisten die eigentliche Lektion der vorausgegangenen Arbeiterbewegung noch nicht gelernt hatten. Erst nach dem Erdbeben der Oktoberstreiks, die ganz Rußland erfaßten, begannen sie, die protestierende Stimme der Arbeiterklasse ernst zu nehmen.

Sie waren zunächst nicht nur nicht bereit, den Arbeitern irgendwelche Zugeständnisse zu machen, sondern erzielten auch untereinander eine Übereinkunft über die wichtigsten Fragen, bei denen verabredungsgemäß keinerlei Zugeständnisse gegenüber den Arbeitern gemacht werden durften.[76]

Das Anwachsen der Arbeiterbewegung jedoch vollständig zu irgnorieren, war schon nicht mehr möglich, und so mußten die Moskauer Unternehmer auch abschließend feststellen: »Es wäre falsch und würde zu einem *schlechten Eindruck bei den Arbeitern* führen, wenn die Fabrikanten, die selbst nach eigenen Organisationen streben, sich nicht zugunsten der Zulassung von Arbeiterorganisationen aussprechen würden. Angesichts dessen wird der Versammlung vorgeschlagen, *die Organisation der Fabrikarbeiter als zulässig anzuerkennen.*« Die Fabrikanten erkannten also »großmütig« die »Organisation der Fabrikarbeiter« an und versuchten gleichzeitig, ihre Rechte möglichst zu beschränken.

Die Arbeiter brauchten aber bereits keine »Erlaubnis« mehr — weder von seiten der Gesetzgebung noch von seiten der Unternehmer; sie hatten ihr Recht im Bewußtsein ihrer Stärke bereits erworben, und die Oktoberkämpfe von 1905 verwandelten diese Stärke in eine Rechtsposition. In den beiden folgenden Monaten baute die Arbeiterklasse im Feuer der Revolution beschleunigt ihre Selbstverwaltungsorgane auf und verteidigte sie standhaft gegen alle Angriffe. Die Bulletins des Moskauer Arbeitsmuseums zeigen, wie das Proletariat die ersten revolutionären Schritte für die Schaffung einer Fabrikverfassung unternahm.

Auf einer Versammlung am 2. Oktober waren bereits 32 Deputierte aus den fünf größten Berufsgruppen anwesend. Aus ihren Berichten wurde deutlich, welche Forderungen die Arbeiter aufstellten und wie sie diese verwirklichten. Die allgemeinen Forderungen waren: Achtstundentag, Anerkennung der Deputierten, Bereitstellung von Räumlichkeiten für freie Versammlungen der Arbeiter. Die Deputierten der meisten Produktionszweige waren schon im Verlauf der Septemberstreiks auf konspirativem Weg gewählt worden. Bei den Druckern, den Tabak- und Metallarbeitern wurden sie zu ständigen Vertretern. Unter ihnen gab es die ersten Frauen-Deputierten.

Die Fabrikbesitzer erkannten die Deputierten nicht an, entließen sie oder machten die Betriebe zu. Sie ließen die Deputierten durch die Polizei verhaften. In der Tabakfabrik Gabaj z. B. wurden zwei Deputierte festgenommen, worauf die Arbeiter ihre Freilassung forderten und so lange nicht weggehen zu wollen erklärten, bis ihre Delegierten freigelassen seien. In der Textilfabrik Pokrovskij wurde die leibeigenschaftliche Ordnung beibehalten: Der Direktor, Bordman Vater, und sein Sohn, der Maschinenmeister, gingen gegen die Arbeiter mit Faustschlägen und physischen Züchtigungen vor.[77] Die Arbeiter hatten die Anerkennung von frei gewählten Deputierten und die Absetzung der auf der Grundlage des Gesetzes vom 10. Juni 1903 gewählten Ältesten verlangt, »da diese nicht wirklich von Nutzen sind«.[78]

Eine Versammlung von Moskauer Fabrikdeputierten verabschiedete schließlich folgende entscheidende Resolution: »Die Versammlung hält es für unbedingt notwendig, daß die Arbeiter eines jeden Unternehmens Deputierte wählen, daß sich diese ihren Berufen entsprechend vereinigen und über ihre Vertreter in einem allgemeinen Rat aller Arbeiter Moskaus vertreten sind. Jede Berufsvereinigung entscheidet allein, wie sie vertreten sein soll. Die Versammlung hält es für wünschenswert und wichtig, daß auch die Deputiertenversammlungen der Berufe und der allgemeine Rat nach Öffentlichkeit und Offenheit streben. Um diesen Beschluß zu verwirklichen, beschließt die Versammlung, sich mit dem Aufruf an die Arbeiter Moskaus zu wenden, Deputierte zu wählen, und sie beauftragt damit eine besonders gewählte Kommission.«

Auf diese Weise wurden die Grundlagen der betrieblichen Selbstverwaltung gelegt, zunächst in Moskau und Petersburg, später dann in ganz Rußland. Vom ersten Tag an mußten die Arbeiter jedoch ihre Errungenschaft wachsam vor Anschlägen von allen Seiten verteidigen. Auf diese Weise entstanden dauernde Konflikte: Als z. B. die Administration der Nagelfabrik in Petersburg forderte, daß die Arbeiter die von ihr vorgeschlagenen Deputierten zu wählen hätten, und am folgenden Tag Arbeiter entließ, die sich am politischen Streik im Oktober beteiligt hatten, erteilten die Arbeiter diesem Anschlag auf ihre Rechte eine gemeinsame und entschiedene Abfuhr. Sie erklärten ungeachtet der Gefahr einer allgemeinen Entlassung den Streik und forderten 1. die Anerkennung der Arbeiterdeputierten durch die Betriebsverwaltung, 2. die Einstellung aller aufgrund politischer Streiks Entlassenen, 3. einen anständigen Umgang und die Verbesserung der betrieblichen Ordnungen, 4. die vollständige Abschaffung der Strafgelder, 5. Räume im Betrieb für Versammlungen, die auf Wunsch der Arbeiter veranstaltet würden, und 6. die Festsetzung des Achtstundentages sowie Lohnerhöhungen. Und dies ist nur ein Beispiel unter tausend ähnlichen.

Die Arbeiterdeputierten führten einen verzweifelten Kampf mit den Unternehmern, und die breite Masse der Arbeiter verteidigte ihre Vertreter einmütig und energisch gegen alle gegen sie gerichteten Anschläge. Ein besonders heftiger Kampf entbrannte um den Beschluß des Rats der Arbeiterdeputierten über den Achtstundentag und um die Frage nach der Versammlungsfreiheit. Als Antwort auf die Einführung des Achtstundentags auf revolutionärem Weg schlossen die Kapitalisten unter den durchsichtigsten Vorwänden und selbst ohne solche die Betriebe und warfen Hunderttausende von Arbeitern auf die Straße. Die Vertreter der Arbeiter reagierten unverzüglich. Wir führen als Beispiel die Resolution der Deputierten des Semjanikov-Betriebs an, die für Hundert ähnliche genommen werden kann:

»Genossen Petersburger Proletarier!

Die Betriebsherren und Fabrikanten bereiten sich, unterstützt von der Regierung des Grafen Vitte, darauf vor, Hunderttausende von Petersburger Arbeitern auf die Straße zu werfen, weil sie sich nicht mit dem auf revolutionärem Weg eingeführten Achtstundentag einverstanden erklären wollen, Genossen, wir Arbeiter des Semjanikov-Betriebs haben als erste den Achtstundentag eingeführt, und uns trifft der Schlag der Kapitalisten und der Regierung mit am härtesten. Unser Betrieb ist geschlossen. Wir sind auf die Straße geworfen. Genossen, dasselbe Schicksal wartet auch auf euch, wenn nicht heute, dann morgen, und wir rufen euch, Brüder, auf, eure Solidarität zu zeigen und den allgemeinen Kampf für den Achtstundentag zu unterstützen.«

Diese Resolution beweist, daß sich die Arbeiter bemühten, in einer geschlossenen Front zu kämpfen, daß Einigkeit, Zusammenschluß und Solidarität ihr Leitfaden wurden, daß die Arbeiterklasse bereit war, Opfer zu bringen — mit anderen Worten: daß die Arbeiterklasse erstarkte.

Die Arbeiterdeputierten verteidigten die Versammlungsfreiheit mit solcher Tapferkeit und Furchtlosigkeit, als drohte ihnen keinerlei persönliche Gefahr. Sie brachten anläßlich des Verbots von Versammlungen oder der Verweigerung von Versammlungsräumen Protestresolutionen vor, oder wandten sich mit offenen Briefen über eine Redaktion an die öffentliche Meinung, wie z. B. die Arbeiter der Neva-Werft: »Selbst bei der Erörterung der schreiendsten Nöte, der schlimmsten Übergriffe von seiten der Betriebsadministration und der hohen wie niederen Polizeichargen herrscht auf diesen Versammlungen eine völlige Ordnung und wird die Redefreiheit beispielhaft praktiziert. Und jetzt plötzlich, nachdem diese Freiheit, die allerdings oft von Kosakenrowdys verletzt wurde, so unersetzlich für die alten und jungen Arbeiter wurde wie die Luft zum Atmen, jetzt fängt unser Direktor Hippius an, widerspenstig zu werden, sich stark zu fühlen und erklärt mit dreister Stirn, daß er keine weiteren Versammlungen mehr erlaubt und sie künftig nicht länger dulden wird.«[79]

Noch ein weiterer Fall sei angeführt, der das Anwachsen der Solidarität unter den Arbeitern und die entschiedene Energie charakterisiert, mit der die Arbeiterdeputierten, diese ersten Organisatoren der Fabrikverfassung, geschützt wurden: Der Direktor der Petersburger Kartenfabrik Žemčužnikov war zunächst nicht bereit,

Räume für die Versammlungen der Arbeiter zur Verfügung zu stellen. Er gab aber nach, als sich Deputierte der Obuchov-Arbeiter[80] an ihn wandten und die Bereitstellung von Räumen unter der Androhung des Boykotts forderten.

Mit welchem Vertrauen unterstützten auf der anderen Seite die Arbeitermassen ihre gewählten Deputierten! In dem oben erwähnten Semjanikov-Betrieb erklärte sich die Verwaltung mit der Wiederaufnahme der durch den Streik unterbrochenen Arbeit einverstanden unter der Bedingung des völligen Versammlungsverbots und der Aufstellung von Vertretern, die zwar am Arbeitsplatz gewählt werden sollten, aber von der Fabrikadministration bestätigt werden mußten. Die Arbeiterversammlung beschloß in kategorischer Form: »Die Verhandlungen werden von den alten Delegierten geführt, die bereits einmal gewählt worden sind und die sich bestens her empfohlen haben.«

Die Arbeiter erkannten die Unvernünftigkeit isolierter Aktivitäten und vertrauten völlig auf ihre Delegierten. »Wir, die Arbeiter der Stiefelfabrik«, heißt es in einer in diesem Zusammenhang typischen Resolution, »haben uns entschieden, so lange zu streiken, bis unsere Forderungen erfüllt werden, und wir werden nicht einzeln um der Erlaubnis bitten, zur Fabrik zu gehen, da ja unsere gewählten Deputierten die Verhandlungen mit unserem Vertrauen führen.« Eine Resolution aus einer vor der Revolution sehr rückständigen Fabrik auf der Vyborger Seite[81] bezeichnet die Wende, die sich im gesamten Fabriksystem vollzog, als sich die Arbeiter durch ihren Kampf die ersten Grundlagen der Verfassung eroberten: »Wir alle haben getrennt voneinander gelebt, wie es nur unbewußte Leute tun. Der Fabrikbesitzer hat uns verhöhnt, wie er wollte, und wir haben es geduldet. Der Streik hat uns wachgerüttelt, die Arbeiterschaft geriet in Bewegung. Der Streik hat die besten Genossen von uns nach vorn gebracht – der Fabrikbesitzer hat sie hinausgejagt. Und jetzt haben wir uns, als Antwort auf die Unternehmerwillkür, nach Beratung mit den Genossen Sozial-Demokraten entschieden, die rückwirkende Anerkennung der entlassenen Deputierten zu fordern: die Entlassung eines Arbeiters darf nicht ohne Zustimmung der Arbeiterdelegierten vonstatten gehen; wir fordern menschliche Verhältnisse usw. Diese Forderungen haben wir dem Unternehmer vorgelegt, der angesichts unserer organisierten Macht in allen Punkten nachgegeben hat.«[82]

Viele ähnliche Fakten finden sich verstreut in den Arbeiterchroniken der Zeitungen, deren Spalten im Jahre 1905 jenen riesigen Prozeß in der Arbeiterklasse, der im Inneren der Fabriken und Betriebe stattfand, unmittelbar zum Ausdruck brachten.

Die Revolution setzte unerschöpfliche Kräfte von unten herauf in Bewegung. Die Auswirkungen dieser Kräfte waren erst ansatzweise zum Vorschein gekommen, als ihnen von der Reaktion der Boden entzogen wurde. Und bis zum Jahre 1917 geriet das erwachende Leben der Fabriken und Betriebe auch nicht wieder in eine so stürmische, energische und aufwärtsstrebende Bewegung, wie in jenen wenigen freien Tagen der »Fabrikverfassung«, die durch die revolutionäre Ordnung zum erstenmal in den Fabriken und Betrieben im Jahre 1905 sanktioniert worden war.

3. Der Kampf um die Selbstverwaltung in der Fabrik bei den Druckern, Metall- und Erdölarbeitern

Was war die »Fabrikverfassung« in der kapitalistischen Fabrik in entwickeltem Stadium und was konnte sie überhaupt sein? Antwort auf diese Frage erhalten wir aus der Analyse der Kämpfe und der Aktivitäten der drei wichtigsten und größten Gruppen von Industriearbeitern: der Druckereiarbeiter, der Metallarbeiter und der Erdölarbeiter.

Als erste erkämpften die Arbeiter der Erdölindustrie die Selbstverwaltung. Man muß darauf hinweisen, daß die Besonderheiten des großindustriellen Kapitals in Baku und seine Entwicklung auch die Beziehungen zwischen den Arbeitern und den Kapitalisten bestimmten. Das Proletariat von Baku war schon lange vor dem Oktober 1905 in Kampfbereitschaft: dem starken, organisierten Großkapital konnte nur eine ebenso starke und organisierte Arbeiterklasse widerstehen.

Die Jahre 1903/04 waren besonders vorteilhaft für die russische Erdölindustrie. Es ist nur natürlich, daß das Proletariat von Baku die günstige Konjunktur nicht ungenutzt ließ, um dem auf seine Kosten gewachsenen Kapital seine Rechnung zu präsentieren. Schon der Generalstreik im Juli 1903 schlug die ersten Breschen in die alte leibeigenschaftliche, halb-sklavische Ordnung der Erdölindustrie. Aber erst die Dezemberbewegung 1904 beseitigte sie vollends und zwang die Kapitalisten, am 1./2. Januar mit den Arbeitern den ersten kollektiven Vertrag in Rußland zu unterschreiben. Doch das Bakuer Proletariat beließ es nicht dabei – es mußte noch weitere Breschen schlagen: In den Jahren 1905/06 eroberte es sich in einer ununterbrochenen Reihe von Kämpfen seine »Ölverfassung« endgültig.

Diese Verfassung war zunächst als Ergänzung zu dem Kollektivvertrag vom Dezember 1904 entstanden, also erst nach den großen Kämpfen mit dem Kapital im Oktober 1904. Damals fühlte sich das Bakuer Proletariat als Vorkämpfer in der Armee des russischen Proletariats. Wie überall, so entstanden auch in Baku die autonomen Arbeiterkommissionen als Produkt spontaner revolutionärer Anstrengung, die sich aus dem Streikkomitee entwickelte oder aus einer anderen Kampforganisation, die den Streik anführte. Und erst im

Oktober 1905 unterschrieben die Erdölindustriellen die Ergänzung zum Kollektivvertrag, die für sie die Verpflichtung beinhaltete, einige innerbetriebliche Regelungen (die Verteilung von Quartieren, die Gewährung von Urlaub etc.) in Übereinstimmung zwischen der Administration und den Arbeiterkommissionen des Unternehmens zu klären.

Überall aber überschritten die Arbeiterkommissionen sehr rasch die Grenzen des im Vertrag vereinbarten Rahmens in breitem Maße und wurden zum Organ eines allseitigen Schutzes der Arbeiterklasse. Sie mischten sich ein bei Einstellungen und Entlassungen sowie bei der Aufstellung innerbetrieblicher Ordnungen usw.

Die in Baku als Zentren der Arbeitervertretung für alle entscheidenden Fragen aus dem Lebensbereich der Arbeiter aufgestellten Betriebskommissionen sicherten sich im Kampfe ihre Autonomie und verteidigten diese selbst noch zu einem Zeitpunkt, als im ganzen übrigen Rußland die Reaktion tobte und die letzten Überreste revolutionärer »konstitutioneller« Regelungen in den Fabriken auslöschte.

Gerade der Kollektivvertrag mußte in den Bakuer Unternehmen und Betrieben nur deshalb von den Kapitalisten voll erfüllt werden, weil die Betriebskommissionen ständige Aufsichtsorgane waren, die seine Erfüllung in den verschiedenen Fabriken kontrollierten. So nahmen die Betriebskomitees in vollem Ausmaß die Funktionen von Gewerkschaften wahr, die es zunächst überhaupt nicht gab und die später durch Aufgaben des politischen Kampfes beansprucht wurden.

Während der Cholera-Epidemie standen die Betriebskommissionen an der Spitze der »Cholera«-Kampagne. In Zeiten der ununterbrochenen Streiks, die von einem Werk zum anderen übersprangen, formulierten die Betriebskomitees die Forderungen der Streikenden und verteidigten sie im Namen der Arbeiter.

Als im ganzen Bakuer Gebiet zwischen dem 15. Oktober und 1. November unter den Arbeitern der Kampf um die Beteiligung an Beratungen mit den Erdölindustriellen entbrannte und dieser Kampf sich in eine politische Auseinandersetzung zweier sozialdemokratischer Tendenzen (Bol'ševiki und Men'ševiki) verwandelte, teilten sich auch die Betriebskomitees in zwei miteinander rivalisierende Lager, die »Kollektivisten« (Men'ševiki) und Boykottisten (Bol'ševiki). Mit einem Wort, es gab nicht eine einzige Frage aus dem Bereich des ökonomischen und politischen Lebens, welche sich außerhalb der Betriebskomitees der Arbeiter abgespielt hätte.

Ein beispielhaftes Kommissionsstatut formulierte weitgefaßt die Ziele, Rechte und Verpflichtungen der Betriebskommissionen. Doch die lebendige Praxis erweiterte diesen Rahmen noch zusätzlich: »Es ist das Ziel der Kommission, die Arbeiter in den Werken und Betrieben zu einem erfolgreicheren Schutz ihrer Interessen gegenüber der Administration zu vereinigen und die Aktivitäten und die planmäßige Arbeit der einzelnen Betriebe mit den allgemeinen Aufgaben der Bakuer Bewegung in Übereinstimmung zu bringen«.

Der Aufsicht der Arbeiterkommissionen unterlagen daher:

»1. die Beratung und Entscheidung über alle Vorschläge der Arbeiter als auch der Unternehmer und Gewerkschaften;

2. die Regelung von Konflikten sowohl unter den Arbeitern selbst als auch zwischen Arbeitern und Administration;

3. die Arbeiterkommissionen führen die Verhandlungen mit der Administration, erarbeiten eine Betriebsordnung, die den Wünschen der Arbeiter entspricht, vertreten die Interessen der Arbeiter bei der Ausarbeitung oder Veränderung dieser Ordnung durch die Administration, stellen eine Ordnung für die Auszahlung der Löhne auf, bestimmen die möglichen Lohnabzüge, prüfen jeden Fall von Arbeiterentlassungen, sorgen dafür, daß die von neuem eingestellten Arbeiter entsprechend den gültigen Lohnlisten eingestellt werden, behandeln die Fälle von Verletzung der von den Arbeitern und der Verwaltung angenommenen Regeln der Betriebsordnung, usw.«[83]

Dieses Schema der Rechte und Pflichten, das aus dem Statut der Kommission einer dieser Firmen zitiert ist (und typisch auch für rückständigere ist), übertrifft in seiner weiten und detaillierten Formulierung bereits in bedeutendem Maße den Rahmen der Fabrikselbstverwaltung aller uns bekannter »Fabrikverfassungen«, mit Ausnahme vielleicht derjenigen der Drucker, auf die wir weiter unten eingehen werden. Aber das Leben, die Bedingungen des revolutionären Kampfes ließen sich überhaupt nicht dem Rahmen des Statuts anpassen. Die Praxis schritt darüber hinweg.

Die Kapitalisten kamen überein (wenn auch um den Preis einiger Verluste), die Arbeitervereinigungen als gleichberechtigte Partner anzuerkennen, da dies zur Sicherung einer ununterbrochenen Produktion, zu der die Erdölindustriellen der Aufträge wegen gezwungen waren, unbedingt erforderlich war.

Ähnliche Erfolge im Kampf um die »Fabrikverfassung« verzeichneten lediglich die Druckereiarbeiter. Wie im Falle der Erdölindustrie erklärt sich dies mit der hohen Stufe der kapitalistischen Entwicklung, welche die typo- und litographische Produktion in Rußland erreicht hatte, und zwar dank einer vervollkommneten Technik, der Konzentration der Produktion und eines umfassenden Ausbaus des kapitalistischen Systems.

So waren hier die Streikkollektive und die Kampfgruppen der Partei in den Betrieben die Vorläufer von Massenorganisationen und ihrer Fabrik- und Betriebsorgane. Zum erstenmal wurde eine »verfassungsmäßige« Ordnung nach den Januarstreiks 1905 in der

Sytin-Typographie eingeführt.

Im Frühjahr gab es in allen großen Unternehmen der Druckindustrie bereits Deputiertenversammlungen, die dann während der Zeit der Septemberstreiks zur Quelle »konstitutioneller« Tendenzen und Losungen des Proletariats in den Fabriken und Betrieben wurden.

Der Rat der Deputierten des Druckereigewerbes, entstanden am 25./26. September, formulierte diese Bestrebungen und Losungen anhand einer Reihe von Forderungen an die Fabrikbesitzer. Der zentrale Punkt dieser Forderungen war die Anerkennung der von den Druckarbeitern ausgearbeiteten »Bestimmung über die Fabrikdeputierten«[84]. Die wichtigsten Punkte dieser »Fabrikverfassung« der Drucker seien im folgenden angeführt: »Alle Arbeiter in den Abteilungen, unabhängig von ihrem Geschlecht und vom Zeitpunkt des Eintritts in die Fabrik, besitzen vom 18. Lebensjahr an aktives und passives Wahlrecht.«

Diese weite und demokratische Auffassung bestimmte im übrigen den gesamten Charakter der »Fabrikverfassung«. Ein weiterer Punkt lautete: »Die Fabrikadministration besitzt nicht das Recht, einen Deputierten vor Ablauf der Frist von einem Jahr nach seiner Wahl zu entlassen. Für den Fall, daß die Administration einen Deputierten unmittelbar mit dem Ende seiner Bevollmächtigungsfrist zu entlassen wünscht, ist sie verpflichtet, alle Arbeiter bis zu einem Monat vor der Frist darüber in Kenntnis zu setzen.«

Der kategorische Ton dieser und der folgenden Punkte, welche die Unantastbarkeit der Person der gewählten Arbeitervertreter festlegen, beweist, daß die Arbeiterklasse nicht nur ihre Rechte bereits klar erkannt hatte, sondern auch verstand, sie zu verteidigen.

Alle Angelegenheiten, die mit der Administration zu tun haben, die Entscheidungen, die gemeinsam mit ihr zu treffen sind, Fragen, die Einstellung und Entlassung der Arbeiter betreffen und den Schutz der Interessen aller Fabrikarbeiter – das ist der übliche Tätigkeitsbereich der Arbeiterdeputierten. Aber die Druckereiarbeiter gehen noch weiter. In ihrem Bemühen, immer mehr Rechte zu erkämpfen, bemerken sie nicht, wie sie die Grenzen der ursprünglichen Arbeiter-Selbstverwaltung überschreiten und Unternehmerfunktionen an sich reißen: »Die Deputierten kümmern sich um die uneingeschränkte Erfüllung der Fabrikregelungen, die nach einer endgültigen Übereinkunft zwischen den Arbeitern und der Administration festgesetzt worden sind.« Und: »Die Deputierten tragen die Verantwortung für die Aufrechterhaltung der internen Ordnung in der Fabrik und für alle Übertretungen der Genossen.«

In der »Anleitung für die Deputierten über ihre Rechte und Pflichten« erhielten die Punkte der »Bestimmung über die Fabrikdeputierten« aber eine Konkretisierung, die deutlich macht, daß die Fabrik-»Selbstverwaltung« in ihr Gegenteil umzuschlagen drohte, indem sie den Arbeitern neue »Antreiber« und Aufpasser verschaffte: Es waren ihre eigenen Vertreter, die so zugunsten der Unternehmer tätig werden konnten.

Die »Bestimmung« übertrug den Deputierten folgende Pflichten: »Die Arbeiter kümmern sich um die Aufrechterhaltung der Fabrikordnung während der Arbeitszeit. Die Arbeiter, die während der Arbeitszeit betrunken sind oder überhaupt den geregelten Verlauf der Arbeit stören, sind unverzüglich entsprechend den Anweisungen der Deputierten zu bestrafen. Für den Fall einer Verweigerung rufen die Deputierten nach Beendigung der Arbeitszeit eine Abteilungsversammlung ein, auf der sie die Frage nach Entlassung der Arbeiter aufwerfen.« Und: »Die Deputierten haben sich um das Fernbleiben eines jeden Arbeiters von der Arbeit zu kümmern. Im Fall eines Fehlens von mehr als drei Tagen hintereinander faßt der Deputiertenrat in dieser Sache einen Beschluß und trägt ihn allen Arbeitern der entsprechenden Abteilung zur Erörterung vor. Auf Beschluß der Abteilung kann der betreffende Arbeiter entweder bleiben oder entlassen werden.« Ein weiterer Punkt lautete: »Die Deputierten sorgen dafür, daß die aufgestellten Regeln in keiner Weise verletzt werden, daß die Arbeiter nirgends früher als beim Sirenenzeichen zu arbeiten anfangen und keine Überstundenarbeit leisten.«

Der Zusammenstoß zwischen den Arbeitern und den Deputierten und die Untergrabung der Autorität der gewählten Organisation war auf dieser Grundlage unausweichlich. Spielten die »autonomen Kommissionen« der Drucker als Initiatoren in Sachen Organisierung der Arbeiter ohnehin noch nicht lange eine Rolle, so dienten sie infolge der falschen Richtung, welche die Arbeiter-Verfassung in der kapitalistischen Fabrik erhalten hatte, als Ferment der Spaltung und des Zerfalls unter den Arbeitern.

Sehen wir uns hier noch an, wie das »konstitutionelle« Programm der Metallarbeiter formuliert wurde und welche Tendenz es enthielt. Der Kampfeswille der Metallarbeiter, gleichfalls Resultat der ökonomischen Verhältnisse und des Konzentrationsgrades der Metallbetriebe, wird am besten in der aktiven Beteiligung der Metallarbeiter an den Streiks deutlich. Allein im Revolutionsjahr 1905 gab es in der Metallindustrie Petrograds 2657 Streiks. Jeder Metallarbeiter streikte im Verlauf des Jahres 1905 zweieinhalbmal, dabei entfielen auf einen streikenden Metallarbeiter 46,5 Tage, während in der gleichen Zeit die Durchschnittszahl für den Petersburger Arbeiter 33 Tage betrug.[85]

Der aktive Kampf der Metallarbeiter rief bei ihnen sehr früh das Bedürfnis nach einer Massenorganisation hervor. Den Impuls dazu gaben die Wahlen zu der Šidlovskij-Kommission. In einigen Betrieben behielten die Deputierten ihre Vollmachten bei und entwickelten sich zu Fabrikdeputierten. Unter dem Druck der Arbeiter wurden sie von der Administration zunächst halboffiziell anerkannt, bis sie später mit dem Gesetz über die Ältesten vom 10. Juni 1903 offiziell legalisiert wurden. Die Arbeiter erweiterten ganz einfach von selbst den Rahmen des Gesetzes von 1903 und machten aus den »Hausmeister-Ältesten«[86] frei gewählte, vertrauenswürdige Arbeitervertreter.

Die Arbeiter des Semjanikov-Betriebes z. B. führten auf der Grundlage des allgemeinen Wahlrechts Wahlen durch und erklärten, daß sie andere Älteste nicht anerkennen würden. Die Administration machte gute Miene zum bösen Spiel und erkannte die Wahlen an.

Gegen Ende der Oktoberstreiks existierten in fast allen großen Betrieben Betriebskommissionen oder -komitees. Den Höhepunkt ihrer Entwicklung erreichten sie in der kurzen Periode der Macht des Petersburger Arbeiterrates. Entsprechend dem Petersburger Vorbild entstanden ähnliche Fabrik- bzw. Betriebsorganisationen auch in den anderen Industriezentren.

Die Berichte der Vertreter der Metallarbeitervereinigungen auf der ersten Konferenz der Gewerkschaften der Metallarbeiter des Moskauer Industriegebietes, an der auch Vertreter aus Baku, Petersburg, dem Donecbecken und anderen Gebieten beteiligt waren, zeichnen ein fast überall gleiches Bild von der Entstehung zellenähnlicher Vertreterorganisationen in den Fabriken und Betrieben: Nach den Worten eines Vertreters der Petersburger Metallarbeiter »bildeten sich die Kommissionen im Prozeß des Kampfes selbst. In den Augen der Arbeiter besaßen sie eine sehr große Autorität.«[87]

Die Funktionen der Kommissionen waren sehr verschieden. Sie mischten sich in alle Kleinigkeiten des täglichen Lebens im Betrieb ein, sorgten für die Einhaltung der Abmachungen der mündlichen Verträge, trafen Entscheidungen bei Konflikten, kontrollierten die Auftragseingänge für den Betrieb, die Einteilung der Arbeiter, organisierten die Unterstützung von Arbeitslosen und von Opfern der Repressionen seitens der Regierung und standen an der Spitze der Streiks, wenn sich die Konflikte nicht auf friedlichem Wege lösen ließen.

Der Vertreter der Donec-Metallarbeiter berichtete über die Tätigkeit der sogenannten »Deputiertenversammlung« von Vertretern aller Werksabteilungen, welche hartnäckig im Betrieb um die Selbstverwaltung gekämpft hatte und gegen Sommer 1906 faktisch als Besitzer des Betriebs (im Hartmann-Betrieb) auftrat: »Ohne den Willen der Deputiertenversammlung hat die Administration keinen einzigen Schritt gemacht. Alle unfähigen Verwalter wurden auf die Forderung der Deputiertenversammlung hin vom Verwaltungsdient entlassen. Die Arbeiter, die wegen ihrer Überzeugung oder Beteiligung am Streik Nachteile erlitten hatten, wurden von der Deputiertenversammlung wieder an ihre alten Plätze im Betrieb gestellt. Die Deputiertenversammlung hatte die Führung nicht nur im Betrieb inne, sondern besaß auch uneingeschränkten Einfluß unter der städtischen Bevölkerung.«

Derselbe Deputierte zog aus diesem leuchtenden Beispiel revolutionärer Tätigkeit der Fabriks- und Betriebsvertretung die Schlußfolgerung: »Alles wurde von der erkämpften Ordnung erfaßt. Bis zur Organisierung der Gewerkschaften spielte die Delegiertenversammlung die entscheidende Rolle. Ihre Popularität erstreckte sich über die ganze Stadt. Alle Errungenschaften verdankten die Arbeiter vor allem dem von der Delegiertenversammlung geführten Kampf.«[88]

Die politische Linie der Vertreterorganisationen der Fabriken und Betriebe war eine klare klassenkämpferische Linie. Als die Industriellen über das Ministerium für Handel und Industrie (nach dem Bankrott der Kokovcev-Kommission) die Meinung der Arbeiter zum Inhalt der vorbereiteten Gesetzesprojekte erfahren wollten und das Ministerium aus diesem Anlaß Älteste aus dem Semjanikov-Betrieb zu Gesprächen einlud, veranstalteten die Ältesten eine Reihe von Arbeiterversammlungen, auf denen eine Resolution verabschiedet wurde, die in scharfer Form die Gesetzgebungstricks der Regierung mißbilligte und entlarvte. Die Folge waren Hausdurchsuchungen bei den Ältesten.

Über ihre Vertreter reagierten die Arbeiter auf alle politischen Ereignisse. Die Deputierten verfaßten auf den betrieblichen Arbeitervollversammlungen revolutionäre Resolutionen. Alle politischen Auftritte der Arbeiter wurden von ihren Deputierten angeführt.

Nur dank dieser Tätigkeit der Deputierten erreichten die Metallarbeiter in jener Periode große Errungenschaften in Fragen der Arbeitszeit, des Lohnes und vor allem auf dem Gebiet der »Betriebsverfassung«.

Welche Schlüsse lassen sich aus den hier betrachteten »konstitutionellen« Errungenschaften der russischen Arbeiter im Revolutionsjahr 1905 ziehen?

1. Die Entstehung der Vertreterorganisationen in den Fabriken und Betrieben war verknüpft mit den Kampfanstrengungen der Arbeiterklasse, sich von den letzten Überresten leibeigenschaftlicher Verhältnisse zu befreien. Das Fundament, auf dem sie entstanden, waren die Streiks. Ihre Vorläufer und ihnen am nächsten verwandt waren die Streikorganisationen der Fabriken und Betriebe.

2. Folglich waren auch der Bereich der Aktivitäten, der Kreis der Aufgaben und der Umfang der Funktionen der Fabrik- und Betriebsorganisationen durch die Revolution bestimmt. Mit dem Ansturm der revolutionären Welle verstärkte sich auch der Druck der Fabrik- und Betriebsorgane gegen das Kapital, insbesondere im Be-

reich der Rechtsverhältnisse.

3. Das weite Ausmaß ihrer Tätigkeit in der Fabrikselbstverwaltung führte unausweichlich zum »Überschreiten der Grenzen«, welche durch die kapitalistische Produktionsweise aufgestellt waren. In ihrem Bemühen, ihre Rechte durch eine »Fabrikverfassung« zu erweitern, die den Interessen der Arbeiterklasse entsprach, *änderten* jedoch die Fabrik- und Betriebsorganisationen *nicht* die kapitalistische Produktionsweise, sondern dienen vielmehr *objektiv* den Interessen des Kapitals, indem sie die Reihen der Arbeiter spalteten (z. B. die autonomen Kommissionen der Druckereiarbeiter).

4. Die Staatsgewalt konnte die Tätigkeit der Fabrik- und Betriebsvertretungen unter den Bedingungen politischer Rechtslosigkeit und ökonomischer Ausbeutung nicht auf die Sphäre rein ökonomischer Fragen begrenzen, und schon gar nicht auf rein »betriebliche« Angelegenheiten. Der ökonomische Kampf der Fabrik- und Betriebskommissionen, Deputierten usw. vermischte sich unausweichlich mit dem Kampf um rechtliche Verhältnisse, mit dem politischen Kampf (besonders deutlich bei den Metallarbeitern).

Diese Schlußfolgerungen zog noch im Jahre 1905 die Arbeiterklasse selbst in Gestalt ihrer höchsten Organe: des Rates der Arbeiterdeputierten und der Gewerkschaften, dort, wo die letzteren schon gegründet worden waren. Von hier aus ist zu verstehen, warum eine der wohl hervorstechendsten Seiten der Befreiungsbewegung des Proletariats in dem Kampf zu sehen ist, den diese Organe zur Verteidigung der Rechte der Fabrik- und Betriebsvertretungen führten.

Dieselben Schlußfolgerungen zog auch die Bourgeoisie, indem sie versuchte, mit Feuer und Schwert vor allem diese für sie äußerst gefährlichen Organe der Fabrikselbstverwaltung auszulöschen.

4. *Das Verhältnis der Arbeiterdeputiertenräte und der Gewerkschaften zur Arbeitervertretung in der Fabrik in der Revolution von 1905*

Die revolutionäre Welle des Oktober 1905 setzte nicht nur die Selbstverwaltungsorganisationen der Fabriken und Betriebe in die Welt, sondern brachte auch die Selbstverwaltung der Arbeiterklasse hervor, das Organ seiner Diktatur: den Rat der Arbeiterdeputierten. Der Rat der Arbeiterdeputierten stellte den natürlichen Abschluß jenes Einigungsprozesses dar, der sich von unten her die Arbeiter bevollmächtigte und Deputierte hervorbrachte und gerade dadurch die scheinbar uneinnehmbare Festung der Selbstherrschaft der Kapitalisten in der Fabrik zerstörte.

Die Fabrik- und Betriebskomitees (oder die anderen entsprechenden Organisationen) waren die ersten Rammböcke, die sich von überall her gegen die Mauer der kapitalistischen Selbstherrschaft richteten. Der Rat der Arbeiterdeputierten war sozusagen die Artillerie, die ihnen in diesem Kampf zu Hilfe kam.

Der Kampf erforderte die Vereinheitlichung, Koordinierung und Übereinstimmung unter Beachtung aller Regeln der Kriegsstrategie und -taktik. Das konnte nur eine solche autoritative proletarische Organisation wie der Rat der Arbeiterdeputierten leisten. Er war nicht nur das Arbeiter*parlament*, sondern gleichzeitig der *militärische Stab* der Arbeiterklasse, ebenso wie auch die Fabrik- und Betriebsorgane der Arbeitervertretung nicht nur Organe der proletarischen *Selbstverwaltung* innerhalb der Fabrik waren, sondern auch die *Waffen* des Proletariats in seinem Kampf um die völlige ökonomische und politische Befreiung.

Dies zur historischen Entstehung und Bestimmung der Räte und der Fabrik- und Betriebskomitees. Die Entwicklung dieser Kampforgane des Proletariats bedeutete die Entwicklung ihrer offensiven Bewegung gegen das Kapital. Wurden die Räte wie die Fabrik- und Betriebskomitees auch von der Reaktion niedergeschlagen, so ging doch die ihnen objektiv zugrundeliegende Idee in die proletarische Bewegung ein und brach als elementarer Strom in der Revolution von 1917 wieder hervor.

Im Jahre 1905 war ihre Aufgabe, das sozialistische Proletariat vorzubereiten, es von den letzten leibeigenschaftlichen Fesseln zu befreien und auf den weiten Weg der Formierung der Klasse zu führen, auf den Weg des Klassenkampfes für die zukünftige neue Produktionsweise, für die neue sozialistische Fabrik.

Dies war das Programm für die Zukunft. Die Ausarbeitung dieses Programms auf die Tagesordnung des revolutionären Kampfes des Proletariats zu stellen – das war der Sinn der Revolution von 1905, den das Proletariat voll erfüllte, wenn es sich auch einstweilen noch einmal dem Weg der Bourgeoisie unterwarf.

Es versteht sich, daß Rat und Fabrik- und Betriebskomitees ihrem Wesen, ihrer historischen Rolle, ihren Aufgaben und ihrer Entstehung nach verwandte Organisationen waren. Hieraus ergab sich auch die Übereinstimmung ihrer Kampftaktik und ihrer gegenseitigen Unterstützung. Nach der Gründung des Rats unterstellten sich ihm die Fabrik- und Betriebsorganisationen völlig. Sie wurden zu seinen ausführenden Zellen, zu den Vermittlern seiner Entscheidungen, zum fest organisierten Bindeglied zwischen den breiten Massen des Proletariats und dem Organ der proletarischen Gewalt.

Der Hauptstoß des Kampfes galt dem Achtstundentag. Und weil der Kampf der Arbeiterklasse an diesem Punkt die von der Bourgeoisie zugelassenen Grenzen überschritt (wenn auch die Bourgeoisie im Kampf um die Konstituierende Versammlung teilweise mit dem Proletariat zusammenging), sagte gerade hier das Proletariat in

Gestalt seiner Vertreterorgane dem Kapital den Kampf an. Formal gesehen ging dieser Kampf verloren. Den Achtstundentag einzuführen, war mit Hilfe der Fabrik- und Betriebsvertretungen möglich gewesen; ihn jedoch aufrechtzuerhalten, war nicht möglich: das Kräfteverhältnis entschied zuungunsten des Proletariats. Als der Rat die Anordnung erteilte, angesichts der veränderten Kampfesbedingungen den Achtstundentag nicht endgültig durchzusetzen, führten die Fabrik- und Betriebskomitees auch diese Entscheidung durch, ebenso wie die erste, nach welcher sie sich bemüht hatten, den Arbeitstag soweit wie möglich auf acht Stunden zu bringen. Die Chronik der sozialistischen Zeitungen[89] weist darauf hin, mit welchem Widerwillen sich die Arbeitermassen und selbst ihre Vertreter dieser Entscheidung des Rats unterworfen haben, da sie noch nicht verstanden hatten, was dem Rat bereits klar war — daß das Proletariat nicht die Kräfte besaß, noch weiter zu kämpfen. Aber die organisierende und disziplinierende Kraft, welche den Zellen der Arbeitervertretungen zukam, ließ es nicht zu, daß jene Stimmung der Arbeiter anarchische Formen annahm, die die Einheit der Arbeiterbewegung desorganisiert hätten. Der Rat der Arbeiterdeputierten und besonders sein Exekutivkomitee verfolgte aufmerksam alles, was in den Fabriken und Betrieben vor sich ging, wobei sie sich in schwierigen Fällen auf die Hilfe der Arbeiterdeputierten stützen konnten. Er unterstützte die Entscheidung von Konflikten mit Unternehmern, half mit bei der Lösung von Fragen gewerkschaftlichen Charakters. Und dies um so mehr, als die Gewerkschaften in ihrer überwiegenden Mehrheit noch jung und schwach waren. Angesichts der Beschäftigung mit dem beschleunigten Organisationsaufbau, in dem das ohnehin auf die verschiedensten Produktionszweige und Berufe verstreute Proletariat zusammengefaßt wurde, und mit der Ausarbeitung der Richtlinien für die Tarife waren die gewerkschaftlichen Organisationen einfach physisch nicht in der Lage, die Arbeiterbewegung insgesamt organisatorisch in sich aufzunehmen.

Dies ist der Grund, warum einige Gewerkschaftsaufgaben von Fabrik- und Betriebskomitees wahrgenommen wurden, andere wieder vom Rat der Arbeiterdeputierten, und zwar in allen Städten.

Die Gewerkschaften erkannten die ungeheure Bedeutung und organisierende Rolle dieser Komitees an; so z. B. die Petersburger Metallarbeitervereinigung, die, wie ihr Vertreter auf der Aprilkonferenz 1906 erklärte, »immer die große Bedeutung der betrieblichen Räte anerkannt hat, welche die Grundlage der Organisationen in den Betrieben und gleichzeitig die Vertreter der Arbeiter des jeweiligen Betriebes gegenüber ihrer Administration werden müssen«[90].

Bei den Druckereiarbeitern vertraten die (gewählten) Bevollmächtigten alle Arbeiter des Druckereizweiges und waren gleichzeitig die gewerkschaftlichen Organe. In den weniger entwickelten Gewerkschaften übernahmen die Bevollmächtigten die Rolle einer Gewerkschaftsverwaltung (Tiflis, Taganrog), in weiter entwickelten wurden sie zu einem Teil der Gewerkschaftsverwaltung (Archangel'sk). In all diesen Fällen waren sie eine ständig funktionierende Institution, die sich unmittelbar an Gewerkschaftsangelegenheiten und an Verhandlungen mit der Administration beteiligte.[91]

In der Mehrzahl der Fälle wurde die Verbindung zwischen den Fabrik- und Betriebskomitees oder -kommissionen und den Gewerkschaften auf diese Weise hergestellt. Diese Verbindung war unabdingbar im Interesse der Einheit der Kämpfe der Arbeiter. So verteidigten auch die Gewerkschaften, welche Stärke sie auch immer besaßen, die Rechte der Fabrik- und Betriebsorganisationen gegenüber allen Anschlägen von seiten der Kapitalisten. Sie führten einen heftigen Kampf für die Anerkennung der Bevollmächtigten durch die Unternehmer und dafür, daß ihnen besondere Rechte zuerkannt wurden, die die »Autonomie der jeweiligen Druckerei« festsetzte.[92]

In dem Projekt eines Tarifvertrages für Petersburg bemühte sich die Gewerkschaft, diese Rechte genau zu bestimmen und zu fixieren und ihnen dadurch verbindlichen Charakter zu verleihen: »Die autonome Kommission ist das Organ, welches die Interessen der Arbeiter verteidigt und für die Durchführung aller grundlegenden und allgemeinen Tarifvereinbarungen sowohl durch die Administration als auch durch die Arbeiter sorgt. Zu diesem Zweck versammeln sich die Mitglieder der autonomen Kommission nicht seltener als alle zwei Wochen (in dringenden Fällen häufiger) zur Erörterung der Angelegenheiten im Betrieb, treten in Verhandlungen mit der Verwaltung, regeln nach Möglichkeit Konflikte und Meinungsverschiedenheiten zwischen Arbeitern und der Verwaltung und bemühen sich um die kulturelle und moralische Hebung des Niveaus in dem jeweiligen Betrieb.« Ein weiterer Artikel bezeichnet genau alle Rechte und Pflichten der autonomen Kommission im Unternehmen.[93] Diese enge Verbindung zwischen den Betriebskommissionen und den Gewerkschaften half den Druckern, die Fundamente der Organisierung der Arbeiter selbst noch zu einem Zeitpunkt zu legen, als die Gewerkschaften schon wieder zerschlagen waren.

Aber nicht überall und nicht immer war die Arbeit der Fabrik- und Betriebsorganisationen mit der der Gewerkschaften derart eng, lebendig und unmittelbar verbunden. Sehr häufig gab es innerhalb der Fabrik- und Betriebsorganisationen separatistische Tendenzen, Bestrebungen nach voller »Autonomie« (z. B. bei bestimmten Teilen der Bakuer Industriekommissionen). Bisweilen wandten auch die Gewerkschaften ihrerseits der Tätigkeit der Fabriks- und Betriebskommissionen nicht die gebührende Aufmerksamkeit zu, was sie in ihrem Zustand häufig auch gar nicht konnten.

Unsere Gewerkschaften entwickelten sich in der Kampfatmosphäre des Jahres 1905 zum größten Teil gleichzeitig mit den Streik- und politischen Organen des Kampfes der Arbeiterklasse. Im Jahre 1905 sahen sie sich einer besonders schwierigen Lage gegenüber — und zwar angesichts der Tatsache, daß frühere ständische Organisationen wie in Westeuropa hier unbekannt waren und daß sie es mit einem Proletariat zu tun hatten, das noch nicht lange oder auch noch nicht völlig mit dem Dorf gebrochen hatte, das zwar seiner Tendenz nach revolutionär und kämpferisch, aber überhaupt nicht an Organisierung gewöhnt war. Diese Lage wurde dadurch noch verschlimmert, daß, bedingt durch die hohe Stufe der Entwicklung der Produktion, komplizierte Verhältnisse entstanden, die bei dem schnellen quantitativen Anwachsen der Gewerkschaften nicht die Möglichkeit ließen, den Schwerpunkt der Aufmerksamkeit auf die Erziehung des Proletariats der Fabriken und auf seine Organisierung für den Kampf mit dem großen Industriekapital zu richten.

Aus diesen Besonderheiten der Entwicklung der Gewerkschaften erklärt sich ihre relative Absonderung von jenem unmittelbar revolutionären Kampf, der 1905 in den Fabriken in Bewegung kam. Angesichts der unzureichenden organisatorischen Bindungen konnten die Gewerkschaften nicht immer die Führung bei den auflodernden Streiks übernehmen (sie waren nicht einmal immer über sie unterrichtet) oder auch die zwischen Unternehmern und Arbeitern auftretenden Konflikte lösen.

Notwendigerweise kam es dazu, daß viele Gewerkschaftsfunktionen von Fabrik- und Betriebsorganisationen erfüllt wurden, was oft zu einer gewissen Konkurrenz führte. In der Regel jedoch herrschte in den Tagen der revolutionären Bewegung des Jahres 1905 innerhalb der kämpfenden Reihen des Proletariats Einheit und Solidarität.

5. Die Fabrikorganisationen in der Periode der Reaktion 1907—1911

Nach dem Dezemberblutbad[94] war der Revolution und damit auch dem Kampf der Arbeiter um Selbstverwaltung zunächst einmal das Rückgrat gebrochen. Es folgte eine schwere und lang andauernde wirtschaftliche Krise, genauer gesagt, die Wirtschaftskrise aus dem Jahre 1905, die von den Arbeitern in der allgemeinen revolutionären Erhebung weniger deutlich wahrgenommen worden war, verschärfte sich weiter. Die allgemeine Aussperrung in Petersburg im November 1905 war bereits ein drohendes Zeichen für das nahende Gewitter. Das Kräfteverhältnis und die allgemeine Situation erwiesen sich als ungünstig für das Proletariat. Die Revolution dämpfte die Konjunktur und verschlechterte damit die ökonomische Lage der Arbeiterklasse. Insgesamt gesehen hat sie nicht zu einer entscheidenden Verbesserung der materiellen Lage der Arbeiter geführt.

Die Lohnerhöhungen wurden nicht nur wieder zurückgenommen, die Löhne sanken vielmehr aufgrund der ständig steigenden Teuerung und der großen Zahl der unbezahlt gebliebenen Streiktage ganz real. Die Dauer des Arbeitstages wurde erneut verlängert. Allgemeine Norm wurde wieder der zehn- bis zehneinhalbstündige Arbeitstag.

Die Widerstandskraft der Arbeiterklasse ging bedeutend zurück. Die Unternehmer warteten nicht lange ab, sondern begannen unverzüglich, den Umschlag des politischen Klimas auszunutzen.

Der Kampf um die Rückkehr der alten Ordnung wurde im Jahre 1906 eröffnet. Die ganze Schwere der Wirtschaftskrise wälzte das Kapital wie gewöhnlich auf die Arbeiter ab. Verstärkte Ausbeutung, Einführung der stundenweisen Bezahlung, die mit einer drastischen Senkung des Arbeitslohnes verbunden war, und besonders Aufhebung aller neuen Errungenschaften auf dem Gebiet der »Fabrikverfassung« — darauf zielte der Angriff des Kapitals.

Der Kampf gegen die »Arbeiterwillkür«, gegen die »ungesetzlichen Besitzergreifungen« und gegen die gebildeten Arbeiterorganisationen füllte die Jahre 1906—1907 aus. Die Arbeiterklasse leistete verzweifelten Widerstand. Die Streiks hörten nicht auf, obwohl das Proletariat bis zum äußersten erschöpft und ausgeblutet war. Aber der Einfluß des Oktober und seiner revolutionären Errungenschaften auf die Arbeiterklasse war derart groß, die Masse der Arbeiter so von Grund auf in Bewegung geraten, daß auch noch in den Jahren 1906—07 die Revolution als Spiegelbild dieser erwachten revolutionären Spontaneität weiter lebte. Die schwache Organisiertheit war die Achillesferse der Bewegung, der zentrale Punkt, der die Niederlage begründete.

Die Streikkampagne begann im Herbst 1906 mit dem Streik der Moskauer Schneider und erfaßte im Juli 1907 das ganze zentrale Textilindustriegebiet. Die Bewegung war so groß und so ungewöhnlich organisiert, daß sie sogar als »deutlichster Beweis für die Möglichkeit eines revolutionären Aufschwungs in naher Zukunft« eingeschätzt wurde.[95] Gegen diese Streikbewegung trat die Macht des geeinten Kapitals an, das sich organisiert und seine Aktivitäten untereinander abgestimmt hatte. Der Oktober hatte auch die Unternehmer kämpferische Geschlossenheit und Aktion gelehrt: »Der Rat der Handels- und Industriekongresse besitzt das Recht, aus der Vereinigung ein für alle Mal solche Teile auszuschließen, die als Mitglieder des Verbandes der Fabrikanten und des Grundkapitals 1. offen oder geheim Streiktage bezahlen, 2. selbständig den Arbeitstag verändern oder 3. die Einmischung der Arbeiterdeputierten als Organ zulassen, das bei der Festsetzung der Tarife, der Löhne und bei Entlassungen von Arbeitern mitwirkt.« In dieser kategorischen Form ist das ganze von Četverikov ausgearbeitete Statut des Verbandes der Fabrikanten und der Betriebsunternehmer gehalten.

Um 1907 wurden bereits 120 Kampfverbände des Kapitals registriert. Die Regierung ging vor dem Kapital in die Knie und erklärte die als Ergebnis von Streiks geschlossenen Kollektivverträge für nichtig. Damit begann ein heftiger Kampf um den Kollektivvertrag.

In solchen Fällen, wo er für sie vorteilhaft war, schlossen die Kapitalisten eine Art Waffenstillstand. Sie waren nicht einmal abgeneigt, mit der »öffentlichen Meinung« zu kokettieren und — wie z. B. Krestovnikov, der Präsident der Moskauer Kaufmannsbörse — lauthals zu erklären, daß sie zu allen Maßnahmen zur Verbesserung des Lebens der Arbeiter bereit seien, nur dürften diese Maßnahmen nicht auf utopische Ideen vom Sozialismus gegründet sein, sondern müßten die berechtigten Interessen beider Seiten im Auge haben; und sie dürften nicht die elementaren Bedingungen der Arbeitsordnung und -leistung, ohne welche eine Existenz der Industrie nicht denkbar sei, zerstören.

Schon im Dezember—Januar, kaum daß die letzten Salven, die Arbeiter niedergestreckt hatten, verstummt waren, beeilten sich die Unternehmer, »elementare Ordnungsbestimmungen« aufzustellen. Mit der Entlassung der Deputierten und nach ihnen überhaupt aller »unzuverlässigen« Arbeiter, mit Festnahmen, Verbannung und ähnlichen Methoden wurde die große »Säuberung« der Fabriken von den letzten Überresten der »Freiheiten« durchgeführt.

Wie sorgfältig diese »Säuberung« war, zeigen folgende Zahlen: In der Prochorovskij-Manufaktur blieben von 6 000 Arbeitern 1 200 übrig, von den 1 500 Leuten der Brester Eisenbahnwerkstätten 400; dieser Betrieb wurde daraufhin ganz geschlossen.

Fast jede Nummer der offiziellen Gewerkschaftszeitung vermerkt in der Chronik, daß »überall Arbeiter entlassen werden«: »*Tabakindustriearbeiter*: Die Unternehmer versuchen, zur alten, vor den Dukatov-Streiks herrschenden Ordnung überzugehen. *Bandwirker*: Auszahlungen und Entlassungen der Deputierten zerstören völlig die Arbeit der Gewerkschaft. *Gewerkschaft der Weber*: In allen großen Fabriken massenhafte Auszahlungen und Entlassungen von Deputierten.

Die Unternehmer rechnen ab — die Gewerkschaften sind untätig.«[96]

Zusätzlich sei noch aus dem Protokoll einer Sitzung von Deputierten verschiedener Berufe in Moskau am 8. Januar 1906 zitiert: »Mechanischer Betrieb Zotov — alle ausbezahlt. Betrieb Weichelt — Deputierte festgenommen. Bei Bromley alle Deputierten festgenommen. Druckereiarbeiter: Deputierte entlassen, Gewerkschaft geschwächt. Bandwirker: aktive Gewerkschaftsmitglieder entlassen, Polizei verjagt Versammlung. Tabakarbeiter: Gewerkschaft existiert nicht mehr ...«

Fast alle einschlägigen Zeitungen sind voll von solchen von Panik bestimmten Meldungen über den Zerfall der Arbeiterorganisationen. Dasselbe gilt auch für die Provinz. Wir zitieren eine Korrespondenz aus dem Moskauer Industriebezirk, die bezeichnend ist für die dort herrschenden Verhältnisse: »Die Administration gebraucht jede Art von Gewalt, um die Festigung der Arbeitervereinigungen zu verhindern. Anfang September wurde in der Kristall-Manufaktur in den Mal'cev-Betrieben auf die Forderung der Arbeiter hin mit Billigung der Betriebsverwaltung ein ›Rat von Gewählten‹ organisiert, aber schon am 24. Dezember wurde dem Arbeiter Ljubimov aus der Spinnereiabteilung durch den Kreispolizeichef von Melenki das zweijährige Verbannungsurteil mitgeteilt. Ljubimov war der Delegierte seiner Abteilung. (...) In den hiesigen Fabriken kann von irgendwelchen Zugeständnissen an die Arbeiter nicht die Rede sein. Für unehrerbietige Antworten, für Kritik an Handlungen und Bestimmungen der Administration — Entlassung. Auch für unsere Arbeiter leuchtete tatsächlich das Licht einer neuen Morgenröte auf, aber nicht lange. Die bewußten Arbeiter wurden entlassen. Alles lief wieder wie früher.«[97]

Dieser zutiefst pessimistische Ton ist typisch für den wenig qualifizierten Arbeiter, der gerade erst seine Bindung an das Dorf abgebrochen hat. Er ist leichter aufgebracht und sogar revolutionärer gesonnen als die anderen, aber er verfällt ebenso leicht in Mutlosigkeit und Verzweiflung bei den unausbleiblichen Niederlagen und Mißerfolgen. Dies ist der Grund, warum sich die Lage solcher Gruppen von Arbeitern wie den Textil-, Holz- und Bauarbeitern sowie den Arbeitern der Kleinindustrie mit dem Angriff der Reaktion sofort verschlimmerte, und zwar weit deutlicher als bei den Metall- oder Druckereiarbeitern, die ihre ökonomischen und rechtlichen Errungenschaften weiter erfolgreich verteidigten.

»Trotz der abscheulichen Verhältnisse fürchten sich die Arbeiter, irgendwelche Verbesserung für sich zu fordern. Die Angst vor Arbeitslosigkeit ist so groß, daß sie noch mehr gezwungen werden, ihren Rücken zu beugen, um irgendwie wenigstens über den Winter zu kommen. Einige fürchten sich, ins Büro zu gehen, so eingeschüchtert sind sie«, berichtet der Delegierte aus einer Provinzgewerkschaft der Holzindustrie im Moskauer Zentralbüro der Gewerkschaften.

Ein anderer Delegierter, der das Bild vom Unternehmerjoch und der nicht mehr zu ertragenden Ausbeutung der Arbeiter in den Ikonenmalwerkstätten zeichnet, fleht: »Genossen, erweckt uns. Führt uns aus der Sklaverei!«

Aber selbst die qualifizierten und an den Kampf für ihre Rechte gewöhnten Arbeiter fühlten, daß sich das Kräfteverhältnis zu ihren Ungunsten verändert hatte. So sagte ein Gewerkschaftsvertreter der Elektrotechniker in seinem Bericht: »Durch unseren gemeinsamen

Ansturm erkämpften wir vor einem Jahr einige Zugeständnisse, als wichtigstes aber erzwangen wir die Anerkennung unserer *Menschenrechte:* das Recht, Älteste zu wählen, das Recht auf Urlaub usw. Jetzt aber existiert nichts mehr davon. Nicht wir, sondern die Unternehmer sind zum Angriff übergegangen.«

Diese Stimmungsberichte und lebendigen Fakten, die wir der fortlaufenden Chronik der Arbeiterbewegung Anfang des Jahres 1906 entnommen haben, sprechen dafür, daß die Reaktion schon breite Arbeitermassen ergriffen hatte.

Auch die Reichsduma bleibt von dieser Atmosphäre nicht unberührt. Die Frage, ob sie zu boykottieren sei oder ob man Delegierte wählen solle, wurde auf den Arbeiterversammlungen behandelt und steigerte das Interesse am politischen Leben des Landes. Ein Teil der Arbeiter, der sich noch nicht von »Verfassungsillusionen« und von der Hoffnung auf Erlösung von oben freigemacht hatte, erwartete die Änderung seiner Lage von der kraft- und hilflosen Kadetten-Duma[98]. Die Bildung einer Gruppe von sozialdemokratischen Arbeitern in der Duma und die dort vorgetragenen relativ unausgegorenen Reden für den Schutz der Arbeiterklasse mochten sogar eine Zeitlang diese Hoffnung verstärken. Die Arbeiter zogen selbst mit Berichten ihrer Nöte zu den Arbeiterdeputierten, oder sie schickten Boten mit der Bitte, ihre Nöte über die Duma bekanntzumachen. Die Arbeiterdeputierten selbst fuhren in die Fabriken und Betriebe und organisierten in Petersburg in fast allen Arbeiterbezirken Beratungen zwischen den Petersburger Arbeitern und den Duma-Deputierten und gaben den Anstoß zur Organisierung der Arbeiter in den Fabriken und Betrieben.

»Organisiert Euch, Genossen«, wandten sich die Deputierten in einem Aufruf an die Arbeiter, »nehmt mit uns Kontakt auf, um so Schritt für Schritt unsere Tätigkeit zu prüfen, indem Ihr uns Anweisungen gebt. Wählt in den Fabriken und Betrieben Komitees, deren Vertreter dann ein gesamtstädtisches Komitee bilden sollen, welches schriftlich oder über Bevollmächtigte mit uns Übereinkünfte trifft.«

In Petersburg erreichten die Duma-Deputierten dabei bemerkenswerte Erfolge. Auf den Gebietskonferenzen der Arbeiter, zu denen die Deputierten aufgerufen hatten, waren von Sitzung zu Sitzung immer mehr von den Arbeitern gewählte Delegierte anwesend. Auf der ersten Sitzung waren 80 Vertreter anwesend, allerdings noch kein ständiger Delegierter, auf der zweiten schon 220 Deputierte aus den Betrieben, auf der dritten 253 und auf der vierten 270.[99]

Diese organisierende Tätigkeit der Duma-Deputierten unter den Arbeitern hinterließ ihre Spuren auch nach der Verjagung der ersten Duma. In vielen Fabriken und Betrieben blieben Betriebskomitees zurück, die eine bedeutende Rolle in allen Betriebsangelegenheiten spielten und die Aufrechterhaltung erreichter verfassungsmäßiger Ordnungen in den Fabriken förderten, soweit es die Regierung überhaupt für notwendig befand, die »Konstitution« im Lande vorzuspielen. Mit der Verjagung auch der zweiten Duma und der festen Wiederherstellung der Selbstherrschaft im Staat wurde natürlich auch die Selbstherrschaft des Kapitalisten in der Fabrik gefestigt.

Jetzt hielt nichts mehr den Ansturm der Unternehmer zurück. Bestrebungen, den Arbeitslohn zu senken, sind besonders charakteristisch für diese Periode, in der dem Arbeiter fast alle Errungenschaften weggenommen und die Arbeiterorganisationen als die Waffen seines Selbstschutzes fast völlig aufgehoben wurden. Die Organisationen der Fabrikanten dagegen formten und festigten sich in jener Zeit. Höhepunkte bildeten die bekannten Aussperrungen in Lodz, Odessa und in Petersburg in den Betrieben von Creighton, Erikson und Atlas und die Aussperrung von 500 Arbeitern der Brjansker Waggonfabrik in Ekaterinoslav. All das waren Versuche im Kampf gegen die Arbeiterorganisationen, die das Ziel verfolgten, den Widerstand und die Organisiertheit der Arbeiterklasse zu zerbrechen. Der Ausgangspunkt der Forderungen des angreifenden Kapitals war die Rückkehr zur alten Ordnung, wie sie vor der Revolution von 1905 bestanden hatte.

Besonders charakteristisch in dieser Beziehung ist die Geschichte der Aussperrung in Lodz. Dieser »Zweikampf zwischen Arbeit und Kapital«, der einen äußerst geringfügigen Anlaß hatte[100], dauerte vier Monate. Den Sinn solcher Kampfmaßnahmen legten die Unternehmer offen dar in ihrer Antwort an die Gesellschaft für Polnische Kultur, die sich als Vermittler angeboten hatte; sie weigerten sich, Zugeständnisse zu machen, und betonten: »Wir haben beschlossen, die Fabriken zu schließen, um den Arbeitern klar zu zeigen, daß wir in dem bestehenden gesellschaftlichen System selbst die Fabriken verwalten wollen und nicht die Herrschaft der Arbeiter über sie zulassen werden. Deshalb haben wir den ersten Anlaß aufgegriffen und Bedingungen geschaffen, die in überzeugender Weise unsere Entscheidung darstellen, daß nämlich die Arbeiter nicht in der Fabrik bestimmen können, nicht die in unserem Namen handelnden leitenden Personen beleidigen und damit ihre Autorität untergraben können. Wir wollten deutlich zeigen, daß solche Verstöße bestraft werden müssen und daß die Form der Bestrafung, die wir auswählten, gleichzeitig den Arbeitern beweist: Wir können von dem Recht auf Entlassung Gebrauch machen und werden auch künftig Gebrauch davon machen.« So lautete die prinzipielle Begründung der Aussperrung als eines Mittels des Klassenkampfes zwischen Kapital und Arbeit. Ihr praktisches Resultat aber waren folgende Forderungen der Kapitalisten von Lodz:

1. Entlassung von 98 Leuten — jeder Fünfte in der Fabrik;
2. Entschuldigung gegenüber dem Direktor Stefenson;
3. Wiederaufnahme der Arbeit unter den früheren Bedingungen;
4. Ausschluß von Arbeitern und Schließung der Fabrik ohne Vorwarnung.

Besonders zynisch war die erste Forderung nach Abrechnung mit den Arbeitern mittels der Entlassung jedes fünften, da darin nur der Wunsch zum Ausdruck kam, möglichst schmerzhaft die *menschliche* Würde der Arbeiter zu demütigen und zu erniedrigen. »Die Geschichte der Aussperrungen«, fügten die Unternehmer hinzu, »lehrt, daß erst die zweite und dritte die Arbeiter gehorsam macht.«[101]

Aber so leicht war es nicht, den Arbeitern Gehorsam beizubringen. Auf die Welle der Aussperrungen antworteten die Arbeiter mit einer Welle von Streiks. Die Streiks der Matrosen in Baku und in Odessa, der Druckereiarbeiter in Moskau, der Färber, Drucker und Bäcker in Kiev — sie sind ein Zeichen dafür, wie sich mehr und mehr die Welle des Protests auf immer neue Massen von Arbeitern ausweitete. Manchmal endeten diese Konflikte mit Niederlagen oder gar der Niederknüppelung von Arbeitern wie in der Češer-Fabrik, mit Entlassungen der Mitglieder der Kommissionen und der bewußteren Arbeiter, manchmal aber auch — so in der Neuen Baumwollspinnerei in Petersburg — endeten sie mit unbedeutenden Zugeständnissen.

Die grundlegenden rechtlichen Forderungen der Streikenden, die über den Charakter von ökonomischen Forderungen hinausgingen, wurden überall gleichermaßen konkret formuliert:
1. »Anerkennung der Arbeiterkommissionen.«
2. »Rückkehr der entlassenen Genossen.«

Auch die gewerkschaftlichen Organisationen standen in der ersten Hälfte des Jahres 1907 in diesem Kampf mit dem Kapital. Nach Kräften führten sie die bereits entfalteten Streikkämpfe der Arbeiterklasse an, wobei sie besonders zum Schutz und zur Verteidigung ihrer Kampforganisationen in den Fabriken, den Betriebskommissionen oder -komitees aufriefen. Diesen Organisationen übertrugen die Gewerkschaften auch die ersten Maßnahmen im Kampf gegen die Aussperrungen: »Wir müssen unser Augenmerk unbedingt auf jene sogenannten parteilosen Betriebs- und Fabrikkommissionen richten. Jetzt, wo es keine volle legale Möglichkeit für die Existenz der Gewerkschaften gibt, ist es äußerst wichtig, in allen Betrieben solche Kommissionen als die betriebliche Selbstverwaltung zu organisieren. Sie können einen großen Dienst im Kampf mit der Aussperrung erweisen«, schreibt »ein Gewerkschaftler« an die Arbeiter.[102] Auf einer Konferenz aller Gewerkschaften des Moskauer Industriegebietes wurde von den gewerkschaftlichen Organisationen eine detaillierte

Resolution über die Fabrikkomitees ausgearbeitet, die wir wegen ihres charakteristischen Inhalts vollständig wiedergeben.

»Wir müssen in Betracht ziehen:

1. daß gegenwärtig in den Fabriken und Betrieben die Ausarbeitung von Regeln für die innere Ordnung, die Festsetzung von Anfang und Ende der Arbeitszeit, die Bestimmung der Strafen für Verletzungen der Regeln, die Entlassung und Einstellung der Arbeiter entscheidende Bedeutung für die Willkür der Unternehmer behalten;

2. daß die Unternehmer überall ihre Macht nutzen, um die Streiks der Arbeiter zu brechen und sie moralisch zu unterjochen;

3. daß wir uns unbedingt bemühen müssen, die zügellose Willkür der Unternehmer einzuschränken;

4. daß die vollständige Aufhebung der Willkür der Besitzenden und die Übergabe der Entscheidungen aller Fragen des Fabriklebens an die Arbeiter nur durch die Vergesellschaftung der Produktionsmittel möglich ist;

5. daß sich gegenwärtig lediglich gewisse Einschränkungen der Unternehmerwillkür erreichen lassen, und zwar einzig in solchen Fällen, wo die Gewerkschaften ausreichend stark sind und auf die Regierung Einfluß ausüben können.

Deshalb hält die Konferenz für wichtig:

1. Die Gewerkschaften müssen sich bemühen, in jeder Fabrik besondere Komitees zu schaffen, die sich aus Vertretern der Unternehmer und der Arbeiter zusammensetzen, wobei auf die Unternehmer ein Drittel und auf die Arbeiter zwei Drittel entfallen müssen.

2. Das Wahlrecht für die Fabrikkomitees müssen alle Arbeiter genießen, die in dem gegebenen Betrieb arbeiten, unabhängig von Alter, Geschlecht und Dauer der Betriebszugehörigkeit.

3. Zu den Aufgaben der Fabrikkomitees hat die Prüfung und Entscheidung aller Vorschläge von Arbeitern wie von Unternehmern zu gehören.

4. Die Fabrikkomitees arbeiten die Regeln der Betriebsordnung aus, setzen Anfang und Ende der Arbeitszeit fest, bestimmen die Entlöhnungsordnung, prüfen jeden Fall von Entlassung eines Arbeiters, prüfen jede Neueinstellung von Arbeitern, prüfen die Fälle von Verletzung der Regeln der Betriebsordnung in jedem Betrieb und fällen in all diesen Fragen Entscheidungen, die für die Unternehmer wie für die Arbeiter verbindlich sein müssen.

5. Die Sitzungen der Fabrikkomitees müssen regelmäßig einmal in der Woche stattfinden. Bei irgendwelchen außergewöhnlichen Umständen können sie auf Vorschlag eines jeden Komiteemitglieds, sei es ein Vertreter der Unternehmer oder einer der Arbeiter, öfter stattfinden.

6. Die Arbeiter der Fabrik, in der das Komitee tätig ist, müssen

ebenso wie die Gewerkschaft bereit sein, die vom Komitee getroffenen Entscheidungen bei jedem Versuch, sie zu verletzen, durch Kampf zu verteidigen.

7. Die Gewerkschaften müssen dem politischen Kampf des Proletariats tatkräftige Unterstützung erweisen, um so die Willkür der Unternehmer auf gesetzlichem Wege einzuschränken und Bedingungen vorzubereiten, die geeignet sind, den Kampf für die großen Ideale des Sozialismus zu erleichtern.«[103]

Aber von etwa 1908 an verschärfte sich die Wirtschaftskrise und die Arbeitslosigkeit nahm zu. Den zerschlagenen Arbeiterorganisationen und überhaupt dem zersplitterten Proletariat fiel es immer schwerer, gegen das geschlossen kämpfende Kapital Widerstand zu leisten, das nach dem endgültigen Sieg über die revolutionäre Bewegung der Jahre 1905—1907 zur Offensive überging.

Die folgenden Zahlen seien zur Illustration des Rückgangs und der Abschwächung der Streikbewegung angeführt, um zu zeigen, wie das Proletariat immer schwächer wurde und die Kraft der Kapitalisten wuchs: Im Revolutionsjahr 1905 streikten 3 Millionen Arbeiter; sie verloren von 100 nur 30 Streiks. Im Jahre 1906 streikte eine Million Arbeiter; von 100 Streiks wurden 34 verloren. 1907 streikten 740 000; mehr als die Hälfte (58 von 100) der Streiks ging für die Arbeiter verloren. 1908 streikten 176 000 Arbeiter; sie verloren 68 von 100.[104]

Diese Ziffern bekräftigen unsere Feststellung vom veränderten Kräfteverhältnis und vom Verfall der Widerstandskraft der Arbeiterklasse mit Beginn der politischen Reaktion und der wirtschaftlichen Depression.

Wie gestaltete sich nun das Verhältnis zwischen den Arbeitern und den Unternehmern innerhalb der Fabrik in diesen Jahren des vollständigen Stillstands und Zerfalls der Arbeiterbewegung? Der Sieg der Konterrevolution auf ökonomischem wie auf politischem Gebiet gab die Arbeiter voll in die Gewalt der Kapitalisten. Die schrankenlose Ausbeutung durch die Unternehmer, die vollständige Mißachtung von Recht und Person des Arbeiters, die Ignorierung seiner elementarsten Bedürfnisse verwandelte sich in diesen Jahren (1908—1911) in eine durch nichts und niemanden aufgehaltene Willkürherrschaft. Charakteristisch ist die Tatsache, daß in zwei Jahren der Reaktion die Strafen im Vergleich zu den vorausgegangenen zwei Jahren um das Dreifache anwuchsen.

In den Jahren der Wirtschaftskrise, der Konterrevolution und des Zerfalls der Arbeiterbewegung verstärkten die Unternehmer nicht nur den Druck der Ausbeutung durch Verlängerung des Arbeitstages usw., sie verhinderten auch die geringsten Versuche, sich für den Kampf gegen das Kapital zu vereinigen. Niemals gab es solch wütende Verfolgungen der Arbeiterorganisationen. Und natürlich ließen die Kapitalisten nirgends irgendwelche Fabrikverfassungen zu.

Selbst die stärksten Arbeitergruppen, die bis dahin auf die eine oder andere Weise die Errungenschaften der Revolution von 1905 hatten aufrechterhalten können, verloren sie in den Jahren 1908/09. Die autonomen Kommissionen der Druckereiarbeiter, die Betriebskommissionen der Erdölarbeiter wurden gerade in dieser Periode völlig aufgelöst.

Im Semjanikov-Betrieb in Petersburg wurde das Fabrikkomitee, das drei Jahre lang bestanden hatte, vom Direktor des Betriebes nicht mehr anerkannt. Die Betriebskommissionen in der Munitionsfabrik und in anderen Werken, verächtlich »Betriebs-Dumen« genannt, wurden auseinandergejagt. Das Betriebskomitee der Fabrik der Gebrüder Leont'ev, das sich länger als die anderen gehalten hatte, wurde unter dem Druck der Fabrikbesitzer im Jahre 1909 aufgelöst. In Vilna führte 1908 eine Aussperrung durch die Unternehmer zur Aufhebung der Fabrikselbstverwaltung.

In dem größten Betrieb in Odessa, der R. O. P. und T., wo 1905 die feste Regelung getroffen worden war, daß die Administration in allen Angelegenheiten mit Delegierten verhandeln mußte und ohne deren Zustimmung keinen Arbeiter entlassen durfte, wurden alle Deputierten und bewußten Arbeiter »hinausgesäubert«. Im Julius-Betrieb wurden die Deputierten, die die Interessen der Arbeiter verteidigt hatten, festgenommen und verbannt. Die Polizei von Odessa liquidierte die Arbeiterorganisationen, nahm Deputierte fest und förderte und propagierte den Eintritt von Arbeitern in die »Schwarzen Hundert«.[105]

Mit dem Regime der politischen Reaktion konnte auch der Fabrikabsolutismus der Kapitalisten seinen Sieg über die Arbeiter-Selbstverwaltung feiern — allerdings nicht auf ewig. Die Periode der Reaktion — das war die Zeit der Sammlung und Konzentrierung der Energien und des Kampfeswillens der Arbeiterklasse: »Hat sich denn der Arbeiter wirklich damit abgefunden, daß er um drei bis vier Jahre zurückgeworfen wurde? Herrschen denn in den Fabriken und Betrieben wirklich genau dieselben Verhältnisse wie damals? Nein. Alles hat sich verändert und gewandelt. Früher vertraute in der Abteilung ein Genosse nicht dem anderen, der Arbeiter hatte Angst vor Spionage und Denunziationen und wagte es nicht ein illegales Flugblatt in die Hand zu nehmen. Jetzt ist das Eindringen der Polizei in die Abteilung wirkungslos. Unter den Arbeitern ist eine feste Einheit geschaffen, an welcher die Spitzel scheitern. Wenn die Regierung jetzt alle bewußten, revolutionären Arbeiter festnehmen wollte, müßte sie ganze Fabriken ins Gefängnis werfen. Aber sehen wir, wie es in einem solchen Arbeiterzentrum wie Petersburg aussieht. Als man über unsere Deputierten der zweiten Duma zu Gericht saß, streikten 75 000 Arbeiter zum Zeichen der Solidarität und des Protestes. Die Regierung und die Unternehmer konnten nichts gegen sie unternehmen. Und am Jahrestag des 9. Januar [106] gab es in allen Fabriken stark besuchte Versammlungen. Woher kommt das? Das kommt daher, daß die Arbeiterklasse sich bei uns in den letzten drei Jahren plötzlich entwickelt hat. Sie hat offen ihre Interessen vertreten, sie ist bewußt geworden. Die Bewußtheit läßt sich nicht mit der Peitsche aus dem Menschen treiben.«[107]

In der Periode der Reaktion und der Offensive des Kapitals brauchten die Arbeiter diese gewählten Arbeiterorganisationen nicht mehr für eine — unter den obwaltenden Umständen nicht zu erreichende — Absicherung irgendeiner Fabrikverfassung; sie wandelten sich zu einem Instrument der Vorbereitung, zur kämpfenden Selbstorganisation für die Organisierung des Sieges. Und in den Fabrikkomitees konzentrierte sich die gesamte potentielle Kampfkraft der Arbeiterklasse, die sich in der Periode der Reaktion aufgestaut hatte.

6. Der Aufschwung der Arbeiterbewegung in den Jahren 1911—1913 und der Kampf um Rechtspositionen in der Fabrik

Bereits im Sommer 1910 zeichnete sich ein industrieller Aufschwung und mit ihm wieder ein Aufschwung der Arbeiterbewegung ab. Die Aufwärtsentwicklung begann in jenen Industriezweigen, die für den breiten bäuerlichen Markt produzierten, und hier begannen auch wieder die Streiks, die folgende Beschwerden und Forderungen an erster Stelle aufwarfen: Die Arbeiter wollten »nicht mehr wie Vieh behandelt werden«, »nicht mehr brutal behandelt und geschlagen werden«; ferner seien »die Wohnverhältnisse unerträglich« und »die Abnahme der hergestellten Produkte unerträglich streng«. Charakteristischerweise folgte aber unmittelbar darauf die kategorische Forderung nach »Anerkennung der Arbeiterdelegierten; keiner von ihnen darf entlassen werden«.

Im Laufe der drei Sommermonate des Jahres 1910 brachen 71 Streiks aus, hauptsächlich von Arbeitern der Textilindustrie getragen, die unter dem Einfluß der Erträge aus den Jahren 1909/10 früher als die übrige Industrie wieder in eine Periode des Aufschwungs kam. Im Herbst begannen die Streiks auch bei den Arbeitern der Metall-, Zucker- und Tabakindustrie sowie bei den Schneidern und Köchen von neuem.[108]

Das Jahr 1911 brachte den Wendepunkt in der bisherigen Entwicklung von ökonomischer Krise und politischer Reaktion. Die Streikbewegung nahm ein solches Ausmaß an, daß die gesamte bürgerliche Presse anfing, von der Arbeiterklasse zu schreiben — ein sicheres Zeichen für die Wiedergeburt der Arbeiterklasse: »Ungefähr im Jahre 1908 war die Arbeiterklasse aus den Spalten der bürgerlichen Presse verschwunden. An ihre Stelle trat — das Ballett.«[109] Jetzt jedoch ließ sich die Arbeiterbewegung nicht mehr totschweigen. Erste und gleichzeitig wichtigste Forderung war die Anerkennung von Arbeiterorganisationen. Den Anlaß für die bald folgende bekannte »Petitionskampagne« bildete die Auflösung der Gesellschaft des Grafischen Gewerbes, der Druckergewerkschaft, im Dezember 1910.[110] Die Entscheidung, diesen Fall in einer Petition vor die Reichsduma zu bringen, nahm jedoch die Gestalt eines Protestes gegen die Aufhebung der Koalitionsfreiheit der Arbeiterklasse überhaupt an. In der von Arbeitern auf Arbeiterversammlungen unterzeichneten Petition heißt es: »Dies alles (d. h. die Verfolgungen und Repressionen, denen die Arbeiterorganisationen ausgesetzt waren) kann so nicht weitergehen, dem muß ein Ende gesetzt werden, besonders jetzt, wo ein wirtschaftlicher Aufschwung festzustellen ist und wir bessere Arbeitsbedingungen erreichen können. Wir müssen uns zum Schutz unserer eigenen Interessen frei organisieren können. Wir brauchen die *Freiheit der Vereinigung, der Versammlung und des Streiks* und wir werden sie erringen, was auch immer kommen mag. Wir richten die Aufmerksamkeit der Reichsduma auf diese Lage und erwarten eine unverzügliche Behandlung dieser für uns blutig ernsten Frage. Das ganze Land soll wissen, wie das Gesetz, die Duma und die Regierung die Rechte der Arbeiter schützen. Die Frage der freien Organisierung der Arbeiter ist eine lebenswichtige, unaufschiebbare Frage. Wir stellen sie auf die Tagesordnung.«[111]

Wie immer man die politische Bedeutung dieser Petition und die in ihrem Zusammenhang entwickelte Kampagne, die in Kreisen der Partei prinzipielle Meinungsverschiedenheiten hervorrief, einschätzen mag, man muß immerhin anerkennen, daß die Frage in der Tat auf der »Tagesordnung« stand. Rechtlosigkeit und Ausbeutung hatten sich bei völliger Desorganisiertheit und dem Fehlen von Mitteln des Selbstschutzes zur Sklaverei bis hin zur physischen Vernichtung der Arbeiterklasse entwickelt.

Die Ereignisse an der fernen »goldenen Lena« im April 1912[112] waren dafür ein augenfälliger Beweis. Wie der 9. Januar, so war die Niederschießung der Arbeiter an der Lena eine neue anschauliche Lehre für den revolutionären Widerstand der Arbeiterklasse gegenüber dem Kapital; dabei hatten die Arbeiter, den Berichten ausländischer Zeitungen zufolge, weniger gefordert, als es ein vom Hunger erschöpftes Pferd tun würde, um nicht zu krepieren.

Die Lektion wurde begriffen. Es gab keine Fabrik, keinen Betrieb und keine Abteilung, in der es nicht zu heftigem Protest gegen das Massaker unter den Arbeitern an der Lena und gegen alle blutigen Drohungen für die Zukunft kam, wie sie der Innenminister selbst in den historischen Worten aussprach: »So war es und so wird es bleiben.«[113] Mit einer weiten Streikbewegung, die auch die letzten Arbeiterbezirke erfaßte, demonstrierte die Arbeiterklasse ihren Willen: »So wird es nicht sein.«

Nach den Angaben der Fabrikinspektion gab es im Jahre 1912 2 032 Streiks, an denen 725 000 Arbeiter beteiligt waren. Im folgenden Jahr, 1913, nahm die Zahl noch zu: 2 142 Streiks mit 861 000 Beteiligten. Und die Forderung nach demokratischen Rechten war in diesen Streiks der Angelpunkt der Bewegung.

Die Drucker (Streiks in den Druckereien von Rejchel', Petrov, der »Ekonomičeskaja Tipografija« und anderen) stellten als erste wieder die Forderung nach Anerkennung der Delegierten auf. Die Petersburger Metallarbeiter kämpften hartnäckig um gesamtbetriebliche Versammlungen und Kommissionen. Die Lessner-Betriebe streikten drei Monate, die Monturenfabrik, das Baltische und das Franko-Russische Werk zwei Monate, die Petersburger Lithographen zwei Monate.

Die Hartnäckigkeit der Streikenden erklärt sich daraus, daß man es jetzt bei allen Konflikten nicht mit einzelnen Unternehmern zu tun hatte, sondern mit dem Gesamtverband der Unternehmer, dem organisierten Kapital. Die Unternehmerverbände versorgten und unterstützten ihre Mitglieder in jeder Hinsicht, indem sie sie mit Geldern versahen, die Aufträge ihrer Klienten erledigten und einheitlich mit »schwarzen Listen« arbeiteten.

So wurden die einzelnen ökonomischen Zusammenstöße und Streiks Glieder in der gesamten Kette der Zusammenstöße zweier kämpfender Klassen, wobei sich die Streiks selbst und ihre einzelnen rechtlichen und ökonomischen Forderungen zu echten Klassenkämpfen und Klassenforderungen entwickelten. Besonders deutlich in dieser Hinsicht ist der Streik in den Lessner-Betrieben, der durch den Selbstmord eines Arbeiters ausgelöst wurde, der die grobe Behandlung durch den Meister und eine falsche Beschuldigung des Diebstahls nicht mehr hatte ertragen können. Dieser und ähnliche Streiks führten im ganzen Land zu Solidaritätsstreiks, Protest gegen ständige Verletzungen der Menschenwürde; als Demonstration der Klassensolidarität wurden Spenden gesammelt und Resolutionen und Grußbotschaften an die kämpfenden Lessner-Arbeiter geschickt: »Die Lessner-Arbeiter führen einen prinzipiellen Kampf um die Ehre und die Würde der Arbeiter; das Petersburger Proletariat hat gut begriffen, daß es in diesem Streik um die ganze Arbeiterklasse geht.«[114] Ein weiterer solcher für das Selbstbewußtsein und die solidarische Verteidigung ihrer Massenrechte charakteristischer Streik war der Proteststreik gegen die gerichtliche Aburteilung streikender Obuchov-Arbeiter.[115]

Das Jahr 1913 bildete den Kulminationspunkt des Kampfes der Arbeiter um ihre demokratischen Rechte als gleichberechtigte Klasse im Staat. Das wird schon daraus sichtbar, daß die Streiks, welche Forderungen ausschließlich rechtlichen Charakters stellten, quantitativ an zweiter Stelle stehen (an erster stehen nach wie vor die Streiks um den Arbeitslohn); dabei verteilt sich diese Gruppe von Forderungen wie folgt[116]:

— Entfernung brutaler Aufseher und Meister   27 %
— Forderung nach höflicher Behandlung   25,1 %
— Aufhebung von Strafen   8 %
— Verbesserung der Betriebsordnung   11 %
— Einsetzung von Ältesten   7,8 %
— Wiedereinstellung von Entlassenen   6,5 %
— Befreiung von Festgenommenen   5 %

Diese Ziffern verdeutlichen »den Wunsch der Arbeiter, die Fabrikdisziplin zu brechen und die Macht der Arbeiter über die innere Ordnung in den Fabriken zu verwirklichen«.

Interessant ist auch die Gesamtbilanz, die den Ausgang der Streiks um demokratische Positionen illustriert: 1911 wurden von 100 Streiks 49 völlig oder teilweise gewonnen, 1912 dagegen 59 und 1913 bereits 69. Dabei herrschten bei den Textilarbeitern Forderungen nach Erhöhung der Arbeitslöhne vor (92 % aller ihrer Forderungen), bei den Metallarbeitern nehmen sie 71,5 % der Forderungen ein, die übrigen aber waren in der Sprache der Unternehmer ein »Anschlag auf die innere Ordnung der Betriebe«. Diese »Anschläge« waren recht weitgehend: Die Forderung nach Entlassung brutaler Verwalter bildete 32,5 % aller Forderungen, die Forderung nach höflicher Behandlung bis zu 34,5 %.

Diese Gesamtverteilung wird verständlich, wenn man sich erinnert, daß sich die Textilarbeiter als Klasse des Lohnproletariats langsamer formierten, noch stärker mit dem Dorf verbunden waren und in jener Zeit erst die in der Metallindustrie üblichen Löhne erreichten, während die Metallarbeiter, die dies schon erreicht hatten, in dieser Zeit mehr für ihre Rechte kämpfen konnten. Die schnelle Proletarisierung in den voraufgegangenen Jahren zwang jedoch auch die Textilarbeiter, nicht hinter den gesamt-proletarischen Forderungen zurückzubleiben.[117]

Es ist interessant, daß die Kapitalisten die Streiks, bei denen politische und rechtliche Forderungen vorherrschten, als »Streiks mit zweitrangigen Motiven« einschätzten; so hieß es über den Streik in Baku Anfang 1914: »Die Arbeiter streiken aus zweitrangigen Motiven«, während sie Streiks mit ökonomischer Begründung als »unüberlegte Streiks« bezeichneten: so z. B. den Streik der Textilarbeiter von Kostroma und Vladimir im Mai 1914, die eine Erhöhung ihres Lohns von 15 Rubeln forderten.

Vor dem Krieg entwickelte sich der Kampf gegen die kapitalistische Fabrik in solch gigantischen Schritten, daß man eine Explosion von innen als Gesamtaktion des aufständischen Proletariats erwarten mußte. Aber der Krieg, der die außerökonomischen Methoden der Unterdrückung der streikenden Arbeitermassen bis zum äußersten trieb, schob diese Explosion noch um einige Zeit hinaus. Der Arbeiterklasse stand noch bevor, eine zweite »Leibeigenschaft« durchzumachen und sich dem inneren Regime der »imperialistischen« Fabrik unterwerfen zu müssen, bevor sie im Februar 1917 mit einem mächtigen Stoß ihr Fabrikgefängnis zerstörte und den Weg der Eroberung der »Konstitution« in der Fabrik beschritt.

Fünftes Kapitel

Die »imperialistische Fabrik« und der »kriegsindustrielle Sozialismus«

1. Die grundlegenden Veränderungen in der wirtschaftlichen und sozialen Struktur während des Krieges

Als der Krieg ausbrach, hatte sich in Rußland bereits das System der kapitalistischen Produktionsweise mit dem komplizierten Netz der gesellschaftlich-ökonomischen Verhältnisse in der Epoche des Finanzkapitals voll entwickelt. Entscheidender Faktor zur Schaffung eines dem westeuropäischen ähnlichen Systems war der Einfluß ausländischen Kapitals, das in jeweils unterschiedlichem Grad mit der russischen Industrie verflochten war. Die Abhängigkeit der russischen Industrie vom ausländischen Kapital war nichtsdestoweniger eng und lückenlos — mit der Folge, daß das ausländische Kapital faktisch weit mehr als das russische über die Geschicke der russischen Industrie verfügte. Cyperovič charakterisiert diese Verflechtung und Abhängigkeit der russischen Industrieproduktion und ihre Kontrolle durch das europäische Kapital bis ins Detail folgendermaßen: »Das ganze Leitungssystem, alle Produktionsnormen, alle Tarife, der Arbeitslohn, der Arbeitstag und *sogar die innere Ordnung* der Unternehmen unserer Eisenindustrie wie auch anderer Industriezweige, sind schon lange vom europäischen Kapital bestimmt.«[118]

Diese Verbindung führte naturwüchsig dazu, daß im Jahre 1914 die nationalen Kapitalismen und der russische Kapitalismus in einen umfassenden Kampf hineingezogen wurden; dabei stand der russische Kapitalismus im internationalen imperialistischen System weit abgeschlagen auf dem letzten Platz. Der Krieg versprach nie dagewesene Profite und die Ausweitung der Absatzmärkte. Die russischen Syndikate traten aktiv in die Sphäre des Weltimperialismus ein. Diese weltweiten Perspektiven ließen die russischen Industriellen auch bei sich zu Hause stärker und selbständiger werden. Hatte sich bis dahin das russische Industriekapital unter dem Schutz staatlicher Obhut und protektionistischer Zölle entwickelt, so breitete es nun seinen Einfluß immer mehr auf die verschiedenen Sphären des volkswirtschaftlichen Lebens aus: Es schuf sich seine Klassenvereinigungen und ökonomischen Verbände – die Syndikate und Trusts.

Fabriken, Transport, Handel – all dies fiel in diesen Umkreis. In den Händen der Bourgeoisie, die die Industrie auf die Bedürfnisse der »Verteidigung« umzustellen hatte, konzentrierte sich faktisch die gesamte ökonomische und politische Macht. Doch sofern alte adelig-bürokratische Formen der Lenkung existierten, war der Konflikt mit der neuen sozialen Schicht, die auf dem Wege zur Macht war, unausweichlich. Wer an der Organisierung der Verteidigung teilnahm, kämpfte auf der Seite einer der Klassen um die faktische Macht im neuen System.

Aufgrund der eigenartigen Beziehungen, die sich zwischen Industriellen und Regierung zu Beginn des Krieges herausgebildet hatten, als die Regierung weder privates noch gesellschaftliches Unternehmertum zur Befriedigung der »Verteidigungs«-Bedürfnisse zuließ, setzte die Militarisierung der russischen Industrie verspätet ein. Die Regierung erwies sich deutlich als unfähig, die Kriegsindustrie zu organisieren. Erst seit Mai 1915 befaßte sich dann das große Kapital, das in »Kriegsindustriekomitees« vereinigt war, mit der Organisierung der Kriegsindustrie. Indes: die schlechte technische Ausrüstung, der Mangel an Arbeitskräften, die Krise in der Versorgung mit Rohstoffen und Brennstoff, die Desorganisierung des Transportwesens und schließlich die Dringlichkeit von Anleihen – all dies machte die Militarisierung der russischen Industrie zu einer nur schwer zu bewältigenden Aufgabe. Zudem erwuchs der bürokratischen Regierung in der russischen Industriebourgeoisie, die in der staatlichen Industrie auf ihre Konkurrenz traf, eine Opposition. »Ist die unbeschränkte Ausweitung des staatlichen Unternehmertums zulässig?« Auf dem VIII. Kongreß von Handel und Industrie verneinten die privatkapitalistischen Unternehmer diese Frage ganz entschieden: »Bei dem allgemein anerkannten Mangel an Intiative und Unternehmungsgeist hierzulande ist die Erleichterung der privaten Initiative mit allen Mitteln zur Hauptaufgabe einer verständigen Wirtschaftspolitik zu machen. Diese ist darauf gerichtet, in möglichst breitem Umfang all jene reichen Möglichkeiten, mit denen uns die Natur bedacht hat, zu realisieren.« Das bedeute, daß man die Politik der Regierung zum gegenwärtigen Zeitpunkt »nicht als weitsichtig akzeptieren kann«.[119]

Noch deutlicher trat die Opposition der Handels- und Industriebourgeoisie in den Kriegsindustriekomitees hervor: »Die Bürokratie bringt auf dem Altar des Vaterlandes Opfer dar, die der Zeit nach zu spät kommen und dem Ausmaß nach nur geringe Bedeutung haben«; so qualifizierte ein Moskauer Kriegsindustriekomitee die Tatsache, daß das »gesellschaftliche Unternehmertum« von der Regierung zur »nationalen Verteidigung« herangezogen wurde. Und diese Teilnahme an der »Verteidigung« betrachteten die industriellen Kapitalisten als einen Beweis dafür, daß die Macht aus den Händen der Bürokratie in die des »Handels- und Industriestandes« übergehe.

Die prinzipielle ideologische Begründung für die Rolle der neuen Klasse, die Anspruch auf die Macht erhob, lieferte der Privatdozent Storožev unter Bezugnahme auf die historische Rolle der Kaufleute gegen Ende des 18. und zu Beginn des 19. Jahrhunderts: »Im großen europäischen Krieg tritt die Handels- und Industrieklasse als reale Kraft hervor, der sich sowohl die bürokratischen Privilegien der alten wie auch die demokratischen Aufgaben der neuen Zeit unterordnen müssen. Die Handels- und Industrieklasse des 20. Jahrhunderts hat aufgehört, einfach ein Geldsack zu sein, dem der Staat so viel entnehmen kann, wie und wozu es ihm gefällt, und den er bisweilen mit Zeremonien, Orden oder Erhebung in den Erbadelsstand entlohnt.«[120]

Die Veränderung der ökonomischen Struktur, das Vordringen und die Herrschaft des imperialistischen Finanzkapitals, riefen auch tiefgreifende Veränderungen in den Klassenbeziehungen und eine grundlegende Umgruppierung der Kräfte hervor. Der Teil der Industrie- und Finanz-Großbourgeoisie, der größere Unabhängigkeit genoß und nicht auf staatliche Subsidien und Almosen angewiesen war, trat nicht nur als Opposition, sondern auch als selbständiger Organisator der Kriegsindustrie auf: »Die Handels- und Industrieklasse kann angesichts der staatlichen Tätigkeit in der Sphäre, die vor allem die wirklichen Interessen der Klasse betrifft, nicht passiv bleiben.«[121]

Nichtsdestoweniger kam es nie zu einem vollständigen Bruch zwischen Staatsmacht und organisierter Handels- und Industriebourgeoisie in Rußland – bis zur Februarrevolution, die für kurze Zeit die Bourgeoisie an die Macht brachte. Die eigentümlichen Bedingungen Rußlands, die über so viele Jahre den Bund zwischen Kapital und Zarismus gefördert hatten, schufen auch in der Kriegszeit, vor allem in der ersten Periode, die Notwendigkeit, daß – wie es allgemein hieß – die Klassen »sich aussöhnen«.

Der durch die Interessen der Bourgeoisie hervorgerufene Krieg verschärfte den Konflikt immer mehr, doch das Interesse am »Sieg des Vaterlandes« (des vaterländischen Kapitals) nötigte die Bourgeoisie, den Kampf mit dem niedergehenden Regime hinauszuschieben und sogar zur Mobilisierung der »lebendigen Kräfte«, die die Front stabilisieren sollten, aufzurufen.

In einem Punkt allerdings ging das sich entwickelnde Kapital nicht nur im Gleichschritt mit der Staatsmacht, sondern trieb diese sogar an: nämlich im Kampf gegen die Arbeiterklasse. Die Angst vor der Arbeiterklasse und die Angst vor der Revolution waren stärker als die Angst vor dem militärischen Zusammenbruch und stärker als der Haß zwischen den beiden sich messenden Klassen.

Diese Angst schürte nicht nur den Unternehmerterror, sondern auch die Repressionen von seiten der Regierung; sie koordinierte alle diese Maßnahmen in einem voll ausgebauten System eines Fabrikregimes, das man analog zur allgemeinen Situation nur als Fabrik»imperialismus« bezeichnen kann: Völlige Entrechtung, unbeschränkte Ausübung von Zwang, eine Poltik des Abbaus und der Liquidation aller Errungenschaften der Arbeiterklasse – das war das Gesicht der Fabrik der Kriegszeit; ihre grundlegenden Züge – Ausbeutung, persönliche Rechtlosigkeit, Knechtung des Arbeiters – versuchte sie mit wohlklingenden patriotischen Losungen wie: »Alles für die Verteidigung«, »Alles für die Rettung des Vaterlandes«, zu übertünchen.

2. Das Regime der Kriegsfabrik und der Widerstand der Arbeiterklasse

Der Krieg veränderte das industrielle Leben im allgemeinen und die innere Struktur der Fabrik im besonderen ganz entscheidend: Zu Kriegsbeginn konnte man nicht nur einen positiven Stand, sondern sogar das Aufblühen unserer Industrie konstatieren. Doch schon in den ersten Kriegsmonaten machte sich eine elementare Störung des bis dahin in geordneten Bahnen verlaufenden industriellen Lebens bemerkbar: In massenhaftem Umfang setzte ein Rückzug der Produktion ein. Die großen, aber auch und vor allem die mittleren und kleineren Unternehmen gelangten sehr schnell zu einem ausgesprochenen Tiefstand, zu einem Produktionsrückgang um 25 %, ja sogar bis zu 50 % und zu einer Abnahme der Zahl der Arbeiter um ein Drittel des früheren Bestandes. Das waren die ersten Resultate der militärischen Erschütterung.[122]

Die Fabrikanten führten die Kürzung der Produktion auf den Mangel an Material, Nachfrage, an Anleihen und Arbeitskräften zurück. Doch bereits gegen Ende 1914 und Anfang 1915 wich die Panik einer auf Hochtouren laufenden Anpassung der Industrie an die Bedingungen und Erfordernisse der Kriegszeit. Es begann die fieberhafte Umrüstung der Produktion auf die Bedürfnisse der Front und eine nicht weniger fieberhafte Jagd nach staatlichen Anleihen.

Die ökonomische Krise, die sich in Warenmangel und Teuerung ausdrückte, sowie die Ausweitung der Produktionszweige, die die

Front versorgten, die Einschränkung der Produktion von Massenbedarfsgütern — all dies spiegelte sich wider in der Lage der Arbeiter. Nach den Worten Prokopovičs stieg während des Krieges der Arbeitslohn, doch der Grad seines Wachstums blieb weit zurück hinter der wachsenden Teuerung und dem Fall des Rubel. Ein wesentliches Moment für die Herabsetzung des Reallohns war natürlich die quantitative und qualitative Minderung des Bestandes der Arbeiter, die in der Lage gewesen wären, etwas gegen die Senkung des Lohns zu unternehmen.

Im Rahmen der Jagd nach Kriegsanleihen und Kriegs-Extraprofiten erreichte die Exploitation der Arbeit unglaubliche Ausmaße. Verlängerung des Arbeitstages, massenhafte Verwendung von Frauen- und Kinderarbeit, Einsatz von Chinesen und Koreanern, die den Industriellen speziell aufgrund ihrer Ausdauer, ihres Gehorsams und ihrer niedrigen Ansprüche zugewiesen wurden, Beseitigung von Arbeitsschutzgesetzen — das war die »Sozialpolitik«, die die Kapitalisten gemeinsam während des Krieges durchsetzten. Zur räuberischen Exploitation und dem erbarmungslosen ökonomischen Kampf der Unternehmer gesellten sich die Strafgerichte der Polizei. »Hinter dem Geschwätz von der Vereinigung der Klassen und Nationalitäten hatte die Bourgeoisie ihr Verkaufsabkommen mit dem Zarismus auf Kosten der ökonomischen und politischen Interessen der Volksmassen abgeschlossen« — diese treffende Bemerkung des Genossen Šljapnikov entlarvt die wirklichen Gründe dieser Verschlechterung in der Lage der Arbeiterklasse.[123] Die Gewinne während des Krieges stiegen in unglaubliche Höhen. Maslov führt Ziffern über die Kriegsgewinne einiger Betriebe an. So erwirtschaftete die »Aktiengesellschaft Tulaer Betriebe« in den Jahren 1913–1914 8,39 Millionen Rubel anstelle der 1,86 Mio. aus dem vorangegangenen Jahr. Das Kolʼčuginsker Werk machte anstatt der 2,17 Mio. Rubel 4,72 Mio.; das Sormovoer Werk statt 2,17 Mio. 3,79 Mio.; das Kabelwerk anstelle 1,4 Mio. 3,34 Mio. Rubel.[124] Angesichts der fallenden Löhne der Arbeiter und der Opfer, die die Regierung dem ganzen Land abverlangte, erschienen diese Profite besonders himmelschreiend.

Doch die Arbeiterklasse war zunächst gespalten, desorganisiert und niedergeschlagen, so daß sie keinen umfassenden Protest gegen die Exploitation erheben konnte. Diesen Zustand förderte einerseits der Krieg, der mit dem ganzen Zwangsapparat, der sich in Händen der Bourgeoisie befand, die Arbeiterbewegung niederhielt; andererseits waren die Arbeitermassen infolge der Agitation der sozialversöhnlerischen Vaterlandsverteidiger, die in einen gewissen Teil der Arbeiterklasse patriotische und chauvinistische Stimmungen und Forderungen hineintragen konnten, demoralisiert.

Diese Demoralisierung drang allerdings ins Bewußtsein der Arbeiter ein und zeigte sich vor allem in ihrem Verhältnis zu den Unternehmern. So schreibt das Organ der Petersburger Druckereiarbeiter, daß die Arbeiter, weil sie keine Arbeiterorganisationen besäßen, völlig zersplittert und aufgrund der Teuerung und des Elends völlig verzweifelt seien und deshalb das Gefühl für ihre individuelle menschliche wie auch klassenmäßige Würde verlören. Sie wagten es kaum mehr, mit den Unternehmern zu kämpfen. Vielmehr wendeten sie sich an diese mit merkwürdigen Petitionen und versuchten, die Fabrikherren zur Lohnerhöhung zu »überreden«. Die Zeitung beschreibt einen Fall, in dem sich die Arbeiter mit einer Petition an die Fabrikanten gewandt haben: »In der Jakovlev-Typographie wandten sich die Buchbinder zuerst mit einer Petition und später mit einer persönlichen Bitte an den Fabrikanten und baten darum, so viel zuzugeben, wie möglich sei. Ihnen folgten die Setzer, die auf die Teuerung und die Lohnerhöhungen in vielen anderen Druckereien hinwiesen. Dasselbe geschah in der Senatsdruckerei, wo den Arbeitern eine Konzession gewährt wurde — wer weniger als ein Jahr beschäftigt war, sollte drei Rubel, wer mehr als ein Jahr gearbeitet hatte, sollte fünf Rubel bekommen.«[125]

Es gelang jedoch nicht, die Arbeiterklasse insgesamt zu »pazifizieren« und niederzuhalten. Mit der Ausrichtung der Industrie auf die militärischen Bedürfnisse, der Verringerung der Arbeitslosigkeit und einer allgemeinen, wenn auch unbedeutenden Erhöhung ihres Lebensstandards begann sie sehr bald, entschiedener und lauter zu protestieren. Die Fabrik geriet erneut ins Zentrum der Aufmerksamkeit der Regierung und der Kapitalisten und gab ihnen Grund zur Besorgnis.

Und dies war keineswegs merkwürdig: Hier wurden die unermeßlichen »Kriegsgewinne« des Kapitals erzeugt, zu deren Schutz nicht nur das Kapital, sondern auch die Regierung und die öffentliche Meinung bis an die Zähne bewaffnet antraten. Streiks unter der Losung gesetzlicher Forderungen der Arbeiter riefen Repressionsmaßnahmen der Regierung und Verurteilung durch die »öffentliche Meinung« hervor, die die Arbeiter des Vaterlandsverrats bezichtigte.

Die Lage der Arbeiter wird in den Resolutionen lebendig und detailliert umrissen, die von der Arbeitergruppe während der Beratungen der Kriegsindustriekomitees am 13.—15. Dezember 1916 vorgelegt wurden: »Mit dem Ziel, den Unternehmern billige und willfährige Arbeitskräfte zu beschaffen, hat die Regierung entsprechend Artikel 87 das Gesetz zum Schutz der Frauen- und Kinderarbeit beseitigt, sind Überstunden und Arbeitstag unbegrenzt, sind Hunderttausende jeder Verteidigung beraubter Kriegsgefangener der Willkür der Unternehmer ausgeliefert worden, sind schließlich Hunderttausende von ausländischen und chinesischen Sklaven importiert worden, obgleich im Lande Arbeitslosigkeit herrscht.« Arbeiter seien in Unternehmen, die für das Militär arbeiteten, kriegsverpflichtet worden und damit des Rechts wie der Möglichkeit beraubt, von einem in den anderen Betrieb überzuwechseln, was die Fesselung an die Unternehmen bedeute: »Der Kampf der Arbeiter für die Verbesserung der Bedingungen der Arbeit wurde auf dem Wege des organisierten Einflusses auf die Unternehmer unmöglich, da die Arbeiterorganisationen gewaltsam beseitigt und nicht zugelassen wurden; und der spontane Streikkampf wird, kompliziert durch die gesellschaftliche Zersplitterung der Arbeiterklasse, nach wie vor unterdrückt durch das Militär, durch die unverzügliche Einberufung an die Front, durch Aussperrung.«[126]

Doch das war nicht alles. Die Industriellen beschwerten sich darüber, daß die Streiks den »normalen« Arbeitsgang in den Unternehmen störten, und brachten einen Entwurf über die »Militarisierung aller Arbeiter« in den Ministerrat ein mit der Absicht, die Arbeiter mittels militärischer Kommandogewalt sich unterzuordnen. »Die Organisierung der Werke nach dem Vorbild von Kasernen, die Belohnung der Protegés des Kapitals mit Offiziersvollmachten über die Arbeiter, ein Arsenal von Strafen und Belohnungen in den Händen der Direktion – das ist das Ideal des ›kosmopolitischen‹ Kapitals.«[127] Im übrigen verhinderte der stürmische Protest der Arbeiter, den dieser Gesetzesentwurf über die Militarisierung hervorrief, die Verabschiedung dieses Aktes zu weiterer Knechtung der Arbeiter: Auf den Arbeiterversammlungen in den Unternehmen protestierte man in aller Schärfe gegen diesen Versuch, ökonomische Fragen auf Kasernenmanier zu lösen.

Die Arbeitergruppe beim Kriegsindustriekomitee, damals die einzige organisierte Kraft, die so etwas wie eine Arbeitervertretung darstellte, brachte eine scharfe Resolution ein, die erklärte, daß »das Gesetz mit besonderer Härte und Wucht die Arbeiterklasse treffe und sie zu einem Sklaven des Polizeistaates mache. Das Gesetz über die Militarisierung verwandele den Arbeiter, der an seinen Betrieb gefesselt sei, sein Recht auf Freizügigkeit und eigene Verfügung verloren habe, aus Angst vor den Kriegsgerichten der Möglichkeit beraubt sei, seine Stimme zum Protest zu erheben, in eine stumme Maschine, die durch Regierung wie Unternehmer erbarmungslos ausgebeutet werde. Ein Kasernenregime in den mobilgemachten Fabriken mit Strafmaßnahmen wie Kerker und Prügel sei die natürliche Folge der Verwirklichung des Gesetzes.«[128]

Weitaus energischer hatte die revolutionäre Partei des Proletariats, die SDAPR (Bol'ševiki), das neue Sklavensystem entlarvt und den ökonomischen und politischen Kampf der Arbeiterklasse korrekt angeleitet. In einem Flugblatt zur Lage der Arbeiter wird das neue militaristisch-leibeigenschaftliche Regime, das mit dem Krieg in den

Fabriken Einzug gehalten hatte, folgendermaßen beschrieben: »Die Regierung hat eine ganze Reihe von Fabriken in Kasernen verwandelt, in die sie Tausende von Reservesoldaten gesteckt hat (...) Das Leibeigenschaftsregime ist eingeführt. Der Reservearbeiter oder -soldat ist in einen Sklaven verwandelt, der keine Möglichkeit hat, sich gegen die empörende Behandlung, die ihm widerfährt, zur Wehr zu setzen (...) Die Regierung will, indem sie Reservisten und Soldaten an die Werke kettet, die kampfbereiten Arbeiter schwächen.«[129]

In Rußland gelang es nicht, auf dem Weg der Gesetzgebung – wie dies etwa in Deutschland der Fall war – die Arbeiter formal an den Betrieb zu binden. Doch faktisch war diese leibeigenschaftliche Bindung erreicht worden durch die gesamte Regierungspolitik: Besondere Kriegsgesetze bestraften Arbeitseinstellungen mit verschärfter Zwangsarbeit, fesselten Militärdienstpflichtige an die Werkbank, verhinderten den Kampf für die Interessen der Arbeiter, da diese, falls sie streikten, Armee- und Marinegerichte, Gefängnis, Schützengräben und Tod erwarteten. Die Arbeiter der russischen Fabrik waren während des imperialistischen Krieges vollständig der Macht des kapitalistischen Unternehmers ausgeliefert.

Doch die Jahre des verzweifelten Kampfes der Arbeiter mit dem Kapital waren nicht umsonst verstrichen. Es war nicht mehr so leicht, mit der Arbeiterklasse fertig zu werden, wenngleich sie ihrer elementarsten Instrumente zur Selbstverteidigung – der Klassenorganisationen – beraubt und ökonomisch und politisch rechtlos und geknechtet war. Anfangs entstanden beinahe nur spontane, durch niemanden gelenkte Streiks. Manchmal kam es vor, daß eine Fabrik oder ein Werk »plötzlich« die Arbeit einstellte und die Arbeiter, ohne daß sie irgendwelche Forderungen aufgestellt hätten, die Arbeit niederlegten. Noch häufiger entwickelten sich Streiks auf wirtschaftlicher Grundlage. An ihrer Spitze stand meist ein »leitendes Kollektiv«, ausgerichtet an der Linie der SDAPR (b), die damals bereits eine breite Tätigkeit zu entfalten begann und unermüdlich die Arbeiter zu einem immer besser organisierten Auftreten aufrief. Die Streikbewegung in Petrograd und später in ganz Rußland[130] war bereits ein mächtiger Ausdruck des Protestes und der Erregung, die die Arbeiterklasse erfaßt hatte. Gegen Ende des Krieges hatte die Bewegung breiteste Ausmaße angenommen.

Zur Lage in den Fabriken und der Proteststimmung der Arbeiter gegenüber der neuen Form von Sklaverei führen wir noch ein Beispiel aus einer Mitteilung der Arbeitergruppe beim Zentralen Kriegsindustriekomitee an. Sie beschreibt, trotz ihres versöhnlerischen Tones, die Lage in der Fabrik deutlich genug: »Während des Kriegs hat sich der Bestand der Arbeiterklasse verändert; viele fremde und undisziplinierte Elemente sind aufgetaucht. Außerdem haben Arbeitsintensivierung, massenhafte Frauen- und Kinderarbeit, ununterbrochene Überstunden, Arbeit an Feiertagen, Übermüdung und Verstärkung der nervlichen Belastung usw. unvermeidlich die Zahl der Anlässe für die verschiedensten Konflikte erhöht, Konflikte, die häufig spontan entstehen und anstelle der organisierten Verteidigung der Arbeiterinteressen nicht selten aus elementarer Empörung zu anarchistischen Methoden übergehen. Der Abtransport von passiven Widerstand leistenden Arbeitern mit Schubkarren«, so fährt die »Mitteilung« fort, »hörte auf, eine zufällige Erscheinung zu sein. Man ließ ab von guten Worten und ließ nicht selten Schraubenmuttern, Schrauben, ja sogar Revolver sprechen, in einigen Fällen kam es zu Handgemengen und Messerstechereien.«[131]

Es gibt keinen Zweifel, daß die Lage in keiner Fabrik mehr erträglich war, und wir finden in diesem Zeitraum (Ende 1915/Anfang 1916) von allen Seiten, aus den verschiedensten Bezirken und aus verschiedensten Motiven Aufrufe und Forderungen, den Arbeitern das Recht auf Organisierung zu geben. Die sozialdemokratische Partei (Bol'ševiki) rief immer wieder beharrlich zur Organisierung im Interesse der Vereinheitlichung und Stärkung des Kampfes der Arbeiterklasse auf. Sie schuf in den Fabriken aus den bewußtesten Arbeitern revolutionäre Kollektive. Diese übernahmen nicht selten die Initiative, als Vertretung der Arbeiterorganisationen aufzutreten, die unter der Bezeichnung »Fabrikkommissionen« halblegale Existenz führten. Diese Fabrikkommissionen setzten sich zusammen aus den Vertretern von Abteilungen oder Werkstätten und repräsentierten die Arbeiter in Konfliktfällen zwischen Arbeitern und Verwaltung.

In den Kompetenzbereich dieser Kommissionen fielen alle Fragen, die mit der inneren Ordnung der Fabrik zu tun hatten. Die Arbeiter versuchten mit Nachdruck die Legalisierung dieser ihrer Zellen durchzusetzen, und wir finden diese Forderung oft neben den ökonomischen Forderungen in der Streikbewegung der Jahre 1915 und 1916.

Die in Kontakt mit der Bourgeoisie stehende Arbeitergruppe beim zentralen Kriegsindustriekomitee führte die Agitation für das Recht der Arbeiter auf Organisierung. In der Resolution zur Arbeiterfrage auf dem 2. Allrussischen Kongreß der Kriegsindustriekomitees wandte sich diese Gruppe an die Industriellen schon »im Namen der Rettung des Landes und der freien Entwicklung der Produktivkräfte«; sie rief dazu auf, entschieden mit der Tradition des Fabrikfeudalismus zu brechen: »Denn sonst werden wir statt der Mobilisierung der gesellschaftlichen Kräfte deren Zersplitterung, statt der Mobilmachung der Industrie die Ausbeutung, statt der Lösung historischer Aufgaben den hoffnungslosen Marsch in eine historische Sackgasse erleben.« Deshalb forderte die Arbeitergruppe unter anderem kategorisch »die Errichtung einer verfassungsmäßigen Ordnung in Fabriken und Betrieben«, die Wiederherstellung der Institution der Fabrikältesten und die »Anerkennung des Koalitionsrechts der Arbeiter. Das Land vor dem Untergang zu retten«, betonte die Arbeitergruppe gegenüber den russischen Industriellen, mit denen sie über das von Gučkov vorgeschlagene Projekt der Errichtung eines »gesellschaftlichen Burgfriedens« beriet, »kann nur ein freies Volk; ein freies Volk kann es aber dort nicht geben, wo das Regime der Kriegswirtschaft und die absolute Freiheit der Ausbeutung durch das vereinigte Kapital sich gegen das Proletariat gerüstet haben.[132]

Im übrigen begann die Bourgeoisie selbst — vor allem ihre liberale Fraktion, wie aus dem in dieser Hinsicht interessanten Briefwechsel zwischen A. I. Gučkov, dem Vorsitzenden des Zentralen Kriegsindustriekomitees, und Gvozdev, dem Vorsitzenden der Arbeitergruppe, zu ersehen ist — zu verstehen, daß die Organisierung der Arbeiter in ihrem eigenen Interesse notwendig war. Gvozdev antwortete Gučkov auf seinen Vorschlag der Errichtung eines »gesellschaftlichen Burgfriedens«: »Wenn sich die besitzenden Klassen ihrerseits organisieren, beginnen sie offensichtlich zu erkennen, daß es für sie von Vorteil ist, wenn sie mit einer organisierten Arbeiterklasse zu tun haben statt mit einer spontanen Massenbewegung. Der Krieg kompliziert den Kampf der gesellschaftlichen Klassen.«

Und in der Tat war diese Notwendigkeit bereits ins Bewußtsein der Bourgeoisie eingedrungen. Unter diesem Druck begann sie selbst auf das hinzuarbeiten, was sie im Verlauf der ganzen Jahre der Reaktion nach 1905 hartnäckig zerstört hatte: Die Bourgeoisie und hinter ihr die Zarenregierung liebäugelten immer häufiger mit dem Gedanken, das Gesetz über die Fabrikältesten vom 10. Juni 1903 aufs neue in ihrem Interesse einzusetzen. Und es dauerte nicht lange, bis der bisher so unversöhnliche »Rat des Verbandes der Fabrikanten« es für seine »vaterländische Pflicht« hielt, »gerade jetzt mit der Einrichtung der Ältesten in den Fabriken voranzukommen« — in der Hoffnung, die »Institution der Fabrikältesten würde zu jenem Organ der Versöhnung werden, das Arbeitern und Unternehmern hilft, eine gemeinsame Sprache zu finden, damit zum Nutzen beider Seiten in Fragen, die sie betreffen, eine Übereinstimmung erzielt werden kann«. Und das Zentrale Kriegsindustriekomitee empfahl nachdrücklich in einem Zirkular vom 7. April 1916 die beschleunigte Realisierung dieser Maßnahmen auf lokaler Ebene und motivierte dies folgendermaßen: »Die angeführte Verordnung ist das Ergebnis der gründlichen Diskussion des Kongresses (der 2. Kongreß der Kriegsindustriekomitees machte es ›den Organen auf lokaler Ebene zur Pflicht, sich um die Einrichtung der Fabrikältesten in den Fabriken zu kümmern‹), die auf der mehr als anderthalbjährigen Erfahrung in der Mobilmachung der Industrie in der Kriegszeit basiert, daß nämlich die Desorganisation und Zersplitterung der Arbeiterklasse in starkem Maße die Arbeit der Industrie erschwert, die doch die Bedürfnisse von Armee und Flotte erfüllen soll. Wann Arbeiterorganisationen geschaffen werden sollen, ist ungewiß, *doch die Alltagsbedingungen des industriellen Lebens erzwingen notwendig eine permanente Arbeitervertretung*, die auf der Grundlage des Gesetzes vom 10. Juni 1903 realisiert werden kann.«

Sehen wir nun, in welcher Form die Bourgeoisie diesmal die von allen Seiten geforderte »Fabrikverfassung« zu gewähren gedachte und wie sie ein Gesetz über die Fabrikältesten einbringen mußte, das sich allerdings erneut gegen die Arbeiterklasse richtete.

3. *Die Kriegsindustriekomitees und die Einrichtung der Ältesten*

Die Entwicklung der russischen Industrie und ihre Abhängigkeit vom Weltimperialismus erforderten neue Formen der sozial-ökonomischen Beziehungen und neue Formen gesellschaftlicher Organisation. Eine solche neue gesellschaftliche Organisation, die den sozialökonomischen Verhältnissen in der Epoche des Imperialismus Rechnung tragen sollte, waren die Kriegsindustriekomitees. Das Zentrale Kriegsindustriekomitee entstand 1915 nach einer Kampagne für die Militarisierung der Industrie. Seine grundlegende Aufgabe war die Organisierung der Industrie zu Verteidigungszwecken und die Beseitigung der Konkurrenz zwischen den Fabrikanten — und zwar so, daß die Aufträge der Armee auf sie verteilt wurden. Die Verordnung über die Kriegsindustriekomitees ließ auch Platz für eine Arbeitervertretung, womit versucht wurde, die Arbeiter zur Teilnahme am Krieg heranzuziehen, sie auf diese Weise an die Bourgeoisie zu binden und die anwachsende Arbeiterbewegung in den Griff zu bekommen und niederzuhalten. Bei der Aufforderung, Arbeitervertreter in die Kriegsindustriekomitees zu wählen, erklärten die Industriellen offen, sie rechneten darauf, daß »die Arbeitervertreter einen Beitrag leisten können zur Klärung der Arbeitsbedingungen und zur Steigerung der Produktivität und daß sie an einer erfolgreicheren Arbeit zur Verteidigung des Landes mitarbeiten werden«.

Diese polizeilich-politische Maßnahme, die die Arbeiter von der revolutionären Bewegung ablenken und die Hoffnung der Industriellen, auf dem Wege des »Klassenfriedens« die Produktivität auf Kosten der exploitierten Arbeiter zu steigern, erfüllen sollte, trat zumindest als Schemen einer Arbeitervertretung in Erscheinung, noch während die »Vaterlandverteidiger« und »kriegsindustriellen Sozialisten« bestrebt waren, sie als »Beginn der Teilnahme der Arbeiterklasse an der Organisierung der Wirtschaft« auszugeben. Die neuen Formen der kapitalistischen Ausbeutung verlangten eine Modifizierung der traditionellen autoritären Beziehungen des Kapitals gegenüber der Lohnarbeit. Das Kapital selbst *mußte* eine gewisse »Umstrukturierung« in seinem Verhältnis zur Lohnarbeit vornehmen.

In beinahe allen kapitalistischen Ländern gab es während des Krieges einen gewissen Kontakt zwischen Industriellen und Arbeiterorganisationen. Und so versuchten jetzt auch die Kriegsindustriekomitees, wenn auch mit russischer Plumpheit, die Arbeiter an sich zu binden. Doch der Klasseninstinkt ließ die Arbeiter den wahren Charakter eines Übereinkommens über einen »gesellschaftlichen Burgfrieden« zwischen ihnen und den Kapitalisten erraten, so daß sie sich nicht mit Elend und Rechtlosigkeit, mit Ausbeutung und Sklaverei abfanden, die ihnen dieses Klassenübereinkommen bringen mußte. Die Wahlen der Arbeitervertreter zu den Kriegsindustriekomitees gaben zum erstenmal während des Krieges die Möglichkeit, in den Unternehmen Arbeiterversammlungen abzuhalten und sogar offen Fragen zu stellen, die die zaristische Politik betreffen. Die Fabrik verwandelte sich (zunächst nur für kurze Zeit) in ein Zentrum des politischen und revolutionären Kampfes, wo in erbittertem Streit zwei gegensätzliche Tendenzen miteinander rangen: einerseits das Versöhnlertum der Vaterlandsverteidigung, die die Arbeiter zur Unterstützung des kriegführenden Kapitals aufrief, andererseits der revolutionäre Internationalismus, der den unversöhnlichen Klassenkampf mit dem Kapital propagierte. Der vordergründige Sieg des »Sozialpatriotismus« führte zur Schaffung der Arbeitergruppe bei den Kriegsindustriekomitees, deren Tätigkeit wir uns nun zuwenden.

Die »Arbeitergruppe« erkannte in ihrer Deklaration auf der ersten Sitzung des Zentralen Kriegsindustriekomitees an, daß die Komitees als eine Organisation der großindustriellen Bourgeoisie zu verstehen seien, die von erfahrenen Führern der Kampforganisation des Kapitals geleitet würden. Ihre Teilnahme an der Arbeit der Kriegsindustriekomitees begründete sie folgendermaßen: »Wir bemühen uns, *unser* Verständnis von den Interessen des Landes und *unser* Verständnis von den Mitteln, es vor dem Untergang zu bewahren, zu verteidigen, genauso wie wir versuchen, die Interessen der Arbeiterklasse gegen alle Anschläge auf ihre Errungenschaften zu schützen.« Die ganze weitere Politik der »Arbeitergruppe« war jedoch, im Widerspruch zur Deklaration, auf die Unterstützung der Interessen der Bourgeoisie orientiert.

Dieses Spezifikum in der Politik der »Arbeitergruppe« zeigte sich am deutlichsten in dem Entwurf zur Einrichtung der Fabrikältesten, d. h. in eben jenem Gesetz, an dem das Versprechen der Deklaration — »in jeder Hinsicht die Organisierung der Arbeiterklasse zu fördern« und »ihre Errungenschaften gegen jeden Anschlag zu verteidigen« —, wie man meinen sollte, am ehesten hätte eingelöst werden müssen. Wir wollen in Kürze die Geschichte der Wiedereinrichtung dieser Institution der Ältesten darstellen. Auf dem 2. Allrussischen Kongreß der Kriegsindustriekomitees vom 26. — 29. Februar 1916 brachte die »Arbeitergruppe« einen Entwurf zur Wiedereinsetzung des Gesetzes vom 10. Juni 1903 ein, und der Kongreß machte es allen Kriegsindustriekomitees zur Pflicht, »sich in allen Fabriken und Werken um die Einführung der Institution der Fabrikältesten zu kümmern«. Am 22. März 1916 verteidigte der Minister für Handel und Industrie in der Reichsduma den Entwurf zur Durchführung des Gesetzes von 1903, und bereits ein Jahr später war das Gesetz in der vom Minister modifizierten Form fertiggestellt. Im Juli dieses Jahres verschickte das Zentrale Kriegsindustriekomitee eine Instruktion über die obligatorische Einsetzung von Fabrikältesten mit einem Bericht, in dem die Bedeutung dieser Institution erklärt wurde. In diesem umfangreichen Bericht über die Geschichte des Gesetzes vom 10. Juni 1903 innerhalb der letzten 13 Jahre kommt zum Ausdruck, daß die »Arbeitergruppe« und das Zentrale Kriegsindustriekomitee die größten Hoffnungen auf die Wiedergeburt dieser Institution setzten: »In der gegenwärtigen komplizierten Situation, wo die Arbeiterklasse zersplittert ist und Gewerkschaftsorganisationen fehlen, kann der Institution der Fabrikältesten die beneidenswerte Aufgabe zufallen, ein Ferment zu bilden, das die Arbeiterklasse zusammenschweißt, sie stärkt und diszipliniert; sie kann zu einer Organisation werden, die, *zweckmäßig* an der Verteidigung der Rechte des Arbeiters orientiert, die Schärfe der Konflikte einerseits mildert und andererseits die Bedürfnisse der Arbeiter massiv verteidigt.«[133]

In welcher Form präsentierte sich nun dieses Gesetz von 1903 den Arbeitern, und weshalb verwandelte es von Anbeginn an den Gedanken der Arbeitervertretung und die Forderung nach einer »Fabrikverfassung« in leeres Geschwätz und Fiktion?

Hatte der Entwurf des Ministers für Handel und Industrie, Fürst Šachovskij[134], nach eigenen Worten noch im Auge, die »Mängel« des Gesetztes von 1903 zu eliminieren, die »der Realisierung der Institution der Fabrikältesten im breitesten Umfang im Wege stehen«, so ergibt sich aus seinen »Verbesserungen« (Alter von 25 Jahren als Beendigung für die Wahl zum Ältesten, Ausschluß von Jüngeren von der Teilnahme an den Wahlen, Arbeitszeit von zwei Jahren in einem Werk u. ä.), daß wiederum ein großer Teil der Arbeiter nicht an den Wahlen teilnehmen durfte und daß das ursprüngliche Gesetz von 1903 sogar noch weiter eingeengt wurde. Der »Entwurf von Regeln für die Ältesten, die von Arbeitern eines Werks gewählt wurden« (Musterstatut), der von der »Arbeitergruppe« ausgearbeitet wurde, brachte allerdings einige Verbesserungen mit sich; so lautete Punkt 3 der »Regeln« in der redaktionellen Fassung der Gruppe: »Jede Abteilung wählt aus ihrer Mitte 2 Kandidaten, die nicht jünger als 25 Jahre sein dürfen und vorher nicht weniger als einen Monat im Betrieb gearbeitet haben müssen; dies gilt für Männer wie für Frauen.« Auf diese Weise wurde das Alter für Wahlmänner und das Dienstalter für Älteste herabgesetzt und die alte Wahlordnung, daß die Werksleitung selbst den ihr genehmsten Ältesten aus einer Reihe gewählter Kandidaten zu bestimmen pflegte, aufgehoben. Doch im allgemeinen wurde das Gesetz infolge des hartnäckigen Widerstandes der Industriellen, die eine zu umfassende »Verfassung« fürchteten und Angst vor Eingriffen in ihre Rechte als Selbstherrscher hatten, einer wesentlichen Umarbeitung nicht unterzogen.

In einem Begleitschreiben zu der Verschickung des Gesetzes und der Instruktion zu seiner Anwendung beschränkte sich die »Arbeitergruppe« auf ausführliche Ratschläge, wie man das Gesetz am besten ausbeuten und den engen Rahmen ausweiten könne; dabei riet sie, die Gesetzesartikel nicht »borniert« aufzufassen und in der praktischen Anwendung des Gesetzes die Rechte auszuweiten. Bei der Interpretation des Artikels 7 des Gesetzes schlug sie den Arbeitern vor, darum zu kämpfen, daß die Ältestengruppen sich im Prozeß ihrer Arbeit in lokale Betriebsorganisationen der Arbeiter verwandelten. Diese sollten dann alle Lebensbereiche der Arbeiter eines gegebenen Unternehmens im Auge behalten, streng auf die Erfüllung des Lohnkontraktes achten, sich immer bereithalten zum Schutz der Arbeiterinteressen, sobald die Unternehmer versuchen sollten, bei der Auslegung der Beschäftigungsbedingungen diese zu verändern. Auf diese Weise war die Anwendung des Gesetzes jeweils abhängig von der Energie und Kampfstärke der lokalen Fabriks- und Betriebszellen.

Ebenso nahm die »Arbeitergruppe« auch die Frage auf, wie die Kompetenzen der Fabrikältesten erweitert werden könnten: »Da die Fabrikältesten das Recht haben, sich mit Angelegenheiten zu beschäftigen, die das Leben der Arbeiter in einem bestimmten Werk betreffen, ist es ihnen möglich, in den Kreis ihrer Funktionen beinahe das gesamte gesellschaftliche und wirtschaftliche Leben der Arbeiter dieses Unternehmens miteinzubeziehen. Das betrifft auch Bedürfnisse kultureller Art, Aufklärung, Kampf gegen den Alkoholismus, Hebung des sittlichen Niveaus der Arbeiter, Organisation gegenseitiger Hilfe usw.«

Die »Arbeitergruppe« verstand die Funktionen und Vollmachten der Fabrikvertretungsorganisationen der Arbeiter in der Tat nicht »borniert«. Sie sah ihre Aufgaben auch im Kampf gegen den Alkoholismus und um ein höheres sittliches Niveau der Arbeiter. Allerdings findet sich in diesem Begleitschreiben eine Stelle, die durchaus »borniert«, d. h. begrenzt aufzufassen ist: »Da keine gewerkschaftlichen Organisationen vorhanden sind, nehmen die Fabrikältesten in diesem Fall die Stelle einer Werkszelle auf lokaler Ebene ein und organisieren und leiten die Politik der Arbeiter in bestimmten Perioden.« Hier wird die ganze Frage der Fabrikältesten und ihrer Aufgaben als einfache Frage nach dem Kräfteverhältnis zwischen Arbeitern und Kapitalisten gestellt.

Genau wie die Arbeiter hatten auch die Fabrikanten das Problem erfaßt und scherten sich nicht um »Instruktionen« und »Regeln«, die großenteils von der »Arbeitergruppe« in blindem Vertrauen auf den »Klassenfrieden« geschaffen worden waren, sondern setzten vielmehr den hartnäckigen inneren Krieg um die »Fabrikverfassung« fort. Die Haltung der Arbeiter zu dem neuen Gesetz über die Fabrikältesten ist hinreichend klar durch den faktischen Boykott, den das alte Gesetz im Lauf der letzten 13 Jahre durch die Arbeiter erfahren hatte. Doch veränderte sich während des Krieges dieses Verhältnis sowohl auf seiten der Arbeiter wie auf seiten der Industriellen. Die größeren Aufgaben und der Kampf mit dem Kapital, der sich kompliziert hatte, stellten die Arbeiter jeden Tag vor das Problem, eigene Vertretungsorgane zu schaffen. Eine ganze Reihe von Betrieben versuchte, in der einen oder anderen Form Organe der Arbeitervertretung zu schaffen, trotz aller auftretenden Schwierigkeiten und Hindernisse. Von diesem elementaren Hang zur Organisation spricht auch der weiter oben angeführte Bericht: »In einigen Fällen fungieren Räte von Deputierten, Räte von Bevollmächtigten und Gewählten, in vielen Werken funktionieren spezielle Werkskommissionen, die als inoffizielle Werksorganisation in Erscheinung treten. Andere Werke versuchen, in diesem Sinne die Institution der Fabrikältesten sich zu Nutze zu machen, die im Jahre 1903 gesetzlich verankert worden war.«[135] So gab es Fabrikälteste in Nikolaev, die während des Werftstreiks eine ganz bedeutende Rolle spielten. Älteste gab es in Petrograd im Werk von Erikson. Während eines Streiks in der Brjansker Fabrik forderten die Arbeiter die Einführung von Ältesten. Der spontane Ausbruch der Arbeiterbewegung während des Krieges im Donecbecken machte dort die Institution der Fabrikältesten sogar populär. All dies zeigt, daß der Hang zur Organisation und die Anstrengung der Arbeiter, sich aus der Sklaverei der »absoluten Monarchie« in den Fabriken zu befreien, nicht aufzuhalten waren.

Die Industriellen nahmen dies unverzüglich in ihr Kalkül auf und wandelten entschieden ihre Taktik und ihre Haltung zu den Fabrikältesten; dabei versuchten sie, diese nicht nur unschädlich zu machen, sondern für ihre Interessen einzuspannen. So schlug eine Konferenz von Industriellen 1916 diesbezüglich bereits vor, die Fabrikältesten als ein Organ einzurichten, das geeignet sei, die Beziehungen zwischen Arbeit und Kapital zu regeln. Der Moskauer Fabrikantenverband erklärte, daß er gerne dem Wunsch der Arbeiter nach Einrichtung der Fabrikältesten entgegenkomme. Sogar der konservativere und gegen die Ältesten feindselig gestimmte Petrograder Fabrikantenverband (wir entsinnen uns der Glezmer-Gruppe und ihrer Bewertung des Gesetzes im Jahre 1903) änderte seine Taktik und erklärte, daß »von seiner Seite der Einführung der Institution der Fabrikältesten keine Hindernisse im Wege stehen, daß aber vielmehr die Arbeiter gegen sie eingestellt sein könnten« (und so war es auch in der Tat).

Jedenfalls ist es charakteristisch, daß die Industriellen eine scharfe Kehrtwendung vollführten. Wir sehen dies besonders augenfällig, wenn wir uns die Protokolle und Berichte der Fabrikantenverbände zu dieser Frage vornehmen. So nahm zum Beispiel der Rat des Moskauer Verbands auf einer Sitzung den Beschluß an, in den ihm angeschlossenen Unternehmen Fabrikälteste einzuführen. Dabei bekräftigte er seinen Beschluß mit langen Phrasen über die »patriotische Pflicht«, die ihn veranlaßt habe, der Einrichtung der Ältesten in den Fabriken entgegenzukommen und dadurch »die Aufgabe zu erleichtern, Streitigkeiten zu lösen, nachdem man die ununterbrochene Versorgung unserer Soldatenbrüder mit allem, was sie brauchen und bekommen müssen, forciert hat«.

Nachdem die Moskauer Industriellen ihren Beschluß, die Arbeitervertretung in ihrem Sinne auszubeuten, in den Mantel von »Pflicht« und »Opfer« gekleidet und sich den Umstand, daß die Aufgaben und Kompetenzen dieser Institution nur eine »Frage des Kräfteverhältnisses« waren, zunutze zu machen versucht hatten, gingen sie in der Praxis daran, »Regeln« auszuarbeiten, die sogar den gemäßigteren Vertretern des Moskauer Kriegsindustriekomitees auf dem »Prinzip kleinlicher Bevormundung der Arbeiter und weitgehender Einengung ihrer Selbständigkeit«[136] zu basieren schienen. Die Fabrikanten betrachteten diese Regeln als die Verlängerung der »Regeln der internen Ordnung«, die sie gewöhnlich in der Absicht aufgestellt hatten, jeden Schritt des Arbeiters zu kontrollieren. Im neuen Amt des Ältesten erblickten sie »das unabhängige, ehrbare Amt« eines »ruhigen und unparteiischen Helfers der Fabrikadministration und des Vertreters der rechtmäßigen, gesetzlichen Interessen seiner Arbeitergenossen«. »Der Älteste ist dem Sinn und Inhalt des Gesetzes nach verpflichtet, als Agent des Friedens und der Harmonie unter den Wählern seiner Gruppe zu walten, wenn zwischen ihr und der Obrigkeit im Industrieunternehmen Mißverständnisse und Äußerungen der Unzufriedenheit aufzukommen beginnen« — das ist die Interpretation dieser Regeln durch den Rat des Moskauer Fabrikantenverbands in einer zusätzlichen Erläuterung. Kein Wunder, daß die Arbeiter bei dem Versuch, eine Fabrikvertretung durchzusetzen, die Einrichtung des Fabrikältesten in der Mehrzahl der Fälle ablehnten. Sie boykottierten das »Gesetz« und die

»Regeln« und auch die Ratschläge der Arbeitergruppe über die Möglichkeit, diese auszunutzen, und forderten energisch die Anerkennung der Arbeiterzellen, die sie repräsentierten: die Fabrik- und Werkskommissionen, also die entwickeltsten Vorläufer der revolutionären Fabrik- und Betriebskomitees.

Die scharfe und unmißverständliche Wertung des Ältestengesetzes durch Arbeiter des Lessner-Betriebs im März 1916 demonstriert und charakterisiert die Haltung des bewußtesten Teils der Arbeiterklasse und sein bedeutend gewachsenes und herangereiftes Bewußtsein als revolutionäre Klasse so klar, daß man diese Resolution vollständig zitieren muß: »Die allgemeine Versammlung der Arbeiter der Lessner-Werke erklärt, nachdem sie den Vorschlag der Werksleitung diskutiert hat, auf der Grundlage des Gesetzes von 1903 Älteste einzusetzen: Dieses Gesetz ist von dem niederträchtigen Diener des Zarismus, Minister Pleve, ausschließlich gegen die sich in jenen Jahren erhebende revolutionäre Bewegung der Arbeiterklasse geschaffen worden. Der Autor dieses Polizeigesetzes trug sich mit der Absicht, eine permanente Zelle inmitten der Arbeiter zu schaffen, mittels derer man die aktivsten Arbeiter herauslocken könnte. Das Gesetz zielte darauf ab, die revolutionäre Aktivität der Massen zu paralysieren und durch die legale und gütliche Zusammenarbeit mit den Feinden des Proletariats, mit dem Kapital und seinem Handlanger, der Regierung, zu ersetzen. Die Arbeiterklasse hat mit ihrem gesunden Instinkt diesen niederträchtigen Betrug der Gesetzgeber im Polizeihauptquartier erkannt und verwarf in entschiedenem Protest den ihr vorgeschlagenen Schacher. Jetzt, nach 13 Jahren, ist die Zeit gekommen, daß die Arbeiterklasse erneut ihre Kräfte sammelt, um mit der Regierung abzurechnen, die sie ruiniert und zur Abwechslung ebendasselbe Gesetz wieder hervorgezogen hat. Die Arbeiterklasse läßt sich auch jetzt nicht zum Narren halten. Entschieden weisen wir den Vorschlag der Werksleitung zurück und protestieren gleichzeitig gegen jene Pseudofreunde der Arbeiter, die in den Spalten der bürgerlichen Presse und von der Tribüne der Reichsduma herab diesen Feldzug gegen die Arbeiterklasse zu rechtfertigen versuchen. Was wir fordern ist: Gewerkschaftsverbände und Freiheit für die anderen Klassenorganisationen des Proletariats, Aufbau einer Arbeiterpresse und *Anerkennung der Betriebskommissionen, die auf den Prinzipien einer breiten Demokratie gewählt worden sind.*« Das ist die vollständige Entlarvung des Gesetzes vom 10. Juni 1903, das die Industriellen im Jahre 1916 erneut als große Errungenschaft auszugeben versuchten.[137]

Es fand aber auch im Jahre 1916 nur wenig Verbreitung. Die Arbeiter verzichteten lieber auf ihre eigene Vertretung, als daß sie eine solche im Interesse des Kapitals schufen. So riefen zum Beispiel in einem Betrieb wie der Brjansker Fabrik, die in einem Streik eine

»Fabrikverfassung« durchgesetzt hatte, die »Fabrikantenregeln« entschlossenen Widerstand hervor, und zu den Wahlen erschienen von 17 000 nur 124 Betriebsangehörige. Anderswo (zum Beispiel in den Betrieben Dobrov und Nabholz, wo die Verwaltung weit mehr als die Arbeiter auf der Erhaltung der Fabrikältesten bestand) ging die Verwaltung, da bei den Wahlen systematisch das Quorum nicht erreicht wurde, dazu über, die Ältesten einzusetzen. So läßt sich insgesamt sagen, daß die Haltung der Arbeiter gegenüber diesem Surrogat von »Fabrikverfassung« völlig eindeutig war.

4. *Die »kriegsindustriellen Sozialisten« und das Problem der Teilnahme der Arbeiter an der Regulierung des industriellen Lebens*

Das System des Imperialismus zeitigte seine Früchte. Zu Beginn des dritten Kriegsjahres war die Katastrophe im wirtschaftlichen Leben des Landes so offensichtlich, daß sogar die Bourgeoisie aller Schattierungen davon sprach. Das Mißverhältnis zwischen der Entwicklung der Produktivkräfte und dem autokratischen Regime im Lande, das die unverhüllte, durch nichts eingeschränkte Politik des Raubbaus des vereinigten Kapitals sanktionierte, wurde immer drohender. Die eigenartige Symbiose von Selbstherrschaft und brutalster Kapitalfraktion machte den künftigen Zusammenbruch der Wirtschaft unumgänglich.

Dies ist der Grund, weshalb mit jedem Tag die Forderung nach staatlicher und gesellschaftlicher Intervention und Kontrolle der Industrie, insbesondere der Kriegsindustrie, nachdrücklicher erhoben wurde. Zu der Zeit, da das kapitalistische Europa schon längst die private Konkurrenz und die ökonomische Freiheit (»freies Spiel der wirtschaftlichen Kräfte«) überwunden und zum System staatlicher Kontrolle der Produktion und des Konsums übergegangen war, konnte es in Rußland einen Staatskapitalismus westeuropäischen Typs noch nicht geben. Trotz aller Fortschritte bei der Konzentration der Industrie befand sich die Staatsmacht noch nicht in den Händen der Bourgeoisie, war sie noch nicht wie in Westeuropa einfach das Aushängeschild des Finanzkapitals. In Rußland verband sich die Anarchie der Produktion mit der privatmonopolistischen Methode des Wirtschaftens, und ein Eingriff der im wesentlichen feindselig eingestellten Klasse der Adelsbürokratie, in deren Händen die Staatsmacht lag, war hier nicht möglich.

Die Machtergreifung durch die Handels- und Industriebourgeoisie stand aber klar auf der Tagesordnung. »Einheit mit der Staatsmacht« und »Klassenversöhnung« waren unter den Bedingungen des polizei-bürokratischen Regimes, das die »gesellschaftliche Initiative« und Selbsttätigkeit der Bourgeoisie einschränkte, kaum möglich. Die bürgerliche Opposition versuchte daher, die Regulierung und Kontrolle vor allem der Kriegsindustrie in ihre Hände zu bekommen, wozu sie die Kriegsindustriekomitees geschaffen hatte, die den Charakter von Klassenorganisationen der Bourgeoisie angenommen und gewaltige Bedeutung für die Kriegführung bekommen hatten, so daß die Regierung diese »gesellschaftlichen« Organisationen nicht nur dulden, sondern ihnen Konzession um Konzession machen mußte. Der liberale Ton und die Opposition des großen Industriekapitals, das dem »Gemeinwesen« seine »Reverenz« erwiesen hatte, zogen die liberaldemokratische Schicht der Intelligenz und sogar jenen Teil der patriotisch gestimmten »Sozialisten«, der die »Vaterlandsverteidigung« und den »Krieg bis zum Sieg« predigte, auf seine Seite hinüber. Auf diese Weise wurde die eigenartige sozialpolitische Gruppierung von Intelligenz und Bourgeoisie geschaffen, die unter dem Namen »Arbeitergruppe« beim Kriegsindustriekomitee bekannt wurde und die mit dem Titel: »Kriegsindustrielle Sozialisten« treffend charakterisiert ist.

Namentlich diese Gruppe (»Gvozdevcy«[137a]) diente als Bindeglied zwischen den Kreisen der industriellen Bourgeoisie und dem Teil der Arbeiterklasse, der die patriotische Verblendung noch nicht abgestreift hatte. Diese Gruppe ging davon aus, daß die Arbeiterklasse nur mit Hilfe der Macht der Bourgeoisie den Sozialismus erringen könne – wie auf der anderen Seite klar war, daß die Bourgeoisie die Macht nur über die Hilfestellung dieser Organe erringen konnte: die Kriegsindustriekomitees stellten ein Mittel zur Machteroberung dar.

Zusammenarbeit mit der vaterländischen imperialistischen Bourgeoisie auf der Grundlage der »Landesverteidigung«, Heranziehung von Arbeitervertretern zur Kontrolle und Regulierung der Kriegsindustrie zusammen mit der Bourgeoisie — das war das Programm dieses eigentümlichen russischen »kriegsindustriellen Sozialismus«, der das unter russischen Bedingungen unmögliche System des »Staatskapitalismus« ersetzen mußte. Der Gedanke, die Arbeiter unter der Losung: »Kontrolle und Regulierung der Kriegsindustrie durch die Arbeiterklasse selbst« (als ob die Arbeiterklasse an der Prosperität der Kriegsindustrie interessiert gewesen wäre) in die Interessensphäre der Kriegsindustrie miteinzubeziehen, fand unter der Bourgeoisie Sympathie und Unterstützung; verstand diese doch gut, daß nicht so sehr davon die Rede war, die Arbeiter zur Teilnahme an der Gestaltung des industriellen Lebens heranzuziehen, als vielmehr sie von der revolutionären Arbeiterbewegung abzuziehen, die sich unter internationalistischen Parolen entwickelt hatte.

Damit war die Frage der praktischen Errungenschaften des »kriegsindustriellen Sozialismus« in der Volkswirtschaft entschieden. Damit war auch der Grad des Einflusses, den diese klassenfeindliche und konterrevolutionäre Richtung auf die Arbeitermasse ausübte, vorherbestimmt. Die besonders im Jahre 1916 stürmische politische Atmosphäre konnte sich in den Fabriken nicht auswirken. Die Stimmung und die Forderungen in den Fabriken konnten nicht weit über die Grenzen ihrer Unternehmen hinauswirken und so Druck auf den allgemeinen Gang des politischen Lebens ausüben. So verlor die kapitalistische Fabrik in ihrem Wachstumsprozeß immer mehr den Charakter einer besonderen, isolierten Einheit mit eigenem internen Leben und wurde zu einem festen Glied in dem ganzen sozial-ökonomischen System, das die Epoche des vereinigten Kapitals hervorgebracht hatte. Der Kampf, der im Zusammenhang mit den Wahlen der Vertreter der Fabriken in die Kriegsindustriekomitees alle Fabriken und Betriebe Petrograds ab September 1915 erfaßt hatte, ist schon ein lebhaftes Spiegelbild der politischen Physiognomie dieser Zeit.[138]

Die Schaffung einer »politischen Reservearmee«, wie Genosse Trockij sich in einem seiner Aufsätze aus dieser Zeit ausdrückt[139], welche die »kriegsindustriellen Sozialisten« unterstützt hätte, stieß auf den aktiven Widerstand von seiten des bewußten und revolutionären Teils des Fabrikproletariats. Die gewaltige Mehrheit der Bevollmächtigten der Fabriken weigerte sich auf der ersten Versammlung der Wahlmänner fürs Kriegsindustriekomitee, ihre Vertreter zu wählen, und brandmarkte jene, die die Arbeiter in dieses Abenteuer hineinzögen, als Verräter: »Wir betrachten prinzipiell die Teilnahme von Vertretern des Proletariats an einer Organisation, die auf irgendeine Weise dem Krieg dient, als unzulässig«, erklärten die Petrograder Proletarier und stellten fest: »Finden sich im Kriegsindustriekomitee auf irgendeine Weise Arbeiter, so wird gegen sie ein entschiedener Kampf geführt wie gegen Deserteure und Leute, die dem Willen des Petrograder Proletariats zuwiderhandeln.«[140]

Diese revolutionäre Stimmung erfaßte immer größere Massen der Arbeiter. »Hier (in Petrograd) ist unter den Massen gegenwärtig die populärste Parole: keine Koalition, sondern *grundlegende Veränderung*«, schrieb ein menschewistischer Arbeiter über die Ablehnung einer Beteiligung am Kriegsindustriekomitee durch die Arbeitermassen.[141]

Allerdings hatten Bourgeoisie und »Sozialpatrioten« gar nicht die Absicht, die »Lehren der Vergangenheit« in Betracht zu ziehen — um so weniger, als es ihnen schon auf der 2. Versammlung der Bevollmächtigten am 29. November nach einer Vorbereitungskampagne gelang, eine geringfügige Mehrheit von Befürwortern für die Beteiligung der Arbeiter an den Kriegsindustriekomitees zu versammeln und zehn Vertreter ins Zentrale Kriegsindustriekomitee und ins Petrograder Gebietskomitee zu entsenden. Was war das Ergebnis dieser »Beteiligung« der »Arbeiter« an der »Regulierung und Kontrolle«

der Kriegsindustrie über die bei den Kriegsindustriekomitees geschaffenen »Arbeitergruppen«? Anfang Dezember 1915 legte die »Arbeitergruppe« eine Instruktion zur Bestätigung vor, in der die Aufgabe der »Arbeitergruppe« als »Teilnahme an der Arbeit des Zentralen Kriegsindustriekomitees und seiner Abteilungen mit dem Ziel, unsere Gesichtspunkte in den vor dem Lande stehenden Aufgaben zu verteidigen und die Interessen der Lohnarbeit zu schützen«, bezeichnet wurde. Als konkrete Aufgaben der »Arbeitergruppe« wurden hier genannt: Mitwirkung bei der Mobilmachung der Industrie, Regelung des Versorgungsproblems, Mitwirkung in Organisationen wie Arbeitsbörse oder Gewerkschaften, Organisation und Schutz der Lohnarbeit, Regelung der Sozialgesetzgebung, Mitwirkung bei der Schaffung von Arbeiterkooperativen u. ä.

Dieses Programm hätte in der Tat ein Programm der aktiven und allseitigen Intervention der Arbeiterorganisationen in das wirtschaftliche und industrielle Leben des Landes sein können, wenn ihm nicht das Prinzip der »Klassenkollaboration« zugrundegelegen hätte, das alle Anstrengungen der Arbeitergruppe, »Unversöhnliches zu versöhnen«, zunichte machte. Besonders deutlich wurde diese Situation an dem völligen Scheitern aller Versuche, die die »Arbeitergruppe« zur Lösung von Konflikten zwischen Arbeitern und Unternehmern unternahm. Persönliche Verhandlungen zwischen Vertretern der Kriegsindustriekomitees und den Werksverwaltungen bzw. Industriellen-Vereinigungen ergaben entweder keine oder nur ganz geringfügige Resultate. So wurden, trotz der Fürsprache der »Arbeitergruppe«, streikende Arbeiter der Admiralitäts-Werft entlassen und an die Front geschickt. Ein Konflikt in dem Maschinenbetrieb Nobel endete ebenfalls mit Intervention des Militärs und Überführung von Arbeitern in den Kriegsdienst.

Versuche des Zentralen Kriegsindustriekomitees, in Verhandlungen mit der Petrograder Leitung der Nikolaevsker Schiffbaugesellschaft in Petrograd einzutreten und den Konflikt in dem Nikolaevsker Werk Naval zu beseitigen, führten ebenfalls zu keinem Ergebnis. Genausowenig zeitigte die Intervention der »Arbeitergruppe« bei den Streiks der Arbeiter der Lessner-Werke – sie forderten Lohnerhöhung – ein positives Resultat. Der Direktor dieses Metallbetriebes, ein Herr namens Pankov, weigerte sich während des Streiks am 22. Juni 1916 und auch später generell, irgendeine Art von Vermittlung zu akzeptieren, und erklärte, daß ihm die Einmischung des Kriegsindustriekomitees unverständlich sei.

Auch andere praktische Maßnahmen der »Arbeitergruppe«, die auf die Regelung der Beziehungen zwischen Lohnarbeit und Kapital innerhalb der kriegsindustriellen Fabrik abzielten, scheiterten völlig. Noch im Januar 1916 beispielsweise brachte die »Arbeitergruppe« einen Entwurf über Schlichtungskammern ein, die Konflikte zwischen

Arbeitern und Unternehmern regeln sollten; doch nach einer Reihe von Instanzen, die dieser Entwurf durchlaufen mußte, wurde er am 22. März vom Handelsminister Šachovskij »in Anbetracht der Bedingungen der Kriegszeit und des Fehlens von Gewerkschaftsorganisationen« abgelehnt. Šachovskij empfahl statt der Schlichtungskammern die Institution der Fabrikältesten, die vor ihrem Inkrafttreten einer nochmaligen Untersuchung unterworfen werden sollte.

Auf der anderen Seite endeten alle Versuche der »Arbeitergruppe«, in den gewerkschaftlichen Organisationen mitzuwirken, mit einem Mißerfolg: Im Sommer 1916 wurde der Verband der Druckereiarbeiter und im September der Verband der Metallarbeiter verboten, trotz der Proteste der »Arbeitergruppe« und der Klagen beim Senat. Aber auch die Teilnahme an der Kontrolle von Produktion und Konsum brachte keinerlei Erfolg: Was die »Arbeitergruppe« hinsichtlich der Einziehung von Arbeitern zum Kriegsdienst, der Mobilmachung der Industrie oder der Fesselung der Arbeiter an die Fabriken unternahm, blieb ohne Ergebnis. Die Versuche, regulierend in die sich verschärfende Versorgungsfrage einzugreifen, endeten mit der Schaffung einiger Fabrik- und Kooperativkantinen, die aber keine wirkliche Verbesserung der Versorgungsnot der Arbeiterklasse mit sich brachten.

Die Mißerfolge der »Arbeitergruppe« erklärten sich zu einem großen Teil aus ihrer doppeldeutigen Lage: Von der gewaltigen Mehrheit des bewußten Proletariats boykottiert, konnte sie natürlich kein ausreichendes Gewicht und keinen Einfluß in den Kreisen des Handels- und Industriekapitals erlangen, das diese »Arbeitervertretung« nur als Aushängeschild benutzte, um mit ihrer Autorität seine eigenen äußerst riskanten Experimente zur Ordnung sowohl des industriellen Lebens wie der »Arbeiterpolitik« zu decken. Je länger jedoch dieser Zustand andauerte, desto klarer wurde er den breiten Arbeitermassen. Mit den Aktivitäten der »Arbeitergruppe« verstärkte sich auch unter den Arbeitern die Opposition. Als z. B. die »Arbeitergruppe« sich an die Leitung einer Berufsgenossenschaft mit der Bitte um Zusendung eines Berichts über ihre Tätigkeit wandte, erhielt sie eine vernichtende Antwort: »Die Leitung lehnt prinzipiell die Teilnahme der Arbeiterklasse an den Kriegsindustriekomitees ab. Ein gewisser Teil der Vertreter der Arbeiterklasse Rußlands ist bewußt in die Kriegsindustriekomitees eingetreten und hat damit die Prinzipien der Arbeiterklasse verraten und Rechte der Arbeiterklasse usurpiert; wir mißbilligen das aufs schärfste; Einerseits täuschen sie die Arbeiterklasse und wollen sie in einer Ausnahmeperiode, d. h. der Kriegszeit, in einen ›Kampf‹ führen, der gar keiner ist; damit bringen sie die Arbeiterklasse in eine ernste Situation. Andererseits spielen sie der Bourgeoisie in die Hände, empfehlen den Weg des Kompromisses und eine Reihe halbherziger

Maßnahmen, die das Ziel nicht erreichen und nicht radikal genug sind, um die Interessen der Arbeiterklasse zu verteidigen.«

Jetzt, wo die objektiv imperialistische Rolle der »kriegsindustriellen Sozialisten« vor den Augen der Arbeiterklasse entlarvt war, sagte sich auch die Petrograder Gruppe der SDAPR-Internationalisten, die einen bedeutenden Teil der Mitglieder der »Arbeitergruppe« beim Kriegsindustriekomitee gestellt hatte, von dieser los. In einem Flugblatt wandte sich die Petrograder Gruppe der SDAPR an die Arbeiter: »Die Vaterlandsverteidigungs-Komiteeler fahren fort, ganz wie früher, die internationale Solidarität durch die Arbeit im Kriegsindustriekomitee unter dem Banner eines eigenständigen, nationalen Sozialismus mit Füßen zu treten. [...] Es ist schmählich, wie sie sich mit dem Hinweis auf die breiten Massen zu decken suchen. Gegen Willen und Wunsch des Proletariats halten sie ›stolz‹ die Fahne des Imperialismus hoch, die Fahne der Vaterlandsverteidigung. Die Fahne des Internationalismus und der internationalen Klassensolidarität haben sie an Gučkovs Archiv weggegeben, wie veralteten und nutzlos gewordenen Kram.« Die Petrograder Organisation der Sozialdemokraten-Internationalisten veranlaßte ihre Mitglieder, sich aus der Arbeitergruppe zurückzuziehen, die Verantwortung für deren Arbeit abzulehnen und die kriegsindustriellen Sozialisten als Spalter der Arbeiterschaft zu denunzieren.

Doch die »Arbeitergruppe« stand so sehr unter dem Bann der Idee der »Zusammenarbeit der Klassen« und des »gesellschaftlichen Burgfriedens« mit der an die Macht gelangten Bourgeoisie, daß es zum Bruch mit der Arbeiterklasse kommen mußte, womit sie gleichzeitig den dünnen Ast absägte, auf dem sie saß: Im Septemberbulletin Nr. 4 erläuterte sie zwar in ihrer Antwort an die »Otzovisten« ihre Position so: »Die praktische Arbeit im Namen reiner Prinzipien zu liquidieren, deren Richtigkeit erst noch erwiesen werden muß, wäre ein in der Geschichte der Arbeiterbewegung unerhörter Akt«[142], doch gelang es ihr nicht mehr sehr lange, diese »praktische« Arbeit fortzuführen. Nachdem sie das Vertrauen der Massen der Arbeiter verloren hatte, konnte auch die Bourgeoisie auf die »Arbeitergruppe« verzichten, und der Rahmen ihrer Möglichkeiten, ins industrielle Leben »einzugreifen«, wurde immer enger. Mit der Verhaftung der »Arbeitergruppe« in der Nacht vom 26. zum 27. Januar 1917 war diese kurze, doch ruhmlose Episode der »Teilnahme der Arbeiter« und der Zusammenarbeit mit der imperialistischen Bourgeoisie zur »Regelung« des industriellen Lebens des Landes schließlich beendet.

Zu diesem Zeitpunkt stand die Arbeiterklasse bereits auf der Schwelle des historischen Jahrs 1917. Zu diesem Zeitpunkt wußte sie genau, daß 1. die herrschenden Klassen nicht aus der »historischen Sackgasse« ohne die entschlossene Intervention der Arbeiterklasse herauskommen konnten und 2. das richtige und unumgängliche Mittel dieser Intervention nicht die Reform, die »Zusammenarbeit«, sondern der unversöhnliche sozial-politische Kampf der Arbeiterklasse um neue Formen gesellschaftlicher Verhältnisse und um neue Produktionsverhältnisse war.

Dieser neue Weg des Proletariats war die *Revolution*. Das Proletariat betrat ihn im Jahre 1917, getrieben vom Instinkt zur Selbsterhaltung und dem Vorgefühl seiner historischen Rolle als Organisator einer neuen und rationellen Produktionsweise und neuer gesellschaftlich-ökonomischer Verhältnisse.

III. Die Fabrikkomitees in Rußland in der Epoche der Revolution 1917-1918

Erstes Kapitel

Die »konstitutionelle Fabrik« in der Periode der Februarrevolution

1. Die Fabrikkomitees im Kampf um die Produktion

Die innere Logik der Revolution, die sich in einem kapitalistischen Land entwickelt hat, brachte mit einem Male Losungen und Aufgaben hervor, die weit über die Grenzen der kapitalistischen Ordnung hinausgingen. Der scharfe Klassenantagonismus zwischen Arbeit und Kapital, die Bloßstellung der Klassenposition der kriegführenden Parteien, die Unfähigkeit des Kapitalismus, die durch den Krieg zerrüttete Wirtschaft zu rekonstituieren, und schließlich der Selbsterhaltungstrieb der Klasse – die ganze historische Situation erforderte die Mobilisierung der Arbeiterklasse, um einen entschiedenen Umschwung auf dem Gebiet der ökonomischen Beziehungen herbeizuführen.

Mit dem »Recht auf Arbeit« – dieser, wie Marx sagte, »erste(n) unbeholfene(n) Formel, worin sich die revolutionären Ansprüche des Proletariats zusammenfassen«[1], konnte sich die Arbeiterklasse nicht begnügen. Die Krise des Kapitalismus, die gegen Ende des Krieges zu beobachten war, brachte die Bourgeoisie in die Rolle eines Desorganisators der Produktion. Die Wirtschaftskatastrophe, die die Arbeiterklasse als Ergebnis der unumschränkten Herrschaft der Kapitalisten erwartete, drohte auch die zur Ablösung der Bourgeoisie schreitende neue Klasse zu vernichten; das hieß, daß der Kampf um die Beschränkung der Herrschaft des Kapitals und seiner ökonomischen Selbstherrschaft unausweichlich war. Dieser Kampf machte auch den grundlegenden Inhalt der russischen Revolution aus. »Das Recht auf Arbeit«, sagte Marx bei der Bestimmung der Linie des konsequenten Klassenkampfs des Proletariats um eine tatsächliche Veränderung der gesellschaftlich-ökonomischen Verhältnisse, »ist im bürgerlichen Sinn ein Widersinn, ein elender, frommer Wunsch (...) hinter dem Rechte auf Arbeit steht die Gewalt über das Kapital, hinter der Gewalt über das Kapital die Aneignung der Produktionsmittel, ihre Unterwerfung unter die assoziierte Arbeiterklasse, also die Aufhebung der Lohnarbeit, des Kapitals und ihres Wechselverhältnisses.«[2] Die Richtigkeit dieser genial einfachen Formel wird durch den gesamten Verlauf des Kampfes der Arbeiterklasse erhärtet.

Die Aufgabe, die Herrschaft über die Produktion zu errichten, und die historisch unausweichliche Eroberung der Macht durch das Proletariat – das waren Dinge, die lange vor dem Oktober klar waren, als die Ablösung der Diktatur des Imperialismus durch die Diktatur des Proletariats in ihrer ganzen Notwendigkeit sichtbar wurde. Bereits Ende des 19. und erst recht zu Beginn des 20. Jahrhunderts war die »Epoche des Industrie-Liberalismus«, die in Rußland ohnehin kaum existiert hatte, unwiderruflich aufgrund des ungewöhnlichen Wachstums der organisierten Macht des vereinigten Kapitals, vollendet durch den Krieg, der die Spitzen der finanz-kapitalistischen Bourgeoisie an die Macht gebracht hatte, durch eine neue kapitalistische Ordnung abgelöst worden. Eine mächtige imperialistische Staatsorganisation war geschaffen, die die Arbeiterklasse erdrückt, sie des Koalitionsrechts, des Streikrechts, des Rechts auf Freizügigkeit, der Rede- und Pressefreiheit beraubt, als Militärdienstpflichtige an die Fabrik gefesselt und sie zuweilen mit allen möglichen »militärischen« Maßnahmen und »Sondergerichten« pazifiziert hatte. Ausweg und einziges Mittel der Selbsterhaltung war für das Proletariat die Revolution.

Vor der Revolution, die das Proletariat vollbringen sollte, stand plötzlich als soziale Aufgabe: die Diktatur des Finanzkapitals, die gegen das Proletariat gerichtet war, zu zerschlagen und an deren Stelle die Diktatur des revolutionären Proletariats zu errichten, die gegen die imperialistische Bourgeoisie gewendet war.

Die Februarrevolution brachte einen wesentlichen Wandel in das Verhältnis der Klassenkräfte und schuf die Bedingungen für die heranwachsende proletarische Diktatur. Das Proletariat eroberte sich mit der Februarrevolution auf politischem Gebiet eine bestimmte »Gleichberechtigung« – und gleichzeitig verkündete es in der Fabrik seine »Gleichberechtigung« in Fragen der Lohnarbeit und sogar der Produktion. Doch politisch wie ökonomisch konnte das Proletariat sich nicht auf »konstitutionelle« Formen beschränken; beide Bereiche sind in ihrem Wesen nicht zu trennen. Ihrer Klassenlage und historischen Bestimmung getreu mußte die Arbeiterklasse weitergehen. Die Revolution war berufen, die Festung der kapitalistischen Produktionsweise zu zerbrechen, und ihre erste Waffe gegen den Kapitalismus waren die neuen Kampforganisationen der Klasse, die Fabrikorganisationen, die das Proletariat in den ersten Augenblicken des Kampfes selbständig und spontan geschaffen hatte. Die Fabrikkomitees lösten den Nachfolgeanspruch des Proletariats auf die Produktivkräfte ein, und im Verlauf des Kampfes um Erhaltung und Entwicklung der Produktivkräfte errichteten sie die Diktatur des Proletariats innerhalb des Produktionsbereichs. Im Prozeß des revolutionären Kampfes entwickelte sich die Arbeiterkontrolle als die einfachste Methode, den Klassenfeind zu kontrollieren und sich gegen Sabotage oder die Angriffe des aktiv Widerstand leistenden Kapitals zu verteidigen.

Die ganze Entwicklung der russischen Revolution führte auf einer bestimmten Stufe des proletarischen Klassenkampfes die Fabrikkomitees an die historische Rolle, die Produktion zu beherrschen, heran. Die Analyse der konkreten Situation der Ereignisse und des Kräfteverhältnisses der Klassen vor dem Oktober bestätigt dieses allgemeine Schema.

2. Die Fabrikkomitees – die Kinder der Revolution

Die Fabrikkomitees werden häufig als »Kind der Revolution« bezeichnet. Dies ist richtig, trotz der Tatsache, daß ihr, wie wir gesehen haben, Vorformen vorausgingen; und diese existierten, solange innerhalb der Fabrikmauern der Kampf zwischen Lohnarbeit und Kapital ausgetragen wurde. Doch erst mit dem Zeitpunkt der Revolution tritt die revolutionäre kämpferische Natur, der Klassencharakter der Fabrikkomitees als Organe der künftigen ökonomischen Diktatur des Proletariats deutlich hervor.

Mit dem Abflauen der revolutionären Welle, oder umgekehrt, mit dem Sieg der Revolution, ist die Rolle der Fabrikkomitees zu Ende. In den Tagen der Reaktion verschwanden sie beinahe im Untergrund und wurden als kleine Fabrikkollektive revolutionären oder gar parteimäßigen Typs – wie wir sie in der Form der Werkskommissionen während des Krieges kennengelernt haben – zu Kondensationspunkten der revolutionären Energie der Arbeiterklasse. In den Tagen der siegreichen Revolution wurden sie zur aktiven Stütze des proletarischen Staates beim Aufbau neuer Formen der Produktion, bei der Schaffung der neuen Fabrik, die im Prozeß einer langwierigen und hartnäckigen Erneuerung als sozialistische Fabrik reorganisiert wurde. In dieser Epoche unmittelbar vor dem Sozialismus stellten die Fabrikkomitees die Grundzelle der Gewerkschaftsorganisation dar, waren der festigende und organisierende Kern der proletarischen Disziplin, die »Schule des Kommunismus«.

Doch die kämpferisch-revolutionäre Rolle der Fabrikkomitees hebt an und geht zu Ende mit jener glühenden Phase eines grausamen Kampfes, die wir gewöhnlich als Revolution bezeichnen. Bevor wir die Rolle und Bedeutung, die Gründe und Quellen der Bewegung der Fabrikkomitees in Rußland in der Periode der Revolution untersuchen, streifen wir kurz jene Veränderung im Kräfteverhältnis der Klassen durch die Revolution sowie die ökonomische und politische Situation, die sich nach dem Februar 1917 ergab.

Bereits die erste Revolution von 1905–1907 hatte das Proletariat nicht nur als Haupttriebkraft der Revolution und als ihren subjektiven Faktor hervortreten lassen, sondern auch als eine neue Klasse, die, ausgestattet mit unerschöpflicher Kampfenergie, über gewaltige schöpferisch-organisatorische Kräfte verfügte. Als die zweite Revolution im Februar 1917 ausbrach, kam diese Kraft in jenem elementaren Ansturm zum Ausdruck, in dem das Proletariat die letzten Festen des Zarismus zum Einsturz brachte.

Die vom Proletariat durchgeführte Revolution entsprach auch den Interessen der liberal-imperialistischen Bourgeoisie, die sich so der Raubbaupolitik der Selbstherrschaft entledigen konnte; sie brauchte lediglich die vom Proletariat durchgeführte Klassenrevolution zu einer »gesamtnationalen Revolution« zu erklären und sich »im Bunde mit allen lebendigen Kräften« vom Zarismus loszusagen.

Die Bourgeoisie anerkannte dieses Wachstum und die politische Reife der Arbeiterklasse durchaus – z. B. durch den Mund des Vorsitzenden der oktobristischen Reichsduma, Rodzjanko, der 1919, bereits im Lager der Denikinschen Konterrevolution, feststellen mußte, daß »der Grund für die Entstehung der Revolution in Rußland« in einer fehlerhaften Politik der Staatsmacht gegenüber der Arbeiterklasse gelegen habe: »Die regierenden Klassen wollten sich keine Rechenschaft darüber ablegen, daß das russische Volk aus den Kinderkleidern herausgewachsen ist und andere Kleidung und ein anderes Verhalten ihm gegenüber fordert.«[3] Doch mit dieser Anerkennung der Revolution als »gesamtnationaler« und der Anerkennung der »Kraft des Volkes« war der Klassenkampf zwischen den seit jeher sich feindlich gegenüberstehenden Klassen nicht nur nicht beseitigt, sondern verschärfte sich in bisher unbekanntem Ausmaß. Mit grenzenlosem Heroismus ging das Proletariat allen voran im Kampf gegen die imperialistischen Absichten des Finanzkapitals und gegen die zaristische Despotie.

Die Fabriken waren die ersten Herde der revolutionären Energie und des Klassenwillens und Klassenhasses des Proletariats – und seine ersten Festungen. In ihnen konzentrierte sich die kämpferische Energie und der hartnäckige Widerstand der Arbeitermassen, die in den Februartagen auf die Straßen getragen wurden. Und als der Zarismus besiegt und das Proletariat in seine Fabriken zurückgekehrt war, wurde dort der Kampf weitergeführt, ein Kampf, der weitaus länger, grausamer und hartnäckiger sein mußte als der Kampf mit dem Zarismus auf den Straßen, weil es sich hier um einen Kampf mit einer neuen Klasse handelte, die mit Hilfe des Proletariats an die Macht gelangt war; weil dieser Kampf sich um die Verfügungsgewalt über all jene Maschinen und Werkbänke drehte, an die das Proletariat soeben erst zurückgekehrt war. Das siegreiche Proletariat blickte jedoch schon mit anderen Augen auf diese Werkbänke und Maschinen, die so viele Jahre Instrumente seiner Ausbeutung und Unterdrückung gewesen waren: Als Gleichberechtigter machte es an ihnen seine Ansprüche geltend. Es forderte seinen Platz und seine Stimme in der Fabrik. Es wollte nicht mehr nur sein Recht auf Arbeit sichern, sondern die Bedingungen seiner Arbeit selbst schaffen. Hier wurzelte die grundlegende Forderung der revolutionären »Fabrikverfassung«. Und das Proletariat kam zu ihr auf andere Weise als bisher: mit der Einstellung des Siegers, der das Recht hat, sich als *Gleichberechtigter* in der neuen staatlichen Organisation zu betrachten.

Der Kampf war unausweichlich und breitete sich, in der Fabrik begonnen, mit der Entwicklung der Revolution aus auf die Straßen, in die Institutionen und Organisationen, in die Behörden, an die Front — je nach den Umständen. Nach dem Februarsieg konnte das Proletariat nicht zu den alten vorrevolutionären ökonomischen und rechtlichen Existenzbedingungen zurückkehren. Die allgemeine Unzufriedenheit der Arbeiterklasse mit ihrer ökonomischen Lage kam vor allem im Kampf um Lohnerhöhungen zum Ausdruck. Vor der Revolution bestand eine ungleichmäßige und ungerechte Abstufung der Arbeitslöhne. Zu einem Zeitpunkt als etwa in der metallverarbeitenden Industrie (insbesondere in den Munitionsfabriken) der Arbeitslohn mit der Teuerung noch Schritt hielt, blieb er in anderen Produktionszweigen bereits weit hinter ihr zurück. Hinzu kommt, daß auch die Rechtlosigkeit der Arbeiterklasse im Augenblick des Sieges einen unverzüglichen grundsätzlichen Wandel in den Beziehungen zwischen Arbeit und Kapital forderte.

Deshalb konnte die Arbeiterklasse, nicht Folge leisten, als der Sowjet der Arbeiterdeputierten[4] — er war gleichzeitig mit dem Provisorischen Duma-Komitee, das die organisierte Bourgeoisie vereinigte geschaffen worden — sich am 5. März 1917 mit einem Aufruf an das Proletariat wandte, unverzüglich die Streiks einzustellen und an die Arbeit zurückzukehren, ohne weitere und sofortige Garantien dafür, daß die Forderungen der Arbeiter erfüllt würden: »Um die errungenen Positionen zu festigen und weitere Errungenschaften durchzusetzen, ruft der Sowjet der Arbeiterdeputierten dazu auf, zusammen mit der Wiederaufnahme der Arbeit alle Formen von Arbeiterorganisationen unverzüglich zu schaffen und zu festigen, die als Stützpunkte für den weiteren revolutionären Kampf um die Liquidierung des alten Regimes und um die Klassenideale des Proletariats dienen können. In Zusammenhang damit hält es der Sowjet der Arbeiterdeputierten für notwendig, gleichzeitig mit der Wiederaufnahme der Arbeit die Ausarbeitung eines Programms ökonomischer Forderungen anzugehen, die im Namen der Arbeiterklasse vorgestellt werden.«

Auf der Sitzung des Sowjets erklärte indes Čcheidze[5] zur Wiederaufnahme der Arbeit in den Fabriken und zur Organisierung des

Proletariats unter dem allgemeinen revolutionären Druck der Arbeitermassen und in deren Namen: »Zu welchen Bedingungen können wir arbeiten? Es wäre lächerlich, wenn wir auf Grundlage der früheren Bedingungen weiterarbeiten würden. Die Bourgeoisie soll das wissen.« Die Bourgeoisie verstand auch selbst, daß Unnachgiebigkeit nicht am Platze war. Sie hoffte zwar anfangs noch, daß die Angelegenheit mit kleinen Zugeständnissen abgetan werden könne. Noch am 2. März warnte das Zentrum des organisierten Kapitals, der Rat der Vertreter von Industrie und Handel, »die Handels- und Industrieklasse Rußlands und deren Organisationen davor, Zugeständnisse zu machen«, und schlug in einem Zirkular vor, »Parteien- und sozialen Zwist zu vergessen und sich um die Provisorische Regierung zusammenzuschließen«.

Indessen wälzte nach dem Sturz der Selbstherrschaft eine Woge stürmischer Streiks heran. Es gab kein Werk und keine Fabrik, wo nicht sofort und mit einem Mal, ohne auf Zustimmung von oben zu warten, die anstehenden ökonomischen Forderungen — Erhöhung des Lohns, Kürzung des Arbeitstages usw. — vorgetragen worden wären. Die ökonomischen Konflikte nahmen quantitativ mit jedem Tag zu und wurden im Rahmen des sich entfaltenden Kampfes immer umfassender. Das verlieh der allgemeinen Selbstorganisation der Massen, der Arbeiter, Bauern, Soldaten, einen mächtigen Auftrieb; sie schufen eilig ihre Organisationen und formulierten am Vorabend eines neuen historischen Abschnittes ihre uralten Forderungen. Und hier standen die ersten Kampftruppen des Proletariats, die Fabrikkomitees, mit ihrem Kampfgeist und ihren revolutionären Forderungen wiederum an vorderster Stelle. Über ihre Entstehung berichteten die Vertreter der Fabrikkomitees auf ihrer ersten Konferenz am 30. Mai 1917:

»In den Februar- und Märztagen verließen die Arbeiter die Fabriken und gingen auf die Straße, um ein für allemal Schluß zu machen mit der Hydra des Zarismus. Die Fabriken lagen still. Nach ein, zwei Wochen kehrten die Arbeitermassen in die Fabriken zurück und sahen, daß viele Arbeiter von der Administration willkürlich gefeuert worden waren.« (Voronkov) — »Man mußte zur Arbeit in diese Werke, und zwar ohne Erlaubnis der Administration. Aber wie? Die Werke wählten sofort Fabrikkomitees, mit deren Hilfe das normale Leben in den Fabriken wieder begann.« (Levin) — »Später trat der revolutionäre Strom wieder in sein Bett zurück und floß ruhiger. Die geflohenen Ingenieure usw. sahen, daß die Arbeiter nicht blutrünstig waren ... und begannen, in die Werke zurückzukommen. Einen Teil unter ihnen, nutzlos und hoffnungslos reaktionär, ließen die Arbeiter nicht wieder an die Arbeit. Die übrigen ließ man passieren, ordnete ihnen dort aber Mitglieder der Werkskomitees als Helfer voran. Auf diese Weise war faktisch eine Kontrolle über alles, was im Werk vor sich ging, errichtet.« (Levin)[6]

So begann das Proletariat, ohne die Sanktionierung durch den Gesetzgeber abzuwarten, synchron all seine Organisationen aufzubauen: die Sowjets der Arbeiterdeputierten, die Gewerkschaften und die Fabrikkomitees.

Die Sowjets waren proletarische Machtorgane. Die Provisorische Regierung, hinter der die Arbeiterklasse und die Massen der Bauernsoldaten nur in begrenztem Maße standen, besaß keine wirkliche Macht; der Sowjet der Arbeiterdeputierten in Petrograd wurde somit zum Herrn der Lage und zu einem immer stärkeren Träger von Macht in gesamtnationalem Maßstab. Die Gewerkschaften waren in der Kriegsperiode zerschlagen worden. Die Revolution gab ihnen die Möglichkeit, ihre Reihen wieder zu sammeln, doch hinderte sie diese beschleunigte organisatorische Arbeit daran, ihre Aufmerksamkeit voll auf die Entwicklungen zu konzentrieren, die innerhalb der Fabriken in Bewegung geraten waren. Die Fabrikkomitees hingegen standen im Zentrum dieser revolutionären Herde an der Spitze der Massen, und ordneten sie ihrem revolutionären Elan unter. Ein erster Kampf entbrannte um die Einführung des Achtstundentages. Schließlich kam am 10. und 11. März eine Übereinkunft zwischen dem Exekutivkomitee des Sowjets der Arbeiterdeputierten und dem Fabrikantenverband über neue Arbeitsbedingungen zustande. Die Petrograder Fabrikanten unterschrieben ein Abkommen, das die Anerkennung des Achtstundentages und der in den ersten Revolutionstagen geschaffenen, auf den Prinzipien einer breiten Demokratie gewählten Fabrikkomitees, die bedeutende Funktionen bei der Erstellung der Fabrikordnungen ausübten, miteinschloß.

Die Moskauer Fabrikanten hingegen zeigten mehr Widerstand im Kampf gegen die Ansprüche der Arbeiter. Sie brachten »prinzipielle Erwägungen« gegen den Achtstundentag vor – nicht aus »privaten Interessen als Unternehmer, sondern als Bürger, die den ungeheuren Mangel an Gütern, der im Lande herrscht, und den Bedarf an Gütern für Armee und Volk aufmerksam im Augen behalten«. Deshalb stellte das Moskauer Industrie- und Handels-Komitee am 14. März fest: »Das Problem des Achtstundentages können wir nicht als Problem betrachten, das dem wechselseitigen Einvernehmen von Unternehmern und Arbeitern überlassen bleiben könnte: denn dieses Problem ist von Bedeutung für den Staat.«[7]

Die Arbeiter begriffen jedoch den wahren Sinn dieser »staatsmännischen Erwägungen« der Kapitalisten, und in beinahe allen Fabriken sprachen sie sich für die unverzügliche Einführung des Achtstundentages aus. »Wenn der Rat diese Frage negativ entscheidet«, sagten Arbeiterdeputierte auf dem Plenum des Moskauer Sowjets vom 18. März, »dann wird der Achtstundentag auf revolutionärem Weg, ohne vorherige Erlaubnis eingeführt.« Die erste ernsthafte Auseinandersetzung mit der Bourgeoisie um die Durchsetzung der ökonomischen Forderungen endete mit einem Sieg des Proletariats. Der Achtstundentag wurde nach dem Vorbild Petrograds und Moskaus in allen Städten Rußlands eingeführt, in einigen Städten im Einvernehmen mit den Fabrikanten, in anderen wiederum auf revolutionäre Weise.

Zur gleichen Zeit entstanden in allen Fabriken und Werken Rußlands nach dem Vorbild Petrograds Fabrikkomitees. Ganz zu Beginn stieß der Aufruf des Petrograder Rates (vom 5. März), auf lokaler Ebene Fabrikkomitees zu organisieren oder aber Fabrikälteste zu wählen, noch auf ein gewisses Unverständnis; zu sehr war den Arbeitern das Polizeigesetz über die Fabrikältesten verhaßt, als daß sie es in einem revolutionären Augenblick wieder ausgraben wollten: »Wie konnte der Petrograder Rat die Schaffung von Fabrikältesten auf die Tagesordnung setzen? Welchen Sinn sollen sie haben, wenn es Deputierte des Sowjets und die Möglichkeit der Organisierung von Gewerkschaften gibt? Ist die Losung, die aus Petrograd kommt, denn richtig?« Solche Fragen stellten die Arbeiter von Odessa.[8] Allerdings wurde die Richtung dieser Losung bald klar erkannt. Man mußte nur dafür sorgen, daß die Ältesten oder Deputierten wirklich den Willen ihrer Wähler zum Ausdruck brachten und vertraten. Zum »Allerheiligsten« in den Fabriken, der internen Ordnung, mußte den Arbeitern Zugang gewährt werden.

Die Rechte und Pflichten der Fabrikkomitees wurden so zum erstenmal nicht durch geschriebene Gesetze oder gar Instruktionen bestimmt, sondern überall ausschließlich vom proletarischen Instinkt und von revolutionären Motiven, die von der Basis der Arbeiterschaft in den Fabriken kamen.

3. Die »Fabrikverfassung« und das Gesetz vom 23. April (6. Mai) 1917

Das Proletariat, der Held der Revolution, mußte — nach einem Ausdruck Miljukovs — »sowohl nach der herrschenden Theorie des Sozialismus wie auch aus praktischen Erwägungen mit Gewinnen und spürbaren Vorteilen aus dem Klassensieg hervorgehen«.[9]

Doch konnte und wollte die Gučkov-Miljukov-Regierung und ebenso ihr Nachfolger infolge ihrer bürgerlich-kapitalistischen Natur diese Forderungen des »Helden der Revolution« nicht akzeptieren: »Die Existenzbedingungen der russischen Industrie und der Kriegszeit«, so lautete ihre stereotype Erklärung, »setzen dafür zu enge Grenzen.«

Miljukov resümierte die Standpunkte der Bourgeoisie zu diesen Forderungen:

»Diese von der Friedensgesetzgebung für die Aufrechterhaltung der Arbeit gezogenen Grenzen überschreiten konnte nur heißen: sich auf das Gebiet der Utopie begeben, auf das Gebiet einer unverzüglichen Realisierung der sozialistischen Produktionsweise.« Deshalb trafen der Achtstundentag und die Fabrikkomitees, in den Augen der Bourgeoisie Faktoren, die diese »Grenzen« überschritten, auf den hartnäckigen Widerstand der Industriellen und warteten lange Zeit auf die Legalisierung durch die Regierung.

Erst als beide Forderungen von den Arbeitern durchgesetzt wurden — teils, ohne auf Bestätigung zu warten, teils auf dem Wege separativer Übereinkommen mit einzelnen Fabrikanten — war die Regierung Gučkov-Konovalov[10] gezwungen, die revolutionären Errungenschaften zum Gesetz zu erheben. Da Angelegenheiten der Sozialgesetzgebung in der dem Ministerium für Handel und Industrie unterstehenden »Abteilung Arbeit« nur schwerfällig vorankamen, konnte die »Abteilung Arbeit« im Laufe einiger Monate, die mit den Höhepunkten der Revolution zusammenfielen, nur ein Gesetz über die Arbeiter-Komitees in Industrieunternehmen herausgeben, das nach längerer Diskussion und Verhandlung mit den Industriellen erlassen wurde; der Schwerpunkt lag für die »Abteilung Arbeit« in der Schaffung neuer Formen der Gesetzgebung.

Trotz der Verschwommenheit und bewußt wenig definierten Konturen des Gesetzes vom 23. April 1917 ist das grundlegende Ziel eindeutig: die Bedeutung und Rolle der Fabrikkomitees zu verringern und den Rahmen ihrer Kompetenzen einzuschränken. Der hervorstechende Zug dieses Gesetzes bestand darin, daß die Einführung der Fabrikkomitees nicht obligatorisch war. Ferner bedurften die wichtigsten Fragen der »wechselseitigen Zustimmung der Partner«. Hierbei handelte es sich um die Beziehungen zwischen dem Komitee und der Verwaltung, um die Ordnung und die Bedingungen der Befreiung der Deputierten von der Arbeit, den Ort und die Zeit der Wahlen (Punkt 8). Mit anderen Worten: das Gesetz beseitigte faktisch die Möglichkeiten für die freie Entfaltung der Fabrikkomitees, indem es sie vom Gutdünken der Verwaltung abhängig machte. In Punkt 9 wurden die Zuständigkeitsbereiche der Fabrikkomitees bestimmt — in den allgemeinsten Grenzen; die Beziehungen zwischen Arbeiterkomitees und Unternehmern wurden völlig unklar definiert und damals schon unmittelbar anstehende Fragen wie die Beteiligung der Fabrikkomitees bei Einstellung und Entlassung von Arbeitern und die Bezahlung der von den Mitgliedern der Fabrikkomitees in ihrer Funktion aufgewendeten Zeit überhaupt nicht behandelt. Auf diese Weise schuf das Gesetz den Konflikten, anstatt sie zu lösen, eine neue Grundlage.

Im übrigen rechneten die Arbeiter wenig auf das geschriebene Gesetz und schufen in ihrer Fabrik eine eigene Verfassung, erweiterten deren Rahmen und bestimmten die Kompetenzen ihrer Vertretungen in den Fabriken jeweils nach dem Kräfteverhältnis. Es gab keine Stadt, kein kleineres oder größeres Unternehmen, wo die Arbeiter sich nicht in einer »Erklärung« zum Gesetz vom 23. April ihr eigenes »Statut«, ihre eigenen »Regeln« oder Instruktionen geschaffen hätten. Hier korrigierte und transformierte das spontane Schöpfertum der Volksmassen alles, was zu den eben zum Leben erwachten Prinzipien der Selbsttätigkeit der Arbeiter in Widerspruch stand, von Grund auf.

Die erste und in der Formulierung der Aufgaben kühnste und am meisten umfassende eigenständige »Fabrikverfassung« ist ohne Zweifel die von der Konferenz der Fabrikkomitees der Unternehmen der Kriegsindustrie Petrograds im April 1917 ausgearbeitete und noch vor dem Gesetz vom 23. April durchgesetzte Verfassung. Das größte Interesse verdienen die Punkte 5 bis 7 dieses Status, das weit über die durch das Gesetz sanktionierten Kompetenzen hinausgeht: »Vom Fabrikkomitee gehen alle Verordnungen aus, die die interne Ordnung betreffen (also: Normierung der Arbeitszeit, Arbeitslohn, Einstellung und Entlassung der Arbeiter, Urlaub, u. ä.); der Vorgesetzte des Werkes oder der Abteilung wird davon in Kenntnis gesetzt.« Und: »Alle Verwaltungspersonen — die Vorgesetzten des Werkes, die Vorgesetzten der Abteilungen und Werkstätten, alle technischen Angestellten und alle anderen Verwaltungspersonen — treten ihren Dienst an im Einvernehmen mit den Komitee des gesamten Werkes; dieses muß über deren Einstellung eine Erklärung abgeben oder auf einer allgemeinen Versammlung des ganzen Betriebes bzw. der Komitees in den Werkstätten berichten.« Der nächste Punkt lautet: »Das Gesamtbetriebskomitee hat das Recht, jene Personen aus der Verwaltung zu entfernen, die kein normales Verhältnis zu den Arbeitern garantieren können.« Und schließlich: »Das Fabrikkomitee ist ein Organ, das die Tätigkeit der Werksleitung auf technischem Gebiet und in der Wirtschaftsführung kontrolliert. Um diese vorsorgliche Kontrolle zu verwirklichen, entsendet das Fabrikkomitee aus seiner Mitte einen Vertreter in die Verwaltungsorganisation der Werksleitung, in die Wirtschafts- und technischen Komitees wie auch in alle Abteilungen des Werks; dabei müssen dem Vertreter des Fabrikkomitees alle offiziellen Dokumente der Werksleitung vorgelegt werden; dasselbe gilt für alle Kostenvoranschläge im Produktionsbereich und im Ausgabensektor, wie auch für alle ein- und ausgehenden Papiere.«

Schon im April 1917 wurde mit dieser »Verfassung« der Petrograder Arbeiter, vor allem der Metallarbeiter, die Idee der Arbeiterkontrolle in der Industrie vorweggenommen. So weit war damals noch keine einzige »Fabrikverfassung« gegangen.

Die Versuche in Moskau wie auch in der Provinz, eine »Verfassung« zu schaffen, waren bescheidener, wenngleich sie alle über die

Grenzen, die das Gesetz vom 23. April gezogen hatte, hinausgingen. Die Abteilung für Arbeit beim Moskauer Sowjet der Arbeiterdeputierten unterzog in einer »erläuternden Mitteilung« das Gesetz vom 23. April Passus für Passus einer Analyse und versah es mit Erklärungen, wie es zu interpretieren und zu benutzen sei; diese »Mitteilung« gibt genug Hinweise auf »Regeln« und Instruktionen, wie sie von den größten Moskauer Unternehmen ausgearbeitet worden waren: »Das Arbeiterkomitee muß ein Organ zur Verteidigung der ökonomischen, gewerkschaftlichen und kulturellen Interessen der Arbeiter sein«, heißt es in der Mitteilung: »Bei der Schwäche der Gewerkschaftsorganisationen, kommt den Arbeiterkomitees zuallererst die Aufgabe zu, die Führung im ökonomischen Kampf, die Leitung der Streiks zu übernehmen.« Ferner fällt dem Fabrikkomitee die Aufgabe zu, an der Ausarbeitung von Regeln der inneren Ordnung, der Einstellungsbedingungen, der Kontrolle der sanitären Regeln, der Kontrolle der Werksläden usw., teilzunehmen; ferner müssen sie Maßnahmen im Kampf gegen die Versorgungskrise entwickeln, Konflikte mit Hilfe der Friedenskammer beilegen u. ä. »Das Arbeiterkomitee muß eine mächtige Stütze der gewerkschaftlichen Organisation und des Rats der Arbeiterdeputierten sein.«

Von Interesse ist auch die eigenartige Verfassung der Druckereiarbeiter, die unter dem Namen »Autonome Regeln« bekannt ist. Die Forderung nach »Autonomie« stand bei den Druckern immer an der ersten Stelle. Wir haben gesehen, daß in der Periode der Revolution von 1905–1907 die »autonomen Kommissionen« in den Unternehmen der Druckindustrie eine große Rolle gespielt haben; sie hatten früher als andere die Rechte durchgesetzt, in autonomen Kommissionen über Einstellung und Entlassung von Arbeitern zu bestimmen.

Die »autonomen Regeln«, die von der Versammlung der aus den Unternehmen entsandten Delegierten aufgestellt wurden, formulierten die Rechte der Delegierten deutlich und scharf umrissen: »Die autonome Kommission ist ein Organ, das die Interessen der Arbeiter verteidigt und darauf achtet, daß alle Übereinkünfte, die zwischen dem Verband der Arbeiter des Druckgewerbes und der Organisation der Druckereibesitzer geschlossen wurden, eingehalten werden, sowohl von seiten der Arbeiter als auch von seiten der Verwaltung. »Zu den Pflichten der Delegierten gehören: Untersuchung von Konflikten, Einstellung und Entlassung von Arbeitern, Gewährung von Urlaub in Krankheitsfällen und zur Sommerszeit, Erstellung und Kontrolle von Regeln der internen Ordnung.[11]

Auch die Provinz blieb im allgemeinen bei der Ausweitung des Rahmens der »Fabrikverfassung« nicht nur nicht zurück, sondern war mitunter den Zentren sogar noch voraus. So gingen die Thesen, die am 29. März 1917 auf der Konferenz der Fabrikkomitees von Char'kov vorgelegt wurden und auf den Vorschlägen einer Reihe von

Großbetrieben basierten, bei der Bestimmung der Funktion der Fabrikkomitees weit über das Gesetz der Provisorischen Regierung hinaus. Die Fabrikverfassung der Char'kover Arbeiter, die die Fabrikkomitees als Grundzellen der Gewerkschaften und als Organe der Verteidigung und Repräsentation der Arbeiterinteressen der jeweiligen Betriebes versteht, spricht den Fabrikkomitees die Funktion zu, »Organe der Revolution« und lokale Organe der Gewerkschaften zu sein. »Die Fabrikkomitees müssen sich als revolutionäre Kampfeinheiten um die Festigung und Sicherung aller Errungenschaften der Revolution bemühen.« Im folgenden Punkt wird ihnen eine grundlegende Aufgabe, die aus der Revolution hervorgegangen war, zugewiesen: »Die Fabrikkomitees müssen die Aufrechterhaltung der Produktion, die Verwirklichung maximaler Produktivität des jeweiligen Unternehmens, wie auch die Errichtung einer entsprechenden Kontrolle über alle Teile der Produktion auf sich nehmen.« Außerdem müßten sie »in Zukunft die örtlichen Organe für Tarifübereinkommen, die unterste Kontrollinstanz sein, die die Erfüllung der Abkommen durch Unternehmer wie Arbeiter überwachen«. Schließlich fällt auf die Fabrikkomitees: die Ausarbeitung des Arbeitslohns, sanitäre und hygienische Fragen, Feststellung von technischen Mängeln des Unternehmens, Regeln der internen Ordnung und Beilegung von Konflikten.[12]

Eine derartige Erweiterung der Funktionen und Kompetenzen der Fabrikkomitees in Char'kov schien vielen Delegierten auf der Konferenz noch ungenügend, und ein Teil von ihnen protestierte gegen die Einschränkung der Rechte der Komitees, die nach ihrer Meinung sofort zu Herren der Fabrik werden sollten. Beinahe zu gleicher Zeit (im April und Mai) arbeiteten die Arbeiter in Odessa ihre »Verfassung« aus; doch im Vergleich zu der in Char'kov erscheint sie bescheiden und »beschränkt«, daß sogar das Gesetz vom 23. April den Umfang der Rechte und Kompetenzen der Fabrikkomitees weiter zieht: Das »Abkommen über die Arbeiterkomitees zwischen dem Arbeiterdeputiertenrat und den Fabrikbesitzern Odessas« war im April ausgearbeitet worden, die Instruktion, die das Abkommen vervollständigen sollte, im Mai.[13] Die Funktionen der Fabrikkomitees werden hier folgendermaßen bestimmt: »Dem Arbeiterkomitee obliegen alle Fragen des inneren Lebens des Unternehmens, Arbeitszeit und Arbeitsordnung, die Tarife und Erstellung von Regeln für die Benutzung von Einrichtungen, die für die Arbeiter errichtet worden sind, wie auch spezielle Abkommen zwischen Unternehmern und Arbeitern des jeweiligen Unternehmens, Behebung von Konflikten zwischen Arbeitern und Verwaltung u. ä.« (Punkt 2) Die folgenden Punkte schränken jedoch diese Funktionen der Fabrikkomitees wieder ein: »Bei Entscheidungen über wichtige Fragen des Unternehmens nimmt die Verwaltung in gleicher Anzahl teil wie die Arbeiter.« (Punkt 6) »Der Vorsitzende, der beratende Stimme hat, wird mit Zustimmung beider Seiten gewählt.« (Punkt 7) Schließlich legt die Instruktion genau die Verpflichtungen der Fabrikkomitees und die Fälle fest, zu welchem Zeitpunkt was der Verwaltung zur Kenntnisnahme gebracht werden müsse, um jeden Schaden für die Produktion zu vermeiden.

Wir werden uns nicht bei anderen Mustern und Beispielen der »Fabrikverfassung« aufhalten, die von den Arbeitern in den ersten Revolutionsmonaten geschaffen worden sind. Wir haben in allgemeinen Zügen die typischsten und geeignetsten Beispiele wiedergegeben, um zu zeigen, in welcher Richtung die Arbeiterklasse versuchte, eine Selbstverwaltung in den Fabriken zu errichten. Zum größten Teil gingen diese Versuche über die vom Gesetz vom 23. April gezogenen Grenzen hinaus. Wenn es auch »Abkommen« gab, die wie in Odessa die Rechte der Arbeiter einengten, so hat schon die Erfahrung des revolutionären Kampfes in den folgenden Monaten diese Abkommen über den Haufen geworfen. Der Klassenkampf entwickelte sich konsequent weiter. Das Kapital bereitete sich zum Angriff vor, das Proletariat harrte neuer Schlachten.

4. Die Zuspitzung des Kampfes zwischen Arbeit und Kapital und die erste Konferenz der Fabrikkomitees

Die ersten Errungenschaften der Februarrevolution setzte die Arbeiterklasse relativ leicht durch. Die Bourgeoisie hatte angesichts des mächtigen Ansturms spontaner revolutionärer Gewalt den Kopf verloren und zeigte anfangs nur wenig Widerstand. Doch schon von der zweiten Märzhälfte an begann sie energisch ihre Kräfte für den organisierten Widerstand und dann auch für den Angriff auf die Arbeiterklasse zu mobilisieren. Ihr ideelles und organisatorisches Zentrum sollte die Provisorische Regierung werden, die ohne Macht und Autorität dastand. Die Arbeiterklasse und die breiten Massen der Bauern und Soldaten glaubten den kraftlosen Deklarationen und der erzwungenen revolutionären Phraseologie der Regierung nicht. Die Sowjets stellten die faktische Macht dar. Doch das Kleinbürgertum, das, angeführt von dem Block aus Men'ševiki und Sozialisten-Revolutionären, die Sowjets beherrschte, fürchtete die Macht und erschrak vor der Gewalt der Revolution; war immer bereit, vor der Bourgeoisie zu kapitulieren. Je revolutionärer und aktiver die Massen waren, desto größer war die Angst der bürgerlichen und kleinbürgerlichen Elemente vor der Revolution und desto schneller und unausweichlicher vollzog sich ihr Übergang auf die Seite der Reaktion. Die Ergreifung der Macht durch das Proletariat wurde zu dem entscheidenden Problem der Revolution. Ohne diese Übernahme der Macht mußten die Forderungen der Arbeiterklasse unrealisiert und die Freiheit der Arbeiterklasse ohne realen Inhalt und Sinn bleiben. Der Kampf entbrannte um die Grundfrage, die sich mit der Revolution verschärft hatte: die Frage der Organisation der Volkswirtschaft und der Organisation der Arbeit. Besonders heftig und erbittert entwickelte sich dieser Kampf innerhalb der Fabrik. Das Fabrikkomitee wurde zum Organisator und Ausdruck der Kampfentschlossenheit der Arbeitermassen. Ideologische Leitung und Inspiration hatte die hinter ihnen stehende revolutionäre Partei des Proletariats, die Sozialdemokratie, die Bol'ševiki, inne. Die ganze Geschichte der Fabrikkomitees in den Jahren 1917 und 1918 ist aufs engste verknüpft mit der Partei der Bol'ševiki. Die revolutionäre Kampfpartei konnte nicht ohne bestimmenden Einfluß auf jene Organisationen bleiben, die am stärksten in der Arbeiterklasse, die die Revolution durchführte, verankert waren. Die Losungen und Stimmungen, die von der Arbeiterbasis ausgingen erhielten ihre Formulierung, ihren ideologischen Gehalt und ihre organisatorische Befestigung durch die Unterstützung der Partei.

Die schärfsten Momente des Kampfes der Fabrikkomitees und insbesondere der Kampf um die Arbeiterkontrolle spielten sich unter der unmittelbaren Anleitung der Partei ab, die in ihrem Programm die Eroberung der politischen und ökonomischen Macht durch das Proletariat auf die Tagesordnung gesetzt hatte. Die Petrograder Fabrikanten, die noch unlängst das feierliche Versprechen unterzeichnet hatten, den Achtstundentag zu »gewähren« und die Fabrikkomitees anzuerkennen, gingen erneut zum Angriff auf die Arbeiterklasse über. Im Vollgefühl ihrer Stärke verknüpften sie die Einführung des Achtstundentages mit einer Reihe von einschränkenden Bedingungen, vor allem mit der Forderung nach »erhöhter Produktivität der Arbeit« und Einführung von Überstunden. Der Sowjet der Arbeiterdeputierten, die Fabrikkomitees und die bolschewistische Partei riefen die Arbeiter auf, den Achtstundentag zu verteidigen und ihn ohne Einschränkungen durchzuführen.

Es entspann sich ein heftiger Kampf, der ausführlich in der gesamten periodisch erscheinenden Presse in den ersten Revolutionsmonaten seinen Niederschlag findet.

Die Bourgeoisie eröffnete eine breit organisierte Kampagne gegen den Achtstundentag, wobei sie die Arbeiter vor aller Augen, besonders aber gegenüber der Armee, als Marodeure und Egoisten hinstellte. Aus dem Blätterwald, der strotzte von Verleumdungen und wütendem Klassenhaß, schollen Gerüchte über deutsches Geld, Korruptheit und Spionagetätigkeit der Führer, über Anarchie und Verdorbenheit unter den Arbeitermassen, die das Land mit ihren »unmäßigen Forderungen« in den Untergang trieben. Das Proletariat und seine Arbeiterpresse entlarvten die Verleumder. Die Arbeiterorganisationen druckten Zahlen und Fakten ab, die illustrierten, daß die Arbeitermassen ihre Arbeitsenergie nicht gesenkt, sondern erhöht hatten, und führten gleichzeitig die objektiven Gründe für den Verfall der Produktivität in den Unternehmen an. Die Armee entsandte, einem Aufruf der Arbeiter folgend, ihre Bevollmächtigten und Delegierten in die Fabriken und Werke, die öffentlich die Erklärungen der Arbeiter bestätigten. Die Bourgeoisie schlug daraufhin einen anderen Weg ein: heimliche und offene Sabotage und Aussperrung. Auch hier finden wir dasselbe Motiv vorgebracht: Nachlassen der Produktivität und Unrentabilität des Unternehmens.

Die Kapitalisten nutzten die Struktur der modernen kapitalistischen Produktion und deren enge Verbindung mit den nationalen und internationalen Banken und anderen Organisationen des vereinigten Kapitals (Syndikate, Trusts, verschiedene Fabrikantengesellschaften usw.) und begannen, ein umfassendes, wohlüberlegtes System der »Sabotage« aufzuziehen. Als Mittel wandten sie anfangs Einstellung der Arbeit der Fabrikverwaltung, Desorganisation der Betriebe, Verstecken und Entfernen von Material u. ä. an; zu guter Letzt schritt sie sogar zu Brandstiftungen und zum ökonomischen Aushungern von Unternehmen, indem man sie ohne Mittel ließ — die Kapitalisten legten sich bei der Wahl ihrer Methoden keinen Zwang auf.

Überdies mußte das Kapital diese ganze grandiose Zerstörungsarbeit natürlich als Resultat der »unmäßigen Ansprüche« der Arbeiterklasse hinstellen, als Produkt der »unpatriotischen« und »die Kräfte übersteigenden« Forderungen des Proletariats, die die Industrie dem Untergang auslieferten. Mit Hilfe der bürgerlichen Presse begann die »Bearbeitung« der öffentlichen Meinung in der geforderten Richtung. Auf der anderen Seite entfaltete die Industriellen selbst eine ihren Plänen entsprechende Agitation. Am 20. Mai erschienen auf der Sitzung der Koalitionsregierung[14] Industrielle der metallurgischen und metallverarbeitenden Unternehmen mit Kutler, dem Vorsitzenden des Rates von Handel und Industrie, an der Spitze, und erklärten der Regierung, daß die Betriebe nicht weiterarbeiten könnten und der wirtschaftliche Zusammenbruch katastrophenhafte Ausmaße annehme, da die Arbeiter unmäßige und nicht zu verkraftende Lohnerhöhungen forderten. Auf die Erwiderung Skobelevs[15], der auf die Berechtigung der Lohnforderungen der Arbeiter hinwies, antworteten die Industriellen ausweichend: die von dem Ministerium für Arbeit vorgeschlagenen Maßnahmen könnten erst »in früherer oder späterer Zukunft verwirklicht werden«. Ein noch mehr erschütterndes Bild von der Zerstörung der »vaterländischen Industrie« durch die Revolution malte Kutler auf dem Parteitag der Kadetten, als er »Anarchie und unmäßige Forderungen der Arbeiter« als Hauptgrund für den Niedergang der

Wirtschaft bezeichnete.

Mit einer ähnlich grimmigen Philippika an die Adresse der Arbeiterklasse trat der Minister für Handel und Industrie, Konovalov, auf dem Kongreß der Kriegsindustrie am Vorabend seines Rücktritts auf. Er erklärte, daß die Formen, in denen die Arbeiter ihre Forderungen vortrügen immer untragbarer würden: »Der Staat darf der Arbeiterklasse keine Exklusivprivilegien auf Kosten der gesamten Bevölkerung garantieren.«

Die Arbeiterklasse setzte diesem System aus Provokation, Lüge, Sabotage und Aussperrung ihre Methoden des proletarischen Kampfes entgegen. Von den ersten Maitagen an verbreitete sich über das ganze Land eine gewaltige Streikbewegung. Besonders heftig und erbittert tobte dieser Kampf im Donecbecken. Zum 23. Mai bereitete sich das Petrograder Proletariat auf Generalstreik vor, der jedoch nicht stattfand. In dieser Situation der Verschärfung des Kampfes zwischen Arbeit und Kapital entstand in den Massen der Arbeiter selbst der Gedanke, zum 30. Mai die erste Konferenz der Fabrikkomitees der Stadt Petrograd zusammenzurufen. Diese historische Konferenz hatte eine so große Bedeutung für die Geschichte des Kampfes um die Fabrikverfassung wie für die Geschichte der russischen Revolution im allgemeinen, daß wir bei ihr verweilen müssen. Sie war ein richtiges Arbeiterparlament, das sich im selben Saal des Taurischen Palais versammelte, in dem erst drei Monate zuvor das Parlament der Bourgeoisie und Gutsbesitzer — die Reichsduma — getagt hatte.

Anstelle der langen, nichtssagenden Reden der bürgerlichen Abgeordneten sprachen hier einfache Arbeiter, Deputierte, die eben erst ihre Werkbank oder Maschine verlassen hatten, um vor der ganzen Nation darüber zu sprechen, was sie als Menschen und als Klasse bedrückte und was sie brauchten. Doch nicht nur darüber: Die Konferenz stand vor der wichtigen historischen Aufgabe, »eine Ordnung in den Zusammenbruch der Produktion zu bringen und der industriellen Katastrophe zuvorzukommen«.

Das Organisationsbüro hatte schon bei der Einberufung der Konferenz bestimmt, wie und wer diese Aufgabe lösen könnte: »Jene, die an den Werkbänken stehen, müssen Rußland retten.« — »Nur durch die Intervention des Proletariats in das wirtschaftliche Leben Rußlands kann die Revolution vor dem Untergang gerettet werden.« Dies war der notwendige Weg, auf den die Arbeitermassen im Prozeß des erbitterten Kampfes mit der Bourgeoisie und deren Destruktionspolitik gestoßen wurden.

Weder die Maßnahmen der Regierung noch die traditionellen Formen des proletarischen Kampfes waren unter den herrschenden Bedingungen ausreichend. Ein Deputierter der Konferenz beschreibt den Prozeß der Ausweitung der Rechte der Fabrikkomitees und ihre

Intervention in den Produktionsprozeß folgendermaßen: »Die Arbeiterbewegung hat während der Revolution neue Organisationsformen hervorgebracht — die Fabrikkomitees. Damit hatte die Arbeiterbewegung den traditionellen Rahmen verlassen und einen völlig neuen Weg beschritten. Die Fabrikkomitees sahen sich freiwillig oder unfreiwillig in die Lage versetzt, ins wirtschaftliche Leben ihrer Werke eingreifen zu müssen, andernfalls wären die Fabriken und Werke schon längst stillgelegt.«[16]

Erstmals wird hier die historische Rolle und Bedeutung der Fabrikkomitees, wie sie die Masse der Arbeiter versteht, bestimmt. Der Deputierte Nemcov (Metallarbeiter) sagte auf der Konferenz: »Gegenwärtig herrscht in allen Betrieben die Willkür. Die Betriebsangelegenheiten befinden sich allein in den Händen der obersten Verwaltung; man muß das Wahlprinzip einführen. Für die Bewertung der Arbeit sind Tarifkommissionen notwendig, nicht aber die persönlichen Entscheidungen der Meister. Wenn man das Wahlprinzip einführt, dann kann man die Produktion kontrollieren.« Der Deputierte Naumov formulierte das noch bestimmter: »Wir müssen die Produktion aus dem Chaos heraus und in Ordnung überführen, und indem wir unsere Position in der Produktion verstärken, die Kontrolle in unsere Hände nehmen, lernen wir in der Praxis, aktiv in der Produktion selbst zu arbeiten, und überführen sie auf organisierte Weise in die zukünftige sozialistische Produktion.«

In dieser noch groben Sondierung der Aufgaben, wie sie die Masse der Arbeiter der Fabriken selbst verstand, schälte sich erstmals die grundlegende Aufgabe der Revolution heraus: die Organisierung der Arbeiterkontrolle und die Eroberung der künftigen sozialistischen Fabrik. Die Konferenz hatte auch auf allgemeiner Ebene begriffen, daß die Fabrikkomitees Instrumente des Kampfes um diese Eroberung darstellten. Sie reagierte einmütig ablehnend auf die Rede des Ministers für Arbeit, Skobelev, der erklärte, daß »die Rolle der Fabrikkomitees beendet ist«, und da man eine bürgerliche Revolution durchmache, mit der Bourgeoisie übereinkommen müsse.

Auch die Rede von Genosse Rjazanov, einer der Schöpfer und Organisatoren der Gewerkschaftsbewegung in Rußland, fand unter den Deputierten keinen Anklang; Rjazanov wies darauf hin, daß »die wirtschaftlichen Funktionen der Fabrikkomitees von ephemerer Bedeutung« seien und daß sie »Grundzellen der Gewerkschaften sein müßten«. Hitzig gaben die Deputierten zur Antwort (Genosse Naumov): »Die Fabrikkomitees in Abteilungen der Gewerkschaften zu verwandeln, dazu ist es noch zu früh. Vor ihnen liegen spezielle Aufgaben wie die, Ordnung ins Wirtschaftsleben in den Betrieben zu bringen, und die Kontrolle zu verwirklichen, Aufgaben, die die Gewerkschaften noch nicht stellen können. Die Verwirklichung der

Fabrikkomitees ist nicht nur notwendig zur gewerkschaftlichen Verteidigung, sondern als stützende Basis der proletarischen Bewegung.« Eben diese revolutionäre und kämpferische Rolle der Fabrikkomitees unterstrich auch Životov, ein anderer Deputierter: »Die Fabrikkomitees sind die Basis der Ausweitung und Festigung der Revolution [...] Die Arbeiterkontrolle ist der Gegenangriff der Arbeiterklasse auf die Bourgeoisie. Die Arbeiter haben ihre vorgeschobensten Posten befestigt, haben Fabrikkomitees geschaffen und von diesen Positionen aus den ökonomischen Kampf gegen die Bourgeoisie geführt. Mit Hilfe der Komitees werden die Arbeiter es durchsetzen, daß die Kapitalisten verschwinden.«

Von so großer Einmütigkeit war die Einschätzung der Aufgaben und der Rolle der neuen Arbeiterorganisationen in den Fabriken. Die Resolution zu dem Referat über die Fabrikkomitees faßte die Schlüsse, die die Redner gezogen hatten, zusammen: »Die Fabrikkomitees sind die Kampf- und Wirtschaftsorganisationen auf lokaler Ebene, die sich aus allen Arbeitern der Unternehmen zusammensetzen. Sie werden nach dem Prinzip breiter Demokratie gewählt und nach dem Kollegialitätsprinzip geleitet. Sie orientieren sich an der Verteidigung der ökonomischen Bedürfnisse und der Schaffung neuer Arbeitsbedingungen. Ihr Verhältnis zu den Gewerkschaften als verwandten proletarischen Organisationen hat das einer engen Freundschaft und des aktiven Kontaktes zu sein.«

So wurde die historische Aufgabe, vor der das Proletariat so lange gestanden hatte, nämlich die Eroberung einer Fabrikverfassung, gelöst. Doch ist sie ohne den schöpferischen Eingriff des Proletariats in das Wirtschaftsleben des Landes undenkbar. Ergebnis des Kampfes der zwei auf der Konferenz vorhandenen Linien — die bolschewistische wurde von Zinov'ev und Lenin, die menschewistische von Avilov und Čerevanin vertreten[17] — war die Einführung der Kontrolle über Produktion und Verteilung. Auf Details wie auf die allgemeine Bedeutung dieser Entscheidung wollen wir weiter unten bei der Analyse des Kampfes um die Arbeiterkontrolle eingehen; hier sei unterstrichen, daß bereits die erste Konferenz der Errichtung der Arbeiterkontrolle ganz nahe gekommen ist: Das konnte gar nicht anders sein, und stand es ebenso mit der anderen Kardinalfrage der Revolution: die Übernahme der Macht durch den Sowjet der Arbeiterdeputierten war der einzige Weg, den das Proletariat beschreiten konnte, das sich eben erst zum Herrn und Schöpfer einer neuen wirtschaftlichen Ordnung proklamiert und sich zum Vorkämpfer für die sozialistische Fabrik erklärt hatte.

In der Geschichte der proletarischen Revolution in Rußland muß die erste Konferenz der Fabrikkomitees einen Ehrenplatz einnehmen. Sie bestimmte im voraus den weiteren Verlauf der Revolution, zeigte, daß das Petrograder und hinter ihm das ganze russische

Proletariat den Bol'ševiki folgte, daß das Proletariat bereit war, im Kampf mit der Bourgeoisie den Losungen der sozialen Revolution bis zum entscheidenden Sieg zu folgen.

Von 421 Deputierten stimmten 335 für die Resolution der Genossen Lenin und Zinov'ev, die als die ideellen Führer der Konferenz in Erscheinung getreten waren. Diese gewaltige Mehrheit entschied auch das Schicksal des auf der Konferenz gewählten Zentralrats der Fabrikkomitees; sie übergab den Bol'ševiki die Führung. Von diesem Augenblick an war der Zentralrat der Fabrikkomitees das populärste und kämpferischste Organ des Proletariats. Er verwirklichte die Linie der ersten Konferenz ohne Abweichung und führte den Kampf der Arbeiterklasse um die Arbeiterkontrolle und für die Rätemacht an.

In ähnlicher Weise, wie dem Petrograder Sowjet der Arbeiterdeputierten die Rolle eines allrussischen Zentrums des politischen Kampfes zufiel, sollte auch der Zentralrat der Fabrikkomitees der Stadt Petrograd zu einem gesamtrussischen zentralen Organ des ökonomischen Kampfes des Proletariats werden. Die Räte der Fabrikkomitees kamen in den übrigen Städten Rußlands bedeutend später zustande, erst am Vorabend der Gesamtrussischen Konferenz der Fabrikkomitees, die unmittelbar vor dem Oktoberumsturz stattfand.

Die von der Konferenz festgehaltenen Aufgaben der Arbeiterkontrolle und der Regulierung der Produktion, des Kampfes gegen die Arbeitslosigkeit und die Demobilisierung[17a] der Industrie waren in das Aktionsprogramm aller Fabrikkomitees Rußlands eingeschlossen. Auf der historischen Konferenz der Fabrikkomitees Petrograds erhielt der bis dahin uneinheitlich geführte Kampf des Proletariats auf dem Gebiet der Fabrikverfassung erstmals seine ideelle und organisatorische Ausrichtung.

5. Die Kampagne gegen die Fabrikkomitees und der Kampf um ihre Rechte

Im Mai 1917 gab das Kapital das Signal zur Eröffnung des Angriffs auf die Errungenschaften der Arbeiterklasse. Das Auftreten der Industriellen auf der Sitzung bei Premierminister L'vov am 11. Mai, die Rede Konovalovs auf dem Kongreß der Kriegsindustriekomitees, die Debatten auf der Konferenz der Industriellen des Donecbeckens hatten alle das eine, klar zum Ausdruck gebrachte Ziel: die Arbeiter in den Augen des ganzen Landes als »Feinde des Vaterlands« und als Zerstörer der Industrie hinzustellen, als Leute, die in ihrem Egoismus jegliche Schranke vergessen und den Gedanken der »Selbstbeschränkung« verwerfen würden.

Die Regierung, willfährig in den Händen des kriegsführenden Kapitals, gab darüber auf jeder Beratung, jeder Konferenz, jedem Kongreß ihre Erklärungen ab. Von besonderer Heftigkeit waren derartige »Beschuldigungen« aus dem Mund der Minister-»Sozialisten«, die nicht müde wurden, die Arbeiterklasse zu einer »Politik der Opfer und Selbstbeschränkung« aufzurufen. In seinem Referat über die Versorgungsfrage auf dem Ersten Sowjetkongreß sagte beispielsweise Pešechonov[18]: »Die ganze Schwierigkeit liegt in der Überwindung des Widerstandes der Bourgeoisie, die in allem nachgibt, und in der Überwindung der herrschenden Stimmung in den werktätigen Massen, die man zur angespanntesten Arbeit, zu Verzichtleistungen und Abkehr von ihren Bedürfnissen, zu notwendigen Opfern aufrufen muß.«

Die Versuche des Arbeitsministeriums, die Interessen der Arbeiter auf irgendeine Weise mit den Interessen der Fabrikanten in Einklang zu bringen, scheiterten. Gvozdev machte den Versuch, mit Drohungen nach beiden Seiten hin — mit Streiks der Arbeiter und mit Aussperrungen durch die Industriellen — eine bestimmte »gemeinsame Plattform« zu finden. Alle Entwürfe des Arbeitsministeriums endeten unter dem Druck der Kapitalisten unausweichlich mit neuen Aufrufen an die Arbeiter zu Opfern, angespannter Arbeit und »Selbstbeschränkung«.

Gvozdev schrieb am 27. Juni an die Arbeiter gewandt: »Entgegen allen realistischen Möglichkeiten rechnet ihr nicht mit dem Zustand der Unternehmen, in denen ihr arbeitet, und zum Schaden für die Klassenbewegung des Proletariats versucht ihr zuweilen, Lohnerhöhungen durchzusetzen, die die Industrie desorganisieren und den Staatsschatz aufzehren. Denkt nicht nur an eure Rechte, sondern auch an eure Pflichten, denkt nicht nur an das, was ihr euch wünscht, sondern auch daran, wie es möglich ist, das zu erfüllen, nicht nur an euer Wohlergehen, sondern auch an die Opfer.«

Diese Ausübung konterrevolutionären Drucks und die sich verstärkende Katastrophe in der Industrie zwangen das Zentralkomitee der Bol'ševiki und das Zentralbüro der Fabrikkomitees, sich mit einem Aufruf zu einer friedlichen Demonstration für den 10. Juni an das Proletariat zu wenden, um der Bourgeoisie zu zeigen, daß man zum Kampf bereit sei. »Nieder mit der Anarchie in der Industrie, nieder mit der Aussperrung der Kapitalisten«, — »Für die Kontrolle der Produktion und die Organisierung der Industrie« waren die Losungen, unter denen dieser Auftritt der Arbeiter, der von den Massen nachdrücklich gefordert wurde, geplant war. Doch der zu dieser Zeit stattfindende Sowjetkongreß, der von Men'ševiki und Sozialisten-Revolutionären geleitet wurde, die vor der Wucht der Revolution erschraken, setzte diese Manifestation ab und bestimmte unter dem Druck des Proletariats eine neue für den 18. Juni.

An diesem Tag führte Kerenskij die Arbeiter- und Bauernbataillone in den Angriff und gab der imperialistischen Bourgeoisie damit Anlaß, einen entscheidenden Sieg über das Proletariat zu feiern.[19]

In diesem Augenblick begann faktisch der energische Angriff der Konterrevolution auf der ganzen Front. Der 3. Juli[20] wiederum war spontaner Ausdruck des Protestes der Arbeitermassen gegen die Reaktion und gegen den in seiner Schwäche erbärmlichen Versöhnler-Sowjet, der die Machtübernahme scheute. Wie gewaltig und elementar in diesen Tagen die Forderungen der Arbeiterklasse vorgetragen wurden, den Weg des entschiedenen Kampfes gegen die Bourgeoisie zu beschreiten und die Macht in die Hände der Sowjets zu legen, bezeugt eine kleine charakteristische Szene aus den Juliereignissen, von der Suchanov berichtet: »Auf der Sitzung der Petrograder Sowjets trat eine Gruppe bewaffneter Arbeiter auf. Einer von ihnen, ein Putilov-Arbeiter, sprang genau vor der Nase Čcheidzes mit der Pistole in der Hand auf die Rednertribüne und rief zornig: ›Wie lange sollen wir Arbeiter den Verrat noch ertragen? Ihr habt euch hier versammelt, erwägt dies und das, schließt Handel ab mit der Bourgeoisie. So wißt denn, der Arbeiter macht nicht mehr länger mit. Wir, die Putilov-Arbeiter sind da, 30 000 Mann. Wir werden unseren Willen durchsetzen. *Nieder mit der Bourgeoisie!* Alle Macht den Sowjets‹. Angesichts der feindselig eingestellten Führer der ›Demokratie‹ brachte er, von Zorn und Qual erfüllt, den Protest und den Willen des Kerns der proletarischen Massen zum Ausdruck.«[21]

Die Julitage spielten in der Entwicklung des Kampfes der Arbeiterklasse für den sozialistischen Umsturz eine zweifache Rolle. Einerseits nahm die Kühnheit und Entschlossenheit der Bourgeoisie in ihrem Kampf gegen die Arbeiterklasse zu. Der Mißerfolg des Auftritts des Arbeiters befriedigte sie vollauf. Die Kapitalisten organisierten sich, schufen Klassenvereinigungen von allergrößtem Ausmaß und brachten eine Reihe von Forderungen vor, die den Anschein erweckten, als seien sie zur Rettung der zugrundegehenden Volkswirtschaft gedacht. Gleichzeitig bauten sie ihre Selbstherrschaft in den Industrieunternehmen aus. Auf der anderen Seite jedoch befreiten die Julitage das Proletariat von allen Illusionen über den »Klassenfrieden« und die Zusammenarbeit mit der Bourgeoisie und stellten es vor die entscheidende Kampfaufgabe, alle Gewalt und alle Fabriken in die Hände der Arbeiter übergehen zu lassen.

Der erste ernsthafte Kampf, der sich zwischen Industriellen und Fabrikkomitees entspann, drehte sich um das Recht auf Einstellung und Entlassung von Arbeitern durch die Komitees. Bereits am 8. Juli veröffentlichten sie in der »Handels- und Industriezeitung« ein »Maximalprogramm« für die Regelung des Arbeitslohns, das nach Meinung der Industriellen »die drohenden Konsequenzen der ungeordneten Bewegung um die Erhöhung des Lohns abmildern« könne.[22] Diese Maßnahmen, die zur gesetzlichen Anerkennung von Aussperrungen führten, implizierten im Grunde, daß die Arbeiterorganisationen von einer wie immer gearteten Intervention in »Wirtschaftsangelegenheiten« ausgeschaltet wurden.

Noch entschiedenere Versuche unternahmen die Kapitalisten, um im Bereich der Kriegsindustrie die »Einmischung der Arbeiter« auszuschalten. Die Kriegsindustriekomitees publizierten das Projekt einer »Besonderen Beratung für die Verteidigung des Staates«, in dem anstelle frei gewählter Komitees besondere Bevollmächtigte mit umfassenden Rechten und Kompetenzen vorgesehen waren.[23] Auf sie sollte die Regelung der Beziehungen zwischen Arbeitern und Verwaltung, die Bestimmung des Arbeitslohns, die Einstellung und Entlassung von Arbeitern, ja sogar das Recht fallen, zwecks Erhaltung der »Ordnung« den »Beistand der Streitkräfte« zu erwirken.

Dieser bürokratische Entwurf, der auf die Liquidierung der Selbsttätigkeit der Arbeiter abzielte, rief bei den Arbeitern einen stürmischen Protest hervor. »Dieser Entwurf bildet auf seine Art das Gegenteil des 3. Juni, der die Fabrikverfassung feiert«, schrieb das Organ der Druckereiarbeiter. »Die Gebietsvorsteher, die laut Entwurf für jede Fabrik vorgesehen sind, die uniformierten Spezialisten für die Arbeiterfrage, die die Produktion leiten sollen — was könnte sich die Konterrevolution Grandioseres ausdenken?«[24]

Beinahe zugleich wurde auch bei den Eisenbahnen die Kampagne gegen die Arbeiterkomitees eröffnet. Ein Assistent des Marineministers namens Kukel', schlug auf der Sitzung des Wirtschaftsrates vom 3. August vor, man solle die Eisenbahnen als im Kriegszustand befindlich erklären, solle bevollmächtigte Kommissare ernennen und sie mit dem Recht ausstatten, die Eisenbahnkomitees aufzulösen. Auf einer Beratung von Persönlichkeiten des öffentlichen Lebens[25] am 10. August in Moskau schilderte ein Referent namens Rodionov den katastrophalen Zustand des Eisenbahntransports und wies darauf hin, daß die Eisenbahnkomitees die Hauptursache für den Rückgang der Produktivität und die Desorganisation des Transportwesens seien. Ein Ingenieur der Naturwissenschaften beleuchtete die Schlüsse des Referenten und zog hinsichtlich der außergewöhnlichen Belastung der Eisenbahnen durch die »Komitees« folgendes Fazit: »Einer Umfrage zufolge die auf dem Kongreß der Eisenbahnvorsteher durchgeführt wurde, sind an 37 Eisenbahnlinien 5 531 Menschen als Teilnehmer an Komitees registriert. Diese Personen sind völlig vom Dienst befreit. Wenn man berechnet, daß jeder von ihnen durchschnittlich 2 000 Rubel (Minimum) erhält, dann kostet das den Staat 11 Millionen Rubel. Das gilt für 37 Eisenbahnlinien. Aber derartige Linien gibt es mehr als 60.«[26]

Die theoretische und prinzipielle Begründung der Schlüsse aufgrund solcher »Bilanzen« lieferte auf der »Beratung der Gesellschaftspolitiker« der »Ökonom« Struve in seinem Referat über die ökonomische Lage des Landes: »Ebenso wie auf militärischem Gebiet die Entfernung von Offizieren durch die Soldaten die Auflösung der Armee darstellt, da sie die mit der Existenz der Armee unvereinbare Sanktionierung des Rechts auf Aufstand bedeutet, ist auch auf ökonomischem Gebiet die Ablösung der Gewalt des Unternehmers über das Unternehmen durch die Leitung der Arbeiter die Auflösung der normalen Ordnung des Wirtschaftslebens in jedem Unternehmen. Es sind verschiedene Übergangsformen zu einer konstitutionellen Ordnung in der Fabrik denkbar, doch die konstitutionelle Ordnung kann nur in einem sehr komplizierten System von Kompromissen bestehen, und zwar permanent ausgehandelter Kompromisse, und in keinem Fall kann sie die Übernahme der Macht durch die Arbeiter sein. Die konstitutionelle Idee in wirtschaftlichen Angelegenheiten wie in der Politik widerspricht in ihrem Wesen der Idee der gewaltsamen Übernahme der Macht. Jede Konstitution basiert auf einem Übereinkommen, auf einem Kompromiß und ebendadurch auf der Anerkennung von Rechten.«[27]

Diese theoretischen Erläuterungen des bürgerlichen Ideologen und Ökonomen erhielten in Bewußtsein und Handlungsweise der »Handels- und Industrie-Klassen« durch Rjabušinskij auf dem Handels- und Industrie-Kongreß in Moskau eine noch schärfere und bestimmtere Formulierung: »Möglicherweise brauchen wir, um aus dieser Lage herauszukommen, die Knochenhand des Hungers, die Verelendung der Volksmassen, die den falschen Freunden des Volkes, den demokratischen Sowjets und Komitees, an die Gurgel fahren.«[28]

So sahen im allgemeinen die Vorpostengefechte des Kapitals gegen die »Fabrikverfassung« aus, nicht, wie sie der »Theoretiker« Struve, sondern wie sie das Proletariat verstand, das jeden Schritt auf diesem Gebiet mit Kämpfen und Opfern bezahlte. Die »Staatskonferenz«[29] in Moskau schließlich sanktionierte mit dem Händedruck zwischen Bublikov und Cereteli, der den Handel zwischen Kleinbürgertum und Kapital gegen das Proletariat perfekt gemacht hatte, die Kampagne, die die Kapitalisten eröffnet hatten.

Das Proletariat machte den Versuch, zu protestieren und den Kampf aufzunehmen. Die Mehrheit der Arbeiter des Moskauer Rayons protestierte energisch gegen die »Moskauer Zusammenkunft der Leichen« und trat am 12. August – dem Tag der Eröffnung der Staatskonferenz – in den Generalstreik, der trotz eines gegenteiligen Erlasses des Moskauer Versöhnler-Sowjets erklärt worden war.[30] Dem Proletariat war die konterrevolutionäre Absicht der Konferenz bereits aus ihrer Vorbereitung klar geworden, und der Verlauf ihrer Arbeit erhärtete diese Einsicht. Ein Arbeiterdelegierter erklärte dazu auf dem Plenum des Moskauer Sowjets: »Allen ist klargeworden, daß es hier nicht um Versehen und Fehler geht, sondern um den Kampf der proletarischen Organisationen an der Front und im Hinterland gegen den Versuch, die Demokratie einzuschränken und sie, wenn nicht zu liquidieren, so doch nach Möglichkeit zu reduzieren und zu schwächen. Es geht hier nicht nur um Sowjets und Komitees, sondern die Bourgeoisie versucht, die ganze Arbeiterklasse auf die Anklagebank zu bringen.«[31]

Die von der Bourgeoisie inszenierte Kampagne, die den Segen der Koalitionsregierung erhalten hatte, wurde zu einer mächtigen konterrevolutionären Flut. Die Führung hatten die mächtigen Fabrikanten-Vereinigungen; sie kämpften erbittert gegen den sogenannten »Arbeiteranarchismus«, gegen »verrückte Sozial-Experimente«, die »die bolschewistische Demagogie provoziert« habe, die von »schmutzigem Blutgeld aus trüben deutschen Quellen« finanziert sei. Das war der Stil beinahe aller bürgerlichen Zeitungen im Verein mit den »sozialistischen«, die die Verleumdungskampagne eröffnet hatten. Auf das Signal des Petrograder und der Moskauer Fabrikanten hin wurde der Krieg gegen die »Einmischung der Fabrikkomitees in die Angelegenheiten der Unternehmen« und schließlich gegen ihre Existenz überhaupt bis in den hintersten Winkel Rußlands getragen.

Die Arbeiter verteidigten indes ihre Vertretungsorgane mit unerschütterlicher revolutionärer Beharrlichkeit. Die Kapitalisten erklärten kategorisch, daß »die Industrie nur weiterexistieren kann, wenn die Einstellung und Entlassung von Angestellten und Arbeitern das ausschließliche Recht der Unternehmer bleibt«[32]. Die Industriellen aus dem Ural erklärten dem Minister für Handel und Industrie, daß »keine einzige Werksleitung irgendwelche Komitees und Kammern anerkennen wird, daß die Werksleitung Herr des Betriebes ist und das tut, was sie will. Was staatliche und gesellschaftliche Kontrolle angeht, so haben die Industriellen nie irgendeine Kontrolle akzeptiert und werden dies auch nie tun.«[33]

Im August 1917 berief der Petrograder Unternehmerverband eine gesamtrussische Unternehmerkonferenz ein, die den »Gesamtrussischen Verband der Fabrikanten« mit dem Ziel einer gemeinsamen Interessenverteidigung schuf. Der Kongreß forderte insbesondere die »Ausarbeitung von Leitlinien zur Beseitigung der Einmischung der Fabrikkomitees in die Kompetenz der Betriebsleitungen«.[34]

Dieser organisierte, ganz Rußland einbeziehende Feldzug des Kapitals gegen die Fabrikkomitees wurde auch von Skobelev, dem »sozialistischen« Arbeitsminister unterstützt. Ein Rundschreiben von Skobelev vom 28. August verbot den Fabrikkomitees, während der Arbeitszeit Sitzungen abzuhalten; dies wurde damit motiviert, daß

»alle Kräfte für die angespannte Arbeit aufzubringen sind und keine Minute der Arbeitszeit zu verlieren ist«. Der Betriebsleitung überließ das Zirkular das Recht, »bei den Arbeitern entsprechend der verlorenen Arbeitszeit Abzüge vorzunehmen«. Dieses mit hochtönenden »patriotischen« Phrasen durchsetzte Rundschreiben wurde in dem Augenblick veröffentlicht, als Kornilov[35] auf Petrograd marschierte und die Arbeiter sich »einmütig zur Verteidigung der Revolution erhoben, ohne zu fragen, ob dies in die Arbeitszeit falle oder nicht. Ist das eine Taktlosigkeit oder eine Provokation«?[36]

Ein anderes Rundschreiben Skobelevs unterstrich noch schärfer, daß diese »Rundschreiben« nicht eine bloße »Herausforderung« sondern ein direkter Feldzug gegen die revolutionären Errungenschaften der Arbeiterklasse waren. Mit der Drohung, »im Rahmen der allgemeinen Ordnung zur gesetzlichen Verantwortung gezogen« zu werden, verbot dieses Rundschreiben den Fabrikkomitees, sich bei Einstellungen und Entlassungen einzumischen und überließ dieses Recht allein den Fabrikbesitzern, »es sei denn, es besteht nach wechselseitiger Übereinkunft eine andere Einstellungs- und Entlassungsordnung« (Punkt 2). »Erpressungen durch die Arbeiter, damit bestimmte Leute eingestellt oder entlassen werden, stellen schwere Vergehen dar, die zu ahnden sind«, lautete der letzte Punkt (5) des Rundschreibens. Den Arbeitern und Angestellten aller Unternehmen sollte es in breitem Umfang bekannt gemacht werden.[37]

Wie derartige »Rundschreiben« von den Industriellen in der Provinz ausgelegt werden konnten, bezeugt die Tatsache, daß bis dahin schon anerkannte Statuten der Fabrikkomitees sowie kollektive Verträge, die die Rechte der Komitees miteinschlossen, »auf Grundlage des Gesetzes« sehr oft ignoriert bzw. verletzt wurden. So lehnten zum Beispiel Fabrikbesitzer auf einer Versammlung von Industriellen in Odessa das von ihnen faktisch schon anerkannte Statut ab und bezeichneten es als »reines Phantasiegebilde«. Der Industrielle Gutnik, einer der unversöhnlichsten Vertreter des Kapitals, erklärte auf der bereits angeführten südrussischen Industriellenkonferenz, das Statut der Fabrikkomitees sei unannehmbar, weil »es den Verordnungen der Provisorischen Regierung widerspricht«. Sollte das Statut gewaltsam angewendet werden, so müßten, dem Vorschlag des Redners zufolge, telegraphisch das Handels- und Industrieministerium, das Arbeits- und das Innenministerium sowie der Verband der Fabrikanten verständigt werden. Die auf dieser Konferenz verabschiedete Resolution ging davon aus, daß »die Arbeiterklasse, die im Kampf für ihre ökonomischen Errungenschaften auf keinerlei Hindernisse stößt, die Grenze überschritten hat, jenseits derer Zerstörung und Vernichtung der Industrie beginnt«[38]. Auf der gemeinsamen Sitzung aller Odessaer Unternehmer im September 1917, die sich auf einer stabilen und »absolut sicheren Grundlage« wähnten, wurde eine noch schärfere Resolution eingebracht, die sich gegen das »Eindringen der Arbeiter in die wirtschaftliche und technische Verfügungsgewalt des Unternehmers« richtete: »Die katastrophale Lage des Landes erfordert die Steigerung der Produktivität der Arbeit mit allen Maßnahmen. Unumgängliche Ziele sind daher: 1. Ersetzung des Tagelohns durch den Wochenlohn; 2. Einstellung und Entlassung durch die Administration ohne Einmischung des Komitees; 3. Reduzierung der Tätigkeit der Fabrikkomitees auf den ihnen vom Gesetz gesteckten Rahmen; 4. Versammlung der Arbeiter und ihrer Komitees außerhalb der Arbeitszeit; 5. Finanzierung der Komitees durch die Arbeiter selbst.«[39] Am Ende folgt der Vorschlag, nicht nur die moralische, sondern auch die materielle Verantwortlichkeit im Falle des Verstoßes gegen diese Resolution der Industriellen durchzusetzen.

Noch charakteristischer ist das »Ultimatum«, das die Kapitalisten den Arbeitern gestellt hatten, die im Bergwerk von Nadeždinsk im Ural in den Streik getreten waren. Das »Ultimatum« verlangte die Wiederherstellung der absoluten Macht des Unternehmers im Unternehmen: »Das Recht auf Einstellung und Entlassung ist unabdingbares und ausschließliches Recht des Fabrikbesitzers; die internen Verordnungen erläßt die Werksleitung; sie genießt das Recht, Arbeiter mit Strafgeldern zu belegen und sie einzutreiben, inklusive Entlassung, falls die Regeln der internen Ordnung verletzt werden. Das Komitee hat keinerlei Kontrolle über die Produktion und wird nicht mehr bezahlt. Die Werksleitung setzt Zeitpunkt und Modus ihrer Treffen mit dem Komitee alleine fest. Im Falle der Nichterfüllung oder des Verstoßes gegen diese ›Regeln‹ wird der Betrieb geschlossen und die Arbeiter werden entlassen.«[40]

Die Arbeitermassen beantworteten diese offenen Angriffe des Kapitals mit geschlossenen und kontinuierlichen Streiks. Die Streiks der Lederarbeiter des Moskauer Gouvernements, der Textilarbeiter des Moskauer Industriegebiets, der Petrograder Metallarbeiter, der Druckereiarbeiter Moskaus und Petrograds, der Erdölarbeiter Bakus, der Bergarbeiter des Donecbeckens – das waren die deutlichsten Episoden und Einzelgefechte in dem allgemeinen heroischen Kampf, den die Arbeiterklasse insgesamt bis zum Vorabend der Oktoberrevolution führte. Dabei ist ein allgemeiner Zug charakteristisch: die Fabrikanten machten Konzessionen, machten Zugeständnisse, doch weigerten sie sich kategorisch, die Rechte der Fabrikkomitees anzuerkennen. Die streikenden Arbeiter trugen ihre Forderungen vor und verteidigten bis zum Schluß nicht nur die Lohnerhöhung, sondern auch die Anerkennung der Rechte ihrer Vertreterorgane in Form der Fabrikorganisationen.

Im Rahmen unserer Arbeit haben wir nicht die Möglichkeit, alle Etappen und Details dieses gewaltigen gesamtrussischen Konfliktes zwischen Arbeit und Kapital zu verfolgen, der das Proletariat in natürlichem und unausweichlichem Gang zur Eroberung der politischen und ökonomischen Macht im Oktober führte. Doch an einzelnen Abschnitten dieser einheitlichen Kampffront für die »Fabrikverfassung« wollen wir versuchen, diese Kämpfe des Proletariats zu untersuchen.

Der bedeutsamste und hartnäckigste Konflikt fand in der Lederindustrie des Moskauer Industriebezirks statt. Am 5.–9. Juni war in Petrograd ein allgemeiner Tarifvertrag für alle Lederarbeiter, der die einzelnen Arbeitsbedingungen festsetzte, ausgehandelt worden. Die Petrograder Gewerkschaft hatte mit einem organisierten Angriff auf die Unternehmer durchgesetzt, daß in ihm die Forderungen der Arbeiter akzeptiert wurden. Die Lederindustriellen in Moskau hingegen zeigten sich wenig verhandlungsbereit und lehnten kategorisch die Annahme des Tarifvertrages und insbesondere jenes Punktes ab, der von der Teilnahme der Fabrikkomitees bei Einstellungen und Entlassungen von Arbeitern handelte. Nach vergeblichen Versuchen, zu einem Übereinkommen zu gelangen, traten die Lederarbeiter am 16. August in den Streik. Der Kampf erstreckte sich über zweieinhalb Monate und wurde mit ungewöhnlicher Standhaftigkeit und einmütiger Unterstützung durch das ganze russische Proletariat geführt, das auf den Streik der Lederarbeiter mit materieller und moralischer Hilfe reagierte.

Die Arbeiterklasse verfolgte gespannt die Entwicklung des Kampfes der Lederarbeiter, da ein Sieg der Moskauer Arbeiter eine neue Phase des ökonomischen Kampfes des ganzen russischen Proletariats eröffnet hätte und als Anlaß dienen sollte, allerorts diese wichtige revolutionäre Errungenschaft einzuführen: das Recht der Arbeiterorganisationen, bei Einstellung und Entlassung mitzureden. Ebenso schätzte auch das ganze organisierte Kapital die Bedeutung eines Sieges der Lederarbeiter in dieser Frage ein und mobilisierte alle seine Kräfte; es unterstützte die Lederindustriellen ungeheuer, ersetzte ihnen die Verluste u. ä. Das Eingreifen der Provisorischen Regierung und die »Pazifizierungs«-Bemühungen des Arbeitsministeriums führten zu keinem Ergebnis und zerschlugen sich am Widerstand der aussperrenden Fabrikanten.

Der Streik nahm einen gewaltigen Aufschwung und war außergewöhnlich gut organisiert. Die Fabrikkomitees, die sich in Streikkomitees verwandelt hatten, leiteten den Kampf an, indem sie die Arbeiter informierten und in guter Stimmung hielten, Spenden sammelten, Unterstützungsgelder vergaben und auf diese Weise die Arbeitermassen auf den weiteren Kampf vorbereiteten. Der Zentralrat der Arbeiter der Lederproduktion wandte sich mit einem Aufruf an das ganze russische Proletariat und bat um Unterstützung für die Streikenden, die in dem schwierigen Moment der Kornilovščina[41] und des allgegenwärtigen Angriffs des Kapitals den Kampf mit dem organisierten Kapital aufgenommen hatten.[42] Und auch im letzten Winkel Rußlands gab es keine Gruppe von Arbeitern, die auf diesen Hilferuf nicht geantwortet hätte.

Doch der Streik war in eine Sackgasse geraten und verlangte den Übergang von friedlichen Methoden des Streikkampfes zu entschiedeneren. Der Moment des Umschwungs kam mit einer Versammlung der Delegierten der Arbeiter der Moskauer Lederindustrie und der Fabrikkomitees am 16. Oktober, auf der ein Referat über den Fortgang der Verhandlungen mit den Industriellen gehalten wurde. Die Delegierten verlangten aktives Vorgehen und sprachen sich für die sofortige Inbesitznahme[43] der Fabriken und Betriebe aus, die auf die Forderungen nicht eingegangen waren.

In der Resolution, die auf der Konferenz angenommen wurde, hieß es, daß »die Arbeiter auf ihr Grundrecht — die Teilnahme der Betriebskomitees bei Entlassungen von Arbeitern — nicht verzichten können und dürfen«. Sonst aber wären sie auf alle möglichen Zugeständnisse eingegangen und hätten die Vorschläge angenommen, die der Minister für Arbeit den beiden Parteien unterbreitet habe, die die Industriellen aber abgelehnt hätten. Deshalb beschloß die Konferenz der Fabrikkomitees einstimmig: »1. den Streik bis zum Sieg fortzusetzen; 2. keine Verhandlungen mit dem Fabrikantenverband zu führen, solange dieser nicht den Forderungen der Arbeiter eindeutig zustimmt; 3. sich an den Sowjet der Arbeiterdeputierten und das Zentralbüro der Gewerkschaften zu wenden, damit diese unverzüglich von der Regierung verlangen, daß per Dekret die Teilnahme der Betriebskomitees an der Entlassung von Arbeitern und Angestellten legalisiert wird und die Forderungen der Lederarbeiter, die sogar der Arbeitsminister als berechtigt anerkannt hat, erfüllt werden«. Ferner wies die Resolution auf den politischen Charakter des Konfliktes mit den Unternehmern hin, die sich auf die konterrevolutionären Heere Kornilovs mit dem Ziel stützten, die Arbeiterbewegung zu zerschlagen und die Revolution zu erwürgen. »Als Konsequenz fordert die Versammlung: 1. Übergabe der ganzen Macht in die Hände der Sowjets; 2. unverzügliche Besetzung jener Unternehmen, in denen ein Abkommen zwischen Arbeitern und Unternehmern nicht zustande gekommen ist; 3. Überantwortung derjenigen Industriellen an die Justiz, die ihre Unternehmen auf unkorrekte und gegen die Interessen des Landes gerichtete Weise führen. In dem Falle, daß das Ministerium für Arbeit, das Kriegsministerium und das Ministerium für Handel und Industrie keine Maßnahmen zur Liquidierung des Konfliktes bis zum 18. 10. ergreifen, fordern wir die Inbesitznahme der Fabriken und Werke, die keinen Kollektivvertrag abgeschlossen haben, durch den Sowjet der Arbeiterdeputierten. Nach dem 18. werden die Betriebskomitees unverzüglich praktische

Maßnahmen ergreifen, um die Inbesitznahme vorzubereiten, wie: Konfiszierung der Waren, Maschinen u. ä. . . .«

Diese entschiedene Kampfposition, die die Lederarbeiter gegen Ende des Streiks bezogen hatten, veranlaßte einzelne Fabrikanten, die für den privaten Markt arbeiteten und aufgrund des Streiks große Verluste hatten, in separate Verhandlungen einzutreten. Im Verlauf des Kampfes spalteten sich von dem bis dahin geschlossenen Unternehmerverband zuerst die Hersteller kleiner Ledererzeugnisse, dann die Hersteller von Jacken und Schuhwaren ab. Der Unternehmerverband war, um einen Zerfall zu vermeiden, gezwungen, den Arbeitern Zugeständnisse zu machen.

Ergebnisse und Bedeutung dieses in der Geschichte der Fabrikkomitees bedeutsamen Streiks schätzte die Zeitung der Lederarbeiter so ein: »Bislang endete der Kampf der Arbeiter in Ermangelung prinzipieller rechtlicher Forderungen stets mit Mißerfolgen. Die Hauptforderung der streikenden Lederarbeiter war eine Forderung rechtlichen Charakters: Teilnahme der Betriebskomitees bei der Einstellung von Arbeitern. Dieser Streik hat gezeigt, daß es für ein im Kampf organisiertes und standfestes Proletariat keine Schranke und kein Hindernis gibt, das es nicht überwinden könnte.«[44]

Der gleiche Kampf um die Anerkennung der Fabrikkomitees und ihrer Rechte wird — fast gleichzeitig mit dem Kampf der Lederarbeiter — auch in anderen Produktionszweigen geführt. Vom 1. August an waren die Besitzer der Druckereibetriebe in Moskau und Petrograd zum Angriff auf den zweiten Tarifvertrag übergegangen, der die Anerkennung von autonomen Kommissionen gebracht hatte. Sie organisierten sich, bildeten einen Versicherungsfonds für den Streikfall und legten »schwarze Listen« von den qualifizierten Arbeitern an, die wegen des Tarifstreits ihre Arbeit niedergelegt hatten. Die Gewerkschaft der Drucker entlarvte die Aussperrungspolitik der Unternehmer und erklärte im Namen aller Drucker, daß die Arbeiter die Herausforderung annähmen und bereit seien, ihre Rechte im Kampf mit dem Kapital zu verteidigen. Der Unternehmerverband verbot seiner Sektion »Typographie« kategorisch, die »autonomen Regeln« anzunehmen, und erklärte auf einer Sitzung aller seiner Sektionen unter Teilnahme des Arbeitsministers, die Industriellen seien bereit, den Arbeitern in der Frage der Löhne entgegenzukommen, sie seien aber kategorisch gegen die »autonomen Regeln«, von denen man »neun Zehntel streichen« müsse. Gleichzeitig sprachen sie sich gegen die Ernennung »autonomer Kommissionen« aus, da sie diese für sozialistisch hielten.[45]

Die Drucker antworteten auf die Einschränkung ihres Rechts auf Selbstverwaltung mit einem geschlossenen Streik und setzten mit Unterstützung der Gewerkschaften einen bedeutenden Teil ihrer Forderungen durch.

Einen weit heftigeren und längeren Kampf mußten die Textilarbeiter des Moskauer Zentralrayons ausfechten. Der Verband der vereinigten Textilindustrie weigerte sich kategorisch, Konzessionen zu machen und bekämpfte die Arbeiter mit Aussperrungen und Sabotage; die Arbeiter hatten Erleichterung ihrer schweren Arbeitsbedingungen verlangt, sowie die Anerkennung des Rechts der Betriebskomitees, bei der Einstellung und Entlassung der Arbeiter teilzunehmen. Durch besondere Organisiertheit und Kampfentschlossenheit zeichnete sich der Streik der Textilarbeiter des Industriegebiets von Ivanovo-Kinešma aus, der sich bis zum Oktoberumsturz hinzog.[46] Im Verlauf eines heftigen Kampfes mit den Fabrikanten waren die Textilarbeiter zu demselben Schluß gekommen wie die Lederarbeiter. Am 9. Oktober erklärte die Delegiertenversammlung gemeinsam mit den Fabrikkomitees aller Textilunternehmen des Moskauer Rayons — nachdem aus dem Bericht über den Verhandlungsverlauf klar geworden war, daß die Kapitalisten nicht nachgeben würden —, daß »200 000 organisierte Textilarbeiter jederzeit bereit sind, dem ersten Aufruf des Sowjets, für die Macht des Sowjets zu kämpfen, Folge zu leisten, und den Sowjet der Arbeiterdeputierten aufrufen, entschieden zu handeln, die Sabotage der Industriellen und die schädliche Tätigkeit der Provisorischen Regierung zu bekämpfen«[47].

Zu eben denselben Beschlüssen kamen im Kampf um die Rechte der Betriebskomitees und um den kollektiven Vertrag auch die anderen Industriearbeiter. Der Kampf der Metallarbeiter Petrograds mit dem Unternehmerverband stieß ebenso auf die Weigerung der Fabrikbesitzer, den kollektiven Vertrag anzuerkennen, obgleich das Ministerium für Arbeit und eine Reihe verschiedener Ressorts eingegriffen hatten.

In Moskau begannen sich die Konflikte zwischen Fabrikanten und Betriebskomitees sofort nach der Juli-Schlacht[48] des Proletariats zu verschärfen. Für die Verhältnisse ist übrigens ein Konflikt charakteristisch, der im August 1917 in der Fabrik Kramer ausgebrochen war. Die Werksleitung erklärte, daß sie der Anwesenheit eines Mitgliedes des Fabrikkomitees bei der Einstellung von Arbeitern nicht zustimmen könne. Das Fabrikkomitee und die es unterstützende Metallarbeitergewerkschaft erklärten, sie ließen die Einstellung der Arbeiter allein durch die Verwaltung nicht zu. Und als am 10. August die Werksleitung sechs Arbeiterinnen und einen Jungen einstellte, ohne das Fabrikkomitee zu unterrichten, verwehrte das Fabrikkomitee diesen den Zutritt zum Arbeitsplatz. Darauf schlug die Sektion Metallindustrie des Unternehmerverbands der Werksleitung vor, das Fabrikkomitee und die Metallarbeitergewerkschaft gerichtlich zur Verantwortung zu ziehen: das Fabrikkomitee wegen »Anwendung von Gewalt und eigenmächtigem Vorgehen« und die

Metallarbeitergewerkschaft als »Rädelsführer«; der Unternehmerverband schaltete sich selbst ein, berief sich auf eine Reihe juristischer Spitzfindigkeiten und auf alte zaristische Verordnungen und strengte einen Prozeß gegen die Arbeiterorganisationen an, die für ihre Rechte kämpften: »Das Werk wird geschlossen, bis die eingestellten Arbeiterinnen und der Junge an ihren Arbeitsplatz gelassen werden; denn Arbeiter einzustellen und zu entlassen ist unbestreitbares Recht der Werksleitung auf Grundlage des Art. 424 des Erlasses über die Industriearbeit« usw.; das waren alte zaristische Verordnungen, die trotz der Revolution immer noch den Unternehmern als »juristische Normen« dienten. Es versteht sich von selbst, daß der Unternehmerverband dieses Vorgehen gegen die Arbeiter mit den gewöhnlichen Phrasen von der »patriotischen Pflicht« in dem »tragischen Moment«, in dem sich das Vaterland befinde, maskierte und sogar die Arbeiter zu »Gesetzlichkeit, Ordnung und Arbeit, zur Versöhnung der Klassen, Achtung von Rechten und Freiheit und zur optimalen Steigerung der fallenden Produktivität der Arbeit« aufrief.

Der Kampf der Metallarbeiter Moskaus um den Kollektivvertrag zog sich lange hin. Die Antwort der Unternehmer auf die Forderungen der Arbeiter stellte, wie die Moskauer Metallarbeitergewerkschaft erklärte, nicht nur eine völlige Ablehnung dieser Forderungen, sondern den Übergang zu gezieltem Gegenangriff dar. Die Kapitalisten schlossen sich organisatorisch zusammen und provozierten die Arbeiter zum Losschlagen.

Mit dem ganzen Gewicht ihrer Autorität trat die Gebietskonferenz der Metallarbeiter, die Anfang Oktober in Moskau stattfand, für die Verteidigung der Rechte der Fabrikkomitees ein. In der auf der Konferenz angenommenen Resolution heißt es, daß »der aktive Kampf für das Recht des Fabrikkomitees, die Einstellung und Entlassung von Arbeitern zu kontrollieren, eine ordnungsgemäße Aufgabe ist; daß dies eine Lebensfrage für die ganze Arbeiterklasse ist«. Die Konferenz forderte die sofortige Revision des Gesetzes vom 23. April und protestierte »gegen die Politik des Arbeitsministeriums gegenüber den Betriebskomitees, da diese die konterrevolutionäre Kampagne der Bourgeoisie gegen alle in der Revolution errungenen Rechte der Betriebskomitees erzeugt und verstärkt«. »Die Konferenz empfahl den Gewerkschaften, diese Rechte mit allen ihnen zur Verfügung stehenden Mitteln zu verteidigen und den Kampf in gesamtrussischem Maßstab zu entwickeln.«[49]

Länger als einen Monat dauerte auch der Streik der Moskauer Holzarbeiter, der ausschließlich um Rechtspositionen im Betrieb geführt wurde, bis schließlich die proletarische Revolution im Oktober den Arbeitern das entscheidende Übergewicht gab.

Der geschlossene Widerstand, mit dem das Proletariat den Anschlägen auf seine revolutionären Errungenschaften begegnete, zeigte, daß eine Rückkehr zur früheren Rechtlosigkeit für die Arbeiterklasse Rußlands nicht mehr denkbar war. Die »Fabrikverfassung« war nicht nur zu einer vollendeten Tatsache geworden, sondern zu einem unumgänglichen Faktum in der neuen Ordnung der Produktion. Der Kampf, der sich um die Forderungen nach Teilnahme der Arbeiterkomitees bei Einstellungen und Entlassungen entwickelt hatte, mußte die Frage entscheiden, in wessen Händen sich die politische und ökonomische Herrschaft festigen würde. Die Einmischung in Einstellung und Entlassung bedeutete bereits ein Vordringen auf das Gebiet der Produktion und zog weitere Schritte in Richtung Arbeiterkontrolle und Kontrolle des industriellen Lebens nach sich. Diese Schritte auf ökonomischem Gebiet konnten nur durch die Eroberung der politischen Macht durch das Proletariat abgesichert werden.

Der unausweichliche und logische Gang der Ereignisse zwang zu diesen Schlüssen, und er ließ sich natürlich nicht durch die jämmerlichen Erlasse und Rundschreiben der Provisorischen Regierung und auch nicht durch die wütende Hetze der Kapitalisten abwenden. Der Kampf stärkte das Proletariat und schloß seine Reihen. Aus der Tiefe der Fabriken erscholl im ganzen Land der mächtige Protest gegen die Beschränkung der Rechte der Betriebskomitees.

Fast alle Resolutionen der Arbeiterversammlungen in den Unternehmen, der Delegiertenversammlungen und Konferenzen verlangten die unverzügliche Beseitigung der »Einschränkungen« durch die Rundschreiben der Provisorischen Regierung und die Revision des Gesetzes über die Fabrikkomitees vom 23. April 1917. Zugleich wurde die Forderung nach Arbeiterkontrolle über die Produktion und Übernahme der Macht durch die Sowjets der Arbeiterdeputierten erhoben.

Die dritte Stadtkonferenz der Fabrikkomitees Petrograds, die sich mit der Kampagne gegen die Komitees von seiten der organisierten Industriellen sowie der Politik des Arbeitsministeriums in dieser Frage beschäftigte, erklärte, daß die Realisierung des Inhalts der Rundschreiben eine tödliche Gefahr für diese Komitees als den unmittelbarsten Kampforganen gegen den wirtschaftlichen Zerfall darstelle: »Im gegenwärtigen Augenblick, im Moment der Stärkung der Konterrevolution, in dem der Zerfall das größte Ausmaß erreicht hat, Massenentlassungen zu verzeichnen sind und Betriebe geschlossen und evakuiert werden, ist die Arbeit der Betriebsorgane und ihrer zentralen Räte unumgänglich. In einer solchen Lage ist eine Kampagne gegen die Komitees ein direktes Verbrechen gegen die Revolution. Die Solidarität, die im Rahmen dieser Kampagne zwischen dem Arbeitsministerium und dem Hauptkomitee der vereinigten Industrie besteht, muß für die Arbeiterklasse eine gefähr-

liche Lehre von der Verderblichkeit versöhnlerischer Politik sein.« Die Resolution weist ferner darauf hin, daß die »Rundschreiben« ein Anschlag auf das Gesetz vom 23. April seien, die Fabrikkomitees »außerhalb des Gesetzes« stellten und »die vor der Revolution herrschende Selbstherrschaft des Unternehmers bei der Bestimmung der inneren Ordnung in den Fabriken« reetablierten: »In dem klaren Bewußtsein, daß nur die Entfernung der konterrevolutionären Bourgeoisie von der Macht und das Verbot, sich des staatlichen Machtapparates im Sinne ihrer räuberischen Klassenziele zu bedienen, eine wirkliche Garantie für die ungestörte, planmäßige Entwicklung der Arbeiterorganisationen darstellen, setzt sich die Konferenz das Ziel:
1. sofortige Rücknahme der Rundschreiben des Arbeitsministeriums vom 28. und 29. August;
2. gesetzliche Bestätigung der Rechte der Fabrikkomitees, wie sie sie im gegenwärtigen Augenblick auf Grundlage des gewöhnlichen revolutionären Rechts handhaben;
3. Diskussion und Ausarbeitung eines neuen Gesetzes über das Beschäftigungsverhältnis durch den Sowjet der Arbeiterdeputierten;
4. in der Provinz Fortführung, Vertiefung und Ausweitung der Arbeit der Fabrikkomitees auf den früheren Grundlagen, um eine tatsächliche Arbeiterkontrolle über Produktion und Distribution zu etablieren;
5. Erlaß eines Verbotes, daß die Genossen, die zum Komitee gehören, entlassen werden, und Forderung, daß sie einen Durchschnittslohn erhalten.«[50]

Hinter die Petrograder Betriebskomitees stellten sich die Moskauer und alle Fabrikkomitees in der Provinz. Die zweite gesamtstädtische Konferenz der Fabrikkomitees in Moskau im Oktober 1917 protestierte ebenso entschieden gegen die Rundschreiben der Provisorischen Regierung, die mit ihren Verordnungen den Kapitalisten Waffen in die Hände gegeben hatte, und forderte deren unverzügliche Beseitigung und verabschiedete dazu und zur Arbeitergesetzgebung allgemein folgende Resolution: »Die Arbeitergesetzgebung in der Zeit vor der Revolution verfolgte das Ziel, die Rechtlosigkeit der Arbeiterklasse zu zementieren, und versuchte, ihrem Kampf um politische und ökonomische Befreiung die Grundlage zu entziehen. In der Revolutionszeit braucht die Arbeiterklasse eine Gesetzgebung, die alle Möglichkeiten für den weiteren Kampf ausschöpft und ihre Errungenschaften befestigt.

Jene Gesetze, die die Provisorische Regierung schon erlassen hat, konnten die Arbeiter nicht zufriedenstellen; einige von ihnen brachten die Arbeiter auf die Barrikaden, da sie der Arbeiterklasse schaden. Bis jetzt sind keine Gesetze erlassen worden, die die Errungenschaften der Arbeiter und der Revolution sichern: so Gesetze über den Achtstundentag, über den Mindestlohn, über die Teilnahme der Arbeiter an der Kontrolle der Produktion, über Einstellung und Entlassung unter Beteiligung der Gewerkschaften und unter Kontrolle der Fabrikkomitees, über die staatliche Arbeitslosenversicherung u. ä. Das unbefriedigende Gesetz vom 23. April über die Arbeiterkomitees, das die Tätigkeit der Betriebskomitees einengt und in der Praxis eine Menge von Konflikten hervorruft, wird durch die zugunsten der Bourgeoisie von Skobelev herausgegebenen Rundschreiben weiter verschlechtert und entstellt.«[51]

Diese Resolution charakterisiert die Arbeitergesetzgebung der Provisorischen Regierung. Natürlich konnte eine solche »Gesetzgebung« die Interessen der Arbeiterklasse in keiner Weise sichern und durchsetzen. Am Schluß der Resolution stand daher die entschiedene Konsequenz: »Die Arbeitergesetzgebung kann nur dann die Interessen der Lohnarbeit sichern und die Errungenschaften der Arbeiterklasse befestigen, wenn sie durch die *Kraft der Arbeiter selbst* und mittels ihrer revolutionären Sowjetmacht durchgeführt wird.«[52]

Die Arbeiterklasse machte in ihrer Entwicklung und im Verlauf des revolutionären Klassenkampfes eine lange Evolution durch, bevor sie diese klare und deutliche Forderung erheben konnte. Leibeigenschaft, polizeilich-bürokratische Bevormundung, selbstherrliche Willkür der Fabrikanten brachten die Arbeiterklasse zu dem Schluß: Das Leben und die Arbeit der Arbeiterklasse müssen mit den eigenen Händen und dem eigenen Verstand des Proletariats aufgebaut werden.

So sah die Arbeiterklasse im Kampf um die »Fabrikverfassung«, daß sie selbst zum Herrn der Fabrik werden mußte. Vor ihr stand die neue große Aufgabe: die politische und ökonomische Macht in Besitz zu nehmen. Der Weg dorthin führte über die Arbeiterkontrolle; der Kampf um sie stellt die leuchtendste Seite in der Geschichte der Fabrikkomitees dar.

6. Der Kampf um die Arbeiterkontrolle

Das Problem der Arbeiterkontrolle über Produktion und Distribution wurde nicht von heute auf morgen zum entscheidenden und grundlegenden Problem der Revolution. In dem Maße, in dem sich die ausweglose Lage des Landes durch die anarchische Herrschaft des Kapitals verschlechterte, bildeten sich die Aufgaben auf dem Gebiet von Wirtschaft und Produktion heraus. Die Forderung nach Arbeiterkontrolle, wie sie schon zur Zeit der Konferenz der Fabrikkomitees Petrograds (30. Mai – 5. Juni) formuliert worden war, tauchte in den Verlautbarungen der ersten Arbeiterversammlungen und Konferenzen kaum auf.

Die Konferenz vom 13. März 1917 zum Beispiel, die zum erstenmal die Fabrikkomitees der größten Waffenfabriken vereinigte – diese Betriebe befanden sich nach der Flucht der Administration in Händen der Arbeiter –, erklärte im Namen der Arbeiter, daß »die Arbeiter, solange der Moment der vollen Sozialisierung der gesellschaftlichen Wirtschaft, der staatlichen wie der privaten, nicht gekommen ist, die Verantwortung für die technische, administrative und wirtschaftliche Organisation der Produktion nicht übernehmen«. Das Hauptaugenmerk der Arbeiterorganisationen galt in diesem Augenblick der Regelung der Beziehungen zwischen Lohnarbeit und Kapital und der Notwendigkeit, eine umfassende Arbeiterselbstverwaltung zu schaffen.

Zu den Beziehungen zwischen Lohnarbeit und Kapital heißt es in der Resolution dieser Konferenz: »Zur Neugestaltung der inneren Ordnung des Betriebes bilden die Arbeiter eine demokratische Organisation mit Delegierten-Komitees aus dem ganzen Betrieb und den einzelnen Abteilungen mit dem Ziel, die Interessen der Lohnarbeit zu verteidigen.« Als die Artillerieabteilung des Kriegsministeriums sich weigerte, die von den Arbeitern ausgearbeiteten Forderungen zu erfüllen, und mit Fabrikschließungen drohte, erklärten die Arbeiter kurz und entschieden: »Unter der alten Ordnung werden die Arbeiter nicht arbeiten.«

In der ersten Verordnung über die Aufgaben der Fabrikkomitees, die vom Petrograder Sowjet der Arbeiterdeputierten ausgearbeitet wurde, stand noch kein Wort von Arbeiterkontrolle oder irgendwelchen Funktionen der Fabrikkomitees im Bereich von Produktion und Wirtschaftsführung. Die Aufgaben erschöpften sich in der »Ausweitung all der Fragen, die die internen Beziehungen zwischen Arbeitern und Unternehmern bzw. deren Verwaltungen betreffen«.

Doch die Wirklichkeit sprengte den gezogenen Rahmen und stellte neue, kompliziertere Aufgaben. Die Produktion war im Laufe von drei Jahren Krieg in Schwierigkeiten geraten, denn dieser verzehrte und verpulverte nicht weniger als 40 bis 50 Prozent der materiellen Werte des Landes. Die Desorganisation der Produktion, die Verringerung der produktiven Arbeit, der Zusammenbruch der Finanzen, der Zerfall des Transportwesens, die Versorgungskrise, die fortschreitende Arbeitslosigkeit und die Verelendung der werktätigen Massen waren die Symptome der nahenden ökonomischen Katastrophe und des Zusammenbruchs des Landes. Die destruktive Wirtschaftspolitik der Bourgeoisie, die aus Angst vor dem Proletariat jedem Versuch, die Produktion zu regulieren, mit Widerstand begegnete, beschleunigte und vertiefte den Zusammenbruch erst recht.

Dem Arbeiter ist jedoch ein tiefes Interesse an ununterbrochener und erfolgreicher Arbeit eigentümlich. Sein Denken und seine Energie richtet sich neben der wirtschaftlichen Sicherung seines Lebens auf die Tätigkeit im Betrieb. Der erste Schritt: Sie stellen Wachtposten auf zum Schutz des Betriebs und zur Kontrolle dessen, was aus dem Unternehmen abtransportiert wird. Eine solche anfängliche Kontrolle trägt zufälligen Charakter. Sie ist vor allem vom Instinkt der Selbsterhaltung diktiert. Doch schon solche ersten Formen der Kontrolle stoßen auf den Widerstand des Kapitals, das darin eine Einschränkung seiner Macht sieht und sich damit nicht abfinden kann. Bereits um diese ersten Versuche entfaltete sich der Kampf. Von dem Aufstellen von Wachtposten gehen die Arbeiter zur notwendigen Kontrolle der inneren Ordnung über. Und hier manifestieren sich vor ihren Augen die Widersprüche der kapitalistischen Verhältnisse mit unerbittlicher Deutlichkeit. Der Übergang von der passiven zur aktiven Kontrolle wird eben durch jene Logik der Selbsterhaltung diktiert. Das Eingreifen der Arbeiterkomitees in das Recht auf Einstellung und Entlassung ist die erste Stufe zum aktiven Eingreifen der Arbeiter in den Produktionsprozeß. Deshalb begegnen die Kapitalisten diesem Eingreifen mit wütendem Widerstand. Der Übergang zu höchsten Formen von technischer und finanzieller Kontrolle wird unausweichlich. Dies führt das Proletariat wiederum an ein neues Problem heran: die Ergreifung der Macht, die Etablierung neuer Produktionsverhältnisse, die ökonomische und politische Diktatur des Proletariats. Die Arbeiterkontrolle, in den Händen des Proletariats zu einem schweren Hammer geworden, zerschlägt die Selbstherrschaft des Kapitals in und außerhalb der Fabrik. Mit dieser Aufgabe erlischt auch die historische Rolle der Arbeiterkontrolle.

Der faktische Verlauf des Kampfes um die Arbeiterkontrolle in der russischen Revolution bestätigt dieses allgemeine Bild der Entwicklung der Arbeiterkontrolle. In ihrem erbitterten Kampf beschuldigte die Bourgeoisie die Arbeiterklasse »übertriebener Forderungen« und der Desorganisation des industriellen Lebens des Landes. Die bürgerliche Presse stellte die Arbeiterklasse als den einzig Schuldigen am wirtschaftlichen Niedergang dar. Die Fakten beweisen jedoch das Gegenteil. Der Arbeiter versuchte im Gegenteil, mit seinem niedrigen Haushaltsbudget auszukommen. Das konnte ihm nicht gelingen. Die Daten der Moskauer Arbeitsbörse, die im Dezember 1917 in den Zeitungen veröffentlicht wurden, bestätigen: Von Februar bis Oktober erreichte die Lohnerhöhung der Moskauer Arbeiter durchschnittlich 53 %, nur in wenigen Einzelfällen 100 %. Die Preise für die allerwichtigsten Lebensmittel stiegen im selben Zeitraum um durchschnittlich 112 %, Roggenbrot sogar um 150 %, Kartoffeln um 175 %, Bekleidung und Schuhwerk um 170 %; dabei war zu Beginn der Revolution der Rückstand der Löhne gegenüber den gestiegenen Preisen für Konsumgegenstände geringer als in den der Revolution folgenden Monaten, insbesondere als sich mit dem verschärften Widerstand des Kapitals auch der Druck des Kapitals auf die Löhne verstärkt hatte.

Betrachten wir jetzt den Zustand der Industrie in dieser Periode der Revolution. Von März bis Juli wurden 568 Unternehmen mit einer Beschäftigungszahl von 104 372 Arbeitern, unter ihnen 53 500 Arbeiter der 49 größten Unternehmen für Baumwollverarbeitung, stillgelegt. Die Ursache für die Schließungen waren bei 367 Unternehmen mit 82 882 Arbeitern Rohstoff- und Brennstoffmangel; auf den Mangel an Aufträgen und Nachfrage entfällt die Schließung von 47 mittleren Betrieben mit 3896 Arbeitern; nur 57 Betriebe mit 10 000 Arbeitern wurden infolge »übertriebener Forderungen« und aufgrund von Konflikten mit den Arbeitern geschlossen. Insbesondere waren Unternehmen betroffen, die die Militärintendantur beliefert hatten. Nachdem die Kapitalisten diese Aufträge verloren, die Extraprofite aber kassiert hatten, zogen sie es vor, die Unternehmen zu schließen, statt Geld für ihre Umstellung auszugeben. Die »patriotisch« gesinnten Industriellen begannen mit der Schließung solcher Betriebe, die für die Verteidigung arbeiteten, genau in dem Moment, als sie nicht mehr die üblichen Extraprofite abwarfen. Diese Versuche waren zu beobachten bei Gužon, Bari, Bromley, in Moskau, bei der Lokomotivfabrik in Char'kov, den Mal'cevskij-Werken (»infolge der eigenmächtigen Beseitigung der Verwaltung der Ditkovsker Fabrik durch die Arbeiter«). Im Donecbecken wurden 77 Unternehmen stillgelegt. Sabotage und Aussperrungen vervollständigten das System.

Eine besonders typische Erscheinung dieses Systems stellt die Sabotage der Manufaktur in Likino dar: Ihr Besitzer, der Reichsrevisor Smirnov, legte die Fabrik still, weil angeblich Brennstoff fehlte und die Reparatur von Maschinen unaufschiebbar war. Indes ergab die Untersuchung einer Sonderkommission der Moskauer Betriebsversammlung, daß Brennstoff für drei Monate vorhanden war und daß die Maschinen nur einer kurzen Überholung bedurften. Das Fabrikkomitee wandte sich an alle von der Revolution geschaffenen Organe, und alle zeigten sich zu schwach, ihm im Kampf gegen die Sabotage des Fabrikanten zu helfen und ihn zu zwingen, die Produktion wieder anlaufen zu lassen. Sogar das Arbeitsministerium sagte den Vertretern der Arbeiter der Manufaktur in Likino, daß dies eine »allgemeine Erscheinung« sei und machte keinen Vorschlag, wie man aus dieser Situation herauskommen könne. Pal'činskij, Minister für Handel und Industrie, schlug vor, den Konflikt mit den Fabrikbesitzern durch Wiedereinstellung von entlassenen leitenden Angestellten mit Hilfe einer paritätischen Kommission in der Fabrik selbst zu lösen, da der Unternehmer ohne Erfüllung dieser Bedingung einer Wiedereröffnung der Fabrik nicht zustimmen würde.

Auf diese Weise wurden in den Augen der Arbeiter die versteckte

Aussperrung und Sabotage Smirnovs, der damals Vorsitzender des Moskauer Kriegsindustriekomitees und Mitglied der Unternehmerorganisation der Baumwollindustriellen war, entlarvt. Hinter ihm stand das gesamte organisierte Kapital des Moskauer Industriebezirks, das die Politik der Sabotage diktierte. Vor ihn stellte sich die Staatsmacht, die — statt die aussperrenden Industriellen zur Verantwortung zu ziehen — vorschlug, sich mit ihnen in einer paritätischen Kommission zusammenzufinden. Die Arbeiter mußten natürlicherweise zum einzig möglichen Ausweg aus dieser Lage gelangen: zur Übernahme der Produktion in eigene Regie.

Die Politik der organisierten Sabotage und Aussperrung, die die Baumwollfabrikanten der Manufaktur in Likino praktizierten, breitete sich auf den ganzen zentralen Industriebezirk aus und führte zum Generalstreik der Textilarbeiter. Zum Kampf gegen diese Aussperrungen in der Textilindustrie wurde am 16. und 17. Juni eine Konferenz von Fabrikkomitees aus 164 Textilbetrieben des zentralen Industriebezirks einberufen, die von den Auswirkungen der »Likino-Politik« betroffen waren: »Das Proletariat der Textilindustrie hat den Plan der Fabrikanten und Werksbesitzer voll und ganz begriffen, mittels Sabotage und Aussperrung den grundlegendsten Interessen der Arbeiterklasse einen Schlag zu versetzen«, erklärte die Konferenz und rief dazu auf, »den Schlag mit einem Gegenschlag und geschlossenem Widerstand zu beantworten.«[53] Der »Plan« war in der Tat von der gesamten Arbeiterklasse begriffen worden. Das Proletariat stand vor dem Dilemma, »sich einer Produktionseinschränkung zu fügen oder kurzen Prozeß zu machen und aktiv in die Produktion einzugreifen, die Produktionskontrolle und die Regulierung des gesamten Arbeitsganges des Unternehmens in seine Hände zu nehmen«.

Doch gehen wir wieder zurück. Bereits auf der ersten Petrograder Konferenz der Fabrikkomitees war von dem Arbeiterdelegierten des Putilov-Werkes, in dem 40 000 Arbeiter unter der ständigen Drohung einer Fabrikschließung infolge Brennstoffmangels arbeiteten, die Problemstellung in dieser Weise aufgeworfen worden, und so stand sie seitdem vor dem ganzen russischen Proletariat. Damals bereits hatte die Konferenz durch zahlreiche Redner, die unmittelbar aus den Fabriken gekommen waren, eine Sabotage-Organisation nach der anderen aufgedeckt und die Notwendigkeit betont, Kontrolle über Produktion und Verteilung der Produkte in die Hände des Proletariats zu übergeben: »Die Kontrolle ist unausweichlich, wenn wir leben und die Produktion für die Zukunft retten wollen« — das war die einmütige Einschätzung und das Verständnis von Kontrolle, das die Konferenz damals besessen hatte. »Die Bourgeoisie steht kurz vor ihrem endgültigen Niedergang. Sie hat ihre völlige Unfähigkeit bei der Schaffung neuer Formen der Volkswirtschaft bewiesen.« Der Delegierte Naumov, den wir in anderem Zusammenhang bereits zitiert haben, hatte damals zum Thema »Arbeiterkontrolle« bereits gesagt, sie sei unumgänglich. »Doch welche Kontrolle, wie und durch wen organisiert?« In der Antwort der Delegierten auf diese Frage war damals bereits deutlich die proletarische Linie, die von der Konferenz und durch alle ihr vorhergegangenen Entscheidungen festgelegt worden war, zum Ausdruck gekommen, und trotz der Versuche einzelner Men'ševiki, alles wieder auf die völlig inhaltlose »demokratische staatliche Kontrolle« zu reduzieren, hatte die Resolution, die die Konferenz nach dem Referat des Genossen Zinov'ev angenommen hatte, klar und eindeutig die Arbeiterkontrolle gefordert: »Weder auf bürokratischem Wege, d. h. durch die Schaffung einer von Kapitalisten und Beamten beherrschten Institution, noch durch den Schutz der Profite der Kapitalisten, ihrer Allmacht über die Produktion und ihrer Herrschaft über die Finanzen kann man aus der Katastrophe herausfinden. Der Weg zur Rettung ist einzig die Errichtung einer wirklichen Arbeiterkontrolle.«

Diese Resolution hatte das ganze Programm der Arbeiterkontrolle bereits enthalten, und es bestimmte in der Folgezeit den heftigen Kampf gegen das Kapital, das seinerseits zum Angriff übergegangen war. Die grundsätzlichen Punkte dieses Programms waren:
1. Die Arbeiterkontrolle muß sich zur umfassenden Regulierung der Produktion und Verteilung der Produkte entwickeln.
2. Die Arbeiterkontrolle muß auf alle Finanz- und Bankoperationen ausgeweitet werden.
3. Überführung des Großteils der Profite und Einkünfte aus dem Eigentum an großem Kapital in die Hände der Arbeiter.
4. Organisierter Austausch von landwirtschaftlichen Produkten für Arbeiter gegen landwirtschaftliche Maschinen und Geräte auf dem Weg der Bildung von Kooperativen.
5. Verwirklichung der allgemeinen Arbeitspflicht, Einführung einer Arbeitermiliz.
6. Überführung von Arbeitskräften in Kohleproduktion, Rohstoffindustrie, Transportwesen und Herstellung von Produkten für den wirtschaftlichen Wiederaufbau.
7. Übergang der Macht an die Sowjets.

Dies war das neue proletarische Programm, das zu jener großen Umwälzung führte, die schließlich der neuen organisierenden Klasse die Produktionsmittel übergeben und den Grund für die neue sozialistische Fabrik legen sollte. Es wurde zur Plattform des Kampfes des Proletariats, nachdem es vom VI. Parteitag der SDAPR (Bol'ševiki) sanktioniert worden war. Dieser Parteitag entschied nach einem Referat des Genossen Miljutin über die ökonomische Lage und die Arbeiterkontrolle: »Der einzige Ausweg aus der kritischen Lage ist die Beendigung des Krieges und die Organisierung der Produktion nicht für den Krieg, sondern für den Wiederaufbau all dessen, was durch den Krieg zerstört wurde, und zwar nicht im Interesse einer kleinen Gruppe von Finanzoligarchen, sondern im Interesse der Arbeiter und ärmsten Bauern. Eine derartige Regelung der Produktion kann in Rußland nur von einer Organisation geleistet werden, die sich in den Händen der Proletarier und Halbproletarier[54] befindet; dies setzt den Übergang auch der staatlichen Macht in die Hände der Proletarier und Halbproletarier voraus. Dabei sind entschiedene revolutionäre Maßnahmen unerläßlich.«

Dieser Komplex, von der Konferenz der Fabrikkomitees in Petrograd seinerzeit nur in allgemeinen Zügen entworfen, entwickelte sich auf dem VI. Parteitag der SDAPR (B) zu einem umfassenden Programm, das die Forderungen des Proletariats, das um die Macht kämpfte, aufgenommen hatte. Mit der Forderung nach »Errichtung einer wirklichen Arbeiterkontrolle« definierte der Parteitag folgende Ziele: »Die Einmischung in das Gebiet der Produktion zwecks planmäßiger Regulierung und Verteilung, ebenso Nationalisierung und Zentralisierung der Banken, Nationalisierung einer Reihe von Trusts (zum Beispiel: Erdölindustrie, Steinkohle, Zucker, Metallindustrie und Transportwesen) sind unumgänglich.

Zur Durchführung der Kontrolle sind als Präventivmaßnahmen notwendig: Aufhebung des Geschäftsgeheimnisses; die Bücher der Kaufleute, der Industriellen und Banken müssen der Kontrolle offenstehen. Zurückhaltung solcher Dokumente muß zum Kriminaldelikt erklärt werden. Periodisch muß eine Inventur der Reserven und die Veröffentlichung der im Besitz der Unternehmen befindlichen Vorräte durchgeführt werden. Um die versteckten und offenen Aussperrungen zu bekämpfen, soll ein Gesetz erlassen werden, nach dem ohne Erlaubnis des Sowjets der Arbeiterdeputierten, der Gewerkschaften und des Zentralrats der Fabrikkomitees die Schließung von Fabriken oder Produktionseinschränkungen verboten sind.«[55]

Die Arbeiterkontrolle wurde zur Hauptlosung des Proletariats, das in unversöhnlichem Kampf mit den Kapitalisten stand. Klasse stand gegen Klasse mit jeweils scharf abgegrenzten Kampflosungen.

Wie war nun die Position der Kleinbourgeoisie, die durch die Ironie der Geschichte zum »Exekutivkomitee« der bürgerlich-imperialistischen Kreise des russischen Finanzkapitals geworden war? Die Versöhnler-Sowjets und die »Minister-Sozialisten« waren immer schon auf der Suche nach einer »Einheits«- und »Versöhnungs«-Plattform, auf der die Interessen von Lohnarbeit und Kapital sich vertragen sollten. Den Rettungsanker sollte das paritätische Prinzip bilden. Am 5. Mai wurde ein »Zentralkomitee zur Wiederherstellung und Aufrechterhaltung des normalen Arbeitsganges in den industriellen Unternehmungen« gegründet, in dem allerdings die Interessen der Bourgeoisie weitaus stärker vertreten waren als die des Proletariats. Bereits tags darauf schätzte Genosse Lenin diese ersten Bemühungen der Regierung, eine Normalisierung in der Industrie zu erreichen, folgendermaßen ein: »Die Herren Kapitalisten wollen uns zuvorkommen. In den Kreisen der Arbeiter wächst die Erkenntnis, daß eine *proletarische* Kontrolle der Fabriken und Syndikate notwendig ist. Und die ›genialen‹ Führer der Geschäftswelt aus den Kreisen des Ministeriums und seiner Umgebung verfielen auf den ›genialen‹ Gedanken: kommen wir ihnen zuvor. Nehmen wir den Sowjet der Arbeiter- und Soldatendeputierten ins Schlepptau. Das wird nicht schwerfallen, solange die Volkstümler und Men'ševiki dort die Führung haben. Richten wir eine ›öffentliche Kontrolle‹ ein: das wird so richtig, so staatsmännisch weise, so ministeriabel, so solide aussehen – und das wird jede wirkliche Kontrolle, jede *proletarische* Kontrolle sicher und geräuschlos begraben.«[56]

Angesichts der drohenden Gefahr und des sich beschleunigenden Zerfalls erkannte nicht nur der Versöhnler-Sowjet, sondern auch die Provisorische Regierung, daß ein Eingreifen in das desorganisierende und destruktive Treiben der Kapitalisten unaufschiebbar und unumgänglich sei. Skobelev »verstieg« sich – wie Genosse Lenin treffend formulierte – »in seiner Rede zur hundertprozentigen Wegsteuerung der Kapitalistengewinne« und ließ sich zu Drohungen hinreißen, die weit über die Forderungen der Bol'ševiki hinausgingen: »Wir werden noch weitergehen, und wenn das Kapital die bürgerliche Wirtschaftsweise bewahren will, so mag es ohne Prozente arbeiten, um nicht die Kunden zu verlieren. Wir müssen die Arbeitspflicht für die Herren Aktionäre, Bankiers und Fabrikanten einführen, die apathisch geworden sind, weil ihnen der Anreiz fehlt, der sie früher zum Arbeiten veranlaßte. Wir müssen die Herren Aktionäre nötigen, sich dem Staate unterzuordnen, es muß auch für sie eine Pflicht, die Arbeitspflicht, geben.«[57] Diese Drohrede Skobelevs war offensichtlich von vornherein für die Ohren der Arbeiter bestimmt, die sich auf der Sitzung des Exekutivkomitees des Sowjets der Arbeiterdeputierten versammelt hatten und die revolutionäre Phraseologie der Versöhnler noch immer für bare Münze nahmen. In Wirklichkeit ist aber die Ministerrede Skobelevs »gerade umgekehrt« zu verstehen. Und Prokopovič, ein anderer Minister, ebenfalls »Sozialist«, der etwas später auf einer »ehrenwerteren« Versammlung, nämlich der »Staatskonferenz«[58] in Moskau, auftrat, trug in der Tat eine Rede mit denselben Drohungen vor – doch nicht an die Adresse der Kapitalisten, sondern an die des Proletariats; Einschränkungen der Arbeitspflicht sah er nicht für die Unternehmer, sondern für die Arbeiter vor.

Das Programm der Provisorischen Regierung und der sie unterstützenden »Demokratie« wurde in der von Prokopovič »verbesserten« Form am 12. August von der Versammlung der gesamtrussischen Organisation des Kapitals mit Genugtuung aufgenommen. Es lautete:

1. Sicherung des Rechts der Unternehmer auf die Leitung der Betriebe.
2. Staatliche Kontrolle über die Produktion, die den Arbeitern die Gewähr gibt, daß böswillige Maßnahmen gegen sie unterbleiben.
3. Fixpreise für Gebrauchsartikel und Lohnfestsetzungen.
4. Begrenzung der Profite durch einen Normalprozentsatz; Gewährleistung der Arbeit des Geldkapitals in der Industrie und Garantie für die Bevölkerung, daß die Unternehmer sich nicht auf ihre Kosten unermeßlich bereichern.
5. Erlaß eines Gesetzes über die Arbeitspflicht, Festsetzung eines Minimums von Arbeitstagen pro Monat und einer Minimalproduktionsleistung pro Tag.
6. Vereinheitlichung der ökonomischen Maßnahmen im ›Zentralkomitee‹.«[59]

Es ist interessant, daß dieses Programm der »Staatskontrolle« vom anglo-französischen Kapital, das die Wirtschaftspolitik der Provisorischen Regierung bestimmte, gebilligt wurde. »Das in russischen Unternehmen beschäftigte französische, belgische und englische Kapital rechnete schon mit der unausweichlichen Kontrolle, und die offiziellen Vertreter dieses vereinigten Kapitals erklärten, daß sie den Wünschen der Provisorischen Regierung, in ihren Unternehmen die Kontrolle einzuführen und ein Minimaleinkommen festzusetzen, entgegenkommen wollten«, erklärte am 16. Juni Rußlands Arbeitsminister den Moskauer Journalisten nach einem Gespräch, das er mit dem englischen Minister für Arbeit, Arthur Henderson, geführt hatte; Henderson war nach eigenen Worten zu einem Besuch in Rußland eingetroffen, um »der Regierung mit seiner Erfahrung bei der Lösung von Alltagsfragen von Ökonomie und Industrie zu helfen«.

Unter dem Einfluß dieser »Erfahrungen« des englischen Kapitalisten beim Regieren der Arbeiterklasse konzipierte Rußlands Arbeitsminister jetzt sein Programm. Damit der Gedanke, daß er den Sozialismus einführe, erst gar nicht aufkomme, beeilte er sich, folgende Erklärung abzugeben: »Wenn wir über ein entschiedenes Eingreifen des Staates in die Industrie sprechen, um sie zu regulieren und die Kontrolle durchzuführen, dann bedeutet dies hierzulande nicht sozialistische Produktion und auch nicht Staatssozialismus, sondern ein Minimum von Maßnahmen, zu denen das volkswirtschaftliche Leben eines Landes gezwungen ist, Maßnahmen also, die in England schon längst durchgeführt worden sind.«

Tatsächlich wandte sich eine Reihe von Unternehmen, in denen das englische Kapital vorherrschte[60] und die mit eben jenem »englischen« Programm kalkulierten, an den russischen Staat; sie schlugen vor, daß der russische Staat auf der Grundlage der in England praktizierten Regierungskontrolle die Kontrolle über die Unternehmen übernehmen solle – und zwar mit dem Ziel, daß der Staat, »solange sich die allgemeine Lage nicht beruhigt, und in jedem Falle, solange der Krieg anhält«, die Verantwortung für die Bestimmung der Rechte der Arbeiter und »Lösung der Lohnfragen« übernehmen und »vor Gewaltanwendung gegen Personen und Eigentum« schützen müsse. Offensichtlich waren die englischen Kapitalisten der Auffassung, daß die »Kontrolle« nach englischem Rezept ihnen eine »Garantie gegen die übertriebenen Forderungen« der Arbeiter liefern und die Rechte der Arbeiter beschneiden könne, wenn sie ihnen wie in England Streiks untersagte und unter Strafandrohung (Gefängnis und Verbannung) »Verstöße gegen die Ordnung« verbot und damit faktisch die Fabrikgesetzgebung beseitigte.

Die englischen und mit ihnen die russischen Kapitalisten hatten sich verkalkuliert, da sie die durch die Revolution hervorgerufenen Widerstandskräfte der Arbeiterklasse, die sich an die Gestaltung ihres Lebens unter eigener Regie gemacht hatte, außer acht ließen. Tatsächlich hatte anfangs noch ein gewisser Teil der Arbeiterklasse an die Illusion von der »demokratischen« Kontrolle geglaubt. So machte zum Beispiel die erste Moskauer Konferenz der Fabrikkomitees (23. – 25. Juli) – im Gegensatz zur ersten Petrograder Konferenz (30. Mai – 5. Juni) – den Vorschlag, sich auf die »demokratische« Kontrolle durch die Versorgungskomitees der Bezirke zu beschränken: »Die Versorgungskomitees der Bezirke sind dazu bestimmt, mit allen Mitteln den Kampf gegen die Schließung lebenswichtiger Fabriken und gegen die Produktionssabotage zu führen; sie müssen auf Grundlage der Mehrheit der revolutionären Demokratie geschaffen werden«, hieß es in der auf der Konferenz angenommenen Resolution zur Regulierung der Industrie. Alle derartigen Resolutionen gaben zunächst solchen »demokratisch organisierten staatlichen Institutionen zur Regulierung der Wirtschaft den Vorrang.« Die Fabrikkomitees sollten eine nur untergeordnete Rolle spielen und in Kontakt mit staatlichen Organisationen arbeiten. Doch die Entwicklung des Klassenkampfes trieb dem Proletariat Moskaus und dem Proletariat insgesamt diese letzten Überbleibsel des Glaubens an die »demokratischen« Organe aus, und die Forderung nach einer wirksamen Arbeiterkontrolle wurde zur einmütigen Forderung der gesamten Arbeiterklasse.

Auf der zweiten Konferenz der Fabrikkomitees Moskaus, die Anfang Oktober 1917 stattfand, wurde die Forderung nach planmäßiger Organisation der Produktion unter Teilnahme der Arbeiterorganisationen und die Forderung nach Überführung aller aussperrenden Unternehmen unter die Kontrolle der revolutionären Macht zur Kampflosung der Konferenz. »Die Konferenz ist der Ansicht:

1. Der sofortige Übergang der Macht in die Hände des Sowjets der Arbeiterdeputierten ist notwendig für die Übergabe des Landes an Bauern und Landkomitees, die Errichtung der Arbeiterkontrolle, die Beendigung des Krieges, die Reorganisierung der Lebensmittelversorgung und die Einberufung der Konstituierenden Versammlung.

2. Die Sowjets müssen jetzt kraft ihrer Macht die Forderungen der Arbeiter in jenen Branchen, in denen gegenwärtig ein Streik heranreift, per Dekret erfüllen.

3. Die Sowjets müssen die infolge Aussperrung geschlossenen Unternehmen wieder öffnen und alle Versuche der organisierten Verschwörung der Bourgeoisie im Keim ersticken.

4. Der Moskauer Sowjet muß seine Delegierten nach Kiev, Char'kov und nach Sibirien entsenden, um die Aktivitäten gegen Kaledin[61] zu koordinieren und die Versorgung des Zentrums mit Kohle und Brot zu sichern.

Die Konferenz erklärt ihrerseits, daß sie die Maßnahmen des Sowjets in dieser Richtung mit der ganzen Kraft des auf der Konferenz vertretenen organisierten Proletariats unterstützen wird.«[62]

Auch in den übrigen Industriezentren kam das Proletariat im Kampf um die Arbeiterkontrolle zu diesem Schluß: zur Machtergreifung des Proletariats. Der (mit Unterbrechung) fast ein halbes Jahr dauernde Streik der Arbeiter des Donecbeckens führte das dortige Proletariat notwendig zum aktiven revolutionären Kampf gegen das Kapital. Auf ihrer Maikonferenz hatten die Kohleindustriellen des Südens noch kategorisch die Erfüllung sogar der vom Gesetz vorgeschriebenen ökonomischen Forderungen abgelehnt. Die erste Konferenz des Grubenkomitees am 1. Oktober 1917 in Debal'cevo konstatierte die Mißerfolge der Wirtschaftspolitik der Bourgeoisie und forderte eine entschiedene Gesetzgebung »zur Durchführung strengster Kontrolle der Industrie und die Gewährung umfassender Rechte an die Arbeiterorganisationen zwecks Durchführung der Kontrolle in der Provinz«.

Mitte Oktober wird diese Forderung auch von der Gebietskonferenz des Sowjets des Donecbeckens erhoben. Diese Konferenz setzte eine Kommission für harte Verhandlungen mit den Kohleindustriellen ein und wies sie an, sich bei einer Weigerung der Industriellen in ein Streikkomitee zu verwandeln und im Generalstreik die Forderungen der Arbeiter durchzusetzen: »Wir halten den Generalstreik im Donec- und im Dnepr-Becken für das einzige Mittel, die Aufmerksamkeit des ganzen Proletariats und der öffentlichen Meinung auf das verbrecherische Zusammenspiel von Provisorischer Regierung und den Zechenherren zu lenken, die als erste ausgesperrt haben. Wir halten ihn für das einzige Mittel, auf die himmelschreiende Lage im Donecbecken aufmerksam zu machen, denn die konterrevolutionäre Regierung kämpft gegen das Donecbecken mit Hilfe der Kaledinschen Kosaken und eines mit unbeschränkten Vollmachten ausgestatteten Diktators, der keineswegs die Industriellen, sondern die ausgehungerten Arbeitermassen zur Räson bringen soll.«[63]

Der Kampf der Fabrikkomitees hatte schon lange den engen Rahmen einzelner Fabriken überschritten, und die Losungen und Forderungen waren über die ursprünglichen Forderungen nach einer Fabrikverfassung hinausgewachsen. Jetzt ging der Kampf um das Recht, die ganze Wirtschaft des Landes vernünftig und zweckmäßig zu ordnen. Der Kampf um die Arbeiterkontrolle hatte die Arbeiterklasse auf den Kampf um die Macht der Sowjets vorbereitet.

Zweites Kapitel

Im Kampf um die sozialistische Fabrik

1. Die Beteiligung der Fabrikkomitees am Oktoberumsturz

Das unorganisierte Vorgehen der Fabrikkomitees in ihrem Kampf um die Rätemacht mußte beseitigt werden. Dies leistete die erste Gesamtrussische Konferenz der Fabrikkomitees, die vom 17. bis 22. Oktober, also unmittelbar vor der Revolution und der Ergreifung der Macht durch das Proletariat, zusammengetreten war.

Der Zentralrat der Fabrikkomitees Petrograds hatte ein Organisationsbüro zur Einberufung der Konferenz eingerichtet. Das Büro wandte sich mit einem Aufruf an alle Arbeiter, sich für das letzte Gefecht mit dem Kapital zu organisieren und ein gesamtrussisches Kampfzentrum zu schaffen. Der Appell hatte ein stürmisches Echo. In fast allen größeren Industriestädten Rußlands wurden Lokalkonferenzen der Fabrikkomitees abgehalten, oder es wurden Räte der Fabrikkomitees gewählt. Den Delegierten für die Gesamtrussische Konferenz wurden Mandate mit entschieden revolutionären politischen und ökonomischen Forderungen mit auf den Weg gegeben. Zentraler Punkt war die Arbeiterkontrolle in der Industrie und die Übergabe der ungeteilten Macht an die Sowjets der Arbeiterdeputierten. Die entscheidenden Maßnahmen wurden in Petrograd getroffen.

Unmittelbar vor dieser Konferenz hatte das Petrograder Proletariat seine vierte vorbereitende Konferenz der Fabrikkomitees einberufen. Die kämpferische Stimmung auf der Konferenz und die von ihr angenommenen revolutionären Verordnungen bestimmten den Weg voraus, den auch die Gesamtrussische Konferenz gehen sollte.

Genosse Derbyšev bezeichnete in seinem Referat zur gegenwärtigen Lage diesen Weg: »Jetzt ist der entscheidende Moment gekommen, an dem das revolutionäre Proletariat sich mit der konterrevolutionären Bourgeoisie schlägt, die uns mit eisernem Griff würgt. Unsere Aufgabe besteht darin, unsere Kräfte vor jenem Abgrund, an dessen Rand wir stehen und der für uns aufgetan ist, so zu organisieren, daß wir in diesem Kampf die Kiškins und Buryškins[64] in den Abgrund stoßen können. Gegen die Revolution ist eine Verschwörung angezettelt, und wir müssen auf der Hut sein und aushalten bis zu dem Augenblick, da man uns offen den Fehdehandschuh hinwirft.« Genosse Skrypnik, der über die bisherigen Aufgaben der Fabrikkomitees sprach, formulierte die grundlegende Aufgabe folgendermaßen: »Die Aufgabe der Fabrikkomitees besteht im Kampf mit der Konterrevolution auf dem Wege des schöpferischen Eingreifens in die Sphäre der Produktion. Man muß die Tätigkeit dieser Komitees überall, nicht nur in Petrograd, koordinieren.«

Die erste gesamtrussische Konferenz der Fabrik- und Werkkomitees stellte so einen revolutionären Aufmarsch der Kräfte der Arbeiterklasse unmittelbar vor dem Oktober dar. Die Berichte aus der Provinz am ersten Tag der Konferenz zeichnen das Bild der einzelnen, bald zaghaften, bald kühnen Versuche des Proletariats, in die Produktionssphäre einzugreifen, und betonen einmütig, daß nur durch Ergreifung der politischen Macht die Errungenschaften der Arbeiterklasse wirklich gesichert und ihr Recht, auf die Produktion bestimmend einzuwirken, gefestigt werden könne. Doch wie sollte man weiter verfahren?

Nach den Referaten der Genossen Trockij und Kamenev vom 19. 10. zur gegenwärtigen Lage erklärte die »Gesamtrussische Konferenz der Fabrikkomitees, die sich im Augenblick tödlicher Gefahr für Revolution und Volk versammelt hat (...): Die Regierung der konterrevolutionären Bourgeoisie richtet das Land zugrunde [...] Sie setzt den Krieg fort einzig mit dem Ziel, die Revolution auszuhungern und sie unter den Trümmern des allgemeinen wirtschaftlichen Zusammenbruchs zu begraben. Die Rettung der Revolution und die Erreichung der von den werktätigen Massen aufgestellten Ziele liegt im Übergang der Macht in die Hände der Arbeiter-, Bauern- und Soldatendeputierten. Die Sowjetmacht muß allen Völkern unverzüglich einen Waffenstillstand vorlegen und bis zum Abschluß eines Friedens die Verteidigung des revolutionären Landes gegen den auf sie zukommenden Feldzug des Weltimperialismus übernehmen. Die Sowjetmacht muß unverzüglich das Land den bäuerlichen Landkomitees übergeben und die Arbeiterkontrolle über Produktion und Distribution der Produkte im gesamtstaatlichen Maßstab einführen.«

Natürliches Resultat einer solchen kämpferischen Haltung war auch der Beschluß der Konferenz über die Arbeiterkontrolle:

»1. Nachdem die Arbeiterklasse die Selbstherrschaft politisch gestürzt hat, wird sie auch auf wirtschaftlichem Gebiet den demokratischen Bemühungen zum Sieg verhelfen. Ausdruck dafür ist die Idee der Arbeiterkontrolle, die sich naturwüchsig auf dem Boden des wirtschaftlichen Zerfalls, der durch die verbrecherische Politik der herrschenden Klasse verursacht war, herausgebildet hat.

2. Die Organisation der Arbeiterkontrolle bedeutet Selbsttätigkeit der Arbeiter in der Produktionssphäre, wie es die Organisation der Parteitätigkeit im politischen Bereich, die Organisation der Gewerkschaften im Lohnverhältnis, die Kooperativorganisation auf dem Gebiet der Bedürfnisbefriedigung und die Organisierung von Klubs im Bereich der Erziehung und Aufklärung sind.

3. Die Arbeiter sind mehr als die Besitzer interessiert an korrekter und ununterbrochener Arbeit der Unternehmen. Die Existenz der Arbeiterkontrolle sichert in dieser Hinsicht die Interessen der gesamten Gesellschaft, des ganzen Volkes weit eher als die autokratisch denkenden Fabrikbesitzer, die sich nur von eigennützigen materiellen und politischen Vorteilen bestimmen lassen.

4. Allein die Arbeiterkontrolle über die kapitalistischen Unternehmen schafft, indem sie vernünftige und sachliche Beziehungen befestigt und deren gesellschaftliche Bedeutung erklärt, entsprechend gute Bedingungen dafür, daß wir das schwere Werk der Arbeiterselbstverwaltung verwirklichen und daß die Entwicklung der produktiven Arbeit ermöglicht wird.«

In diesen ersten Punkten der angenommenen Resolution war das prinzipielle Verhältnis der Konferenz zur Rolle und Bedeutung der Arbeiterkontrolle enthalten. Doch gab die Konferenz auch eine ausführlichere Darlegung der praktischen Aufgaben einer Arbeiterkontrolle; sie steckte den Rahmen ihrer Tätigkeit sowie deren Aufteilung unter den Basisorganisationen des Proletariats – die Sowjets, die Gewerkschaften und Fabrikkomitees – ab.

Die Arbeiterkontrolle war für sie nur realisierbar, wenn die politische und ökonomische Macht sich in Händen des Proletariats befand; doch warnte sie im letzten Punkt der Resolution vor isolierten und unorganisierten Einzelaktionen: »Wenn die Konferenz die Arbeiterkontrolle in umfassender Weise fordert, so fordert sie die Genossen auf, diese bereits jetzt in dem Grad zu realisieren, der nach dem Kräfteverhältnis auf lokaler Ebene möglich ist, und sie erklärt die Übernahme einzelner Unternehmen zum Eigennutz der Arbeiter, die sie übernommen haben, für unvereinbar mit den Zielen der Arbeiterklasse.«

Wir werden uns nicht bei den Referaten über praktische Fragen, Berichten und einzelnen Stellungnahmen der Konferenz aufhalten.

Im allgemeinen war sie bestimmt durch jene grundlegenden Momente, die wir in den oben angeführten Resolutionen herausgestellt haben. Sie berührten den Austausch zwischen Stadt und Land, die Finanzen Rußlands, die Transportlage, die Situation in der Lebensmittelversorgung des Landes, die Versorgung Rußlands mit Brennstoffen; sie alle vervollständigten nur das Bild des Zerfalls der Volkswirtschaft und unterstrichen die Notwendigkeit der von der Konferenz bezeichneten revolutionären Maßnahmen.[65] Die Konferenz konnte einen konkreten Plan ihrer wirtschaftlichen Tätigkeit so lange nicht präzise und detailliert angeben, als die grundlegende Aufgabe nicht gelöst war: die Eroberung der politischen Macht.

Die Fabrikkomitees, die unmittelbar die Stimmung an der Basis der Fabrikarbeiterschaft zum Ausdruck brachten, bereiteten sich auf das entscheidende Gefecht vor. Sie organisierten in aller Eile die kampfentschlossenen Arbeiter in den Reihen der Roten Garde, sammelten Waffen, verbreiteten revolutionäre Aufrufe, veranstalteten Meetings, riefen die Arbeiter auf, durchzuhalten, die Reihen geschlossen zu halten und kämpferische Entschlossenheit zu zeigen. Der Zentralrat der Fabrikkomitees war der Revolutionsstab der sich zum Aufstand erhebenden Arbeitermassen. Das am 20. Oktober geschaffene »Militärische Revolutionskomitee«[66] setzte sich aus Vertretern zusammen, die von den Fabrikkomitees, den Gewerkschaften, den Partei- und den Militärorganisationen entsandt worden waren.

Fast offen vor den Augen der stumm und kopflos gewordenen Staatsmacht, fast unbemerkt, ohne Blutvergießen, in einem einzigen geschlossenen und organisierten Ansturm der Arbeiter und Soldaten wurde die Macht an die Sowjets der Arbeiterdeputierten übergeben. Am 26. Oktober erklärte Genosse Trockij im Petrograder Sowjet im Namen des Militärischen Revolutionskomitees, daß die Provisorische Regierung »nicht mehr existiert«. Auf dem unmittelbar danach eröffneten zweiten allrussischen Sowjetkongreß wurde der Sieg des Proletariats befestigt durch die Proklamierung der Sowjetmacht, durch die Wahl des Sowjets der Volkskommissare und die ersten Dekrete der Revolution über den Frieden und über Grund und Boden.[67]

Die Arbeiterklasse begrüßte den Sieg mit gewaltigem Enthusiasmus. Ihre Vertreter – die Arbeiterorganisationen – riefen im Bewußtsein der ersten höchst schwierigen Aufgaben bereits in diesen ersten Tagen der siegreichen Revolution die Arbeiter zu Ausdauer und revolutionärer Bereitschaft, zu neuen Kämpfen, zu neuer Anspannung und neuer Arbeit auf: »Die Revolution siegt, die Revolution hat gesiegt. Die gesamte Macht ist an unsere Sowjets übergegangen«: So wandten sich die proletarischen Organisationen, der Sowjet der Arbeiterdeputierten, der Rat der Gewerkschaften, der Rat der Fabrikkomitees, an alle Arbeiter Petrograds. »Die ersten Wochen sind die schwersten. Man muß die schon zerschmetterte Reaktion endgültig zertreten, man muß den vollständigen Sieg unserer Bemühungen absichern. Die Arbeiterklasse muß in diesen Tagen die allergrößte Ausdauer und Standfestigkeit an den Tag legen, um der neuen Volksregierung die Erfüllung aller ihrer Aufgaben zu erleichtern. In diesen Tagen schon werden neue Gesetze zur Arbeiterfrage herausgegeben, darunter — als eines der ersten — das Gesetz über die Arbeiterkontrolle in der Produktion und über die Regulierung der Industrie. Streiks und Massenaktionen des Petrograder Proletariats schaden nur. Wir bitten auch, sofort alle ökonomischen und politischen Streiks abzubrechen, an den Arbeitsplatz zurückzugehen und die Arbeit in voller Ordnung wiederaufzunehmen. Die Arbeit in den Fabriken und allen Unternehmen ist notwendig für die neue Regierung der Sowjets, weil jegliche Unordnung in der Arbeit uns nur neue Schwierigkeiten bringt, deren wir ohnehin genug haben. Alle an ihren Platz! Das beste Mittel, in diesen Tagen die Regierung der Sowjets zu unterstützen, heißt: jeder gehe gewissenhaft seiner Arbeit nach.«

Nun, da das Proletariat die Macht in Händen hat, will es keine einzige Stunde vergeuden. Vom Standpunkt des »Wirtschafters« betrachtet es die ihm zugefallene Erbschaft, die in einem zur Hälfte zerstörten Wirtschaftsapparat besteht. Bereits von den ersten Schritten der noch ungenügend gefestigten Macht droht dem Proletariat weitere Auflösung und Zerfall. Die Bourgeoisie leistet verzweifelt Widerstand. Sie legt es vor allem darauf an, den staatlichen Apparat zu zerstören und zu erreichen, daß die Angestellten in den Institutionen und Unternehmen die Arbeit einstellen. Die Arbeiterklasse kann dies nicht zulassen. Und der Zentralrat der Fabrikkomitees wendet sich mit einem Aufruf »an alle Fabrikangestellten«, das Proletariat zu unterstützen und Sabotage und Arbeitsverweigerung aufzugeben: »Ihr, die Angestellten der Fabriken, müßt als integraler Bestandteil des werktätigen Proletariats dem Land und der Revolution zu Hilfe kommen und eure Kräfte und Fähigkeiten den Volkskommissaren unterstellen, damit unverzüglich der Staatsapparat zu arbeiten beginnen und das völlig erschöpfte Land vor dem Untergang gerettet werden kann. Im Namen des Sieges der Freiheit und der Revolution rufen wir alle wahrhaft revolutionären und der Arbeiterklasse ergebenen Fabrikangestellten auf, sich unter der Regie vor allem des Kommissariats für Arbeit und anderer staatlicher Einrichtungen an der Arbeit des Staatsapparates zu beteiligen.«

Die Lage der Dinge war besorgniserregend — aber die Arbeiterklasse ging nüchtern und ohne Selbsttäuschung an ihre Verbesserung. Eben war das Proletariat selbst zum Herrn seiner Fabriken und seines Staats geworden. Und deshalb durfte es mit der Rekonstruktion des Wirtschaftslebens nicht zögern: »Man muß sofort mit der ganzen Energie die Produktion, die in Arbeiterkontrolle übergeht, ordnen. Man muß die für die Organisierung der Produktion aufgewendete Arbeit verdoppeln und verdreifachen, die durch die Herren Kapitalisten heruntergewirtschaftete Industrie ausbessern und das zerstörte Transportwesen wieder in Gang bringen.« Mit diesem Ruf an die Arbeit für die neue, eben erst eroberte Fabrik begann der erste Tag der Selbstregierung des Proletariats.

2. Von der Arbeiterkontrolle zur Arbeiterverwaltung

Genosse Lenin schrieb am Vorabend der Oktoberrevolution: »Die Hauptschwierigkeit der proletarischen Revolution liegt in der Verwirklichung einer vom ganzen Volk getragenen genauesten und gewissenhaftesten Rechnungsführung und Kontrolle, der *Arbeiterkontrolle* über die Produktion und Verteilung der Produkte.« In seinen weiteren Ausführungen verband er das Problem der Arbeiterkontrolle mit der Diktatur des Proletariats, also dem Staat als dem Organ von *Klassen*herrschaft, und bestimmte die Frage der Kontrolle folgendermaßen: »Herrscht das Proletariat, handelt es sich um den proletarischen Staat, *das heißt* um die Diktatur des Proletariats, *kann* die Arbeiterkontrolle zu einer volksumspannenden, allumfassenden, allgegenwärtigen genauesten und gewissenhaftesten Rechnungsführung über die Erzeugung und Verteilung der Produkte werden. Darin liegt die Hauptschwierigkeit der proletarischen, d. h. der sozialistischen Revolution. Ohne die Sowjets wäre diese Aufgabe, zumindest für Rußland, unlösbar. Die Sowjets *kennzeichnen* jene organisatorische Arbeit des Proletariats, durch die diese welthistorisch wichtige Aufgabe gelöst werden *kann*.«[68]

Ebenso bestimmte auch Genosse Miljutin auf dem VI. Parteitag der SDAPR (B) im August 1917 die Bedeutung der Arbeiterkontrolle im Augenblick des Übergangs zum Sozialismus; sein Standpunkt wurde von der Mehrheit des Parteitages unterstützt: »Die Arbeiterkontrolle war für uns die erste Bresche, die wir geschlagen haben, um den Arbeitern die Möglichkeit zu geben, näher und unmittelbarer an die Kontrolle und Leitung der Produktion heranzukommen. Die Kontrolle über die Produktion ist so lebenswichtig, daß wir, wenn wir an sozialistische Umgestaltung herangehen, mit der Kontrolle beginnen müssen. Die Vorstellung, daß die Diktatur des Proletariats sofort den Sozialismus errichten könne, ist falsch. Diese Diktatur ist eine langandauernde Periode.«[69]

So schätzte die Partei des Proletariats, die es in die Oktoberrevolution geführt hatte, die Arbeiterkontrolle ein. Bis zum Oktober war die Arbeiterkontrolle die kämpferischste und populärste Losung der Partei; um sie scharte sie die Arbeiterreihen für das letzte Gefecht mit dem Kapital.

Doch erst mit dem Sieg des Proletariats war es möglich, die Frage nach der praktischen Verwirklichung der Arbeiterkontrolle zu stellen. Deshalb wurde bereits zwei Wochen nach dem Oktoberumsturz, am 14. November 1917, das vom Proletariat schon lange erwartete Dekret über die Arbeiterkontrolle veröffentlicht.[69a] Zum erstenmal war das Problem – Kontrolle der Industrie durch die unmittelbar an ihr interessierte Arbeiterklasse – so gestellt, wie es sein mußte, und der »kapitalistischen Anarchie und Sabotage« ein entschiedener Riegel vorgeschoben.

In dem Dekret hieß es, daß in allen Unternehmen, die Lohnarbeiter beschäftigten, »die Arbeiterkontrolle über Produktion, Kauf und Verkauf von Produkten und Rohmaterial, sowie die Finanzen« eingeführt wird. »Die Arbeiterkontrolle wird verwirklicht von allen Arbeitern eines Unternehmens, und zwar durch ihre Delegierteneinrichtungen wie Fabrikkomitees, Räte der Fabrikältesten, u. ä.; Vertreter der Angestellten und des technischen Personals gehören diesen Einrichtungen ebenfalls an.« Zur praktischen Durchführung der Arbeiterkontrolle schlug das Dekret vor, auf lokaler Ebene aus Vertretern von Gewerkschaften und Komitees Räte für Arbeiterkontrolle zu schaffen, deren Tätigkeit ein Gesamtrussischer Rat für Arbeiterkontrolle anleiten solle. Die Kompetenzen dieser Räte und ihre Funktionen wurden in dem Dekret wie folgt bestimmt: »Die Organe der Arbeiterkontrolle haben das Recht, die Produktion zu kontrollieren, ein Minimum an Ausstoß für das Unternehmen festzulegen und die Selbstkosten der Produkte offenzulegen«; ebenso seien sie berechtigt, alle Geschäftsbücher und Berichte einzusehen. Das Geschäftsgeheimnis wurde generell aufgehoben. »Alle Gesetze und Erlasse, die die Tätigkeit der Fabrikkomitees und sonstiger Komitees und Räte der Arbeiter und Angestellten einschränkten, sind aufgehoben.«

Das Dekret vom 14. November faßte zusammen, sanktionierte und formulierte nur das, was von den noch uneinheitlichen Kräften des Proletariats in den Kämpfen zwischen Lohnarbeit und Kapital faktisch bereits verwirklicht worden war. Doch bis zum Oktoberumsturz konnte die Arbeiterkontrolle keine praktische wirtschaftliche Bedeutung haben und keine schöpferische Rolle spielen. Sie war in den meisten Fällen ein Kampfinstrument, Mittel zur Selbstverteidigung, politische Losung und nicht so sehr Praktizierung eines bestimmten Systems der Wirtschaft.

Die Praxis der Arbeiterkontrolle vor dem Oktober hatte zeitweise sogar negative Auswirkungen. Die natürliche Absicht der Fabrikkomitees, den Arbeitern aus Not und Arbeitslosigkeit herauszuhelfen, veranlaßte sie, die Rolle eines eigentümlichen »Förderers« zu spielen, der mit allen Mitteln herbeischaffte, was an Rohstoffen, Brennstoffen und sonstigen Materialien für die Fortführung der Produktion notwendig war. Bisweilen versuchte die Fabrikverwaltung, die Fabrikkomitees für ihre Zwecke einzuspannen, übertrug ihnen die Sorge und Verantwortung für den Bestand des Unternehmens und verwandelte die Arbeiterorganisationen unmerklich in ihre Agenten und Helfershelfer. Und wenn die Unternehmer ihre Fabriken im Stich ließen und die Fabrikkomitees notgedrungen zu den Herren der Fabriken wurden, bezogen sie nicht selten ebenfalls einen eng begrenzten, fabrikbornierten Standpunkt, ließen die Vielfalt der Wirtschaft außer acht und verteidigten die Sonderinteressen ihrer eigenen Fabrik, obgleich andere Produktionszweige für den Staat wichtiger und besser ausgerüstet waren. Die Konkurrenz und die Bemühung, sich gegenseitig die ärmlichen Ressourcen, die für die Unternehmen lebenswichtig waren, wegzunehmen, schuf die Situation eines ökonomischen Kampfes der Fabrikkomitees, der die Fabriken und Betriebe in »autonome Föderationen« halbanarchischen Typs verwandelte. Die Anarchisten, die mit derartigen Tendenzen rechneten, traten nicht selten mit der Forderung hervor, man solle die Leitung der industriellen Unternehmen unmittelbar den Betriebskomitees übergeben. Solche anarchistischen Tendenzen fanden um so leichter und schneller Eingang in die Praxis der Arbeiterkontrolle in den ersten Tagen nach dem Oktoberumsturz, je mehr die Kapitalisten, die das Dekret über die Arbeiterkontrolle nicht akzeptieren wollten und sich in alter Weise gegen das Eingreifen der Arbeiter in den Produktionsprozeß wehrten, Widerstand leisteten. Doch jetzt konnte sich das Proletariat auf seine Arbeitermacht stützen und sich durch das Vorgehen der revolutionären Machtorgane die Unternehmer, die Sabotage betrieben, unterordnen. Die Arbeiterklasse wandte alle Mittel an, um den Widerstand der Kapitalisten zu brechen: von der Zwangsschlichtung bis zur Verhaftung der Fabrikanten und der Besetzung ihrer Unternehmen. In zahllosen Arbeiter-Resolutionen hieß es, daß die Arbeiter die Fabrikanten nicht entfernen würden, jedoch die Produktion übernähmen, wenn diese sie nicht weiterführen wollten. Und tatsächlich wurden in dieser ersten Periode der elementaren »Straf«-Nationalisierung die Fabrikkomitees häufig zu Leitern von Fabriken, deren Besitzer entweder entfernt worden waren oder sich auf und davon gemacht hatten.[70]

In seiner Broschüre »Von der Arbeiterkontrolle zur Arbeiterverwaltung«[71] beschreibt Genosse Stepanov diesen kurzfristigen Versuch einer selbständigen Leitung der Produktion durch die einzelnen Fabrikkomitees: »Statt auf Sowjetrepubliken stützten wir uns auf eine Republik eigenartiger Arbeitergenossenschaften, in die sich die kapitalistischen Fabriken und Betriebe gleichsam verwandelt hatten. Anstelle einer raschen Wiederaufnahme der gesellschaftlichen Produktion und Distribution, anstelle von Maßnahmen, die ein Schritt zur sozialistischen Organisierung der Gesellschaft gewesen wären, sahen wir Praktiken, die an die Schwärmereien der Anarchisten über die autonomen Produktionskommunen erinnerten.«

In der Übergangszeit mußte man sich mit diesen negativen Seiten der Arbeiterkontrolle, die zunächst einfach nur ein Kampfinstrument gegen das sich widersetzende Kapital war, abfinden. Nachdem aber die Macht in die Hände des Proletariats selbst übergegangen war, stellte sich die »Wirtschaftspolitik« der einzelnen Fabrikkomitees als antiproletarisch dar, und die Arbeiter erkannten selbst das Ungenügen der Arbeiterkontrolle. »Der Kampf gegen den wirtschaftlichen Zerfall und die Sabotage der Fabrikanten und der Intelligenz verlangt radikale Maßnahmen zur Organisierung der Volkswirtschaft«, beschlossen am 27. Januar die Moskauer Textilarbeiter und schlugen vor, »die Industrie zu nationalisieren und auf diese Weise die Sabotage betreibenden Unternehmer aus den Fabriken zu entfernen«. Bis zur vollständigen Nationalisierung sollten laut diesem Beschluß eine Reihe präventiver Maßnahmen wie: Reorganisierung der kontrollierenden Organe, Staatsmonopol, Zwangssyndizierung und -vertrustung durchgeführt werden.

Die neuen Regulierungsmethoden für die Industrie waren notwendig, weil die Arbeiterkontrolle unter den neuen Bedingungen nicht ausreichte. Noch die erste Gesamtrussische Konferenz der Fabrikkomitees hatte die Arbeiterkontrolle nur als Stufe zu anderen Formen der Regulierung des wirtschaftlichen Lebens begriffen. »Die Errichtung der Arbeiterkontrolle in verschiedenen Zweigen des Wirtschaftslebens, insbesondere in der Sphäre der Produktion, ist nur die allererste Form, die sich auf dem Wege kontinuierlicher Entwicklung, Verbreitung und Vertiefung in die Regulierung der Produktion und der Wirtschaft des Landes überhaupt verwandelt«, erklärte die Konferenz zur künftigen Entwicklung der Arbeiterkontrolle. Genosse Miljutin entwickelte auf dem VI. Parteitag denselben Gedanken: »Unser Weg ist neu, er ist eine Übergangsform; wir lehnen die Klassen der Eigentümer ab. Die Arbeiterkontrolle, wie wir sie verstehen, ist nur denkbar unter der Sowjetmacht. In der Zukunft verlangt dieses System die Nationalisierung einiger Industriezweige und die Kontrolle durch die nationalisierten Banken [...] Wir haben keinen anderen Ausweg.«[72]

Dieses abstrakte Verständnis vom Wesen der Arbeiterkontrolle führte notwendig zur Erweiterung des Dekrets vom 14. November. Dieses Dekret stellte in der Geschichte des Kampfs um die neue Fabrik ein neues Kapitel dar. Es war notwendig zur Festigung der errungenen Positionen und für die Sanktionierung des proletarischen Sieges in der ökonomischen Auseinandersetzung mit dem Kapital. Jetzt mußte die Arbeiterklasse jedoch an die Schaffung eines neuen Systems, des sozialistischen Systems, gehen, an die Schaffung neuer Werte und neuer gesellschaftlicher Verhältnisse. Die Arbeiterkontrolle, wie Genosse Lenin sie am Vorabend der Revolution verstand, konnte nur mit Hilfe des proletarischen Staates und in gesamtstaatlichem Umfang verwirklicht werden. Eine *solche* Arbeiterkontrolle mußte unausweichlich in die staatliche Regulierung oder gar in die staatliche Organisation der Produktion übergehen.

Bereits die Kontrollkommissionen, die entsprechend dem Dekret vom 14. November von den Fabrikkomitees organisiert worden waren, wie auch die Arbeiterkontrollräte gingen in der Bestimmung ihrer Aufgaben und Befugnisse weit über das Dekret hinaus, indem sie sich die staatliche Regulierung der Industrie zur Aufgabe machten.[73] Freilich gelang es in der Praxis nicht immer, in diese Regulierung auch nur eine gewisse Planmäßigkeit hineinzubringen. Die Industriellen wehrten sich erbittert und beantworteten die Versuche der Arbeiter, die Kontrolle auszuüben, mit der Massenschließung von Fabriken. So versuchten z. B. die Kohleindustriellen im Donecbecken wiederholt, die Gruben zu schließen; diese konnten für ein ganzes Jahr nicht mehr wiedereröffnet werden. Im Ural schlossen die metallurgischen Betriebe in ganzen Bezirken, und die Arbeiter erhielten nicht einmal eine Abfindung.

Der bekannte ökonomische Konflikt der 300 000 Textilarbeiter in Ivanovo-Kinešma nach der Oktoberrevolution sowie die zwangsläufige Intervention der Arbeiterorganisationen in die Produktion verhärteten noch die unversöhnliche Haltung der Fabrikanten, die mit der völligen Liquidierung der Produktion drohten. Diese Gefahr zwang die Fabrikkomitees der Textilarbeiter, sich an den Sowjet der Arbeiterdeputierten mit dem Vorschlag zu wenden, eine Weisung herauszugeben, derzufolge ohne Kenntnis der von den Arbeitern eingerichteten »Manufaktur-Ämter« weder Material noch Produktionsinstrumente aus der Fabrik entfernt werden dürften.

Wenn es den Arbeitern gelang, die Arbeiterkontrolle durchzusetzen, verließen die Unternehmer häufig ihre Fabriken, die dann zwangsläufig nationalisiert werden mußten. Die ersten Verordnungen über Nationalisierung oder Konfiskation waren deshalb auch mit Flucht oder Sabotage der Unternehmer begründet.[74]

In der ersten Zeit war so eine planmäßige Kontrolle und Regulierung durch den heftigen Widerstand der Kapitalisten erschwert, was die örtlichen Sowjets veranlaßte, zu administrativen Maßnahmen überzugehen. Das Problem der Entwicklung von Kontrollformen wurde meist in Abhängigkeit von den jeweiligen zeitlichen und örtlichen Bedingungen spontan gelöst. Doch die Notwendigkeit eines einheitlichen Plans und einheitlicher organisatorischer Formen stellte sich mit jedem Tag stärker.

Die ersten Schritte in dieser Richtung unternahm der Zentralrat der Fabrikkomitees, als er am 6. Januar 1918 Instruktionen und praktische Anleitungen zur Kontrolle herausgab. Alle wesentlicheren Punkte dieser Instruktionen gehen über den Rahmen der Arbeiterkontrolle, wie er durch das Dekret bestimmt worden war, weit hinaus: »Die Arbeiterkontrolle über die Industrie ist als Bestandteil der Kontrolle über die gesamte Wirtschaft nicht in dem beschränkten Sinn einer einfachen Revision, sondern im Gegenteil im Sinne eines Eingriffs in die Verfügung des Unternehmers über Kapital, Inventar in der Fabrik, Rohstoffe und Fabrikate zu begreifen; ferner im Sinne einer aktiven Überwachung der Auftragserfüllung, des Energie- und Arbeitskräfteaufwandes, der Teilnahme an der Organisierung der Produktion nach rationellen Prinzipien usw. Die Kontrolle ist namentlich als Übergangsschritt zur Organisierung der gesamten Volkswirtschaft nach sozialistischen Prinzipien anzusehen, als erster, unaufschiebbarer Schritt in dieser Richtung, von unten her, parallel mit der Arbeit von oben in den zentralen Organen der Volkswirtschaft.« Der Zentralrat der Fabrikkomitees überließ die Realisierung dieser Instruktion mit ihrer umfassenden Interpretation von Arbeiterkontrolle auf lokaler Ebene den Fabrikkomitees und den Volkswirtschaftsräten auf Rayonebene. Die Fabrikkomitees, bereits zu Kontrolleuren der Unternehmeraktivitäten geworden, wurden auf der Suche nach Brennstoff oder Rohmaterial zu »Stoßtrupps«, die den Kapitalisten bei der Fortführung des Unternehmens halfen. Entsprechend den auf sie übergegangenen Kompetenzen stellten sie die faktisch verantwortlichen Leiter aller Unternehmensangelegenheiten dar. Die Fabrikkomitees vermochten die Wirtschaftsführung und Verwaltung zur Einstellung ihrer Arbeit zu veranlassen, da sie ohne ihre Kenntnisnahme und Zustimmung über keine einzige wichtige Maßnahme entscheiden konnten. Sie waren zuständig für die Produkte, für Rohstoff, Brennstoff, Arbeitskraft, erarbeiteten gemeinsam mit dem technischen Personal den Arbeitsplan, erörterten mit der Verwaltung die eingehenden Aufträge und entschieden über ihre Erfüllung, führten Demobilisierung der Unternehmen und der Arbeitskräfte durch, kontrollierten die Finanzoperationen und nahmen die Interessen der Arbeiter bei Fabrikordnungen und Tarifen, auf sanitärem und technischem Gebiet und auf dem Gebiet der kulturellen Aufklärung wahr.[75]

Das organisatorische Schema, das der Zentralrat der Fabrikkomitees für die praktische Verwirklichung der Arbeiterkontrolle ausgearbeitet hatte, sah in seinen allgemeinen Zügen folgendermaßen aus: Das Fabrikkomitee richtete fünf Kommissionen ein — für die Organisation der Produktion, für die Demobilisierung, für Rohstoffversorgung, für Versorgung mit Brennstoff und für die Organisierung der Arbeiter. Sofern erforderlich, richteten diese Hauptkommissionen Hilfskommissionen ein. Die Fabrikkomitees vereinigten sich in Räten für Arbeiterkontrolle auf Rayonebene, die ihrerseits wiederum Volkswirtschaftsräte auf Gouvernements- und Gebietsebene bildeten, die unter Leitung der Zentralräte der Fabrikkomitees arbeiteten. Diese Wirtschaftsräte gliederten sich in Sektionen, die den Industriezweigen entsprachen. Wo keine Wirtschaftsräte existierten, übernahm der Zentralrat der Fabrikkomitees, der ebenso in entsprechende Kommissionen und Produktionssektionen gegliedert war, die praktische Leitung bei der Durchführung der Kontrolle.

Die Organisation der Arbeiterkontrolle hatten Massencharakter angenommen.[76] Praktisch sah ihre Verwirklichung so aus: Wenn es notwendig war, Rohstoffe, Brennstoff, Geld usw. zu erhalten, verlangte der Oberste Volkswirtschaftsrat[77] von den Kontrollkommissionen in den Betrieben begründete Erklärungen, die dann auf lokaler Ebene bestätigt wurden. Dies war bedingt dadurch, daß Unternehmer nicht selten das Vertrauen der Betriebskontrollkommissionen mißbrauchten und deren geringe Erfahrung in technischen und administrativen Fragen ausnutzten. Sehr oft interpretierten die Komitees und Kontrollkommissionen den Rahmen des Dekrets und der Instruktion zur Arbeiterkontrolle zu weit und zu willkürlich; nicht selten gab es Konflikte nicht nur mit der Werksverwaltung, sondern auch mit dem Wirtschaftsrat.

Keine einzige Unternehmensaufgabe konnte ohne die Organe der Arbeiterkontrolle entschieden werden. Besonders viel Zeit und Raum nahmen die Konflikte und der Kampf mit den Unternehmern ein, sowie die Liquidierung bzw. Leitung der in der Revolutionszeit verlassenen Unternehmen. Sehr häufig zielten die Kapitalisten bewußt auf die Liquidierung des Unternehmens, indem sie den Arbeitern den Lohn nicht auszahlten und im kritischen Augenblick Rußland verließen – nicht ohne ihre ganze Barschaft mitzunehmen –, oder indem sie Rohmaterial, Brennstoff und andere für die Produktion notwendige Ressourcen vor den Arbeitern geheimhielten. In solchen Fällen registrierten die Kontrollkommissionen das verlassene Eigentum und bemühten sich, die Produktion selbst zu organisieren. Doch standen die Kontrollkommissionen nicht nur dann, wenn die Besitzer verschwunden waren, faktisch an der Spitze des Unternehmens, sondern auch dann, wenn die Betriebe nicht nationalisiert waren; denn sie legten die Verordnung über die Kontrollkommissionen sehr extensiv aus. In dieser Hinsicht ist der langandauernde und scharfe Konflikt zwischen dem Betriebskomitee und der Leitung des Metallbetriebes Langesiepen von Interesse. Das Betriebskomitee und die Kontrollkommission entfernten den Besitzer – den deutschen Staatsbürger Langesiepen – und übernahmen die Leitung des Unternehmens. Weder die ins Werk entsandten Schlichtungskommissionen noch die Benennung eines Regierungskommissars konnten diesen Konflikt zufriedenstellend lösen, bis schließlich im Herbst 1918 entsprechend der Forderung der Arbeiter eine neue aus Arbeitern bestehende Leitung eingesetzt wurde.

Die Sabotagetaktik der Bourgeoisie hatte die entgegengesetzte

Bewegung der Arbeiter unter der Losung »Arbeiterkontrolle« hervorgerufen. Doch in dem Moment, in dem der massenhafte Widerstand des Kapitals überwunden war, ging das Proletariat an die Organisierung der Produktion heran und traf dort auf neue Sabotage: von seiten des technischen und Verwaltungspersonals der Betriebe, von seiten der Spezialisten, ohne die die Arbeiterklasse, die über keine eigenen Ingenieure und Techniker in der Produktion verfügte, nicht auskommen konnte. Für die Arbeiterkontrolle stellte sich eine neue Aufgabe: permanente und scharfe Beobachtung der Spezialisten und ihr gleichzeitiges Hinüberziehen auf die Seite der Arbeiter, um mit Unterstützung der sympathisierenden oder loyalen Personen vom innerbetrieblichen Kampf mit den Unternehmern zu ersten Versuchen neuer Produktion überzugehen. In diesen Auseinandersetzungen der Arbeiterklasse, die die Arbeiterkontrolle eingeführt hatte, mit den Überresten der Bourgeoisie und mit den Spitzen der technischen und der Verwaltungsangestellten in den Unternehmen erwarben sich die einzelnen Arbeiter der Fabrikkomitees jene administrative, ökonomische und technische Erfahrung, die ihnen dann zugute kam, als der Weg von der Arbeiterkontrolle zur Arbeiterverwaltung beschritten wurde und als Betriebsdirektoren aus der Arbeiterschaft selbst gebraucht wurden.

So wurden schrittweise die alten Formen der Kontrolle immer mehr verändert. Aus ihnen kristallisierten sich neue organisatorische Formen heraus, die der veränderten Situation, in Produktion und Politik besser entsprachen, einer Situation, die die endgültige und entschiedene Beseitigung des Kapitals als des Organisators der Volkswirtschaft forderte. Die weitere Vertiefung der ökonomischen Umwälzung verlangte eine Produktionsorganisation auf sozialistischen Prinzipien. Doch war hier schon eine geeignetere Organisationsform als die des Fabrikkomitees und eine umfassendere Methode als die Arbeiterkontrolle vonnöten. Die Leitung der neuen Fabrik mußte von den Prinzipien eines einheitlichen Wirtschaftsplans ausgehen, der sie mit der allgemeinen sozialistischen Richtung des jungen proletarischen Staates verband. Dafür waren gesamtstaatliche Organe der Regulierung und Leitung der Produktion notwendig. Den Fabrikkomitees fehlte es hier einfach an technischen und organisatorischen Erfahrungen und Kenntnissen, um die komplizierte Arbeit der Produktionskontrolle zu beherrschen. Der Produktionsprozeß in seiner modernen Gestalt ist mit so vielen Fäden mit der Außenwelt, mit anderen Unternehmen, anderen Produktionsbereichen, mit dem Markt, dem Transportwesen, dem Arbeitskräftemarkt usw. verbunden, daß die Fabrikkomitees, ja sogar deren gesamtrussischer Zusammenschluß, diese Fäden nicht erfassen konnten, da sie nicht über die Rechte der Staatsmacht verfügten. Als besonders schwierig und kompliziert erwies sich in der Praxis die Finanzkontrolle. Um sie vollständig zu verwirklichen, mußte man die ganze Macht des allmächtigen Finanzkapitals und die durch es gesetzte kapitalistische Rechtsordnung niederreißen. Zwangssyndizierung, Vertrustung einzelner Produktionszweige, Nationalisierung der Banken, Schaffung eines neuen Finanz- und Währungssystems — all diese großen ökonomischen Aufgaben der sozialistischen Übergangsperiode erforderten ein Zentrum, das die gesamte Volkswirtschaft in gesamtstaatlichem Maßstab regulierte. Das Proletariat verstand diese Notwendigkeit, entkleidete die Fabrikkomitees, die den neuen wirtschaftlichen Ansprüchen nicht Genüge tun konnten, ihrer Vollmachten und übertrug sie den neu geschaffenen Organen — den Volkswirtschaftsräten.

»Von der ersten Sitzung des Rates für Arbeiterkontrolle an«, berichtet Genosse Čubar' einer der leitenden Organisatoren dieses Rates; »wurde klar, daß die Kontrolle allein das Problem nicht löste, und es ist deshalb nur natürlich, daß alle Mitglieder des Rates für Arbeiterkontrolle diese Funktionen opferten und sich mit der Schaffung des Obersten Volkswirtschaftsrates an die Arbeit machten.«

Der Gedanke zur Schaffung des Obersten Volkswirtschaftsrats wurde von den Fabrikkomitees selbst geboren und formuliert. Der Zentralrat der Fabrikkomitees nahm energisch Anteil an seiner Verwirklichung, stellte seine besten Arbeiter und seinen Apparat zur Verfügung. Die Fabrikkomitees von Petrograd, die auf der 1. Konferenz im Mai 1917 die Arbeiterkontrolle proklamiert hatten, trugen sie auf ihrer 6. Konferenz einhellig zu Grabe.

In der Diskussion über die Situation der Industrie und die Möglichkeit ihrer Nationalisierung stellte die 6. Konferenz fest: »In der Annahme, daß die politische Macht des Proletariats eine wirkliche Macht nur unter der Bedingung der ökonomischen Herrschaft ist, daß nur im Übergang der Produktivkräfte Rußlands in die Hände des organisierten Proletariats die künftige ökonomische Entwicklung des Landes im Interesse des Proletariats und der ganzen Gesellschaft garantiert ist, beschließt die 6. Konferenz der Fabrik- und Werkkomitees:

1. Den Übergang aller Produktionsinstrumente, Fabriken, Betriebe und Zechen in die Hände des Staates als notwendig anzuerkennen.

2. In Anbetracht dessen, daß es unmöglich ist, auf einen Schlag und unverzüglich die Nationalisierung aller Unternehmen durchzuführen — da es keinen organisatorischen und technischen Apparat gibt, der den Interessen des Proletariats entspräche —, muß die Arbeiterklasse Organisationen schaffen, deren Ziel es ist, planmäßig und unverzüglich die Nationalisierung der Industrie vorzubereiten.

3. Die Konferenz ist der Meinung, daß Demobilisierungsbüros in den einzelnen Industriezweigen derartige Organisationen sein sollten, deren Ziel es ist, die Industrie zu demobilisieren, die Nationalisie-

rung vorzubereiten und sie unter Leitung des Obersten Volkswirtschaftsrats verwirklichen.

4. In dieser Zeit des Kampfes, der Sabotage und der Weigerung der Bourgeoisie, sich dem proletarischen Staat unterzuordnen, fordert die Konferenz erbarmungslosen Kampf: Alle Fabriken, Werke, Zechen, deren Besitzer die Arbeiterkontrolle nicht akzeptieren, die offen und heimlich Sabotage treiben, die sich nicht kümmern um die Erhaltung der Arbeitsbedingungen in den Unternehmen, müssen sofort in das Eigentum der proletarischen Republik übergehen.

5. Ebenso müssen jene Unternehmen in das Eigentum der Republik übergeben werden, die für Friedensproduktion ausgerüstet sind, über gute Ausrüstung verfügen und in finanzieller Hinsicht stabil sind; denn die proletarische Republik nimmt aus den Händen der Räuber nicht nur eine zerstörte Wirtschaft, die dem Volkseigentum zur Last gereicht, sondern auch jene Unternehmen, die intensiv arbeiten können und so dem Volk Gebrauchsgegenstände liefern und dadurch dem Volksvermögen zur Gesundung verhelfen können.

6. Angesichts dessen, daß die obersten Machtorgane keine besonderen Organisationen haben, die in der Lage wären, die in das Eigentum der Republik übergegangenen Unternehmen zu leiten, daß ferner die Macht der Arbeiter, Soldaten und Bauern darin besteht, daß sie sich auf das Vertrauen der Werktätigen und deren Organisationen stützt, muß diese Macht sich ihrerseits auf diese Organisationen stützen und deshalb in allen Fällen von Nationalisierung die Arbeiterkomitees der jeweiligen Betriebe mit der Leitung betrauen; diese Komitees arbeiten unter der Leitung der Volkswirtschaftsräte.

7. Die 6. Konferenz schlägt als erste dringende Nationalisierungsmaßnahme dem Obersten Volkswirtschaftsrat und dem Rat der Volkskommissare vor, per Dekret alle Aufträge — private wie staatliche — zu nationalisieren. Alle Aufträge und deren Verteilung müssen konzentriert werden im Auftragsbüro des Volkswirtschaftsrates; wo es keinen solchen nicht gibt, beim Rat der Arbeiter-, Soldaten- und Bauerndeputierten.«

Wie immer folgte Petrograd das ganze arbeitende Rußland; man machte sich energisch an den von der Konferenz aufgezeigten Umbau der alten kapitalistischen Fabrik. Die Nationalisierung ging manchmal ohne wirtschaftliche Berechnungen und Erwägungen vor sich; denn insgesamt fehlte es an Mitteln, Möglichkeiten und organisatorischen Kräften für die Nationalisierung der Industrie. Genosse Rykov beschrieb in seinem Rechenschaftsbericht über die Tätigkeit des Obersten Volkswirtschaftsrats, den er auf der 1. Gesamtrussischen Konferenz der Volkswirtschaftsräte hielt, diese erste Periode der Arbeit im Bereich der Nationalisierung als eine Periode des fortgesetzten Kampfes der Arbeiterklasse um ihre Diktatur: »Die Nationalisierung wurde durchgeführt, weil die Regeln der Arbeiterkontrolle nicht eingehalten wurden, weil sich der Fabrikant und die Verwaltung davongemacht hatten und weil ganz einfach die Verordnungen der Sowjetmacht nicht erfüllt wurden usw. Die ersten Monate nach dem Oktoberumsturz waren durchweg davon bestimmt, daß der unmittelbare Kampf zwischen Arbeiterklasse und Bourgeoisie in die einzelnen Fabriken und Betriebe verlegt wurde. Die Nationalisierung der Unternehmen hatte keine wirtschaftliche, sondern eine rein disziplinarische Bedeutung.«[79]

Die Nationalisierung der Industrie erschien auf diese Weise als natürliches und unabwendbares Ergebnis des ganzen Verlaufs der russischen Revolution. Ein Unternehmen nach dem anderen ging in das Eigentum des proletarischen Staates über. Am 1. Juni 1918 waren bereits mehr als 500 Großbetriebe nationalisiert. Als der 1. Gesamtrussische Kongreß der Volkswirtschaftsräte zusammentrat (Mai/Juni 1918), waren alle grundlegenden Zweige der Industrie und der private Handelsapparat der Nationalisierung unterworfen.

Als am 28. Juni 1918 das Dekret über die Nationalisierung der ganzen Industrie erschien, war der Prozeß der Liquidierung der privatwirtschaftlichen, kapitalistischen Fabrik beinahe abgeschlossen. Tatsächlich beinhaltete das Dekret noch nicht die völlige Sozialisierung der Produktion. Fabrikeigentümer waren noch nicht endgültig entfernt; die Fabriken galten als »unentgeltlich verpachtet zur Nutzung durch die ehemaligen Besitzer«. Doch der Staat, der ihnen ermöglichte, auch in Zukunft Profit aus dem Unternehmen herauszuholen, beraubte sie des Rechtes, individuell über sie zu verfügen. Die ehemaligen Besitzer waren in die Position einfacher Verwalter im Dienst des Sowjetstaates versetzt; sie konnten zu jedem beliebigen Zeitpunkt aus der Leitung des Unternehmens entfernt werden. Natürlicherweise verringerte sich in der ersten Zeit nach der Nationalisierung die Arbeit der Zellen in den Betrieben, die die Kontrolle ausübten, nicht, sondern nahm an Umfang und Intensität eher zu. Der 1. Gesamtrussische Kongreß der Volkswirtschaftsräte, dessen Resolutionen besonders interessant und aufschlußreich für den Übergang von der Arbeiterkontrolle zur Arbeiterverwaltung sind, beschloß gleichzeitig, daß die Arbeiterkontrolle und die Fortsetzung der Arbeit der Kontrollkommissionen notwendig seien, und gab eine detailliert ausgearbeitete Instruktion über die Leitung der nationalisierten Unternehmen heraus. Sie machte die Wahl von Arbeiterkontrollkommissionen in allen Staats- und nationalisierten Unternehmen zur Pflicht; ferner sollten zur Lenkung und Verwirklichung der Kontrolle auf Gouvernements- und Gebietsebene bei den Gouvernements- und Gebiets-Volkswirtschaftsräten besondere Kontrollkommissionen eingerichtet werden, die sich aus Vertretern der Gewerkschaften, der Fabrikkomitees und der Volkswirtschaftsräte zusammensetzten. Zudem sollte beim Obersten Volkswirtschaftsrat eine besondere Abteilung für Arbeiterkontrolle zur Durchführung der Kontrolle in gesamtrussischem Maßstab gebildet werden.

Über Funktionen, Rechte und Pflichten der Arbeiterkontrolle in nationalisierten Unternehmen bemerkt der Kongreß der Volkswirtschaftsräte: »Die Arbeiterkontrolle erstreckt sich nicht nur auf die Registrierung von Rohstoffen und Material, Produktion, Finanzen u. a., sondern sie stellt auch die Selbstkosten der Produkte fest und kontrolliert, ob das Unternehmen in Übereinstimmung mit den allgemeinen Wirtschaftsplänen arbeitet, die von den Volkswirtschaftsräten erarbeitet worden sind. Falls keine Übereinstimmung mit diesen Aufgaben festgestellt wird, berichten die Organe der Arbeiterkontrolle unverzüglich dem Gebiets- bzw. Gouvernements-Volkswirtschaftsrat über alle Versäumnisse und Planverfehlungen, ohne sich von Beschlüssen der Betriebsleitung aufhalten zu lassen. Der Volkswirtschaftsrat muß seinerseits unverzüglich Maßnahmen ergreifen, um die festgestellten Versäumnisse zu beheben. Die Arbeiterkontrolle erstreckt sich nicht nur auf den Besitzer oder Leiter des Unternehmens, sondern auch auf die Arbeiter, indem sie den Intensitätsgrad der Arbeit, die Produktionsnormen und die Arbeitsdisziplin festsetzt. Die dergestalt durchgeführte Arbeiterkontrolle weist die Arbeiter in die industrielle Tätigkeit ein, befähigt sie schrittweise zu planmäßiger Durchführung der Nationalisierung mittels der Gebiets-Volkswirtschaftsräte, die vom Obersten Volkswirtschaftsrat eingerichtet worden sind.«

Doch neben der Verordnung über die Arbeiterkontrolle und der Einrichtung der Kontrollkommissionen (mit gegenüber der Vergangenheit freilich etwas veränderten Aufgaben) nahm der Kongreß der Volkswirtschaftsräte eine »Verordnung über die Leitung der nationalisierten Unternehmen« an.

§ 2 dieser »Verordnung« lautete: »In jedem Betrieb, jeder Fabrik, Zeche usw., die in das Eigentum der Republik übergegangen sind, wird eine Werksleitung gebildet. Zwei Drittel der Werksleitung werden bestimmt vom Gebiets-Volkswirtschaftsrat oder vom Obersten Volkswirtschaftsrat (wenn das Unternehmen unmittelbar zentraler Leitung unterstellt ist); dabei kann der Volkswirtschaftsrat den Gewerkschaften auf Gebietsebene oder gesamtrussischer Ebene das Recht überlassen, die Hälfte der Kandidaten vorzuschlagen. Ein Drittel der Mitglieder der Leitung wird von den gewerkschaftlich organisierten Arbeitern des Unternehmens gewählt. Ein weiteres Drittel muß aus Spezialisten aus den Reihen der technischen Angestellten und der Verwaltungsangestellten bestehen.«

Dieses System der Leitungsorganisation hatte gewaltige Bedeutung für die Regulierung der Produktion nach einem einheitlichen Plan und gab andererseits der Werksleitung einen proletarischen

Charakter und verband sie mit den Arbeitermassen des Werkes, die unmittelbar ihre Vertreter in die Werksleitung schickten.

3. Die Verschmelzung der Fabrikkomitees mit den Gewerkschaften

Die Beziehungen zwischen Fabrikkomitees und Gewerkschaften durchliefen in den Jahren 1917—1918 eine ganze Reihe von Etappen, die dem allgemeinen Verlauf der Revolution entsprachen. Die Februar-März-Revolution hatte eine stürmische ökonomische Bewegung des Proletariats und einen fieberhaften Aufbau der Gewerkschaftsorganisationen gebracht. Schon früher hatte es Gewerkschaften gegeben, sie hatten sich in der Kampfgeschichte der Arbeiterklasse einige Verdienste erworben. Doch zum Zeitpunkt der Revolution waren sie völlig zerschlagen und lagen in Trümmern. Beinahe alle Gewerkschaften waren in den ersten beiden Monaten der Revolution von 1917 entstanden. Doch die jungen Gewerkschaftsorganisationen erwiesen sich als zu schwach, um den ökonomischen und politischen Kampf der Arbeiterklasse, der sich spontan entwickelt hatte, zu erfassen und zu leiten. Deshalb standen an der Spitze dieses Kampfes nicht die Gewerkschaften, sondern die neuen revolutionären Klassenorganisationen der Arbeiterklasse: die Fabrikkomitees.

Die Gewerkschaften, nach Berufsgruppen strukturiert, vereinigten nur einen Teil der Arbeiter; die erreichte Ebene des Kampfes verlangte aber die Einbeziehung aller in der Produktion beschäftigten Arbeiter. Außerdem waren die Gewerkschaften ihrem Geist, ihren Aufgaben und Traditionen entsprechend, wenn auch in Rußland nicht so sehr wie in westlichen Ländern, mehr zum friedlichen ökonomischen Kampf mit dem Kapitalismus geeignet als für den revolutionären Kampf in jenen Ausmaßen und Formen, wie er sie 1917 erreicht hatte. An den Kampf um die Verbesserung der Arbeitsbedingungen, um Lohnerhöhungen usw. gewöhnt, konnten die Gewerkschaften nicht sogleich zu Problemen wie der Organisierung der Produktion übergehen, und die Revolution entwickelte sich namentlich im Bereich der Fabrik, es ging um Produktionsmethoden und Produktionsverhältnisse, und am schärfsten zeigten sich die Widersprüche dort, wo die Auseinandersetzung zwischen den zwei feindlichen Klassen besonders scharfe und erbitterte Formen angenommen hatte.

All dies wies den Fabrikkomitees gegenüber den Gewerkschaften nicht nur eine Avantgardeposition zu, sondern veranlaßte sie auch nicht selten, Gewerkschaftsaufgaben zu übernehmen; denn der Kampf gegen die Unternehmer forderte schnelles und entschiedenes Handeln, wenn die Konflikte, die allenthalben auftauchten, gelöst werden sollten.

Wie wir gesehen haben, weiteten die Fabrikkomitees den Rahmen ihrer Aktivitäten aus und gewannen im ersten Revolutionsjahr eine gewaltige Bedeutung. Dies war für viele Arbeiter der Komitees ein Anlaß, die Betriebskomitees als selbständigen Zweig der Arbeiterbewegung zu verstehen und sie den Gewerkschaften gegenüberzustellen, deren Existenz in der revolutionären Periode sie für überflüssig zu halten geneigt waren. Und nicht nur die Anarcho-Syndikalisten[80], sondern auch zahlreiche Arbeiter, vor allem in der metallverarbeitenden Industrie, wo die Komitees eine bedeutsame wirtschaftliche Rolle spielten, die dem Anarchismus nicht nahestanden, glaubten, daß die Fabrikkomitees die Gewerkschaften in der Leitung des ökonomischen Kampfes ablösen könnten.

»Die Gewerkschaften haben in der ganzen Welt Schiffbruch erlitten. Dort, wo sie noch existieren, halten sie uns nur vom Kampf ab. Wenn die Gewerkschaften sich die revolutionären Betriebskomitees unterordnen wollen, dann sagen wir: ›Hände weg, wir gehen nicht euren Weg. Der Kampf mit dem Kapital muß bis zum bitteren Ende geführt werden‹.«[81] Natürlich konnten die Sympathien der Arbeiter nicht auf seiten der Gewerkschaften sein, wurden diese doch in den meisten Fällen von den Men'ševiki beherrscht, die sich gegen die revolutionären Absichten der Arbeiter stemmten.

Doch die Gewerkschaften entsprachen zu diesem Zeitpunkt auch als Organisationen, die berufen waren, die ökonomischen Interessen der Arbeiter zu verteidigen, nicht ihrem Anspruch. Darauf wies ein anderer Redner auf der Char'kover Konferenz hin: »Die Fabrikkomitees verbessern die Lage der Arbeiter, die Metallarbeitergewerkschaft hingegen hat für die Arbeiter nichts getan. Das Betriebskomitee ist eine lebendige Kraft, bei der Gewerkschaft hingegen halten wir uns nur an Formen. Man darf aber nicht die Bewegung der Form opfern. Die Metallarbeiter sind in den Fabrikkomitees zusammengeschlossen. Die Komitees sind lebensfähiger, sie muß man unterstützen.« Und Kul'bakin, ein Arbeiter der Lokomotivenfabrik, erklärte kategorisch: »Die Gewerkschaften – das sind Kinder der Bourgeoisie.«

Der Delegierte Širjaev aus dem Werk Helferich-Sade formulierte die Konsequenz: »Die Betriebskomitees sind eine Schöpfung der Revolution. Sie sind die neue Kraft, mit der man rechnen muß. Die Betriebskomitees sollen ihr Zentralorgan schaffen, das von den Gewerkschaften unabhängig ist und das sowohl die gewerkschaftliche wie die politische Seite der Bewegung führen könnte.«[82]

Auf der Sitzung des Delegiertenrats des Petrograder Metallarbeiterverbandes am 11. Juni 1917 kam die anfängliche Hilflosigkeit der Gewerkschaften besonders deutlich zum Ausdruck. Im Tätigkeitsbericht der Zentrale des Metallarbeiterverbandes bemerkte der Referent, Genosse Rubcov: »Es ist charakteristisch, daß 99 % aller Konflikte ohne Wissen der Gewerkschaftsorganisationen entstehen und sich entwickeln. Die Zentrale wird zu spät informiert, erst nachdem Vertreter der Arbeiter bereits im Sowjet der Arbeiterdeputierten und verschiedenen Ministerien vorstellig geworden sind. Bei einer solchen Lage der Dinge kann den Arbeitern nicht geholfen werden.«

Als außerordentlich typische Illustration dieser Situation in den Gewerkschaften und im Verhältnis zu den Fabrikkomitees kann der interessante Konflikt dienen, der sich um die Tarife im Putilov-Werk anbahnte. Zur gleichen Zeit, als die Gewerkschaft ihre ganze Energie auf die Ausarbeitung und Durchführung eines einheitlichen Tarifs für die Metallindustrie Petrograds konzentrierte, erarbeitete das Betriebskomitee bei Putilov, unabhängig von der Gewerkschaft, einen eigenen Tarif und entschloß sich, diesen in Form eines kurzfristigen Ultimatums der Verwaltung vorzulegen. Vertreter der Gewerkschaftszentrale wurden hinzugezogen, als der Konflikt gefährliche Formen annahm. Vier Mitglieder des Büros der Zentrale versuchten, das Betriebskomitee zu einer Änderung seines Entschlusses zu bewegen; es gelang ihnen nicht. Denn das Fabrikkomitee blieb hartnäckig bei seinem Entschluß und berief sich dabei auf die Massen, die »nicht mehr mitmachen und nicht mehr warten wollen«[83].

Auf die Schwäche der Gewerkschaftsorganisationen in den großen Industriezentren Rußlands im Jahre 1917 verweist auch der Zentralrat der Gewerkschaften in seinem Bericht über das Donecbecken für die Zeit von Juli bis Dezember: »Die Gewerkschaften führen gegenwärtig den ökonomischen Kampf nicht und können dies auch nicht. Die Schwäche der Gewerkschaften wird daraus ersichtlich, daß die Initiative des ökonomischen Kampfes von den Sowjets der Arbeiterdeputierten wahrgenommen wird, während die Gewerkschaften eine sekundäre Rolle spielten. Auf dieser Grundlage kommt es zu unerwünschten Konflikten und Mißverständnissen.«

Dieser Zustand der Gewerkschaften führte wiederum dazu, daß die Arbeitermassen sich von den Gewerkschaften entfernten und der Einfluß der Anarchisten zunahm: »Die Masse steht unter dem starken Einfluß der Anarchisten«, heißt es weiter in diesem Bericht. »Und das ganze Unglück besteht darin, daß der Einfluß der Anarchisten nur deshalb möglich ist, weil der örtliche Sowjet einerseits mit seiner gemäßigten Politik und andererseits durch die ungenügende Arbeit unter den Grubenarbeitern einen solchen Einfluß der ultraextremen Anarchisten ermöglicht hat.«[84]

So wuchs die Gefahr der Spaltung und Desorganisierung der Arbeiterbewegung. Einige Vertreter der Gewerkschaftsbewegung traten deshalb energisch gegen die schädlichen, die Arbeiterklasse spaltenden Tendenzen in den Fabrikkomitees, die Gewerkschaften ersetzen zu wollen, auf und eröffneten eine Kampagne gegen den

Separatismus der Betriebskomitees. Im übrigen mußten sich auch die Gewerkschaften unvermeidlich den neuen Bedingungen anpassen, da das Leben die Arbeiterklasse dazu zwang, entweder den Kampf einzustellen oder die Kampfmethoden und Kampfformen radikal zu ändern.

Der Verlauf des ökonomischen Kampfes war eng verbunden mit den Fragen der Produktion, und die Gewerkschaften wurden immer mehr in dieses für sie neue Tätigkeitsfeld hineingezogen. Der wirtschaftliche Zerfall, der sich in der Verschlechterung der ökonomischen Lage der Arbeiterklasse widerspiegelte, zwang die Gewerkschaftsorganisationen, sich nicht nur auf Löhne, kollektive Verträge usw. zu konzentrieren, sondern sich auch mit Ursachen des Zerfalls, dem Zustand der Produktion, den Wirtschaftsmethoden, Mitteln, um die Anarchie einzuschränken, und Fragen der industriellen Leitung zu befassen. Andererseits hatten sich die Gewerkschaften in den Kontrollorganen (wenn sie im wesentlichen auch erfolglos blieben) und den Wirtschaftsorganisationen der Provisorischen Regierung mit der neuen wirtschaftlichen Arbeit im Produktionssektor bekannt gemacht und für sie qualifiziert. Da aber die Fabrikkomitees dieselbe wirtschaftliche Arbeit leisteten, kam es zu Überschneidungen und einem schädlichen Parallelismus in der Arbeit beider Arbeiterorganisationen. Ohne Kontakt, ohne feste Einheit und Abstimmung der Tätigkeit zwischen Gewerkschaften und Betriebskomitees war ein erfolgreicher ökonomischer Kampf der Arbeiterklasse nicht möglich.

Dies verstanden in ihrer Mehrheit sowohl die Betriebskomitees wie auch die Gewerkschaften, und sie versuchten, ihre Funktionen abzugrenzen. Die erste Konferenz der Fabrikkomitees Petrograds sprach sich mit Ausnahme der Anarchisten, die die unverzügliche Verwandlung der Betriebskomitees in die Zellen der ökonomischen Diktatur forderten, einhellig für den engsten Kontakt der beiden Arbeiterorganisationen aus.

Die zweite Konferenz der Fabrikkomitees Petrograds (7.–12. August) gab bereits eine völlig korrekte Interpretation der Aufgaben und der Entwicklungslinien beider Arbeiterorganisationen. In dem von der Konferenz bestätigten Statut wird folgende Formulierung der Ziele und Aufgaben der Fabrikkomitees gegeben:

1. Vereinigung der Arbeiter und Angestellten eines jeden Unternehmens in ihrem politischen Auftreten, in ihren gegenseitigen Beziehungen, in ihren Beziehungen zur Werksleitung, und

2. Teilnahme an der Arbeiterkontrolle und an der Verteilung der hergestellten Produkte (Punkt I des Statuts).

Im Vorwort erläutert der Zentralrat der Fabrikkomitees im Auftrag der Konferenz diese kurze Formulierung der Aufgaben der Komitees und ihres Verhältnisses zu den Gewerkschaften wie folgt: »Die Fabrikkomitees sind die revolutionäre Kampforganisation der

Arbeiterklasse, deren Hauptaufgabe der Kampf gegen die Konterrevolution und der Kampf um die weitere Entwicklung der Revolution ist, vor allem im Sektor der *Produktion.*« Diese klare Formulierung besagt, daß die Fabrikkomitees hierin vor allem die Achse ihrer Tätigkeit sahen. »Auf diesem Gebiet konzentrieren die Betriebskomitees *hauptsächlich* ihre Kräfte und ihre Arbeit, während sie auf den übrigen Gebieten als Organ fungieren, das lediglich die Vereinigung der Kräfte der Arbeiter mitträgt und mitunterstützt.« Zwischen Fabrikkomitees und Gewerkschaften wurden die Grenzen so gezogen: Die Fabrikkomitees sind Hilfsorgane der Gewerkschaften beim gewerkschaftlich-ökonomischen Kampf; sie ziehen die Arbeiter in die Gewerkschaften, stimmen ihre Forderungen mit den Verordnungen der Gewerkschaften ab und lassen sich in ihrem Verhältnis zu den Unternehmern von diesen Verordnungen leiten. Ferner werden nicht nur die Rechte der Fabrikkomitees genau abgegrenzt, sondern es werden auch klar und verständlich die künftige Entwicklung, die Rolle und die Tendenzen beider Organisationen skizziert: »*Möglicherweise werden in Zukunft die Fabrikkomitees zu den betrieblichen Organen der Gewerkschaften, deren Struktur sich dementsprechend zu verändern hat.*«

Dem Beispiel Petrograds folgend versuchte man auch in anderen russischen Industriezentren die Rechte und Pflichten der Gewerkschaften und der Betriebskomitees voneinander abzugrenzen. So beschloß die erste Moskauer Konferenz der Fabrikkomitees (28. Juni 1917) zum Verhältnis von Gewerkschaftsorganisationen und Komitees, daß in der Versorgungskrise und im allgemeinen Wirtschaftszerfall eine strenge Zentralisierung vonnöten sei und eine Reihe von Maßnahmen durchgeführt werden müßten, die geeignet seien, die Revolution voranzutreiben und die Interessen der Arbeiterklasse zu verteidigen. Deshalb müsse die Durchführung der Maßnahmen und Verordnungen des Sowjets der Arbeiterdeputierten und der Gewerkschaften zur Hauptaufgabe der Betriebskomitees werden. Den ökonomischen Kampf sollten die Komitees nur mit Wissen und Zustimmung der Gewerkschaften führen, denen sich unterzuordnen ihre erste Aufgabe sei.

In der Provinz wurden ebenfalls Versuche zur engeren Verbindung von Betriebskomitees und Gewerkschaften unternommen. Die Char'kover Konferenz im Juni 1917 stellte fest, daß »die Fabrikkomitees die Grundzellen der Gewerkschaftsorganisation sind und in ihrer Tätigkeit die allgemeine Politik, wie sie von den Gewerkschaften bestimmt worden ist, durchführen. Indem die Komitees die Interessen der Arbeiter ihres Unternehmens verteidigen und vertreten, tragen sie Verantwortung nicht nur vor ihren Wählern, sondern auch vor der Gewerkschaftsorganisation.« Im Produktionsbereich »müssen die Betriebskomitees die Erhaltung der Produktion, die Erzielung einer maximalen Produktivität ihres Unternehmens und die Errichtung einer ordentlichen Kontrolle über alle Teile der Produktion übernehmen«.

In Odessa zwang die Notwendigkeit, im Kampf mit dem Zerfall und zur Durchsetzung der ökonomischen Forderungen der Arbeiter die Aktivitäten zu koordinieren, alle Arbeiterorganisationen dazu, eine Verordnung auszuarbeiten, die die Funktionen der verschiedenen Arbeiterorgane definierte. »Zu diesem Zweck«, heißt es in einem an alle Arbeiter Odessas gerichteten Aufruf, »ist eine gemeinsame Sitzung aller in Odessa existierenden Arbeiterorganisationen einberufen worden, die folgendes beschlossen haben: 1. Forderungen dürfen von den Arbeitern nur mit Billigung der entsprechenden Gewerkschaftsorganisation aufgestellt werden. 2. Streiks und Boykotts dürfen nur mit Zustimmung des Zentralbüros der Gewerkschaften ausgerufen werden. 3. Mit allen Eingaben, die sich auf Fragen der Regulierung und Kontrolle der Produktion beziehen (Rohstoffmangel, Verteilung des Materials, Konflikte mit dem technischen Personal usw.), muß man sich an den Zentralrat der Fabrikkomitees wenden.«

Diese Abgrenzung der Funktionen wurde jedoch nicht immer beachtet. Die Praxis und die Kampfatmosphäre führten zu ständigen und bisweilen ziemlich starken Abweichungen. Der Kampf um die Produktion war untrennbar verbunden mit dem ökonomischen und politischen Kampf, und dies war die Quelle für die ständigen Auseinandersetzungen zwischen Gewerkschaften, Betriebskomitees und auch den Sowjets der Arbeiterdeputierten.

Von dem Augenblick an, da die Gewerkschaften sich mehr mit den Produktionsproblemen befaßten, wurde die Trennungslinie zwischen ihnen und den Fabrikkomitees abgeschwächt, näherten sich ihre Aufgaben einander an, entstanden eine eigentümliche »Doppelherrschaft« und unumgängliche Reibungen als Ergebnis der Doppelexistenz wesensverwandter Organisationen.

Die Dritte Gesamtrussische Konferenz der Gewerkschaften bezeichnete den Gewerkschaften und den Betriebskomitees den Weg der Annäherung; in der Resolution hatte sie darauf hingewiesen, daß »die Gewerkschaften energisch die Schaffung und Stärkung von Fabrikkomitees unterstützen sollen in der Absicht, diese in ihre Stützpunkte auf lokaler Ebene zu verwandeln und durch sie die allgemeine Politik der Gewerkschaften durchzusetzen«. Doch die fruchtlosen Debatten und die Schwäche der menschewistisch-versöhnlerischen Mehrheit der Konferenz, die alle ihre Verordnungen kennzeichneten, drückten sich auch in ihrer Resolution über Fabrikkomitees und Gewerkschaften aus. Die Konferenz gab keine konkretere und bestimmtere Anweisung als diese allgemeine Verordnung, zeigte keinerlei Mittel und Methoden, um die Betriebskomitees in Stützpunkte der Gewerkschaften umzuwandeln.

Einzelne Gewerkschaften machten sich schon lange vor der Oktoberrevolution auf die Suche nach solchen Mitteln und Wegen. Die Metallarbeitergewerkschaft, früher als andere Gewerkschaften erstarkt, befaßte sich näher mit den Problemen der Produktion als andere Gewerkschaftsvereinigungen. Auf der anderen Seite hatten auch die Betriebskomitees in der Metallindustrie größere Aktivität und einen gewissen Separatismus an den Tag gelegt. Trotzdem kam es bereits am 11. Juni 1917 zwischen der Metallarbeitergewerkschaft und den Fabrikkomitees in den metallverarbeitenden Petrograder Unternehmen zu einer Übereinkunft.

In der Resolution, die auf der Sitzung der Gewerkschaftsleitung der Metallarbeiter angenommen wurde, wird dieses Abkommen so begründet: »Die Betriebskomitees waren unmittelbares Resultat der demokratischen Revolution und konzentrierten in ihren Händen die gesamte organisatorische Aktivität der Arbeiter im Kampf um Lohnerhöhung, in der Schaffung einer internen Ordnung, in der Regulierung und Kontrolle der Produktion. Unter den gegenwärtigen Bedingungen sind die Komitees die einzigen Organe der in einem gegebenen Unternehmen beschäftigten Arbeiter. Parallel zu dieser Organisation der Arbeiter nach Unternehmen wuchs eine Organisation nach Produktionszweigen heran: die Gewerkschaft. Die Gewerkschaft ist die höchste und einzige Organisation, verantwortlich für die Arbeiter des jeweiligen Produktionszweiges. Die lokalen Betriebskomitees nehmen in der allgemeinen Produktionsorganisation eine den Gewerkschaften untergeordnete Position ein.«

So entwickelten sich die Beziehungen zwischen Gewerkschaften und Betriebskomitees vor der Oktoberrevolution. Mit dem Sieg des Proletariats im Oktober veränderte sich die allgemeine wirtschaftliche Politik und die Taktik der Arbeiterorganisationen. Zu Beginn begegneten die Arbeitermassen, auf die sich die proletarische Staatsmacht stützte, an den verschiedenen Orten spontan und auf verschiedene Weise dem Widerstand der Kapitalisten. Das Instrument, mit dem sie auf die Kapitalisten einwirkte, war die Arbeiterkontrolle. Deshalb stellte die Frage, wer die Kontrolle leiten sollte — die Fabrikkomitees oder die Gewerkschaften —, die zentrale Frage für beide Organisationen dar, die Frage nach der Weiterexistenz einer von beiden Organisationen; denn die Existenz beider Organisationen war nicht zweckmäßig und bremste die Festigung der Errungenschaften des Oktober. Der objektive Gang der Revolution forderte vielmehr gleichzeitig den Übergang zu staatlichen Formen der Kontrolle und Regulierung der Industrie.

Gegen Ende 1917 gab es bereits 20 gewerkschaftliche Vereinigungen, die — weil sie die Notwendigkeit eines allgemeinen Plans für die Ausübung der Kontrolle spürten — die Zusammenfassung aller Anstrengungen in dieser Richtung in einem einheitlichen staatlichen

System durchzusetzen versuchten. Den ersten Versuch in dieser Richtung unternahmen die Gewerkschafter noch kurz vor der Oktoberrevolution, in Zusammenhang mit der Übereinkunft, die auf der ersten Gesamtrussischen Konferenz der Fabrikkomitees im Oktober 1917 erreicht worden war. Diese Übereinkunft war notwendig, weil die Komitees sonst angesichts der spontanen Entwicklung des Kampfes um die Arbeiterkontrolle der Gefahr ausgesetzt gewesen wären, sich — wie Genosse Rjazanov es ausdrückte — »in ein Netz zersplitterter, kleiner, zu nichts taugender Aktienfabriken« zu verwandeln.

Um zu einem solchen Abkommen zu gelangen, das auch die perspektivische Schaffung einer parallelen gesamtrussischen Wirtschaftsorganisation der Arbeiterklasse implizieren sollte, entsandte der Zentralrat der Gewerkschaften die Genossen Rjazanov und Lozovskij auf die Gesamtrussische Konferenz der Fabrikkomitees; sie sollten erreichen, daß die Komitees anerkannten, daß die gesamte Arbeit innerhalb der nach Produktionsbereichen gegliederten Gewerkschaften vor sich gehen sollte.

Über diese historische Übereinkunft berichtete Genosse Rjazanov auf dem 1. Gesamtrussischen Kongreß der Gewerkschaften: »Ich habe auf jene revolutionäre Rolle hingewiesen, die die Fabrikkomitees zu Beginn der Revolution gespielt haben. Ich habe gesagt, daß es für die Komitees praktisch am sinnvollsten sein wird, sich die Form der Selbstauflösung auszuwählen, die für die Gewerkschaftsbewegung als ganze am nützlichsten ist, d. h. die Komitees müssen sich von Anfang an sagen, daß sie sich dort, wo sie sich eher als die Gewerkschaften gebildet haben, als jene Zelle, als jenen Kern zu betrachten haben, der zum grundlegenden Element einer Gewerkschaft im jeweiligen Industriezweig werden muß. Einen anderen Ausweg für die Fabrik- und Werkskomitees gibt es nicht.« Dieser »Akt der Selbstauflösung« wurde auf der Konferenz in Form einer Resolution folgendermaßen formuliert:

»1. Die Existenz von Fabrikkomitees ist notwendig a) für die Kontrolle der Arbeitsbedingungen und für die interne Ordnung in den Unternehmen, b) für die Produktionskontrolle.

2. Jeder Rat der Fabrikkomitees gliedert sich in Produktionssektionen.

3. Die Kontrolle der Arbeitsbedingungen muß unter Leitung der Gewerkschaften vollends verwirklicht werden.

4. Jede Sektion kann von der Gewerkschaft des entsprechenden Industriezweiges (...) als Kontrollabteilung dieser Gewerkschaft bestätigt werden. Dabei bleibt diese Abteilung Sektion des Rates der Fabrikkomitees.

5. Die gegenwärtig stattfindende Konferenz wählt ein Zentrum der Fabrikkomitees, das als Abteilung für Regulierung der Industrie

und Arbeiterkontrolle im Gesamtrussischen Rat der Gewerkschaften anerkannt wird, wobei auch Vertreter der Gesamtrussischen Gewerkschaftsvereinigungen sich an dieser Abteilung bzw. an diesem Zentrum beteiligen. Auf diesen Prinzipien wird das Verhältnis zwischen den lokalen Räten der Fabrikkomitees und den Gewerkschaftsräten bestimmt.«

Wir sehen jedoch aus diesem Schriftstück, daß die Fabrikkomitees und ihre Verbände so früh nicht sterben wollten. Offensichtlich konnten die Komitees ihre selbständige Rolle nur deshalb verlieren, weil jene Kampfaufgaben, für deren Durchsetzung sie bestimmt waren, abgeschlossen waren, und zwar völlig; d. h. weil die Funktionen einer selbständigen Arbeiterkontrolle, wie sie von den Fabrikkomitees durchgeführt wurde, unausweichlich erloschen waren.

Und in der Tat brachte die Beendigung des Kampfes um die Arbeiterkontrolle die Ablösung der Kontrolle durch die Regulierung der Industrie mittels der proletarischen Staatsorgane, das Ende der alten selbständigen Betriebskomitees und den Beginn ihrer neuen Existenzweise *innerhalb* der Gewerkschaften mit sich. Die 5. Konferenz der Fabrikkomitees Petrograds, die am 15.–16. November, also kurz nach dem Oktoberumsturz, zusammengetreten war, begrüßte das Dekret über die Arbeiterkontrolle und sprach noch von »der freundschaftlichen *Zusammen*arbeit von Betriebskomitees und Gewerkschaften«, während die 6. Konferenz im Februar 1918 die völlige Verschmelzung der beiden Organisationen bereits für unumgänglich hielt.

Die Resolution über die Verschmelzung von Fabrikkomitees und Gewerkschaften lautet: »In Anbetracht der Tatsache, daß die aus der Oktoberrevolution hervorgegangenen gewaltigen Aufgaben der Arbeiterklasse wie Regulierung und Organisierung der Volkswirtschaft die Konzentration all ihrer Kräfte und die engste Zusammenarbeit und Verschmelzung all ihrer wirtschaftlichen Organisationen erfordern, befindet die 6. Konferenz der Fabrikkomitees, daß die durchwegs zu beobachtenden Reibereien und Zänkereien zwischen gewerkschaftlichen Verbänden und Vereinigungen einerseits und den Fabrikkomitees andererseits dieser Sache äußerst schädlich und hinderlich sind und zu völliger Desorganisierung und nutzlosem Kräfteverschleiß beider Organisationen in ein und derselben Arbeit führen. Indem die Konferenz für die Zukunft die Praxis und Erfahrung der Gewerkschaftsverbände in Fragen des Schutzes und der Regelung der Arbeit als des Hauptfaktors der Produktion und die der Fabrikkomitees in Sachen Produktionsorganisation und Regelung anerkennt, hält sie die völlige Verschmelzung beider Organisationen in einer Produktionsorganisation der Arbeiter für unumgänglich.

In Anbetracht dessen bestätigt die 6. Konferenz der Fabrik- und Betriebskomitees die unten aufgeführten Beschlüsse, die auf der Beratung von Vertretern des Petrograder Rates der Gewerkschaften, des Zentralrats der Fabrikkomitees und des Petrograder Metallarbeiterverbandes angenommen worden sind:

1. Alle Arbeiter und Angestellten eines Unternehmens bilden das Fundament eines Produktionsverbandes.
2. Das Exekutivorgan des Produktionsverbandes ist das Komitee, das von Arbeitern und Angestellten des Unternehmens gewählt worden ist.
3. Mitglieder des Produktionsverbandes sollen alle Arbeiter und Angestellten eines Unternehmens sein.

Anmerkung: Mitglieder der Fabrik- und Werksverwaltung können nur, sofern sie von Arbeitern oder dem Verband gewählt worden sind, am Produktionsverband teilnehmen.

4. Oberstes Organ des Produktionsverbandes ist die Delegiertenkonferenz der Fabrikkomitees des jeweiligen Produktionszweiges; diese Konferenz wählt die Leitung des Produktionsverbandes. Die Leitung bestimmt aus ihrer Mitte ein Exekutivkomitee.
5. Mit der Reorganisierung der Verbände gehen entsprechend den angeführten Prinzipien alle Funktionen, die bisher vom Zentralrat der Fabrikkomitees ausgeführt wurden, auf die entsprechenden Produktionsvereinigungen über.
6. Alle Produktions- und Gewerkschaftsverbände der jeweiligen Stadt vereinigen sich in lokalen Räten der Produktions- und Gewerkschaftsverbände.
7. Zur beschleunigten und schmerzlosen Schaffung *einer* Arbeiterorganisation im jeweiligen Produktionszweig schlägt die Beratung folgendes vor:

a) Die in den einzelnen Unternehmen existierenden Delegiertenräte der Gewerkschaften verschmelzen mit den Fabrikkomitees und bilden auf lokaler Ebene eine gemeinsame Zelle des Produktionsverbandes.

b) Der Zentralrat der Fabrikkomitees und der Rat der Gewerkschaften berufen gemeinsam mit den entsprechenden Gewerkschaften gemeinsame Konferenzen der Delegiertenräte und der Fabrikkomitees den Produktionszweigen entsprechend ein; diese lenken und regeln den Prozeß der Verschmelzung.

Die 6. Konferenz der Fabrikkomitees Petrograds schlägt allen Komitees vor, sich von den oben angeführten Prinzipien zur Organisierung eines einzigen Produktionsverbandes leiten zu lassen.«

Diese Verordnung, die vom Präsidium der 6. Konferenz der Fabrikkomitees, dem Zentralrat der Gewerkschaften und dem Petrograder Metallarbeiterverband ausgearbeitet wurde, wurde zuerst von den wie immer an der Spitze der Bewegung stehenden Petrograder Metallarbeitern in die Praxis umgesetzt. Am 27. Januar 1918 beschlossen sie auf Grundlage dieser Verordnungen, sich in einen Verband umzuorganisieren. Und am 1. April 1918 gelang auf der Vereinigungskonferenz von Gewerkschaft und Betriebskomitees der Metallarbeiter die endgültige Verschmelzung.

Notwendigkeit und Zweckmäßigkeit der Verschmelzung wurden auf dieser Konferenz bereits allgemein anerkannt. Der Vertreter der Zentrale des Metallarbeiterverbandes, Genosse Borovik, wies darauf hin, daß dem Verband die Lösung schwierigster Aufgaben in der Organisierung der Produktion oblägen, für die er sich nicht hinreichend gerüstet fühle: »Die Schule technischer Erfahrung und Kenntnisse liegt nicht in unseren Händen. In diesem Kampf und bei dieser Arbeit kann es keine parallelen Organisationen geben. Unsere Organisation muß einheitlich sein, und deshalb ist die Verschmelzung des Gewerkschaftsverbandes mit den Betriebskomitees notwendig, um die Kräfte für ein koordiniertes Vorgehen zu vergrößern.«

Dies unterstrich auch der Vertreter des Zentralrats der Fabrikkomitees: »Die Arbeiterklasse hat ihre Energie auch auf dem Gebiet der Volkswirtschaft entfaltet. Die Betriebskomitees sind zuerst als politische Führungsgruppen und anschließend als Kontrollorgane der Wirtschaft aufgetreten. Es gab eine Periode, da die parallele Existenz von Gewerkschaften und Betriebskomitees notwendig war. Die Revolution hat die Betriebskomitees ins Leben gerufen, die Revolution hat uns auch zusammengeführt.«

Im Namen beider Organisationen, die auf der Vereinigungskonferenz übereinstimmend aufgetreten waren, wurde eine Resolution vorgelegt, die die Verschmelzung der zwei Organisationen in der metallverarbeitenden Industrie zu einem Produktionszentrum verkündete.

Diese Resolution hatte jedoch nicht nur Bedeutung für die Metallarbeiter. Faktisch war mit diesem Moment die Selbständigkeit des Zentralrates der Fabrikkomitees beendet. Im zweiten Punkt dieser historischen Resolution setzte die Konferenz fest: »Weil die Vertreter der metallverarbeitenden Industrie nunmehr aus dem Zentralrat der Fabrikkomitees ausscheiden, in dem sie ungefähr zwei Drittel der Mitglieder stellten, kann der Zentralrat der Fabrikkomitees nicht mehr das Zentrum der Betriebskomitees bilden; ihre pronzentuale Beteiligung wird entsprechend reduziert.«

Die gesamtrussischen Kongresse der Metall- und Textilarbeiter unterstreichen definitiv die neue Rolle der Gewerkschaften. »Die Gewerkschaften sind endgültig an den wirtschaftlichen Aufbau herangegangen, nicht nur zum Kampf um bessere Arbeitsbedingungen, sondern um den Arbeitsprozeß selbst zu regeln.« Das habe zur Konsequenz, daß das Fortbestehen separater Arbeiterorganisationen mit ein- und denselben Aufgaben unzweckmäßig, ja sogar schädlich für die Arbeiterklasse sei.

Diese endgültige Konsequenz zog der erste Gesamtrussische Gewerkschaftskongreß[85] in seiner Resolution, die unterstrich, daß »mit der Entwicklung und Festigung der Produktions- und Gewerkschaftsverbände die Fabrikkomitees zu Organen der entsprechenden Gewerkschaftsverbände werden müssen«. Diese Vereinigung sei um so notwendiger, als die Arbeiterklasse die kompliziertesten Wirtschaftsprobleme zu lösen habe.

»Mit Rücksicht darauf, daß eine ganze Reihe von komplizierten organisatorisch-wirtschaftlichen Aufgaben, die mit Fragen wie Demobilisierung, Kontrolle und Regulierung der Produktion verbunden sind, die Anspannung und Vereinigung aller Kräfte des Proletariats erfordern, und daß die Existenz zweier Formen wirtschaftlicher Organisation des Proletariats mit sich überschneidenden Funktionen nur geeignet ist, den Prozeß der Konzentration aller Kräfte des Proletariats zu erschweren, ist der Kongreß der Meinung, daß all die aufgezählten organisatorischen und wirtschaftlichen Aufgaben von der Arbeiterklasse am besten nur dann gemeistert werden können, wenn dies unter der Leitung ihrer wirtschaftlichen Klassenorganisationen geschieht, die nach dem Produktionsprinzip aufgebaut sind.

Dort, wo sich die Fabrikkomitees noch nicht in Organe der entsprechenden Produktions- und Gewerkschaftsverbände verwandelt haben, kann ihnen eine hervorragende Rolle zufallen, nämlich die aufgeführten Aufgaben durchzuführen und zu verwirklichen, vorausgesetzt, sie arbeiten in völliger Übereinstimmung mit den Gewerkschaften.«

Um die Direktiven des Kongresses zu verwirklichen, gab der Gesamtrussische Zentralrat der Gewerkschaften Mitte 1918 in Form eines Rundschreibens an alle gewerkschaftlichen Organisationen die konkreten Wege zur Verschmelzung von Betriebskomitees und Gewerkschaften an: »Alle Arbeiter und Angestellten eines Unternehmens bilden die Grundlage und das Fundament des Produktionsverbandes. Exekutivorgan des Produktionsverbandes ist das Komitee, das von Arbeitern und Angestellten des Unternehmens aus Personen bestimmt wird, die Gewerkschaftsmitglieder sind.« Dies ist die grundlegende Verordnung, die in dem Rundschreiben enthalten ist. Die Auflösung der organisatorischen Zentren der Fabrikkomitees erwies sich von daher als notwendige Konsequenz: »Mit der Reorganisation der Gewerkschaften, die entsprechend den angeführten Prinzipien vollzogen wird, gehen alle Funktionen, die der Zentralrat der Fabrikkomitees innegehabt hat, an die entsprechenden Produktionsvereinigungen über.«

So wurde im Laufe des Jahres 1918 der Prozeß der Verschmelzung von Fabrikkomitees und Gewerkschaften abgeschlossen.

Zum Zeitpunkt des 2. Gesamtrussischen Gewerkschaftskongresses[86] im Januar 1919 besaß die Arbeiterklasse bereits nur ein proletarisches Organ, das seine wirtschaftlichen Bewegungen und seine ersten Schritte beim sozialistischen Aufbau leitete. Der zweite Gewerkschaftskongreß machte die Fabrikkomitees zur Grundlage des organisatorischen Aufbaus der Gewerkschaften: »Das Fabrikkomitee ist die Grundzelle des Produktionsverbandes auf lokaler Ebene.« Der Kongreß beschränkte Aufgaben und Funktionen der Betriebskomitees auf die Fragen der Einstellung und Entlassung, auf Überwachung der korrekten Erfüllung des kollektiven Vertrages, der Teilnahme in den Tarifkommissionen und der allgemeinen Kontrolle über die Arbeit des Unternehmens.

Der Gesamtrussische Zentralrat der Gewerkschaften konkretisierte die neuen Aufgaben in seinem ersten Statut, das die Rolle der Betriebskomitees als die von Zellen der Gewerkschaften bestimmte; dieses Statut wurde am 12. August 1918 vom Gesamtrussischen Zentralrat der Gewerkschaften und vom Moskauer Rat der Gewerkschaften bestätigt. Es lautet:

»1. Das Fabrikkomitee führt als Organ des Gewerkschaftsverbandes in Unternehmen auf ökonomischem Gebiet, in der Regulierung der Industrie, zum Schutz der Arbeit, auf dem Gebiet der kulturellen Aufklärung und allen anderen Tätigkeitsfeldern alle Verordnungen der Verbandskonferenz, der Verbandsleitung und der anderen zuständigen Organe des Verbandes aus; es wird dabei von den Verordnungen der lokalen Verbandsgruppen des Gesamtrussischen Zentralrats der Gewerkschaften, des Obersten und der lokalen Volkswirtschaftsräte, dem Kommissariat für Arbeit und den Dekreten der Sowjetmacht angeleitet.

2. Um diese Aufgaben in die Tat umzusetzen;

ergreift es entsprechend den Verordnungen des Verbandes alle Maßnahmen, um alle Arbeiter und Angestellten eines Unternehmens organisatorisch zusammenzufassen;

sorgt es für die Durchsetzung strikter proletarischer Disziplin unter den Arbeitern und Angestellten;

überwacht es die genaue Erfüllung aller Maßnahmen und Verordnungen des Volkskommissariats für Arbeit, die sich auf die Verteidigung und den Schutz der Arbeiter beziehen, und sucht nach Möglichkeiten zur Erleichterung der Arbeitsbedingungen;

kontrolliert es die Durchführung aller vom Volkswirtschaftsrat und dem Produktionsverband bestimmten Maßnahmen durch das Unternehmen, die auf die Hebung der Produktivität und die Aufrechterhaltung des normalen Arbeitsverlaufs abzielen;

kontrolliert es die genaue und beiderseitige Erfüllung des Tarifvertrages und die Einhaltung der Durchschnittsproduktivität;

verwirklicht es in vollem Umfang die Arbeiterkontrolle;

kümmert es sich um die Versorgung der Arbeiter und Angestellten mit den lebensnotwendigen Gütern im Rahmen der von den Versorgungsorganen getroffenen Regelungen;

es nimmt zu diesem Zweck Verbindung auf mit den entsprechenden Organisationen zur Errichtung öffentlicher Speisehäuser, Konsumläden usw.;

schafft es unter Anleitung der Gewerkschaften Einrichtungen für kulturelle Aufklärung in der Fabrik: Schulen, Bibliotheken, Lesesäle, Volkshäuser, Kinderhäuser, Spielplätze, Gärten usw.«

Aus diesen Aufgaben leiteten sich auch die Rechte der Betriebskomitees ab. Das Statut formuliert sie in aller Kürze:

»Das Fabrikkomitee ist berechtigt:

1. zur Aufrechterhaltung der Arbeitsdisziplin die Beschlüsse des Belegschaftsgerichts auszuführen und die von ihm verhängten Strafen in Übereinstimmung mit den festgelegten Ordnungsbestimmungen und den Bestimmungen des Tarifvertrages in Anwendung zu bringen;

2. an der Einstellung und Entlassung von Arbeitern und Angestellten teilzunehmen.«[86a]

Die Resolution des 2. Gesamtrussischen Gewerkschaftskongresses stärkte nur den faktisch bereits eingeleiteten Prozeß der Verschmelzung von Fabrikkomitees und Gewerkschaften. Mit seiner Vollendung war auch die historische revolutionäre und kämpferische Aufgabe der Fabrikkomitees hinsichtlich der ökonomischen Umwälzung der Überwindung der kapitalistischen Produktionsweise abgeschlossen. Das Proletariat war zum Herrn und Schöpfer einer neuen Fabrik, der sozialistisch umgewandelten Fabrik geworden. Diese Umwandlung war ein langer und schwieriger Prozeß, der durch die vereinten Anstrengungen aller Organisationen des siegreichen Proletariats vollendet werden konnte.

Drittes Kapitel

Die Fabrikkomitees in der Epoche der Diktatur des Proletariats und ihre Rolle bei der Errichtung der sozialistischen Fabrik

1. Die Fabrikkomitees in der Periode des Kriegskommunismus

Karl Marx schrieb 1847: »Das Proletariat wird seine politische Herrschaft dazu benutzen, (...) alle Produktionsmittel in den Händen des Staats, d. h. des als herrschende Klasse organisierten Proletariats, zu zentralisieren und die Masse der Produktivkräfte möglichst rasch zu vermehren.«[87]

Der Oktobersieg, der die Epoche der proletarischen Diktatur und der Errichtung der sozialistischen Fabrik anbrechen ließ, stellte dem russischen Proletariat eine solche Aufgabe und gab ihm die Möglichkeit, sie zu erfüllen. Die Oktoberrevolution hatte als Wirtschafts- und Produktions-Revolution gesiegt und den Weg einer Organisierung der Produktion auf kollektiver Grundlage für eine neue, kommunistische Produktionsweise eröffnet. Doch konnte der Sieg der neuen Produktionsweise nicht mit einem Mal, als einmalige heroische Anstrengung des Proletariats erreicht werden. Die an die Macht gelangte junge russische Arbeiterklasse, wenngleich voll Schöpferkraft und sozialistischen Zielbewußtseins, war unerfahren und zur Verwirklichung dieser Ziele nicht vorbereitet, erst recht nicht in der komplizierten und eigentümlichen Situation der russischen Revolution.

Der erste Schritt der Arbeiterklasse auf diesem Weg war die Errichtung der Diktatur des Proletariats, d. h. zum Staat organisierten Arbeiterklasse; ihre Aufgabe besteht nicht nur in der Zerstörung der bürgerlich-kapitalistischen Verhältnisse und des alten Staatsapparates, sondern auch in der Schaffung der Bedingungen und Voraussetzungen für den sozialistischen Aufbau. Dieser Prozeß der Überwindung der kapitalistischen Produktionsweise und der gesamten Struktur kapitalistischer Verhältnisse mußte jene ganze historische Übergangsperiode durchlaufen, die Marx als die Periode der revolutionären Umwandlung der kapitalistischen Gesellschaft[88] bezeichnete. Und wie die kapitalistische Produktionsweise in ihrer Entwicklung eine ganze Reihe von Phasen durchlief, konnte auch die Organisation der Produktion nach kommunistischen Prinzipien nicht mit einem Mal und vollständig – durch einmalige Dekretierung oder den bewaffneten Kampf – errichtet werden.

In dieser Richtung stand dem Proletariat ein langer und qualvoller Weg bevor, auf dem Rückzüge und Umschwünge unausweichlich waren. In den grundlegenden Fragen wich die russische Arbeiterklasse in all den Jahren schweren Kampfes in der Zeit nach dem Oktober jedoch nie von diesem Weg ab. *Zum Sozialismus schritt und konnte das Proletariat nur schreiten indem es seine ökonomische Diktatur in der Produktion befestigte und sicherte.* Die politische Diktatur gab dem Proletariat nur die Möglichkeit, die soziale Revolution zu verteidigen, und half ihm, jene allgemeine Sabotage und jenen erbitterten Widerstand des Kapitals zu brechen, der in dieser Übergangsperiode in verschiedenen Formen auftrat.

Volkswirtschaft und Produktion, die sich in den Händen der Bourgeoisie befanden und dem Proletariat fremd und feindlich gegenüberstanden, waren zur Basis seiner neuen Existenz geworden. Und wenn der 1. Gewerkschaftskongreß nur verschwommen darauf hinwies, daß »der politische Sieg der Arbeiter und Bauern zum Sieg über die kapitalistische Produktionsweise führt«, konnte bereits der 2. Gewerkschaftskongreß aufgrund mehr als zweijähriger Kampferfahrung die Wege zu diesem grundlegenden, von der Revolution gestellten Ziel weisen: »Die Vergesellschaftung aller Produktionsmittel und die Organisierung der Gesellschaft nach neuen sozialistischen Prinzipien verlangt die hartnäckige, langandauernde Arbeit zum Umbau des ganzen Staatsapparates, zur Schaffung neuer Organe der Rechnungsführung, Kontrolle und Regulierung von Produktion und Konsumtion, die auf der organisatorischen Selbsttätigkeit der breiten werktätigen Masse beruhen.«

Das Proletariat besaß solche Organe bereits in Gestalt der Volkswirtschaftsräte und der Gewerkschaften. Namentlich sie sollten die Diktatur der Arbeiterklasse auf wirtschaftlichem wie auf sozial-politischem Gebiet praktisch zum Ausdruck bringen.

Genosse Lenin bestimmte die Rolle und Bedeutung der Volkswirtschaftsräte auf dem ersten Gesamtrussischen Kongreß der Volkswirtschaftsräte folgendermaßen: »(...) dem Obersten Volkswirtschaftsrat obliegt jetzt eine schwierige und eine der dankbarsten Aufgaben. Es steht außer Zweifel: je weiter die Errungenschaften der Oktoberrevolution fortschreiten, je tiefer diese von ihr begonnene Umwälzung geht, je dauerhafter das Fundament für die Errungenschaften der sozialistischen Revolution gelegt und die sozialistische Gesellschaftsordnung gefestigt wird, desto größer, desto höher wird die Bedeutung der Volkswirtschaftsräte, die unter allen staatlichen Institutionen allein dazu berufen sind, einen festen Platz zu behaupten, der um so fester sein wird, je mehr wir der Errichtung der sozialistischen Ordnung näherkommen, je geringer die Notwendigkeit eines rein administrativen Apparats sein wird, eines Apparats, der sich eigentlich nur mit Verwaltung befaßt. Nachdem der Widerstand der Ausbeuter endgültig gebrochen sein wird, nachdem die Werktätigen gelernt haben werden, die sozialistische Produktion zu organisieren, wird es diesem Verwaltungsapparat im eigentlichen, im engeren Sinn des Wortes, einem Apparat des alten Staates, beschieden sein, abzusterben, während es einem Apparat von der Art des Obersten Volkswirtschaftsrates beschieden ist, zu wachsen, sich zu entwickeln, zu erstarken und die gesamte wichtigste Tätigkeit der organisierten Gesellschaft zu umfassen.«[89] Diese von Lenin gezeichnete Perspektive bezieht sich allerdings auf eine mehr oder weniger ferne Zukunft.

In dem Maße, wie ein Industriezweig nach dem anderen nationalisiert wurde, wurden auch neue Organe zur Leitung der Produktion geschaffen: die Volkswirtschaftsräte, die Hauptverwaltungskomitees für nationalisierte Unternehmen usw. Doch diese Organe, wiewohl sie vom Proletariat geschaffen wurden und das Proletariat sogar einen bedeutenden Teil in der personellen Besetzung dieser Organe stellte, müßten die notwendigen administrativen Funktionen mitübernehmen. Dies bedeutete, daß sie vorübergehend unausweichlich bürokratische Züge annehmen mußten. Die Volkswirtschaftsräte konnten nicht die Gesamtheit der Arbeiterklasse, deren Nöte und Bedürfnisse erfassen und also auch nicht die Organe sein, die an die breitesten Arbeitermassen herankamen und sie in den Prozeß der Schaffung der sozialistischen Wirtschaft einbezogen.

Die von Marx für die Übergangszeit, die Periode der Diktatur des Proletariats, formulierte Aufgabe konnte nur dann erfolgreich gelöst werden, wenn das Proletariat solche Organisationen besaß, die in engerem Zusammenhang mit dem Proletariat und der Produktion standen. Solche Organisationen konnten nur die Gewerkschaften sein, die nach dem Produktionsprinzip umstrukturiert wurden und den lebendigsten und aktivsten Anteil an dem ganzen grandiosen Aufbau des Wirtschaftsorganismus des Landes in der Periode der Diktatur des Proletariats nahmen.

Die Aufgaben der Gewerkschaften waren auch nach der Oktoberrevolution auf dem 1. Gesamtrussischen Gewerkschaftskongreß präzise bestimmt worden: »Die angespannte Arbeit der Gewerkschaften muß vor allem auf das Gebiet organisatorisch-wirtschaftlicher Tätigkeit verlegt werden. Die Gewerkschaften müssen die Hauptarbeit zur Organisierung der Produktion und *die Wiederherstellung der verschütteten Kräfte des Landes* übernehmen.« Doch nicht weniger entschieden stellten sie sich noch eine weitere Aufgabe: »Auf die Gewerkschaften fällt nicht nur die Verteidigung der Interessen der Arbeiterklasse, sondern auch die Vorbereitung auf die Rolle eines Organisators der Produktion im Übergang vom privatwirtschaftlichen Monopol zum Staatsmonopol, vom Staatsmonopol zur *Nationalisierung und von da zum Sozialismus*.«

Dies sind in den allgemeinsten Zügen das Wesen und die Aufgaben der Epoche der Diktatur des Proletariats, und die Organe, die diese Diktatur verwirklichen.

Welche Rolle spielen die Fabrikkomitees in der Epoche der Diktatur des Proletariats und welchen Stellenwert nehmen sie ein? Die Fabrikkomitees, die die Not, die Interessen und die Bedürfnisse der Arbeitermassen miterlebten und miterlitten, waren mit ihnen aufs engste verknüpft und gleichzeitig jene Grundzellen, jene Basen, auf die sich die Gewerkschaften, die wirtschaftlichen Organe und die Sowjetmacht insgesamt bei ihren Maßnahmen stützen konnten. Deshalb ist die Geschichte der Fabrikkomitees nach dem Oktober untrennbar verbunden mit der Geschichte der Gewerkschaften, der Geschichte der Revolution, untrennbar von all jenen Entbehrungen und Erfahrungen, die die gesamte russische Arbeiterklasse in erbittertem Kampf für ihre politische und ökonomische Diktatur gemacht hatte.

Vor der Sowjetmacht standen so gigantische Aufgaben wie die organische Umgestaltung der kapitalistischen Formation in die sozialistische, in der die Produktion auf neue Grundlagen gestellt wird, und die Schaffung einer mächtigen sozialistischen Armee, die in der Lage war, die Errungenschaften der Revolution zu verteidigen und die schöpferische Arbeit innerhalb des Landes zu sichern. Dies wurde zu den Hauptaufgaben der Fabrikkomitees. Die Gewerkschaften, die ihr Schicksal mit dem des jungen proletarischen Staates verbunden hatten, machten bereits in keinem Augenblick mehr einen Unterschied zwischen den Interessen des Staates und den Interessen der Arbeiterklasse. Sie ließen am ersten Tag nach dem Oktober vom Streikkampf ab und setzten alle ihre Kräfte, Kenntnisse und Erfahrung für die Unterstützung und Festigung ihrer Arbeiter-Bauernmacht und für die Organisierung der gesamten sozialistischen Wirtschaft ein; die Dekrete der Sowjetmacht wurden durch die Gewerkschaften und die Fabrikkomitees unverzüglich vollstreckt.

Als bald nach der Ergreifung der Macht die junge proletarische Republik sich an so gewaltige Aufgaben wie die Liquidierung des Krieges und den Übergang zur Arbeit im Frieden heranmachen mußte, erwiesen sich diese nur deshalb als realisierbar, weil die Gewerkschaften und die Betriebskomitees sich sofort zur Verfügung stellten und energisch die Verwirklichung dieser Aufgaben in Angriff nahmen.

Die Demobilisierung der Industrie, auf deren Vorbereitung und Durchführung selbst die am höchsten entwickelten und organisierten Staaten des Westens so viel Zeit, Mittel und Kräfte aufwenden mußten, konnte in Rußland nur dank äußerster Kraftanspannung von seiten der Gewerkschaften und Betriebskomitees durchgeführt werden. Die Verordnung des Rats der Volkskommissare vom 20. Dezember zur Umstellung der Betriebe und zum Übergang zur Demobilisierung rief sofort eine Reihe energischer Maßnahmen seitens der Arbeiterorganisationen hervor. Die Gewerkschaften konkretisierten in ihren Rundschreiben die allgemeine Verordnung des Rats der Volkskommissare, indem sie Direktiven und Instruktionen zu seiner Realisierung erteilten.

Die Metallarbeitergewerkschaft wies in einem dieser Rundschreiben die Betriebskomitees »auf die bedeutenden Aufgaben hin, die ihnen durch den Rat der Volkskommissare gestellt wurden, und auf die gewaltige Verantwortung, die sie damit tragen«, und mahnte sie, alle Kräfte für die neue Arbeit anzuspannen: »Vor den Betriebskomitees steht die kolossale Aufgabe, die Betriebe auf den Übergang zur Friedensproduktion vorzubereiten. Für die ganze Zeit, in der ein Unternehmen seine Arbeit umstellt, müssen die Betriebskomitees auf ihrem Posten bleiben. Kein Betriebskomitee darf sich auch nur für einen Tag auflösen. Der gesamte Apparat der Betriebskomitees muß mehr und angespannter als je zuvor arbeiten. Als einen ersten Schritt in Richtung auf eine möglichst erfolgreiche

Verwirklichung der Maßnahmen zur Demobilisierung, schlägt der Metallarbeiterverband vor, sofort in jedem Betrieb eine gemischte Demobilisierungs-Kommission zu bilden. In eine solche Kommission gehören obligatorisch die Kräfte des technischen Personals des Unternehmens.«[90] Auch im weiteren verwies der Metallarbeiterverband auf weitere praktische Maßnahmen, die die Betriebskomitees im Bereich der Demobilmachung der Industrie durchführen sollten.

Wenn die Gewerkschaftsorganisationen bisweilen die spontane Absicht der Arbeiter und Betriebskomitees, die einzelnen Fabriken zu übernehmen, aufhalten und steuern mußten, bestimmte der staatliche Standpunkt alle Verordnungen und Maßnahmen der Gewerkschaften im Prozeß der Nationalisierung der Industrie. Eben der Petrograder Metallarbeiterverband nahm beispielsweise eine Entschließung an, die das desorganisierende Vorgehen der Betriebskomitees kategorisch verbot: »Unter der Drohung der Arbeitslosigkeit, der unaufhaltsamen Ausplünderung und Zerstörung der Volkswirtschaft durch die imperialistische Bourgeoisie, sowie infolge der spontan einsetzenden Demobilisierung der Industrie und der Sabotage der Unternehmer, setzen in der Arbeiterschaft einiger Betriebe Versuche ein, die vom Standpunkt der Arbeiterklasse zum gegenwärtigen Zeitpunkt von größtem Schaden sind, nämlich: die Betriebe zu übernehmen, d. h. den einzelnen Betrieb in die Verfügung der Arbeiter des jeweiligen Unternehmens übergehen zu lassen. Dies ist eine schlechte Imitation jener Idee der Produktivgenossenschaft, die längst Bankrott gemacht hat und die unvermeidlich in eine kapitalistische Produktionsform ausartet. Die Arbeiterklasse will die Vergesellschaftung der Produktion; dies hat nichts damit zu tun, daß einzelne Betriebe in das Eigentum der dort jeweils Arbeitenden übergehen. Die Zentrale der Metallarbeitergewerkschaft ist der Meinung, daß jedes Unternehmen — verlassen, stillgelegt oder sabotiert von dem Unternehmer, aber von großer Bedeutung für die Volkswirtschaft — in die Leitung des Staates oder seiner Organe übergehen muß, die es gemeinsam mit den Arbeiterorganisationen und unter Kontrolle der Arbeiter des jeweiligen Unternehmens funktionsfähig halten. Betriebe zu übernehmen ist den Arbeitern ohne Sanktionierung durch die Arbeiterorganisationen und den Staat nicht gestattet.«

Unter der Leitung der Gewerkschaften wurden die Fabrikkomitees zu Erziehern breiter Arbeitermassen im Geist proletarischer Klassenaufgaben und gesamtstaatlicher Interessen. Gegen jede desorganisierende Aktion, gegen Streiks usw. gingen jetzt die Vertreter der Arbeiter selbst mit aller Schärfe und Entschiedenheit vor. Ein Beispiel bildet der geschlossene Widerstand, den alle Betriebskomitees und Gewerkschaften Moskaus dem im Sommer 1918 beginnenden Streik der Eisenbahner entgegensetzen. Die Resolution der 4. Konferenz der Moskauer Fabrikkomitees im Juni 1918 erklärte dazu in aller Nachdrücklichkeit: »Jede Arbeitereinstellung, jeder Streik ist ein Verrat an der Sache der proletarischen Revolution, unterstützt das Kapital bei der Wiedererrichtung seiner Macht, da Hunger und Niedergang durch sie potenziert werden. Die Vertreter der Fabrikkomitees der Stadt Moskau und die Vertreter der Gewerkschaftsorganisationen sowie der Moskauer Sowjet der Arbeiter- und Rotarmistendeputierten erklären alle Arbeiter, die unter den gegenwärtigen Bedingungen die Arbeit in den Unternehmen einstellen, zu Verrätern an der Arbeiterbewegung und überantworten sie dem Gericht des internationalen Proletariats.«[91]

Dieses Bewußtsein der festen Verbindung mit dem proletarischen Staat wuchs noch in Augenblicken drohender Gefahren – von außen oder innen – für die junge Republik, die unter unglaublich schwierigen Bedingungen errichtet werden mußte. Die einheimische Konterrevolution ging, unterstützt von der internationalen Bourgeoisie, zum offenen Krieg gegen Sowjetrußland über. Zuerst das Vorgehen des deutschen Imperialismus, die drohende Okkupation Petrograds durch die Deutschen, dann das Vorrücken der »Verbündeten« im Gebiet von Murmansk, in Sibirien, am Kaspischen Meer, die unausweichliche Verwandlung des Kriegs gegen die Okkupanten in den erbitterten und entschiedenen Bürgerkrieg gegen die einheimische Bourgeoisie, die sich verzweifelt zur Wehr setzte – all dies forderte die Anspannung aller Kräfte, die beschleunigte Organisierung der Verteidigung, die unermüdliche Wachsamkeit der ganzen von Feinden eingekreisten Arbeiterklasse.

In diesem entscheidenden Augenblick schätzten die Arbeiterorganisationen die Gefahr nüchtern und sachlich ein und verfielen nicht in Verzweiflung, sondern gingen grundlegende praktische Aufgaben an: »energische Teilnahme an der Wiederherstellung der Kampfesstärke des Landes« und »Hebung der Produktivität der Arbeit«[92].

Die Schaffung der Roten Armee war – wie schon vor dem Oktober die Schaffung der Roten Garde – Sache der Arbeiterorganisationen, die in den Fabriken und Betrieben proletarische Bataillone formierten. Die Moskauer Fabrikkomitees erklärten weiter: »Die Schaffung der Roten Arbeiter- und Bauernarmee ist die heilige Pflicht der Arbeiterklasse. Die Verteidigung der Sowjetrepublik ist die Verteidigung der Festung der internationalen Revolution. Alle proletarischen Organisationen, alle revolutionären Arbeiter verpflichten sich, alle Anstrengungen auf den tapferen, entschiedenen und rückhaltlosen Verteidigungskampf der Sozialistischen Sowjetrepublik zu richten. (...) Gewerkschaften und Fabrikkomitees setzen sich mit allen Mitteln für die militärische Schulung und Erziehung der jungen Generation der Arbeiterklasse ein. (...) Ferner billigt die Konferenz die obligatorische Entsendung eines bestimmten Kontingents erwachsener Arbeiter und Bauern in die Rote Armee. Gewerkschaften und Betriebskomitees verpflichten sich, auch in Zukunft dieser Werbung von Soldaten allseitige ideelle und organisatorische Unterstützung zu gewähren. (...) Die Konferenz verpflichtet Gewerkschaften und Betriebskomitees, streng darauf zu achten, daß in die Reihen der Roten Armee keine verderblichen Elemente, Konterrevolutionäre, Streikbrecher und Agenten der Bourgeoisie eindringen.«[93]

So bauten die Fabrikkomitees die Rote Armee mit auf, achteten sorgfältig auf ihren proletarischen Stand und bereiteten sich auf das entscheidende Gefecht mit den Feinden der Revolution vor. Als schwieriger noch erwies sich jedoch eine andere Aufgabe, die auch mit der Organisierung der Verteidigung verbunden war: die Normalisierung der Produktion und die Hebung der Produktivität. Der Niedergang der Arbeitsproduktivität, hervorgerufen durch die Verschlechterung der Ernährung der Arbeiter, die angespannte Arbeit in der Kriegsindustrie während des Krieges und andere objektive Gründe, hatte katastrophale Ausmaße angenommen. Das Problem der Arbeitsproduktivität und der Produktionsdisziplin wurde zur grundlegenden und aktuellsten Frage, die aus den Diskussionen der Arbeiterorganisationen und den Spalten der Arbeiterzeitungen nicht mehr verschwand. Der Zentralrat der Gewerkschaften widmete dieser brennenden Frage drei Sitzungen im März und April 1918. Der Gewerkschaftsrat schlug eine Reihe von konkreten Maßnahmen zur Hebung der Arbeitsproduktivität vor und verpflichtete die Fabrikkomitees, »unverzüglich die Hindernisse zu bestimmen, die der Steigerung der Produktivität im Wege stehen, und die Maßnahmen zu deren Beseitigung der Normierungsabteilung der jeweiligen Gewerkschaft zur Kenntnis zu bringen«. Bei den Fabrikkomitees sollten spezielle Büros für Normierung »zur Bestimmung der Produktivitätsnorm sowohl des jeweiligen Unternehmens als auch der verschiedenen Arbeiterkategorien, entsprechend der technischen Ausrüstung des Unternehmens und dem Zustand der Produktivkräfte«, organisiert werden. Die allgemeinen Hinweise des Zentralrats der Gewerkschaften basierten auf einer Reihe von Verordnungen der Fabrikkomitees und ihren konkreten Maßnahmen auf diesem Gebiet.

Die Fabrikkomitees der metallverarbeitenden Unternehmen Petrograds verabschiedeten am 25. Mai 1918 folgende Resolution: »Der Tarif und die Teilnahme an der Wiederherstellung der zerstörten Industrie verpflichteten die Organisationen der Arbeiterklasse, eine bestimmte Produktions- und Organisationsdisziplin einzuhalten. An der Einhaltung einer solchen Disziplin sind jedoch nicht nur die Gewerkschaften, sondern auch die Betriebskomitees interessiert. Die Konferenz hält willkürliche Verletzungen der von der verantwortlichen Arbeiterorganisation der Gewerkschaft angenommenen Beschlüsse für unzulässig und ruft die Genossen auf, die

Massen vor jedem Vorgehen, das den Verordnungen der leitenden Gewerkschaftsorgane widerspricht, abzuhalten. Die Konferenz bestätigt die vom Kommissariat für Arbeit bestätigte und vom Petrograder Sowjet angenommene ›Verordnung über die Normen des Arbeitslohns‹. *Jeder Verstoß gegen die Organisationsdisziplin ist eine Verletzung des Willens der organisierten Arbeiter und stellt den Delinquenten außerhalb der Verteidigung und des Schutzes durch die Organisation.* Die Konferenz stellt fest, daß eindeutige Verstöße gegen die Disziplin den *Ausschluß aus der Gewerkschaft und die Entfernung aus dem Betrieb nach sich ziehen müssen.«*

Nicht weniger kategorisch lautete auch der Beschluß der Fabrikkomitees Moskaus: »Die 4. Konferenz der Fabrikkomitees und der Gewerkschaften Moskaus schließt sich der Resolution, die vom Gesamtrussischen Zentralrat der Gewerkschaften angenommen wurde, an und erachtet es für ihre Pflicht, in der Provinz die Prinzipien der Arbeitsdisziplin, wie sie in dieser Resolution festgelegt sind, konsequent und entschieden zu verwirklichen:

1. Die Fabrikkomitees müssen in erster Linie standhaft und ohne Abweichung die Gewerkschaftsdisziplin durchführen, indem sie strikt sowohl die allgemeinen Direktiven der leitenden Zentralen der Gewerkschaftsbewegung als auch alle Verordnungen der Konferenz der Fabrikkomitees und der Zentralen der Produktionsverbände erfüllen.

2. Die Fabrikkomitees müssen sofort unter Führung ihrer Gewerkschaft die Organisierung einer Normierungs-Tarif-Kommission — des ›Normierungsbüros‹ — in Angriff nehmen und mit gebührender Energie und Entschlossenheit gegen die Zerrüttung, den Amtsmißbrauch und die Verantwortungslosigkeit gegenüber Verpflichtungen, von welcher Seite sie auch kommen, vorgehen und sorgfältig auf die Erfüllung der Regeln der internen Ordnung achten, die von der eigenen Gewerkschaft ausgearbeitet und angenommen wurden.

3. Zu diesem Zweck müssen überall auf lokaler Ebene Belegschaftsgerichte eingesetzt werden, die sich aus Arbeitergenossen zusammensetzen, die bedingungsloses Vertrauen verdienen.

4. Bei der konsequenten Durchführung des Prinzips der proletarischen Arbeitsdisziplin dürfen die Fabrikkomitees und die Gewerkschaften nicht vor dem Ausschluß all derer aus der werktätigen Arbeiterschaft haltmachen, die die allgemeine Arbeitsdisziplin verletzen und die Reihen der Arbeiterklasse desorganisieren.

5. Aus der Bedeutung des gegenwärtigen Momentes heraus, ruft die 4. Konferenz der Fabrikkomitees und der Gewerkschaften Moskaus das ganze russische Proletariat auf, die Reihen um die Produktionsverbände zu schließen und mittels strengster Selbstdisziplin und aktiver Unterstützung der Wirtschaftspolitik, die in einem die ganze proletarische Klasse umfassenden Maßstab von den Gewerkschafts-

vereinigungen getragen wird, die Arbeitsproduktivität auf die gebührende Höhe zu heben und damit gegen die Zerstörung der Produktion vorzugehen.«[94]

Diese Aufrufe der Fabrikkomitees zu »strengster Selbstdisziplin« und aktiver »Selbstkontrolle der Arbeiter« riefen den Unwillen der Elemente in der Arbeiterschaft hervor, die nur wenig Klassenbewußtsein besaßen, und verstärkten die konterrevolutionäre Agitation der feindlichen Parteien. Doch die Arbeiterorganisationen konnten im Kampf gegen den wirtschaftlichen Zerfall vor solchen Hindernissen nicht zurückweichen: »Das verantwortungslose Verhältnis zur Arbeit muß die schärfste Verurteilung von seiten der bewußten Arbeiter finden. Haß und Verachtung über die, die bei der Arbeit fehlen zu einem Zeitpunkt, wo sie erst recht interessiert sein müssen an deren Steigerung, wo jede Minute sich füllen muß mit Arbeit. Jetzt oder nie. Von der Verringerung des nationalen Kapitals – der Produkte, der wirtschaftlichen Güter – droht dem sozialistischen Vaterland unermeßliche Gefahr. Wir müssen sofort die Arbeiterkontrolle über die Arbeitsleistung *aller Arbeiter* errichten.«[95] So wurde Akkordarbeit als vorübergehende Notwendigkeit anerkannt und der Kontrolle der Fabrikkomitees und der Gewerkschaften unterstellt.

Die heraufziehende Hungersnot verschlechterte im Sommer 1918 die Lage der Arbeiterklasse noch mehr. Das Ernährungsproblem wurde vor allen anderen das härteste. Besonders schwierig war die Situation in den beiden Hauptstädten. Die der Revolution feindlich gesonnenen Parteien, die Men'ševiki und die Sozialisten-Revolutionäre, versuchten aus dem Hunger und der Erschöpfung der Arbeiterklasse, die in diesem Augenblick den Angriff der Konterrevolution zu gewärtigen hatte, Kapital zu schlagen. In Moskauer und Petrograder Unternehmen bildeten sie Gruppen aus unzufriedenen Arbeitern, wählten aus ihrer Mitte Bevollmächtigte und versuchten die Fabrikkomitees durch diese Vertretung zu ersetzen, indem sie neue Organisationen, sogenannte »Bevollmächtigten-Räte«, schufen. Eine besonders rege Tätigkeit entfalteten die menschewistischen Organisationen in Petrograd, wo sie in aller Heimlichkeit »außerordentliche Versammlungen der Bevollmächtigten der Fabriken Petrograds« veranstalteten und sich bemühten, die Sowjets der Arbeiterdeputierten, die Gewerkschaften und die Fabrikkomitees, die ganz mit der Abwehr des äußeren Feindes beschäftigt waren, unter dem Vorwand zu diskreditieren, sie brächten nicht mehr die Meinung der Arbeiterklasse zum Ausdruck und hätten aufgehört, deren Interessen zu verteidigen.

Charakteristisch für die politische Physiognomie dieser Pseudorepräsentation des Petrograder Industrieproletariats ist eine Deklaration, mit der sich eine solche »Versammlung der Bevollmächtigten«

am 16. April 1918 an alle Arbeiter und Arbeiterinnen wandte. Die Deklaration verwies darauf, daß die Arbeiterklasse vor einem Jahr noch die Möglichkeit besessen habe, ihre Klassenorganisationen aufzubauen: »Fabrikkomitees« zu schaffen, »die unsere Interessen gegenüber der Betriebsleitung verteidigten, die auf die Erfüllung aller Verpflichtungen seitens der Kapitalisten achteten und an der Lösung von Konflikten mitwirkten«; daß sie Gewerkschaften hätten aufbauen können, die »die Arbeiter auf der Basis des Kampfes mit dem Kapital um die Erhaltung der proletarischen Errungenschaften und die weitere Verbesserung der Lage der Arbeiter zusammenschlossen«; daß jetzt aber die Arbeiter, von einer betrügerischen Kommunistischen Partei beeinflußt, glaubten, die Bourgeois-Gesellschaft sei erledigt, es gebe keine Klassen und auch keinen Klassenkampf mehr, und daher bedürfe es auch keiner Klassenorganisation mehr: »Die Arbeiterklasse hat aufgehört, gegen die existierende Gesellschaftsordnung zu kämpfen, und schickt sich an, die Kollektivwirtschaft zu organisieren. Gleichzeitig ist das Gebäude der von der Arbeiterklasse hervorgebrachten Klassenorganisationen zerstört worden (...) Die Gewerkschaften befassen sich nicht mehr mit ihren Angelegenheiten, führen nicht mehr den Kampf der Arbeiter, kämpfen nicht mehr für deren Klasseninteressen. Sie haben aufgehört, den Klassenkampf zu propagieren. Sie organisieren die Wirtschaft und geraten oft in unüberwindliche Widersprüche mit den Interessen der Arbeiter. Sie unterstützten die zerstörerische Politik der ›Sowjets‹, die Arbeiterkontrolle, die Nationalisierung der Banken usw.; sie zerstören damit die Industrie und untergraben die Existenzgrundlage der Arbeiter selbst. Die Gewerkschaften verteidigen nicht die Werktätigen und können nicht gegen die Arbeitslosigkeit kämpfen. Indem sie in jeder Hinsicht die Sowjetmacht unterstützen, fördern die Gewerkschaften die Zunahme der Arbeitslosigkeit, begeben sich jeder Möglichkeit, gegen sie vorzugehen. Die Betriebskomitees (...) haben viel zu tun, sie müssen die verjagten Unternehmer ersetzen, die Arbeiter registrieren, Fabriken schließen, Rohmaterial besorgen, für die Rote Garde werben usw. Unsere Delegierten aber verfolgen uns, bewaffnen sich gegen uns, umgeben sich mit Maschinengewehren für den Fall, daß wir ihnen unser Mißtrauen aussprechen und sie absetzen wollen. *In dieser ernsten und drückenden Zeit stehen wir ohne unsere Arbeitsorganisationen da.*« Im folgenden schlug die menschewistische Deklaration der Arbeiterklasse vor, sie solle »die Verantwortung für die Handlungen der Sowjetmacht von sich weisen und zur Erfüllung der Aufgaben zurückkehren«, die die Men'ševiki in den Frühlingstagen des Jahres 1917 aufgestellt hätten: »Fordert, daß die Gewerkschaften die unrechtmäßige Verbindung mit der Staatsmacht zerreißen; denn die Interessen der Arbeiter können mit den Interessen einer jeden Macht zusammenstoßen, und sie sind bereits mit denen der Sowjetmacht zusammengestoßen. *Die Gewerkschaften müssen frei und unabhängig sein.* Nur unter diesen Bedingungen können die Gewerkschaften die Interessen der Arbeiter verteidigen; unsere politischen Überzeugungen sollen die Gewerkschaften nicht berühren. Die Gewerkschaften müssen ihren Schutz auf alle Arbeiter, unabhängig von Parteizugehörigkeit und politischer Überzeugung ausdehnen. *Genossen* — alles hängt von uns ab. Wenn wir diese unabhängige Arbeit unserer Organisationen verlangen, dann müssen die Gewerkschaften unseren Willen ausführen. Wir werden unsere Führer neu wählen und sie veranlassen, unsere Angelegenheiten durchzuführen. So hat bereits die Drukker-Gewerkschaft auf ihrer letzten Generalversammlung die untaugliche Führung abgesetzt. Die Betriebskomitees sind in unseren Händen. Und wenn wir ihre Arbeit sorgfältig kontrollieren, wenn wir von ihnen ernsthafte Rechenschaft fordern, dann werden sie es nicht wagen, auch nur einen Schritt gegen uns zu unternehmen. Ist dies nicht der Fall, gibt es Neuwahlen.«

Die politische Plattform, die die Men'ševiki den Arbeiterorganisationen in einem für die Revolution äußerst bedrohlichen Augenblick vorschlugen, führte konsequent dahin, daß »die Fabrikkomitees, die Gewerkschaften, die Räte unverzüglich die ihnen fremden Aufgaben nicht mehr wahrnehmen dürfen, daß sie ihre Verbindung mit der Sowjetmacht lösen und zu Organen des freien Willens der Arbeiterklasse, zu Organen ihres Kampfes werden müssen«[96].

Allerdings — sogar die wenigen Belegschaftsangehörigen, die auf diesen Versammlungen der »Bevollmächtigten« sprachen, unterstrichen in ihrer Mehrheit, daß die Arbeiter »passiv« seien und die Wahl von »Bevollmächtigten« ablehnten, daß sie niemandem Vertrauen schenkten und jene Macht anerkannten, die sie ernähre. Die Arbeiterorganisationen, Gewerkschaften wie Betriebskomitees, konnten diesen vorübergehenden Zerfallserscheinungen nicht nachgeben. Sie hatten ihr Schicksal eng verbunden mit der Kommunistischen Partei des Proletariats, mit den Interessen und Aufgaben der Sowjetmacht, und eilten der Revolution in den kritischsten Momenten zu Hilfe, unterstützten den proletarischen Staat, stellten ihm die kämpferischen und disziplinierten Reihen des wirtschaftlich organisierten Proletariats zur Verfügung. Der konterrevolutionären Propaganda der Men'ševiki stellten sie in diesem verzweifelt angespannten Augenblick die entschlossene, energische und unermüdliche Arbeit bei der Organisierung der Versorgung entgegen.

Sie organisierten einen regelrechten friedlichen Feldzug der Arbeiter aufs Dorf, um die Dorfarmut[97] zu organisieren und mit ihrer Hilfe die auf dem Halme stehende Ernte einzubringen. Doch war dieser Feldzug nur der erste Schritt der Teilnahme der Fabrikkomitees an der Regelung des Versorgungsproblems. Im weiteren Verlauf dieser Periode des Bürgerkriegs, in der der Kampf um Brot synonym wurde mit dem Kampf für die Revolution, war die Teilnahme der Fabrikkomitees in den Lebensmittelbeschaffungs-Kampagnen noch aktiver und umfassender.

Die Komitees begriffen und formulierten ihre Aufgaben im Kampf gegen den Hunger ganz deutlich bereits auf der gemeinsamen Sitzung des Gesamtrussischen Zentralexekutivkomitees, des Moskauer Sowjets der Arbeiterdeputierten, des Zentralrats der Gewerkschaften und der Fabrikkomitees und der Gewerkschaften Moskaus am 4. Juni 1918. Die Resolution dieser Sitzung bot die Grundlage für alle weiteren Maßnahmen der Arbeiterorganisationen bei der Verwirklichung der Versorgungspolitik der Sowjetmacht: »Die gemeinsame Beratung erkennt die Politik der Sowjetmacht, die Politik der Versorgungsdiktatur als die einzig richtige an; dies bedeutet erbarmungslosen Kampf gegen die Volksfeinde, die Kulaken, Spekulanten und Marodeure, die die sozialistische Revolution aushungern wollen. Die Mobilisierung der hungernden Arbeiter, ihre Ausbildung und Bewaffnung, ihr brüderliches Bündnis mit der Dorfarmut und der gemeinsame Kampf gegen die Kulaken und Spekulanten – das ist die einzige Methode, um Getreide in ausreichender Menge zu sichern, das für die Volksmassen erschwinglich ist und die Ernährung des werktätigen Volks zur nächsten Ernte sichert.

Die gemeinsame Beratung ruft die Arbeiter zum organisierten, planmäßigen, energischen und entschiedenen Kampf um Brot auf. Strenge Arbeitsdisziplin, strenge Arbeitsordnung immer und überall, vor allem aber im Schienen- und Wassertransport, strenge Rechnungsführung über alle vorhandenen Vorräte, deren genaue Verteilung im Land – dies ist der Weg zur Rettung der sozialistischen Revolution. Arbeiter Moskaus und ganz Rußlands, auf in den Kampf gegen den Hunger! Haben wir den Hunger besiegt, dann werden wir die Konterrevolution besiegen und die kommunistische Republik für immer festigen.«

2. Die Teilnahme der Fabrikkomitees an der Produktion

Von den ersten Tagen der proletarischen Revolution an hatte das Proletariat das Endziel der Gewerkschaften – die Herrschaft über die Produktion – verstanden und auch begriffen, daß sie nicht mittels des Gewerkschaftsapparates, sondern mittels der Organe des proletarischen Staates, der proletarischen Diktatur, ausgeübt werden müsse. Aus diesem Wechselverhältnis ergaben sich auch die Beziehungen zwischen den Gewerkschafts- und den Wirtschaftsorganen während der ganzen Periode des Kriegskommunismus. Organ der ökonomischen Diktatur der Arbeiterklasse war der Oberste Volkswirtschaftsrat, doch lag die bestimmende Leitung der ganzen Wirt-

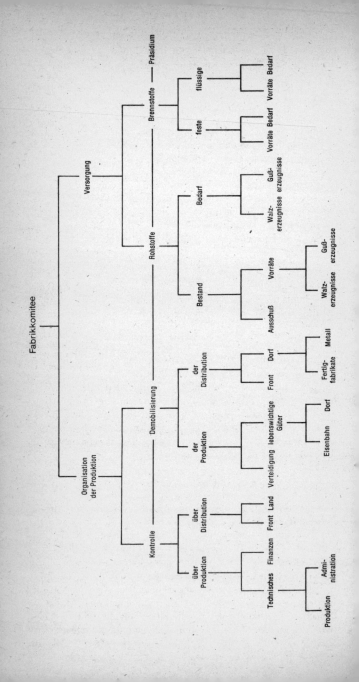

schaftspolitik der staatlichen Wirtschaftsorgane bei den Gewerkschaften.

In welchem Ausmaß die Gewerkschaften alle Aspekte der Volkswirtschaft im Jahre 1918 beeinflußten, hob Genosse Rykov in seinem Tätigkeitsbericht für den Obersten Volkswirtschaftsrat auf dem zweiten Gesamtrussischen Kongreß der Volkswirtschaftsräte im Dezember 1918 hervor; dieser Kongreß zog ein Fazit aus der Arbeit seit Bestehen der Sowjetmacht: »Sie (die Gewerkschaften) bestimmen schon längst auf den Konferenzen und Kongressen der Fabrikkomitees das Wirtschaftsleben des Landes. Das Problem besteht nicht darin, einzelne Zweige unserer Wirtschaft völlig den Gewerkschaften zu überantworten, sondern darin, daß sich die Gewerkschaften ihrer Verantwortung für das ganze Wirtschaftsleben Rußlands bewußt werden — und dies nicht nur in einzelnen Branchen, sondern in der gesamten Wirtschaft, in der Rechnungsführung, im Finanzwesen. Und die Gewerkschaften haben diesen Standpunkt schon eingenommen, denn niemand anders als sie haben Sowjetrußland vor dem Hunger gerettet, als sie nämlich Getreidebeschaffungstrupps organisierten und aufs Dorf entsandten. Und niemand anders als die Gewerkschaften haben die Truppen der Roten Armee zur Verteidigung Sowjetrußlands und der Sowjetmacht organisiert. Was die Wirtschaft betrifft, so besteht zwischen dem Obersten Volkswirtschaftsrat und den Gewerkschaften vollständiger und engster Kontakt.

Die Gewerkschaften stellten die Mehrheit des Plenums des Obersten Volkswirtschaftsrates. Mit uns zusammen haben sie alle wichtigeren Wirtschaftsorgane organisiert. Die Organisierung der Arbeitskräfte hing und hängt bis auf den heutigen Tag völlig von ihnen ab.«[98]

Was hier über die Gewerkschaften gesagt ist, kann auch auf deren unterste Zellen, die Fabrikkomitees, übertragen werden. Diese hatten zu diesem Zeitpunkt nicht nur ein klares Verständnis von ihrem Zusammenhang mit der Produktion und ihrer historischen Rolle bei ihrer Umwälzung, sondern begriffen auch die praktischen Aufgaben, die sich aus dieser Rolle auch und gerade in einer Periode heftigen Bürgerkriegs ergaben: »Im Augenblick ist auch für die Rückständigen und die Zweifler die historische Bedingtheit des Gangs unserer Revolution und die Korrektheit unserer Politik, insbesondere der Gewerkschaftspolitik, klar«, erklärte ein Referent auf einer Konferenz der Fabrikkomitees der Petrograder metallverarbeitenden Unternehmen in einem Referat über die Registrierung der Metallarbeiter. Noch plastischer wurde die historische Unausweichlichkeit der von den Gewerkschaften eingeschlagenen allgemeinen Politik auf einer anderen Konferenz der Metallarbeiter am 3. September 1919 hervorgehoben: »Wir organisieren die Industrie nicht deshalb, weil wir das wollen, weil es uns gefällt, sondern wir sagen, daß wir es tun, weil die Geschichte uns diese Mission aufgetragen hat. In Rußland gab und gibt es eine Klasse industrieller Bourgeois im eigentlichen Sinn nicht; vielmehr gibt es nur habgierige, raffsüchtige Industrielle, die mit besonderer Leichtfertigkeit beschlossen haben, die ganze Industrie zu zerstören, und sich erhoffen, daß unter den Trümmern der Industrie die Arbeiterklasse begraben würde. Und wenn wir sagen, daß wir die Volkswirtschaft organisieren müssen, dann ist dies nicht einfach so hingesagt, *sondern es ist eine historische Notwendigkeit.*«[99]

Unter dem Zeichen dieser historischen Notwendigkeit hatte die Arbeiterklasse 1917 begonnen, ihre Fabrikkomitees zu errichten; unter diesem Zeichen vollendete sie die Oktoberrevolution und errichtete in den Jahren nach der Revolution eine proletarische Wirtschaft. Deshalb unterstützte die Masse der Arbeiterschaft in den Fabriken die Arbeiterkontrolle und ihre praktischen Organe, die Kontrollkommissionen, selbst zu einem Zeitpunkt noch, als die Arbeiterkontrolle in den Formen, in denen sie bis zur Nationalisierung praktiziert wurde, schon nicht mehr notwendig war; denn die Arbeiterklasse sah in ihnen Mittel und Methoden ihrer unmittelbaren aktiven Teilnahme an der Leitung der Produktion.

Die Fabrikkomitees hielten sich nicht nur für berechtigt, sondern sahen es als ihre Pflicht an, aufs energischste in die Leitung der Betriebe einzugreifen, nicht nur in Fragen der Arbeitsorganisation, sondern auch in Produktionsfragen. Häufig verschwammen die Grenzen zwischen Betriebskomitees und Betriebsleitungen so weit, daß die Arbeiter und die Wirtschaftsorgane selbst nicht wußten, wo die Funktionen der Betriebsleitung anfingen und die des Betriebskomitees aufhörten.

In der Periode von 1918 bis 1920 waren die Probleme der Lage der Arbeiter, der Industrie und der Produktionsorganisation, ja politische Probleme so eng miteinander verflochten, erforderten eine so angespannte, geschlossene und kollektive Arbeit aller Organisationen, die sich mit den Arbeitern und ihren Nöten befaßten, daß den Gewerkschaften, den Wirtschaftsorganisationen und ebenso deren Grundeinheiten in den Betrieben – den Betriebskomitees und den Werksleitungen – nichts anderes übrig blieb, als in engstem Kontakt zusammenzuarbeiten. Die Epoche des Kriegskommunismus erforderte eine bestimmte Einheit der Aktivitäten von Gewerkschaften und Wirtschaftsorganen.

Übrigens war diese Einheit nicht ganz ohne Spannungen. Sehr häufig kam es zu einem Gerangel um die führende Position in der Leitung der Produktion. Auch kam es vor, daß das Unternehmen faktisch nicht von der Betriebsleitung, sondern vom Fabrikkomitee geleitet wurde. In der übergroßen Mehrzahl der Betriebe nahmen die Konflikte deswegen keine scharfen Formen an, weil der Bürgerkrieg noch immer die ganze Aufmerksamkeit der Arbeiterorganisationen beanspruchte und sie veranlaßte, Kompromisse oder andere Wege zu finden, um eine Übereinkunft zu erzielen und die tägliche Arbeit gemeinsam zu erledigen.

Doch bereits gegen Ende 1918 begann sich die Lage zu verschlechtern. Auf dem zweiten Gesamtrussischen Kongreß der Volkswirtschaftsräte konstatierte der Referent über Arbeiter- und Staatskontrolle ein großes Chaos in den Betrieben: »In den Betrieben entsteht im Augenblick so etwas wie eine Doppelherrschaft, ja eine Dreifachherrschaft, kurz, ein völliger Wirrwarr: das Büro für Normierung der Arbeit und des Arbeitslohns, die Kontrollkommission, die Betriebsleitung usw. All diese Organisationen tun in vielen Fällen ein und dasselbe, und sehr oft kommt es zu schweren Meinungsverschiedenheiten zwischen Betriebsleitung und Kontrollkommission, was Schlichtungsverfahren in der Gewerkschaft nach sich zieht. Die Kontrollkommission darf sich in die Leitung nicht einmischen: es ist unzulässig, daß die Kontrollkommission aus ihrer passiven Funktion zu einer aktiven übergeht. Sie mag kontrollieren, beobachten, ja finden, daß eine Sache schlecht oder nicht ganz sauber durchgeführt wird, doch aktiv einmischen soll sie sich nicht. Dies ist nicht zweckmäßig.«[100]

Um diesen »Wirrwarr« in den Beziehungen und Aktivitäten der verschiedenen Organisationen in den Betrieben in den Griff zu bekommen, arbeitete der Zentralrat der Gewerkschaften einen Plan zur Arbeiter- und Staatskontrolle und zum Verhältnis von Gewerkschafts- zu Wirtschaftsorganen aus und legte ihn dem Kongreß der Volkswirtschaftsräte vor. Er wurde vom zweiten Gesamtrussischen Kongreß der Volkswirtschaftsräte durch folgende Resolution angenommen, die wir vollständig wiedergeben: »Jetzt, unter der Bedingung der politischen und ökonomischen Diktatur des Proletariats, der Nationalisierung der Industrie, sind neue Bedingungen hergestellt für die Selbsttätigkeit der Arbeiterklasse bei der Organisierung der Volkswirtschaft; es sind Organe geschaffen, die die Volkswirtschaft regulieren und organisieren; die Vertreter der Gewerkschaften sind an ihnen beteiligt. Die Arbeiterklasse hat in breitem Umfang Zugang zur Leitung einzelner Industrieunternehmen gefunden. Unter diesen Bedingungen müssen sich die Aufgaben der Arbeiterkontrolle auf die Kontrolle des Arbeitsverlaufs in den Unternehmen und auf die faktische Prüfung der Tätigkeit sowohl einzelner Betriebsleitungen als auch der Leitungen ganzer Produktionszweige beschränken. Dabei wird die Arbeiterkontrolle nachträglich praktiziert (d. h. die Kontrolle folgt der Ausführung, nicht umgekehrt). An der Verwirklichung dieser Aufgaben sind die Produktionsverbände am meisten interessiert. Sie müssen tätigen Anteil an der Kontrolle im gesamtstaatlichen Maßstab nehmen, damit Organisationen der Arbeiterkontrolle geschaffen werden, die sich auf einen einheitlichen Plan und ein einheitliches Zentrum einigen können und zu Organen einer schrittweise erfolgenden Erziehung der breitesten Arbeitermassen zur unmittelbaren Teilnahme an der Leitung der Betriebe und an der Organisierung der Ausbildung selbst werden können.

In jüngster Zeit waren nicht nur die Gewerkschaften, sondern auch die Volkswirtschaftsräte sowie das Volkskommissariat für staatliche Kontrolle mit der Produktionskontrolle beschäftigt. Die Volkswirtschaftsräte dürfen als Organisatoren der Produktion nicht die Funktion der Kontrolle über die Produktion, d. h. über ihre eigene Tätigkeit übernehmen. Das Volkskommissariat für staatliche Kontrolle, in dessen Aufgabenbereich bis heute die Industriekontrolle nicht gefallen ist, verfügt weder über Erfahrung noch über Kader von Kontrolleuren, die fähig wären, die ganze Industrie zu umfassen und sich auf die Selbsttätigkeit der Arbeiterorganisationen zu stützen. Deshalb ist das Kommissariat für staatliche Kontrolle seinem Wesen und seiner Form nach bürokratisch und mit den Arbeiterorganisationen nicht verbunden.

Die einzig richtige Lösung des Problems, wie die Arbeiterkontrolle zu organisieren ist, wird darin bestehen, sie in die Hände der Gewerkschaften zu legen. Der gegenwärtige Apparat der staatlichen Kontrolle darf nicht nur nicht selbständig die Produktionskontrolle übernehmen, sondern muß schrittweise durch den Kontrollapparat der Arbeiterorganisationen abgelöst werden. Die Kontrollfunktionen der Haupt- und Zentralverwaltungen und der Abteilungen des Obersten Volkswirtschaftsrates müssen allmählich an die entsprechenden Produktionsverbände übergehen.

Daher übernimmt in jedem nationalisierten Industrie-, Handels- und Transportunternehmen die lokale Kontrollkommission die Aufsicht über den Gang des Unternehmens und die Tätigkeit der Betriebsleitung; zu diesem Zweck sammelt und systematisiert sie alle Daten, die sich auf den Gang des Unternehmens beziehen, und legt sie der Kontrollabteilung ihres Produktionsverbandes vor, der in Fällen, wo es notwendig ist, die Ansetzung einer Unternehmensrevision beantragt.

Anmerkung: In Ausnahmefällen kann die lokale Kontrollkommission auf ihre volle eigene Verantwortung hin die Revision ihres Unternehmens bei genauer Angabe des Revisionsgegenstandes bestimmen; Bedingung hierfür ist die unverzügliche Informierung der Kontrollabteilung des entsprechenden Produktions- (Gewerkschafts-) Verbandes.

Die lokale Kontrollkommission besteht (a) aus Vertretern des entsprechenden Produktions- (Gewerkschafts-) Verbandes, (b) aus Personen, die von der Generalversammlung der Arbeiter eines Betriebes gewählt werden und vom Komitee des entsprechenden Produktions- (Gewerkschafts-) Verbandes bestätigt werden.

Dabei erhalten die Mitglieder der lokalen Kontrollkommission, die vom Komitee des Produktionsverbandes aufgestellt worden sind, ihre Funktionen auf Dauer, während Personen, die von der Generalversammlung gewählt worden sind, nach Möglichkeit in kürzeren Zeiträumen abgelöst werden sollen, damit die breiteste Masse die Leitung und Organisierung der Produktion erlernt und man allmählich zu einem System der massenhaften Teilnahme in dieser die ganze Arbeiterschaft angehenden Angelegenheit kommt.

Die lokale Kontrollkommission ist für ihre Tätigkeit sowohl der Generalversammlung der Arbeiter des ganzen Betriebes als auch der Kontrollabteilung ihres Produktions- (Gewerkschafts-) Verbandes verantwortlich. Kommt es zum Mißbrauch, zu nachlässiger Pflichterfüllung usw., dann unterliegt sie schweren Strafen.

Die Vertreter der lokalen Kontrollkommission beteiligen sich an den Sitzungen der Werksleitungen, allerdings nur mit beratender Stimme. Ordnungsrechte für die Leitung des Unternehmens verbleiben bei der Unternehmensleitung; deshalb verbleibt die ganze Verantwortung für den Gang und die Tätigkeit des Unternehmens bei der Unternehmensleitung.

Im Rahmen des jeweiligen Betriebes vereinigt sich die Arbeiterkontrolle im Produktions- (Gewerkschafts-) Verband. Bei ihm wird eine Abteilung für Arbeiterkontrolle eingerichtet, die der Leitung des jeweiligen Verbandes verantwortlich ist.

Der Kongreß vertraut die Leitung der Organe der Arbeiterkontrolle und ihrer gesamten Tätigkeit dem Gesamtrussischen Zentralrat der Gewerkschaften an, der das oberste Organ der Arbeiterkontrolle aus Vertretern der Produktions- (Gewerkschafts-) Verbände organisiert.

Um die Aktivitäten zu koordinieren und den Parallelismus in der Kontrolle zu beseitigen, müssen die Organe des Volkskommissariats für staatliche Kontrolle ihre Arbeit in Kontakt zu den Kontrollorganen der Produktions- (Gewerkschafts-) Verbände gestalten.

Das höchste Organ der Arbeiterkontrolle muß Instruktionen ausarbeiten, die die Rechte und Pflichten der untersten Kontrollorgane und deren Organisation hinreichend bestimmen. Bis diese Instruktionen erscheinen, müssen sich die Organe der Arbeiterkontrolle in den nationalisierten Betrieben durch die gegebene Verordnung leiten lassen.

Die Verordnung über die Arbeiterkontrolle in den nationalisierten Unternehmen muß vom Rat der Volkskommissare dekrediert werden.

In den nicht nationalisierten Unternehmen wird die Arbeiterkontrolle entsprechend dem Dekret vom 14./27. November 1917[101] verwirklicht.«

Diese Entschließung nahm der 2. Gesamtrussische Kongreß im Januar 1919 an, nachdem er die prinzipielle Bedeutung der Kontrolle in der Periode des Kampfes um die proletarische Diktatur unterstrichen hatte: »Die Herrschaft der Arbeiterklasse im Wirtschaftsleben des Landes ist noch nicht vollständig. Noch geht der stille Kampf innerhalb der neuen Wirtschaftsformen weiter, was in den breiten Arbeitermassen das Bedürfnis nach massenhafter Kontrolle der Tätigkeit der wirtschaftlichen Leitungsorgane hervorruft. Unter solchen Bedingungen des Übergangs von der kapitalistischen Formation zur sozialistischen muß die Arbeiterkontrolle aus einem revolutionären Kampfmittel um die ökonomische Diktatur des Proletariats zu einer praktischen Einrichtung werden, die die Befestigung dieser Diktatur in der Produktionssphäre vorantreibt.«[102]

Weder der 2. Kongreß der Volkswirtschaftsräte noch der 2. Kongreß der Gewerkschaften entschlossen sich also zum unvermittelten Bruch mit der Idee der Arbeiterkontrolle. Aber auch im Verlauf des ganzen Jahres 1919 setzten sich die Meinungsverschiedenheiten zwischen den Betriebsleitungen, den Betriebskomitees und den Kontrollkommissionen fort, da sich letztere in die Produktion einschalteten. Auch in der Arbeiterschaft selbst waren die Traditionen aus dem Anfang des Jahres 1918 noch lebendig.

Als Beispiel hierfür kann man auf das charakteristische Vorgehen der Arbeitervertreter auf der Petrograder Gouvernementskonferenz der Fabrikkomitees vom 29. November 1918 verweisen. Der Delegierte Makarov erklärte dazu: »In einer Instruktion heißt es, daß wir, die Arbeiter, die Betriebsleitung nicht in unsere Hände nehmen könnten, da wir noch nicht gelernt hätten, die Leitung zu übernehmen; doch wir lernen an der Sache. Die Komitees haben eine Meinung, bei der sie bleiben sollten. Wir lassen den Gedanken nicht zu, daß die Betriebsleitungen uns von der Leitung ausschließen. Wenn man von den Betriebskomitees oder von den Arbeitern selbst verlangt, eine Sache anzupacken, dann wird dies angeordnet, und wir führen es aus. Wir, die Fabrikkomitees, sind aber die Delegierten der Arbeiter, und wir können die Intelligenz und die Betriebsleitung kontrollieren, indem wir auf die Mängel hinweisen, die wir behoben wissen wollen.« Ein anderer Delegierter von den Putilovwerken: »Bei uns ist das gesamte Betriebspersonal dem Fabrikkomitee unterstellt. Die Direktion gab Verordnungen heraus, um die Leitung zu zentralisieren, doch das Fabrikkomitee diktierte die Ereignisse. Wir schritten voran, ohne die Instruktion des Gesamtrussischen Metallarbeiterverbandes zu berücksichtigen, weil sie den Ereignissen nicht Rechnung trug.«[103]

Ein solches Eingreifen der Betriebskomitees rief in immer stärkerem Maß Konflikte mit den Betriebsleitungen hervor und forderte von seiten der zentralen Gewerkschaftsorgane entschiedene Bestimmungen zur Regulierung der gegenseitigen Beziehungen zwischen Betriebskomitees und Betriebsleitungen. Eine dieser Verordnungen, die von der Gesamtrussischen Konferenz der Metallarbeiter am 28. August 1919 verabschiedet wurde, lautet: »Die Wechselbeziehungen zwischen Betriebskomitees und Betriebsleitungen sind gegenwärtig immer noch von dem Dualismus zwischen dem im Unternehmen herrschenden Organ und der sich daraus ergebenden Schwächung der wirtschaftlichen Energien des Landes charakterisiert.

Die Betriebsleitung ist das Organ, das unmittelbar der zentralen Verwaltung der Unternehmensgruppe und über sie den höchsten Wirtschaftsorganen und dem Land verantwortlich ist. Die Betriebsleitung verkörpert die allgemeinen wirtschaftlichen Interessen des Landes, wie sie sich im jeweiligen Unternehmen ausdrücken. Über das Geschick jedes Unternehmens legt das oberste Wirtschaftsorgan des Landes Rechenschaft ab vor der Masse des Proletariats insgesamt.

Das Betriebskomitee ist unter den gegenwärtigen Bedingungen ein Organ, das unmittelbar den Arbeitern, die es mit der Mehrheit ihrer Stimmen gewählt haben, verantwortlich ist. Die Verantwortlichkeit von unten nach oben, d. h. gegenüber der Gewerkschaft, ist bis jetzt der Normalfall.

Die Reibereien zwischen Unternehmensverwaltung und Betriebskomitees sind konsequenterweise in der Mehrheit Reibereien zwischen den Interessen der gesamtstaatlichen Kontrolle der Industrie und den lokalen syndikalistischen Interessen der Arbeiter eines Unternehmens; in vielen Fällen sind die betreffenden Arbeiter nicht in der Lage, die Klasseninteressen des Proletariats an der Produktion sich zu eigen zu machen.

Da die Betriebskomitees in einer Atmosphäre immer noch vorhandenen Mißtrauens der Arbeiter gegenüber dem technischen Personal arbeiten müssen, die Tätigkeit der Betriebsleitung aber bestimmt ist durch die Verantwortung im Rahmen des Unternehmens insgesamt, enden die Streitereien zwischen den erwähnten Organen meistens mit einem Sieg der lokalen Interessen.

Um die Atmosphäre in den Betrieben zu entspannen, muß deshalb das wirtschaftliche Organ des Unternehmens von jeder wie immer gearteten Doppelverantwortlichkeit befreit werden und eine einheitliche Form der Verantwortung für die lokalen Verwaltungsorgane der Betriebe gegenüber den obersten Wirtschaftsorganen des Landes eingerichtet werden. In allen Fragen des Betriebslebens — außer Fragen, die in die Kompetenz der lokalen Abteilung des Gesamtrussischen Verbandes der Metallarbeiter fallen und in einer speziellen Vereinbarung mit seiner Zentrale geregelt werden — muß die Betriebsleitung von jedem Druck seitens des Fabrikkomitees völlig frei sein. Die Betriebsleitung ist verpflichtet, die Direktiven durchzuführen, die sie von oben erhalten hat, selbst wenn diese Direktiven in wesentlichen Punkten von den Auffassungen der lokalen Arbeiterorganisationen abweichen.

Das Betriebskomitee ist nicht berechtigt, sich unmittelbar in die Unternehmensleitung einzumischen, und bleibt ausschließlich eine Zelle von Gewerkschaftsvertretern, die die korrekte Durchführung der Verordnungen des Gesamtrussischen Metallarbeiterverbandes im jeweiligen Unternehmen überwachen. Das Betriebskomitee bringt alle Fälle, in denen die Linie der Betriebsleitung und die Politik der Gewerkschaft auseinandergehen, der zuständigen lokalen Abteilung des Gesamtrussischen Metallarbeiterverbandes zur Kenntnis.

Diese Abteilung entscheidet alle Fragen, die vom Betriebskomitee und der Betriebsleitung aufgeworfen werden. Kommt eine Übereinkunft nicht zustande, so informiert die lokale Abteilung das Zentralkomitee des Gesamtrussischen Metallarbeiterverbandes. Das Zentralkomitee seinerseits erteilt der Hauptverwaltung der jeweiligen Gruppe von Unternehmen bzw. einem anderen entsprechenden obersten Organ eine entsprechende Verfügung.

Auf diese Weise setzt sich der Einfluß des Gesamtrussischen Metallarbeiterverbandes ausschließlich in Form der Wechselbeziehungen zwischen seinem Zentralkomitee und den zentralen Organen des entsprechenden Industriezweiges sowie über die Disziplin seiner Vertreter in diesen Organen durch. Die gesamtrussische Arbeiterorganisation spielt die Rolle eines politischen Diktators über die ökonomischen Organe des jeweiligen Industriezweiges.

Die Tarifkommission wird von der lokalen Abteilung des Gesamtrussischen Metallarbeiterverbandes in Übereinstimmung mit den Instruktionen des Zentralkomitees organisiert; sie besteht aus Personen bestimmter Berufe mit einer bestimmten technischen Praxis. Sie ist unmittelbar der lokalen Normierungsabteilung des Gesamtrussischen Verbandes der Metallarbeiter untergeordnet und wird aufgrund der Rechte der Abteilung in das allgemeine System der Betriebsleitung eingegliedert. In den vertrusteten Unternehmen kompliziert sich das beschriebene System der Koordination durch die leitende Rolle der Arbeitsabteilung der Hauptverwaltung, die ihrerseits der Normierungsabteilung des Verbandes untergeordnet ist.

Bei den Hauptverwaltungen der vertrusteten Unternehmen wird eine Abteilung für Arbeit eingerichtet, die insbesondere zuständig ist für Tarifprobleme der jeweiligen Unternehmensgruppe und entsprechend den Statuten des Zentralkomitees des Metallarbeiterverbandes verfährt. Eine solche Abteilung für Arbeit koordiniert die Tätigkeit der betrieblichen Tarifkommissionen.

Die lokale Abteilung der Gewerkschaft überwacht die Durchführung der Gewerkschafts- und insbesondere der Tarifpolitik in den von ihr erfaßten Unternehmen und erteilt Direktiven an die betrieblichen Tarifkommissionen in allen Tariffragen; sie tut dies über die Betriebsleitungen.

Um die Kräfte planmäßig einzusetzen und die Organisierung des Gewerkschaftsapparates ökonomisch voranzutreiben, werden alle gegenwärtig im Betriebskomitee arbeitenden Kommissionen teils aufgelöst, teils gehen sie in die Verfügung der Betriebsleitung über, entsprechend einer besonderen Instruktion. In Zukunft können beim Betriebskomitee nur in Ausnahmefällen und entsprechend einer Verfügung der lokalen Abteilung des Metallarbeiterverbandes provisorische Kommissionen eingerichtet werden. Der Übergang zur Auflösung der bestehenden Kommissionen wird unter der Leitung der örtlichen Abteilung des Metallarbeiterverbandes entsprechend den allgemeinen Instruktionen des Zentralkomitees vorgenommen.

Infolge der oben beschriebenen Reorganisierung werden die Betriebskomitees in Zukunft bei Entscheidungen über die Verwendung größerer Finanzmittel nicht mehr gebraucht. Es ist daher jede finanzielle Verfügung über Mittel der Betriebsleitung zugunsten des Betriebskomitees abgeschafft; das Betriebskomitee verausgabt Mittel nach einem Kostenvoranschlag, der von der lokalen Abteilung des Gesamtrussischen Metallarbeiterverbandes bestätigt werden muß. Diese Mittel werden ihm durch die Betriebsleitung zur Verfügung gestellt.

Das in den vorangegangenen Paragraphen beschriebene Schema der Beziehungen zwischen Betriebsleitungen und Betriebskomitees soll in den nationalisierten Unternehmen der RSFSR[104] angewandt werden. Für Unternehmen, die Privatpersonen gehören, soll eine spezielle Instruktion ausgearbeitet werden; dabei behält das Betriebskomitee bis zur Veröffentlichung dieser Instruktion seine Funktionen.«

Diese umfassende Instruktion, die detailliert die Beziehungen, Rechte und Verpflichtungen der betrieblichen Organisationen zu regeln suchte, so wie überhaupt alle derartigen Instruktionen beseitigten weder die Einmischung der Betriebskomitees in die Angelegenheiten der Betriebsleitung noch die Konflikte, die auf dieser Basis erwuchsen. Das eigenmächtige Eingreifen der Fabrikkomitees in den Arbeitsgang der Unternehmen und die Unbestimmtheit der Rechte und Pflichten der Fabrikkomitees dauerte fort bis zum 3. Gesamtrussischen Gewerkschaftskongreß, der im April 1920 stattfand – trotz zahlreicher Kongresse und Konferenzen der Gewerkschafts- und Wirtschaftsorgane, die immer wieder versuchten, die erforderliche Klarheit herzustellen.

Der 3. Kongreß widmete der Frage der Betriebskomitees und ihrer Rolle in der Organisierung der Produktion große Aufmerksamkeit. Genosse Lozovskij unterstrich in seinem Referat zwar, wie notwendig dies sei, befaßte sich jedoch eingehend mit dem »organisatorischen Wirrwarr«, der daraus resultiere, daß die Beziehungen der Betriebskomitees und anderer Organisationen nicht vertragsmäßig geregelt seien: »Der Kongreß muß sich ernsthaft mit der Arbeit der Betriebskomitees und -kollektive beschäftigen. Man muß die Arbeit der Betriebskomitees und -kollektive der vollen Kontrolle und vollen Mitwirkung der Gewerkschaften unterordnen. Sie wissen aus der Erfahrung der letzten zwei Jahre, insbesondere des letzten, daß das Betriebskomitee oder -kollektiv sich häufig gegenüber der Gewerkschaft als absolut unabhängig fühlt.« Das Mittel, um das Betriebskomitee der Gewerkschaft unterzuordnen, ist nach dem Vorschlag des Genossen Lozovskij ganz einfach: Man müsse den Betriebskomitees ihre selbständige finanzielle Existenz entziehen und ihnen »eine bestimmte Arbeit geben«. »Nehmen Sie irgendein großes Unternehmen, dann sehen Sie, daß sich das Betriebskomitee dort wie ein kleiner Murat oder eine kleine Marie-Luise[105] aufführt. Mit einer solchen Ordnung muß Schluß gemacht werden.« Genosse Lozovskij schlägt zur genauen Abgrenzung der Arbeit der Betriebskomitees und der Betriebsleitungen vor: »Die Betriebskomitees müssen der Organisierung der Massen doppeltes Augenmerk zuwenden. Die technische Arbeit zur Leitung des Unternehmens muß in den Händen der Betriebsleitung bleiben. Betriebskomitees und -kollektive haben sich mit der Durchführung der Anweisungen der Gewerkschaft zu befassen, sie sollen die Arme der Gewerkschaft bei der Durchführung aller ihrer Verordnungen sein.[106]

Der Kongreß verbot in seiner Resolution den Gewerkschaften und Betriebskomitees kategorisch, sich in die Angelegenheiten des Unternehmens einzumischen: »Die Gewerkschaften müssen entschieden Abstand davon nehmen, einen schädlichen Dualismus in die Produktionsleitung hineinzutragen und sich Funktionen von Organen der Leitung und der unmittelbaren Regulierung der Industrie anzueignen. Die Betriebskomitees müssen definitiv als Zellen der Gewerkschaften auf lokaler Ebene stabilisiert und mit Funktionen ausgestattet werden, wie denen der Gewerkschaften analog sind, wobei die Verantwortlichkeit und Rechenschaftspflicht gegenüber den obersten Gewerkschaftsorganen sowie die Nichteinmischung in die Angelegenheiten der Unternehmensleitung beachtet werden müssen.«

Auf dem 3. Kongreß wurde auch der alte Streit darüber, ob Arbeiter- oder staatliche Kontrolle in der Periode der Diktatur des Proletariats vonnöten sei, endgültig entschieden: »Wir sind von den alten Methoden der Arbeiterkontrolle, die in ihrer staatlichen Form der Arbeiter- und Bauerninspektion, stehengeblieben waren, abgegangen«, erklärte der Referent der Produktionskommission, Genosse Glebov. »Die Arbeiter- und Bauerninspektion muß ihre Basis in den Fabrikkomitees sowie in den Gewerkschaften haben. Über sie müssen wir eine breite Masse in den Produktionsprozeß auf dem Weg der Kontrolle hineinziehen, während wir die schon Interessierten in die Organisierung der Produktion einbeziehen.«[107]

Die von der Produktionskommission ausgearbeiteten Verordnungen und praktischen Maßnahmen für die Teilnahme der Gewerkschaften an der Leitung und Organisierung der Volkswirtschaft bestimmten die Aufgaben der Betriebskomitees im Produktionsbereich genau: »Das Betriebskomitee als Grundzelle der Gewerkschaft ist nicht berechtigt, in die Unternehmensleitung einzugreifen, und verwirklicht als Organ der Gewerkschaft die Verordnungen, die sich auf die Arbeits- und Lebensbedingungen der Arbeiter beziehen. Die Aufgaben des Betriebskomitees im Produktionsbereich des Unternehmens bestehen

1. in der Hebung der Arbeitsdisziplin und der Arbeitsproduktivität mit allen der Gewerkschaft zur Verfügung stehenden Mitteln (Produktionspropaganda, disziplinarische Belegschaftsgerichte, Agitation usw.); die Kommissionen für kulturelle Aufklärung arbeiten hauptsächlich in dieser Richtung;

2. in der Untersuchung von Konflikten zwischen Betriebsleitungen und Arbeitern; dabei beteiligt sich das Betriebskomitee vorrangig an der Untersuchung und übergibt die Entscheidung an die entsprechenden höheren Gewerkschaftsorgane;

3. in der Kontrolle der Leitung durch die Arbeiter- und Bauerninspektion;

4. in der Kontrolle der Tätigkeit der Tarifkommissionen durch Einspruchsmöglichkeiten bei den höheren Gewerkschaftsorganen;

5. in der Einbeziehung der gesamten Arbeitermasse in den Produktions- und Leitungsprozeß; diese wird erzogen, indem der Betriebsleitung in periodischen Abständen Rechenschaftsberichte erstattet werden (Anfragen und Vorschläge); Termine und Formen dieser Berichte werden von der Gewerkschaft so festgelegt, daß die normale Arbeit der Betriebsleitung nicht gestört wird;

6. in der Aussonderung von Leuten aus der Arbeiterschaft, die organisatorische und administrative Fähigkeiten besitzen und denen bestimmte Produktionsaufgaben in Übereinkunft mit der Betriebsleitung zugeteilt werden; um den Parallelismus in der Arbeit der Wirtschafts- und Gewerkschaftsorgane der Unternehmen zu beseitigen, werden alle Produktionskommissionen der Betriebskomitees aufgelöst.«

Die Verordnungen der drei Gewerkschaftskongresse, die, so sollte es scheinen, die Rolle der Gewerkschaften (und folglich auch der Fabrikkomitees) in der Produktion hinreichend bestimmt hatten, erwiesen sich bereits Ende 1920 als ungenügend. Die Kontrollarbeit der Arbeiter- und Bauerninspektion und die Kontrolle der Wirtschaftsorgane zeigten gleichermaßen zu geringe praktische Resultate. Die Veränderung der ökonomischen und politischen Lage der Republik, der Übergang von militärischen Aufgaben zu wirtschaftlichen setzte das Problem der Rolle der Gewerkschaften bei der Organisierung,

Leitung und Regulierung der Produktion sowie das Problem der Produktionskontrolle erneut auf die Tagesordnung.

Die Diskussion über die Rolle der Gewerkschaften – ziemlich breit entwickelt an der Frage der Arbeiterkontrolle – wurde beendet mit der Annahme von Resolutionen zu Beginn des 10. Parteitages der KPR und auf dem 4. Gesamtrussischen Gewerkschaftskongreß[108] – Resolutionen, die die Rolle der Gewerkschaften unterstrichen, »Schulen des Kommunismus« für die Arbeiterklasse zu sein. Es setzte sich der Standpunkt durch, die Arbeiterkontrolle solle in der Produktion realisiert werden: »Damit die Wirtschaftsorgane bei der Verwirklichung eines einheitlichen Wirtschaftsplans zusammenwirken, praktizieren die Gewerkschaften die Kontrolle und Inspektion des Ganges und Zustandes der Produktion in den Unternehmen sowie der Tätigkeit der Regulierungsorgane; dies geschieht dadurch, daß sie mittels ihrer Abteilungen und Zellen unmittelbare Aufsicht ausüben. Um einen schädlichen organisatorischen Parallelismus auszuschalten, stützt sich die Arbeiter- und Bauerninspektion bei der Verwirklichung der einzelnen administrativ-wirtschaftlichen Revisionen in den Unternehmen auf die Zellen der Gewerkschaften; sie hat keine permanenten eigenen Organe zu diesem Zweck zu schaffen. Kontrolle und Aufsicht der Gewerkschaften über die Tätigkeit der Wirtschaftsorgane, ausgeübt durch die Wirtschaftsabteilungen, sollen Inspektionscharakter tragen – nicht nur, um die Lage der Arbeiter zu verbessern, sondern auch, um breite Schichten der Arbeiter unmittelbar in den wirtschaftlichen Aufbau und die Leitung der Produktion einzugliedern.«[109]

Der 4. Gesamtrussische Gewerkschaftskongreß hielt eine Reihe von Maßnahmen zur praktischen Umsetzung dieser allgemeinen Verordnungen der Gewerkschaftskontrolle über die Produktion fest. Doch sollten diese in der Mehrzahl der Fälle nicht wirksam werden, da in der Geschichte der russischen Revolution eine völlig neue Epoche begann, die unter dem Namen Neue Ökonomische Politik (NEP)[110] bekannt ist. Die Fabrikkomitees sowie die gesamte russische Gewerkschaftsbewegung mußten ihre Aufgaben und die Formen und Methoden ihrer Arbeit in Übereinstimmung mit dem neuen Kurs verändern.

3. Die Fabrikkomitees und die Neue Ökonomische Politik

Wodurch wurde die Neue Ökonomische Politik hervorgerufen und worin bestand ihr objektiver Sinn? Die Verordnung des ZK der KPR über die Gewerkschaften vom 12. Januar 1922, vom 11. Parteitag der KPR im März/April 1922 bestätigt, gibt darauf eine präzise Antwort: »Die Änderungen der Formen des sozialistischen Aufbaus werden durch den Umstand hervorgerufen, daß in der gesamten

Politik des Übergangs vom Kapitalismus zum Sozialismus die Kommunistische Partei und die Sowjetmacht jetzt bei diesem Übergang besondere Methoden anwenden, in vieler Beziehung auf eine andere Art vorgehen als früher, eine Reihe von Positionen sozusagen durch eine ›neue Umgehung‹ erobern, einen Rückzug durchführen, um besser vorbereitet wieder zum Angriff auf den Kapitalismus überzugehen.«[111]

Das russische Proletariat, das bis dahin in seinem Kampf für den Sozialismus gerade und raschen Schritts vorangegangen war, mußte unter dem Einfluß der objektiven inneren und äußeren Situation seinen Schritt verhalten und sich sogar auf die Ebene des Staatskapitalismus zurückbegeben. Ohne das Wesen der politischen und ökonomischen Diktatur der Arbeiterklasse zu verändern — es hatte die grundlegenden Produktionsmittel (Land, Transport, große Industrie) in Händen und beherrschte die Kommandohöhen in Politik und Wirtschaft des Landes —, war das Proletariat, das keine Unterstützung durch eine westeuropäische Revolution gefunden hatte, gezwungen, der Bauernschaft seinem Verbündeten im Kampf um die Behauptung der proletarischen Diktatur, Zugeständnisse zu machen; die Bauernschaft mußte mit dem Übergang vom Krieg zur friedlichen Aufbauarbeit einen Anstoß erhalten, damit in der zerstörten Landwirtschaft die Produktion wieder in Gang kommen konnte. Dieser Impuls war mit der Erlaubnis zum freien Handel gegeben. Die Verordnung des ZK der KPR unterstrich dies: »(...) die Neue Ökonomische Politik (verändert) das Wesen des Arbeiterstaats nicht (...) (sie ändert) die Methoden und Formen des sozialistischen Aufbaus jedoch wesentlich (...), denn sie läßt auf der Basis einer Befriedigung der vielmillionenköpfigen Bauernschaft über den Markt den ökonomischen Wettstreit zu zwischen dem im Aufbau begriffenen Sozialismus und dem nach Wiedererstehung strebenden Kapitalismus.«[112]

Damit sei die Möglichkeit gegeben, daß die gegensätzlichen Klasseninteressen von Kapital und Lohnarbeit sich erneut entfalteten und miteinander in Konflikt gerieten und daß die Interessen der Lohnarbeit gegen den erneuten Anschlag des Kapitals verteidigt werden müßten: »Darum besteht von nun an eine der wichtigsten Aufgaben der Gewerkschaften darin, die Klasseninteressen des Proletariats in seinem Kampf gegen das Kapital in jeder Hinsicht und mit allen Mitteln zu verteidigen. Diese Aufgabe muß offen an eine der ersten Stellen gerückt werden, der Gewerkschaftsapparat muß entsprechend umgebaut, abgeändert oder ergänzt werden (...).«[113]

Die Fabrikkomitees, die den langen und beschwerlichen Weg im Kampf für die Umgestaltung der kapitalistischen in die sozialistische Fabrik gegangen waren, mußten entsprechend dem allgemeinen Kurs das Tempo ihres Kampfes ebenfalls verlangsamen und seinen Charakter verändern, ohne dabei ihre Hauptaufgaben und den grundlegenden Inhalt ihres Kampfes aufzugeben. Wie schon früher stand vor den Gewerkschaften und Fabrikkomitees die von Marx für die ganze Übergangsperiode vom Kapitalismus zum Kommunismus formulierte Aufgabe: Vergesellschaftung der Produktionsmittel und größtmögliche Erweiterung der Masse der Produktivkräfte. Im Zusammenhang mit den Kriegszerstörungen, dem Hunger und dem Zerfall hatte sich diese Aufgabe kompliziert und war um vieles in ihrer Bedeutung gewachsen: »Nach der Eroberung der Staatsmacht besteht das wichtigste und grundlegendste Interesse des Proletariats in der Vergrößerung der Produktionsmenge und der gewaltigen Steigerung der Produktivkräfte der Gesellschaft«[114], heißt es dementsprechend in dem angeführten Beschluß des ZK der KPR (b).

Daraus leiteten sich die Rolle der Gewerkschaften und die Unzulässigkeit ihrer Einmischung in den Bereich der Produktionsleitung ab: »(...) ein schneller und möglichst nachhaltiger Erfolg bei der Wiederherstellung der Großindustrie (ist) die Voraussetzung, ohne welche der Erfolg des gesamten Werkes der Befreiung der Arbeit vom Joch des Kapitals undenkbar, der Sieg des Sozialismus undenkbar ist, aber ein solcher Erfolg erfordert seinerseits, bei der gegenwärtigen Lage Rußlands, unbedingt die Konzentration der gesamten Machtfülle in den Händen der Betriebsleitungen. Diese Leitungen, die in der Regel nach dem Prinzip der Einzelverantwortung zusammengesetzt sind, müssen selbständig sowohl die Festsetzung der Lohnsätze wie auch die Verteilung der Geldmittel, der Verpflegungsrationen, der Arbeitskleidung und jeder sonstigen Versorgung regeln, und zwar auf der Grundlage und in den Grenzen der mit den Gewerkschaften abgeschlossenen Kollektivverträge, bei größtmöglicher Manövrierfreiheit, bei strengster Kontrolle der tatsächlichen Erfolge hinsichtlich der Steigerung der Produktion ohne Verluste, sondern mit Gewinn, bei sorgfältigster Auswahl der hervorragendsten und tüchtigsten Verwaltungskräfte usw.

Jede unmittelbare Einmischung der Gewerkschaften in die Leitung der Betriebe muß unter diesen Bedingungen als unbedingt schädlich und unzulässig betrachtet werden.«[115]

Diese kategorische Verordnung bedeutete jedoch nicht die völlige Negierung der Teilnahme der Gewerkschaften an der sozialistischen Produktionsorganisation. Der Beschluß weist ihnen die Rolle einer »Schule der Verwaltung der sozialistischen Industrie«[116] und einen bedeutenden Platz bei der Organisierung der Produktion zu; er gibt ihnen das Recht, Kandidaten vorzuschlagen, Administratoren aus der Arbeiterschaft auszubilden, an den Planungsorganen des proletarischen Staates und an der Ausarbeitung der Wirtschaftspläne und Programme teilzunehmen; Funktionen unmittelbarer Teilnahme bzw. Kontrolle sollten jedoch weder die Gewerkschaften noch die Fabrikkomitees haben. Die Gesamtverantwortung mußte bei den Wirtschaftsorganen liegen, während die Gewerkschaften eine andere Aufgabe zur Grundlage ihrer Tätigkeit machen sollten, nämlich die Verbindung mit den Arbeitermassen herzustellen und ihre Interessen aktiv und energisch zu verteidigen. So heißt es in dem Beschluß auch weiter: »Die Verbindung mit den Massen, d. h. mit der gewaltigen Mehrheit der Arbeiter (und sodann aller Werktätigen) ist die wichtigste, grundlegende Bedingung für den Erfolg jedweder Tätigkeit der Gewerkschaften. Von unten bis zur höchsten Spitze der Gewerkschaftsorganisationen und ihres Apparates muß ein ganzes System von verantwortlichen Genossen, und zwar unbedingt nicht nur aus den Reihen der Kommunisten, geschaffen und praktisch aufgrund der Erfahrung vieler Jahre erprobt werden, von Genossen, die tief im Arbeiterleben verwurzelt bleiben, das Leben der Arbeiter in- und auswendig kennen und es verstehen müssen, in jeder Frage, in jedem Moment die Stimmung der Massen, ihre wirklichen Bestrebungen, Bedürfnisse und Gedanken untrüglich festzustellen, die es verstehen müssen, ohne eine Spur falscher Idealisierung den Grad der Bewußtheit der Massen und die Stärke des Einflusses dieser oder jener Vorurteile und Überreste der Vergangenheit festzustellen, die es verstehen müssen, das grenzenlose Vertrauen der Masse durch kameradschaftliches Verhalten zu ihr und durch sorgsame Befriedigung ihrer Bedürfnisse zu gewinnen.«[117]

Der Gesamtrussische Zentralrat der Gewerkschaften sowie der Oberste Volkswirtschaftsrat wandten sich in Form eines Rundschreibens zur Durchführung dieser Verordnung an alle Gewerkschafts- und Wirtschaftsorgane Rußlands, in dem genau die Rechte, Verpflichtungen und Wechselbeziehungen unter den neuen Bedingungen fixiert waren. Die grundlegende Bestimmung dieses Rundschreibens über die Beziehungen zwischen Wirtschafts- und Gewerkschaftsorganen brachte eine genaue Abgrenzung und Definition unter streng bestimmten Bedingungen. Dazu sollten Kollektivverträge zwischen Gewerkschaft und Wirtschaftsorgan abgeschlossen werden: »Kollektivverträge, die zwischen den bezeichneten Partnern abgeschlossen sind, sollen geschäftliche Verpflichtungen für die Partner sein, für deren Erfüllung beide Vertragsseiten die volle Verantwortung tragen. Die Verträge sollen für eine bestimmte Frist geschlossen werden, und im Verlauf dieser Frist ist keine Verschlechterung des Lohns zulässig. Über den Kollektivvertrag sind Wirtschaftsorgane und Gewerkschaften eng verbunden; bei jeder Frage, die im Zusammenhang mit dem Kollektivvertrag in der Arbeiterschaft gestellt wird, sowie überhaupt bei allen Konflikten, die im Unternehmen aufkommen, muß die entsprechende Leitung oder Administration unverzüglich die Leitung der Gewerkschaft (das Betriebskomitee) benachrichtigen, mit ihr in engen Kontakt treten und die entsprechenden Vertreter aufrufen, um die möglicherweise entstehenden Konflikte zu entschärfen.«

Das Rundschreiben konkretisierte die Verpflichtungen, die sich die Gewerkschaften auf dem Gebiet der Produktion und Wirtschaft stellen sollten, und unterstrich besonders die Notwendigkeit, auch in Zukunft die Arbeiter für das Interesse an der Produktion zu mobilisieren. »Der bewußten Teilnahme der Arbeitermasse an der Produktion wird gewaltige Bedeutung zugemessen, so wie die bereits gemachten Erfahrungen, wie die Arbeitermasse für die Produktion zu interessieren ist, in Rechnung gestellt werden. Auf dieser Grundlage muß für alle Leitungsorgane eine periodische Information auf den großen Arbeiterversammlungen eines jeden Betriebes, der Werkstätten, lokalen Betriebskomitees, Rayonskomitees, Gewerkschaften usw. verbindlich sein: über den Zustand der Produktion, die Resultate und allgemeinen Aufgaben, die vor der staatlichen Industrie stehen, über die Pläne des Staates im jeweiligen Bereich usw. Jede Initiative (in Form von Vorschlägen der Teilnehmer an diesen Versammlungen) muß aufmerksam geprüft werden, und alles praktisch Anwendbare muß verwirklicht werden.«

Das Rundschreiben warnt die Wirtschaftsorgane deutlich vor einem Bruch mit den alten Arbeitsbedingungen; es könne keine Rede sein von einer Abgrenzung der Wirtschaftsorgane von den Gewerkschaften nach dem Prinzip der Teilung in »Unternehmer und Arbeiter« im eng-kapitalistischen Sinn dieses Wortes. Es müsse der allergrößte Takt bei der Veränderung der Wechselbeziehungen an den Tag gelegt werden.

Noch einmal die Notwendigkeit betonend, sich enger mit den Massen zu verbinden und diese näher an die Produktion heranzuführen, schließt das Rundschreiben: »Nur bei bewußter Mitwirkung und nur, wenn die Wirtschaftsorgane sich vollständig und klar Rechenschaft darüber ablegen, daß die Verpflichtungen, die sie aufgrund der Kollektivverträge gegenüber der Arbeitermasse übernommen haben, erfüllt werden und die Arbeiter ständig in die Produktion einbezogen werden, kann man jene gesunde Basis schaffen, auf der die Wiederherstellung und Entwicklung der staatlichen Industrie in der Übergangsperiode des Staatskapitalismus möglich ist.«[118]

Diese prinzipiellen Verordnungen von leitenden Organen der Partei, der Gewerkschaften und der Wirtschaft begründeten die praktischen Maßnahmen, die zunächst vom Plenum des Gesamtrussischen Zentralrats der Gewerkschaften im Februar 1922 ausgearbeitet und später vom 5. Gesamtrussischen Kongreß der Gewerkschaften im September 1922 fortgeführt wurden. Wir haben uns jedoch nur mit jenen prinzipiellen Verordnungen zu befassen, die den neuen Kurs der Wirtschaftspolitik im allgemeinen und der Gewerkschaftspolitik (d. h. auch der Fabrikkomitees) im besonderen charakterisieren.

Die praktische Verwirklichung der Neuen Ökonomischen Politik im Laufe von fast anderthalb Jahren hat bewiesen, daß der neue Kurs korrekt war und rechtzeitig durchgeführt wurde.

Die zweite Sitzungsperiode des Gesamtrussischen Zentralrats der Gewerkschaften am 22. Dezember 1922 arbeitete schon mit den Erfahrungen der bisherigen Arbeit und brachte weitere praktische Direktiven. Besondere Aufmerksamkeit galt den Ergebnissen und weiteren Schritten auf dem Gebiet des Arbeitslohns, sowie der allgemeinen Lage in der Industrie und der Arbeitslosigkeit. An verschiedenen Orten versuchten auch die Fabrikkomitees die Erfahrung der neuen Arbeit einzuschätzen und riefen zu diesem Zweck Gouvernements-Konferenzen der Fabrikkomitees zusammen.

Eine praktische Erfolgsbilanz der Betriebskomitees in der Periode der NEP zu ziehen, fällt nicht in unseren Aufgabenbereich — uns kam es lediglich darauf an, zu betonen, daß die Komitees in ihrem Kampf für eine sozialistische Fabrik all jene Etappen, Umwege und Rückzüge machten, die den beschwerlichen Weg des russischen Proletariats in seinem Kampf für den Kommunismus charakterisieren.

Der Kampf der Fabrikkomitees wurde durch die bescheidene Alltagsarbeit abgelöst. Das Statut der Fabrikkomitees, nun jeglicher allgemeiner Verordnungen und des deklamatorischen Charakters entkleidet, gibt jetzt die Aufgaben konkret, auf die praktischen Erfordernisse des Alltags zugeschnitten an: »Grundlegende und unmittelbare Aufgaben des Fabrikkomitees sind die Verteidigung der Interessen, die Sorge um die Besserung der materiellen Lage und Existenz der Arbeiter und Angestellten, Arbeitsschutz, Hebung der kulturellen und beruflich-technischen Bildung. Unter diesem Ziel

a) überwacht das Fabrikkomitee die Erfüllung aller Normen des Arbeitsschutzes und der Sozialversicherung durch die Verwaltung, kontrolliert die rechtzeitige Auszahlung des Lohns und die Abführung der Versicherungsbeiträge, entsendet seine Vertreter in die Konflikt- und Tarifkommission, kümmert sich um die Verbesserung der Arbeitsbedingungen, der Wohnbedingungen usw.;

b) organisiert es Klubs, Vorlesungen, Theatervorstellungen, verbreitet Literatur, fördert die Beseitigung des Analphabetentums, organisiert Schulen und Kurse für berufliche und technische Bildung.

Bei der Organisation der Produktion greift das Fabrikkomitee unter keinen Umständen in die Verfügungen und Handlungen der Verwaltung ein, hebt sie auf oder verstößt gegen sie, sondern stellt sich die Aufgabe,

a) sich an der Diskussion über alle wichtigen Fragen der Produktion im Betrieb zusammen mit der Leitung der Staatsbetriebe zu beteiligen;

b) in den Staatsunternehmen den normalen Produktionsablauf zu fördern;

c) Berichte der Leitung der staatlichen Betriebe auf allen allgemeinen, Delegierten- und Abteilungsversammlungen zu organisieren, die diese Versammlungen über Gang und Zustand der Produktion informieren;
d) bei Einstellung und Entlassung von Arbeitern und Angestellten auf Grundlage des abgeschlossenen Kollektiv- bzw. Tarifvertrags mitzusprechen. Auf organisatorischem Gebiet besteht die Aufgabe des Fabrikkomitees
a) in der Einbeziehung der Arbeiter und Angestellten des Unternehmens in die Gewerkschaft;
b) in der Entwicklung des revolutionären Klassenbewußtseins der Arbeiter und Angestellten;
c) in der Durchsetzung der gewerkschaftlichen und proletarischen Disziplin unter den Arbeitern und Angestellten;
d) in der Aufsicht über die genaue Sammlung der Gewerkschaftsbeiträge und ihre Überweisung an die Gewerkschaft;
e) in der Vertretung der Arbeiter und Angestellten in den zuständigen Organisationen und Institutionen sowie in der Organisierung der Wahl von Arbeitern in solche Organisationen und Institutionen.«[119]

In diesem geradezu trockenen Aufgabenkatalog der Fabrikkomitees unter den Bedingungen der Neuen Ökonomischen Politik findet sich nicht die Spur jener grandiosen historischen Aufgaben, mit denen diese revolutionären Kampforganisationen des Fabrikproletariats entstanden waren und agiert hatten; mit ihrer Hilfe schickte sich das Proletariat an, die friedliche ökonomische Umwälzung zu vollenden und die kapitalistischen Produktionsmethoden und -verhältnisse in sozialistische umzuwandeln.

Doch stimmt dies nur zur Hälfte. Der neue Kurs veränderte nicht die *grundlegende* Aufgabe der Fabrikkomitees: den Kampf für den Sozialismus – eine Aufgabe, vor der die ganze Arbeiterklasse steht. Er veränderte nur die Wege und Mittel, diese Aufgaben durchzusetzen, sowie das Tempo, mit dem die Fabrikkomitees sie bisher verwirklicht hatten. Dieses Tempo ist jetzt in hohem Grade bestimmt vom Entwicklungstempo der Weltrevolution und vom Grad und Charakter jener Unterstützung, die die Bewegung der Fabrikkomitees im Westen[120] im Kampf um die sozialistische Fabrik gewährt und gewähren kann.

IV. Anhang

I. Regierungsakte zu den Fabrikkomitees

1. Gesetz vom 10. Juni 1903 über die Einrichtung von Fabrikältesten in den Industriebetrieben[1]

Art. 202. In den Betrieben der Fabrik-, Bergbau- und Hüttenindustrie, die den Fabrik- und Bergbauämtern auf Gouvernements- oder Bezirksebene unterstellt sind, haben die Betriebsleitungen das Recht, mit Erlaubnis der genannten Ämter und nach vorheriger Einteilung der Arbeiter eines Betriebes oder einer Werkstätte in verschiedene Gruppen, diesen Gruppen zu gestatten, aus ihrer Mitte Kandidaten für die Ältesten zu wählen. Aus der Zahl der in jeder Abteilung gewählten Kandidaten bestätigt die Betriebsleitung einen als Ältesten der jeweiligen Gruppe.[2]

Art. 203. Arbeiter, die noch nicht 25 Jahre alt sind, dürfen nicht als Kandidaten für das Amt des Ältesten gewählt werden. Es bleibt der Betriebsleitung anheimgestellt, auch ein höheres Mindestalter für die Kandidaten festzusetzen. Wählergruppen, in denen die Mehrheit der Arbeiter jünger ist, können Kandidaten aus Arbeitern anderer Gruppen desselben Betriebes oder derselben Werkstatt wählen.

Art. 204. Der Älteste wird als Bevollmächtigter der Gruppe anerkannt, die ihn gewählt hat. Er erstattet der Betriebsleitung sowie jenen Institutionen und Dienstpersonen, denen die lokale Kontrolle über Wohlbefinden und Ordnung in dem jeweiligen Unternehmen obliegt, Bericht über die Bedürfnisse und Gesuche der Gruppe, die ihn gewählt hat, bzw. einzelner Arbeiter dieser Gruppe, über Angelegenheiten, die die Einhaltung der Arbeitsbedingungen sowie die Lebensweise der Arbeiter im jeweiligen Unternehmen betreffen.

Art. 205. Die einzelnen Arbeiter verlieren nicht ihr Recht, Bittgesuche in den in Art. 204 aufgezeigten Angelegenheiten zu stellen; sie können dies persönlich, jeder für sich, tun, ohne sich an den Ältesten wenden zu müssen.

Art. 206. Um die in Art. 204 aufgeführten Angelegenheiten zu erörtern, kann der Älteste die Arbeiter der Gruppe, die ihn gewählt hat, zu einer von der Betriebsleitung bestimmten Zeit versammeln, wobei er die Einhaltung der gehörigen Ordnung zu beachten hat. Bei Angelegenheiten, die mehr als eine Gruppe betreffen, versammeln sich ausschließlich die Ältesten dieser Gruppen.

Art. 207. Wird das Gesuch gestellt, einen Ältesten wählen zu dürfen, muß die Leitung des Unternehmens die festgesetzten Regeln über die Ältesten einhalten. Diese Regeln werden vom Gouverneur nach dem Bericht des dienstältesten Fabrikinspektors oder des zuständigen Kreisingenieurs je nach Notwendigkeit bestätigt.

Art. 208. In den in Art. 207 angeführten Regeln müssen bestimmt werden:

1. die Prinzipien der Aufteilung der Arbeiter eines Betriebes oder einer Werkstätte auf Gruppen;

2. die Wahlordnung für die Kandidaten: Form der Stimmabgabe, erforderliche Stimmenzahl, Ort und Zeitpunkt der Stimmabgabe und Zahl der Kandidaten, die von jeder Gruppe der Unternehmensleitung zur Bestätigung vorgeschlagen werden;

3. das für einen Kandidaten erforderliche Mindestalter und die Beschäftigungszeit im Unternehmen;

4. die Ordnung für die Arbeitsbefreiung des Ältesten, damit er seinen Verpflichtungen nachkommen kann;

5. Dauer der Ältesten-Funktion und Form der Ablösung im Fall von Krankheit, Abwesenheit oder Aufgabe der Arbeit sowie aus anderen Gründen;

6. sonstige Anweisungen bezüglich der Ältesten, die sich aus lokalen Bedingungen ergeben.

Die Regeln werden nach ihrer Bestätigung in Betrieben und Werkstätten ausgehängt.

Art. 209. Die Ältesten, die ihrer Bestimmung nicht genügen, können aus ihren Funktionen durch die Verordnung des Gouverneurs auch vor Ablauf der Frist, für die sie gewählt worden sind, entfernt werden.

Art. 210. Das Fabrik- und Bergbau-Hauptamt kann den Fabrik- und Bergbauämtern, den Fabrikinspektoren und Kreisingenieuren, aber auch den Fabrikverwaltungen (...) Instruktionen erteilen.

2. *Verordnung der Provisorischen Regierung über die Arbeiterkomitees in den Industriebetrieben*

1. Arbeiterkomitees werden in privaten und staatlichen Industriebetrieben jeder Art (Fabriken, Hüttenunternehmen, Bergwerksbetrieben, Baugewerbe u. ä.) nach den im folgenden aufgeführten Regeln eingerichtet.

2. Arbeiterkomitees können sowohl in einem ganzen Industriebetrieb als auch in seinen einzelnen Werkstätten, Abteilungen, Produktionszweigen usw. eingerichtet werden. Die einzelnen Komitees können sich zu einem Hauptkomitee in Übereinstimmung mit den in der Instruktion festgehaltenen Regeln zusammenschließen.

Die Komitees werden entweder auf Vorschlag von nicht weniger als einem Zehntel der Gesamtarbeiterzahl eingerichtet, von der die Wahl der Komiteemitglieder abhängt, oder auf Vorschlag der Betriebsleitung.

3. Das Komitee besteht aus Mitgliedern, die von den Arbeitern des Unternehmens auf Grundlage des allgemeinen, Frauen und Minderjährige nicht ausschließenden, gleichen, direkten und geheimen Wahlrechts gewählt wurden.

4. Zur Gültigkeit der Wahlen ist die Beteiligung von nicht weniger als der Hälfte aller Arbeiter des ganzen Betriebes oder der jeweiligen Werkstätte, Abteilung, des Produktionszweiges u. ä. erforderlich.

5. Eine Liste der Komiteemitglieder wird der Unternehmensleitung zur Kenntnis gebracht.

6. Mitglieder des Komitees können von der Verwaltung nur nach Entscheid der Schlichtungsstellen entlassen werden. Ihre Entfernung vor der Entscheidung kann nur mit Zustimmung des Komitees erfolgen. Gibt es keine permanenten Schlichtungsstellen, so wird die Frage von einem Schiedsgericht entschieden.

7. Das Arbeiterkomitee gibt eine Instruktion heraus, die die Zusammensetzung, die Zuständigkeiten und die Ordnung der Komiteearbeit bestimmt. Die Instruktion sieht im einzelnen vor: (a) die Zahl der Wähler in jeder Abteilung, Werkstätte u. ä. oder im gesamten Industriebetrieb; (b) die Wahlordnung für die Kandidaten und deren Vertreter (Ablauf, Ort und Zeit der Stimmabgabe); (c) die Befristung der Vollmacht der Gewählten und ihrer Stellvertreter; (d) die Regeln für die Abberufung einzelner oder aller Gewählten vor Ablauf ihrer Frist; (e) Ordnung für die Wahl des Vorsitzenden und anderer Mitglieder des Präsidiums des Komitees; (f) die Regelung der Beziehungen zwischen den einzelnen Komitees untereinander, falls solche existieren, und zwischen den einzelnen Komitees und dem Hauptkomitee des Industriebetriebes; (g) die Ordnung für das Verhältnis zwischen Komitee und Betriebsadministration; (h) die Bedingungen und die Ordnung für die Befreiung der Gewählten von der Arbeit für die Zeit, in der sie ihre Funktionen wahrnehmen; (i) grundlegende Rechte und Pflichten der Gewählten und andere Bestimmungen, die entsprechend den örtlichen Bedingungen notwendig sind.

Die vom Komitee ausgearbeitete Instruktion muß von der Generalversammlung der Arbeiter bestätigt werden. Nach der Bestätigung wird sie in den Arbeiterunterkünften ausgehängt.

Anmerkung: Bei der Wahl des ersten Arbeiterkomitees werden die Zahl der Komiteemitglieder, die Ordnung der Wahl und die Fristen ihrer Vollmacht von der allgemeinen Versammlung der Arbeiter des gesamten Betriebes oder je nach Erfordernis der Werkstätte, Zeche, des Gewerbes, Produktionszweiges usw. bestimmt.

8. Die Verordnungen und Instruktionen, die das Verhältnis zwischen Komitee und Betriebsleitung regeln — insbesondere die regelmäßigen Beziehungen zwischen Komitee und Administration, die Bedingungen und die Ordnung für die Arbeitsbefreiung der Gewähl-

ten für die Zeit ihrer Funktion, Ort und Zeit der Wahlen –, werden im voraus in einer gemeinsamen Sitzung von Komitee und Vertretern der Betriebsleitung diskutiert und in einer beiderseitigen Übereinkunft festgehalten.

9. In den Kompetenzbereich der Arbeiterkomitees fallen (a) die Vertretung der Arbeiter vor der Betriebsleitung in Fragen, die die internen Beziehungen zwischen Unternehmern und Arbeitern angehen, wie Arbeitslohn, Arbeitszeit, Reglement der internen Ordnung usw.; (b) Lösung von Problemen im Verhältnis der Arbeiter des Unternehmens untereinander; (c) Vertretung der Arbeiter gegenüber Regierungsstellen und gesellschaftlichen Institutionen; (d) Kultur- und Aufklärungsarbeit unter den Arbeitern des Betriebes und andere auf die Hebung des Lebensniveaus der Arbeiter gerichtete Maßnahmen.

10. Die Arbeiter behalten das Recht, in Fällen die in Artikel 9 (Punkt a und b) aufgeführt sind, persönlich aufzutreten, ohne sich zuvor an das Komitee wenden zu müssen.

11. Das Komitee informiert die Arbeiter über die Wahlergebnisse, seine Tätigkeit, über anstehende Versammlungen usw. in Aushängen, die in den Unterkünften der Arbeiter angebracht werden.

12. Das Komitee ist berechtigt, Arbeiterversammlungen einzuberufen. Die Betriebsleitung ist verpflichtet, für Versammlungen, die vom Komitee einberufen wurden, Räume zur Verfügung zu stellen.

13. Mit Erlaubnis des Komitees oder des Versammlungs-Vorsitzenden können auch Personen anwesend sein, die nicht zu den Arbeitern des Unternehmens gehören, wie Vertreter der Gewerkschaft, Vertreter anderer Arbeiterkomitees und andere Sachverständige.

14. Versammlungen, die vom Komitee einberufen sind, finden in der Regel außerhalb der Arbeitszeit statt.

15. Die Angestellten des Industriebetriebes können entweder eigene Komitees entsprechend der vorliegenden Verordnung einrichten oder, sofern die Arbeiter zustimmen, an der Wahl der Arbeiterkomitees teilnehmen.

16. In allen Streitfragen, die zwischen der Betriebsverwaltung und den Arbeitern und Angestellten über die Anwendung der vorliegenden Verordnung entstehen, können sich beide Seiten an Schiedsgerichte wenden.

17. Die Wirkung der Artikel 202–210 des Status über Reglements der Industriearbeit (Gesetzessammlung Bd. II, Teil 2, hrsg. 1913) sowie aller im Rahmen dieser Artikel erlassenen Bestimmungen und Verordnungen ist erloschen.

Ministerpräsident: Fürst L'vov
Minister für Handel und Industrie: A. Konovalov
Sekretär der Provisorischen Regierung: Vlad. Nabokov
23. April 1917

3. Verordnung über die Arbeiterkontrolle
*(Beschluß des Rats der Volkskommissare vom 14./27. 11. 1917)*³

1. Zur planmäßigen Regulierung der Volkswirtschaft in allen gewerblichen, Handels-, Bank-, Landwirtschafts-, Transport-, Kooperativ-, Produktionsgesellschaften und anderen Unternehmen, die Lohnarbeiter beschäftigen oder Heimarbeit vergeben, wird die Arbeiterkontrolle über die Herstellung, die Lagerung, den Kauf und Verkauf von Erzeugnissen und Rohmaterialien, sowie über die Finanzen des Unternehmens eingeführt.

2. Die Arbeiterkontrolle wird von allen Arbeitern des Betriebes durch ihre gewählten Organe wie Fabrikkomitees, Ältestenräte usw. durchgeführt, wobei diesen Organen Vertreter der Angestellten und des technischen Personals angehören müssen.

3. Für jede Großstadt, für jedes Gouvernement oder Industriegebiet wird ein örtlicher Rat der Arbeiterkontrolle geschaffen, der sich als Organ des Sowjets der Arbeiter-, Soldaten- und Bauerndeputierten aus Vertretern von Gewerkschaften, Fabrik- und anderen Arbeiterkomitees und Arbeiterkooperativen zusammensetzt.

4. Bis zu einem Kongreß der Räte der Arbeiterkontrolle wird in Petrograd ein Gesamtrussischer Rat der Arbeiterkontrolle gebildet, in den aufgenommen werden: 5 Vertreter des Gesamtrussischen Zentralexekutivkomitees des Sowjets der Arbeiter- und Soldatendeputierten; 5 Vertreter des Gesamtrussischen Zentralexekutivkomitees der Bauerndeputierten; 5 Vertreter des Gesamtrussischen Rats der Gewerkschaften; 2 Vertreter der Gesamtrussischen Zentrale der Arbeitergenossenschaften; 5 Vertreter des Gesamtrussischen Büros der Fabrikkomitees; 5 Vertreter des Gesamtrussischen Verbands der Ingenieure und Techniker; 2 Vertreter des Gesamtrussischen Verbands der Agronomen, sowie 2 Vertreter von jedem Arbeiterverband mit mehr als 100 000 Mitgliedern und 1 Vertreter von jedem Arbeiterverband mit weniger als 100 000 Mitglieder; schließlich noch 2 Vertreter des Petrograder Rats der Gewerkschaften.⁴

5. Bei den höheren Organen der Arbeiterkontrolle werden Kommissionen von Spezialisten (Technikern, Buchhaltern usw.) als Revisoren geschaffen, die sowohl auf Initiative dieser Organe als auch auf Verlangen der unteren Organe der Arbeiterkontrolle zur Untersuchung der finanziellen und technischen Angelegenheiten eines Unternehmens bestellt werden.

6. Die Organe der Arbeiterkontrolle haben das Recht, einen Be-

trieb zu beaufsichtigen, ein Mindestmaß für die Produktion festzusetzen und Maßnahmen zur Ermittlung der Selbstkosten der gewonnenen Erzeugnisse zu treffen.

7. Die Organe der Arbeiterkontrolle haben das Recht, den ganzen geschäftlichen Briefwechsel des Unternehmens zu kontrollieren, wobei die Unternehmer für Vorenthaltung der Korrespondenz gerichtlich belangt werden. Das Geschäftsgeheimnis wird aufgehoben. Die Eigentümer sind verpflichtet, den Organen der Arbeiterkontrolle alle Bücher und Rechnungen für das laufende wie für die vergangenen Geschäftsjahre vorzulegen.

8. Die Entscheidungen der Organe der Arbeiterkontrolle sind für die Eigentümer des Unternehmens verbindlich und können nur durch Beschluß der höheren Organe der Arbeiterkontrolle aufgehoben werden.

9. Der Unternehmer oder die Verwaltung des Unternehmens können in der Frist von drei Tagen gegen alle Beschlüsse der unteren Organe der Arbeiterkontrolle bei den zuständigen höheren Organen Beschwerde erheben.

10. In allen Betrieben tragen die Besitzer und die Vertreter der Arbeiter und Angestellten, die zur Durchführung der Arbeiterkontrolle gewählt wurden, dem Staat gegenüber die Verantwortung für die strengste Ordnung und Disziplin und für den Schutz der Vermögenswerte. Wer sich der Fahrlässigkeit, der Verheimlichung von Vorräten schuldig macht, wer sich der Rechenpflicht entzieht usw., unterliegt strafrechtlicher Verantwortung.

11. Die Bezirksräte der Arbeiterkontrolle (Punkt 3) entscheiden alle Streitfragen und Konflikte zwischen den unteren Kontrollorganen, sowie über Beschwerden der Besitzer der Unternehmen; sie erlassen mit Rücksicht auf die jeweiligen Besonderheiten der Produktion und die örtlichen Umstände Instruktionen im Rahmen des Gesamtrussischen Rats der Arbeiterkontrolle und überwachen die Tätigkeit der unteren Kontrollorgane.

12. Der Gesamtrussische Rat der Arbeiterkontrolle arbeitet allgemeine Pläne für die Kontrolle und Instruktion aus, erläßt verbindliche Beschlüsse, regelt die gegenseitigen Beziehungen der Bezirksräte der Arbeiterkontrolle und ist die höchste Instanz für alle mit der Arbeiterkontrolle verbundenen Angelegenheiten.

13. Der Gesamtrussische Rat der Arbeiterkontrolle bringt die Tätigkeit der Organe der Arbeiterkontrolle mit allen anderen Institutionen, die sich mit der Organisation der Volkswirtschaft befassen, in Einklang.

Eine Verordnung über die gegenseitigen Beziehungen zwischen dem Gesamtrussischen Rat der Arbeiterkontrolle und den anderen Institutionen, die die Volkswirtschaft organisieren und regeln, wird gesondert erlassen.

14. Alle Gesetze und Rundschreiben, welche die Tätigkeit der Fabrik- und anderer Komitees und Räte der Arbeiter und Angestellten einengen, werden aufgehoben.

II. Statuten der Fabrikkomitees

1. Statut der Fabrikkomitees
(Entwurf ausgearbeitet vom Zentralrat der Fabrikkomitees im Jahre 1918)

A. Aufgaben, Zusammensetzung und Organe der Fabrikorganisationen

1. Die Fabrikorganisation verfolgt folgende Ziele:

a) die Vereinigung der Arbeiter und Angestellten des Betriebes auf gesellschaftlich-politischer Ebene, in ihren gegenseitigen Beziehungen und in ihren Beziehungen zur Betriebsleitung;

b) die Verwirklichung der Arbeiterkontrolle über die Produktion des Unternehmens;

c) die Durchführung der Verordnungen und Maßnahmen der höheren Organe der Volkswirtschaft.

2. An der Fabrikorganisation nehmen alle Arbeiter und Angestellten des Unternehmens teil, ohne Unterschied von Konfession, Rasse, Nationalität, Geschlecht und Alter.

Anmerkung: In die Fabrikorganisation können Personen, die der Betriebsleitung angehören, nicht aufgenommen werden. Dies bezieht sich jedoch nicht auf die gewählte Administration der nationalisierten Unternehmen.

3. Organe der Fabrikorganisation sind:

a) die allgemeine Versammlung der Fabrikorganisation;

b) besondere Versammlungen der Arbeiter und Angestellten nach Abteilungen, Werkstätten usw., entsprechend dem Statut der Fabrikorganisation des jeweiligen Unternehmens;

c) das Fabrikkomitee des jeweiligen Unternehmens;

d) besondere Kommissionen, die vom Fabrikkomitee bzw. der allgemeinen Versammlung der Fabrikorganisation eingerichtet worden sind;

e) die Komitees der Abteilungen, Werkstätten usw., gebildet nach dem Statut der Fabrikorganisation des jeweiligen Unternehmens.

B. Die allgemeine Versammlung der Fabrikorganisation

4. Die allgemeine Versammlung ist das oberste Organ der Fabrikorganisation. Sie entscheidet alle Fragen, die die Arbeiter und Angestellten eines Unternehmens betreffen; ihr sind alle Organe der Fabrikorganisation untergeordnet.

Anmerkung: In Betrieben, in denen es aus technischen Gründen nicht möglich ist, eine allgemeine Versammlung einzuberufen, wird eine Delegiertenversammlung einberufen.

5. Es gibt reguläre wie außerordentliche Versammlungen. Regelmäßige allgemeine Versammlungen werden in der ersten Woche jedes Monats einberufen, um den Bericht über die Arbeit des Unternehmens in dem vorangegangenen Monat anzuhören und nach dem Bericht des Fabrikkomitees die Finanzberichte zu bestätigen.

6. Außerordentliche Versammlungen werden durch das Fabrikkomitee einberufen — entweder auf Wunsch des Fabrikkomitees selbst oder auf die Forderung eines oder mehrerer Abteilungskomitees (Abteilungen, Werkstätten usw.), auf Forderung einer Abteilungsversammlung oder auf Forderung eines Fünftels der Arbeiter des jeweiligen Unternehmens. Weigert sich das Fabrikkomitee, trotz vorliegender Forderungen eine Versammlung einzuberufen, so kann sie durch Privatinitiative einberufen werden.

7. Die allgemeine Versammlung ist beschlußfähig, wenn mindestens die Hälfte der Arbeiter und Angestellten des Betriebes an ihr teilnimmt.

Kommt die allgemeine Versammlung wegen zu geringer Beteiligung der Arbeiter nicht zustande, so ist eine weitere einberufene Versammlung bei jeder Teilnehmerzahl beschlußfähig.

Anmerkung: Verordnungen der allgemeinen Versammlung werden mit einfacher Stimmenmehrheit verabschiedet.

8. Verordnungen der allgemeinen Versammlung sind verbindlich für alle Mitglieder der Fabrikorganisation.

9. Die allgemeinen Versammlungen werden außerhalb der Arbeitszeit einberufen; in Sonderfällen können sie auch während der Arbeitszeit stattfinden; darüber muß die Betriebsleitung informiert werden. Die Betriebsleitung ist verpflichtet, den Versammlungen Raum zur Verfügung zu stellen.

10. Die Geschäftsordnung der allgemeinen Ordnung (Wahl des Präsidiums der Versammlung, Tagesordnung, Formen der Abstimmung usw.) wird von der Versammlung selbst beschlossen.

11. Mit beratender Stimme können an den allgemeinen Versammlungen auf Einladung der Fabrikkomitees oder der Versammlung selbst auch Sachverständige und Vertreter der politischen und ökonomischen Organisation der Arbeiterklasse teilnehmen, die nicht zum Betrieb gehören.

12. Die Abteilungsversammlungen (in Abteilungen, Werkstätten usw.) versammeln und bestätigen sich innerhalb der von den allgemeinen Versammlungen beschlossenen Grenzen und nach den unten aufgeführten Regeln.

C. Die Wahl der Fabrikkomitees

13. Die Wahlen der Mitglieder der Fabrikkomitees werden auf Grundlage des allgemeinen, direkten, gleichen und geheimen Wahlrechts im Gesamtbetriebsrahmen durchgeführt.

14. Die Wahlen geschehen mit Hilfe von Wahlzetteln und Wahlurnen oder auf eine andere Art und Weise; die Instruktion über die Durchführung der Wahlen muß gesondert ausgearbeitet werden.

15. Das technische System der Wahlen wird vom Fabrikkomitee ausgearbeitet (für die ersten Wahlen von einer speziell auf der allgemeinen Versammlung gewählten Organisationskommission) und von der allgemeinen Versammlung bestätigt.

16. Um die Korrektheit der Wahlen und die Auszählung der abgegebenen Stimmen zu kontrollieren, wird eine Kommission gebildet, in der alle an der Wahl beteiligten Gruppen vertreten sein müssen. Das Protokoll der Wahl wird von allen Kommissionsmitgliedern unterzeichnet; von der Mehrheit der Kommission abweichende Meinungen über Korrektheit der Wahlen müssen ins Protokoll aufgenommen werden.

17. Bei den Wahlen des Fabrikkomitees haben alle Arbeiter und Angestellten ohne Rücksicht auf Geschlecht, Alter, Nationalität, Rasse und Konfession aktives wie passives Wahlrecht.

18. In das Fabrikkomitee können in keinem Fall Personen der Betriebsleitung gewählt werden.

19. Damit die Wahlen gültig sind, müssen an ihnen mehr als die Hälfte aller Arbeiter eines Unternehmens teilnehmen.

20. Mit den Mitgliedern des Fabrikkomitees werden auch deren Stellvertreter gewählt, die an den Sitzungen auf Einladung des Fabrikkomitees mit beratender Stimme teilnehmen und entsprechend den von ihnen erhaltenen Stimmen abwesende oder aus dem Unternehmen ausgeschiedene Mitglieder des Komitees ablösen.

21. Die Mitglieder des Fabrikkomitees werden für ein halbes Jahr gewählt. Ihre Wiederwahl ist möglich.

22. Einzelne Mitglieder der Fabrikkomitees und deren Vertreter können jederzeit von ihren Wählern abberufen werden.

23. Neuwahlen einzelner Mitglieder des Fabrikkomitees können von einer im Verhältnis der Zahl der abberufenen Mitglieder entsprechenden Zahl von Arbeitern, die an der Wahl des ganzen Komitees beteiligt waren, verlangt werden (wenn z. B. an den Wahlen 1000 Arbeiter teilgenommen haben und 10 Mitglieder gewählt wurden, so können 100 Arbeiter [1000:10] die Neuwahl eines Mitgliedes der Fabrikkomitees verlangen). Zur Durchführung der Neuwahl bedarf es eines Votums der allgemeinen Versammlung.

24. Die Wahlen zu den Abteilungskomitees werden nach den oben angegebenen Prinzipien durchgeführt.

25. Für die Wahl der Mitglieder der Fabrikkomitees gilt folgende Berechnung:

In Unternehmen mit Arbeitern und Angestellten

zwischen	60 bis 100	3 Mitglieder
zwischen	100 bis 500	5 bis 7 Mitglieder
zwischen	500 bis 1 000	9 bis 11 Mitglieder
zwischen	1 000 bis 3 000	11 bis 13 Mitglieder
zwischen	3 000 bis 6 000	13 bis 15 Mitglieder
zwischen	6 000 bis 10 000	15 bis 20 Mitglieder
über	10 000	20 bis 25 Mitglieder

Anmerkung: Die allgemeine Versammlung der Fabrikorganisation kann Abweichungen von dieser Norm in Übereinstimmung mit den örtlichen Bedingungen festsetzen.

D. Rechte, Pflichten und Funktionen der Fabrikkomitees

26. Das Fabrikkomitee ist das Exekutivorgan der Fabrikorganisation des jeweiligen Unternehmens und ist als solches ständig verantwortlich für alle seine Aktivitäten und Verfügungen vor der allgemeinen Versammlung der Arbeiter und Angestellten des Betriebes. Dementsprechend ist es verpflichtet, auf jeder regulären wie außerordentlichen Versammlung einen ausführlichen Bericht von seiner Tätigkeit zu geben.

27. Das Fabrikkomitee führt die Verordnungen der allgemeinen Versammlungen durch und kontrolliert deren Ausführung.

28. Das Fabrikkomitee leitet die gesellschaftlich-politischen Aktivitäten der Arbeiter, indem es diese mit den Anweisungen der politischen Organisationen der Arbeiterklasse abstimmt.

29. Das Fabrikkomitee organisiert die Wahlen von Arbeitern und Angestellten des jeweiligen Unternehmens für den Rat der Arbeiter- und Soldatendeputierten, für die Delegierten-Versammlungen und überhaupt für alle Einrichtungen, in denen die Arbeiter und Angestellten des Unternehmens vertreten sein müssen.

30. Das Fabrikkomitee regelt die gegenseitigen Beziehungen zwischen Angestellten und Arbeitern:

a) innerhalb des Fabrikkomitees;

b) gegenüber der Betriebsleitung;

c) gegenüber Regierungsstellen und gesellschaftlichen Institutionen und Organisationen.

31. Das Fabrikkomitee ist die Grundzelle der Arbeiterkontrolle.

32. Das Fabrikkomitee ist jederzeit berechtigt, in die Verfügungen und die Tätigkeit des Unternehmers bzw. der Verwaltung einzugreifen, wenn sie in Widerspruch zu den Interessen des ganzen Unternehmens stehen; im Falle entsprechender Handlungen seitens der Unternehmer bzw. der Administration sowie im Falle vorsätzlicher Untätigkeit (Sabotage) ist das Komitee berechtigt, Verfügungen zu erlassen, die nicht nur für die Arbeiter und Angestellten, sondern auch für die Administration und die Unternehmen verbindlich sind; das

Komitee ist berechtigt, kontinuierlich die Kontrolle über die korrekte Führung der Bücher und Bilanzen des Unternehmens und die Korrektheit und Zweckmäßigkeit der Arbeit auszuüben und gleichzeitig Revisionen und Durchsichten der Bücher und Unternehmenskorrespondenzen vorzunehmen; es ist berechtigt, gemeinsam mit der Administration eine interne Ordnung für das Unternehmen zu erstellen, die von den übergeordneten Organen festgesetzten Tarife einzuführen usw.

33. Alle Verfügungen und Verordnungen der Organe des Fabrikkomitees, die mit dem Willen der allgemeinen Versammlung der Arbeiter und Angestellten des Unternehmens sowie mit den Verordnungen der übergeordneten Wirtschaftsorgane übereinstimmen, sind für die Administration und die Unternehmer verbindlich und müssen von ihnen innerhalb einer dreitägigen Frist strikt durchgeführt werden; diese Frist steht ihnen zur Verfügung, um bei den übergeordneten Wirtschaftsorganen Beschwerde einzureichen, falls die Verfügungen von letzteren nicht aufgehoben werden.

34. Verfügungen und Aktivitäten der Administration bzw. des Unternehmers, die die Tätigkeit des Unternehmens betreffen, können ohne Informierung und Zustimmung des Fabrikkomitees nicht verwirklicht werden.

35. Sind der Unternehmer oder die Betriebsleitung offensichtlich nicht bereit, ihr Unternehmen im Interesse des ganzen Landes zu führen, betreiben sie vorsätzliche Sabotage und absichtliche Zerstörung der Produktion oder ruinieren sie die Finanzen des Unternehmens, so bringt das Fabrikkomitee diese Angelegenheit vor die lokalen und auch vor die gesamtstaatlichen übergeordneten Wirtschaftsorgane, damit Zwangsmaßnahmen gegen den Unternehmer und die Betriebsleitung ergriffen werden, die die Beschlagnahmung des Unternehmens und die Konfiszierung der in ihm angelegten Kapitalien einschließen kann.

36. Das Fabrikkomitee führt die Anleitungen und Instruktionen der übergeordneten Wirtschaftsorgane aus; dabei dürfen die Unternehmer und die Betriebsleitungen ihm nicht das geringste Hindernis in den Weg legen.

37. Das Fabrikkomitee verwirklicht dergestalt die Maßnahmen der höchsten staatlichen Wirtschaftsorgane und ist mit der Staatsmacht verantwortlich für die strengste Ordnung und Zweckmäßigkeit bei der Arbeitsweise des Unternehmens im Einklang mit den Bedürfnissen des gesamten werktätigen Volkes, sowie für den Schutz des Besitzes des Betriebs.

38. Die Tätigkeit der Fabrikkomitees zerfällt in drei grundlegende Funktionen:

a) Kontrolle über die Organisation der Produktion;
b) Kontrolle über die Versorgung des Unternehmens mit den not-

wendigen Materialien;

c) Kontrolle über die Sicherung der Interessen der Arbeiter und Angestellten des jeweiligen Unternehmens.

Kontrolle der Organisation der Produktion

39. Das Fabrikkomitee bildet für diese Aufgabe eine Kommission oder Unterkommission, die

1. auf wirtschaftlich-technischem Gebiet

a) einen Plan für die Organisierung des Unternehmens erstellt;

b) die technische Ausrüstung und deren Auslastung untersucht;

c) die Selbstkosten des gelieferten Produkts bestimmt;

d) Buch führt über das Inventar und dessen Erhaltung kontrolliert;

e) die vorhandenen Aufträge feststellt und sie auf die Werkstätten verteilt usw.;

2. auf finanziellem Gebiet

a) periodisch die finanzielle Lage des Unternehmens klärt und in den Büchern Aktiva und Passiva der Bilanzen nachweist;

b) in jedem Augenblick entsprechend den Büchern die vorhandenen Reserven des Unternehmens klärt;

c) die Summen feststellt, die das Unternehmen zu bezahlen und zu erhalten hat;

d) Schlüsse aus dem Vorhandensein oder Mangel von Mitteln über die Führung des Unternehmens zieht;

e) die Korrektheit der Geldausgaben, der Buchführung und der Korrespondenz überwacht;

f) die Bedingungen für Verträge und Lieferungen klärt und den Abschluß — falls diese den Interessen des Unternehmens nicht entsprechen — aufschiebt, bis die übergeordneten Wirtschaftsorgane entschieden haben;

g) den Jahresabschluß der Bücher und die Verteilung des Gewinns prüft;

3. auf dem Gebiet der Demobilisierung

a) die der Demobilisierung hinderlichen Umstände beseitigt;

b) die für die Demobilisierung des Unternehmens erforderliche zusätzliche Ausrüstung und deren Kosten bestimmt;

c) in Zusammenarbeit mit den übergeordneten Wirtschaftsorganen die Absatzmöglichkeiten der Produkte der umgestellten Produktionszweige klärt;

d) die Möglichkeiten für neue Aufträge und rasche Erledigung der bestehenden Aufträge erkundet;

e) auf Grundlage all dessen gemeinsam mit der Administration einen Demobilisierungsplan ausarbeitet, den es den übergeordneten Wirtschaftsorganen zur Begutachtung vorlegt;

f) die durch die Demobilisierung hervorgerufene Umverteilung der Arbeitskraft in dem jeweiligen Unternehmen durchführt.

Kontrolle der Versorgung des Unternehmens mit den erforderlichen Materialien

40. Die entsprechenden Kommissionen haben auf diesem Gebiet folgende Aufgaben:

1. Sie führen eine quantitative und nach Möglichkeit qualitative Berechnung der Rohstoffe im jeweiligen Unternehmen durch und prüfen

a) was vorhanden ist;

b) was für den normalen Arbeitsgang des Unternehmens erforderlich ist;

c) was für die Verteilungsorgane bestimmt ist;

d) was dem jeweiligen Unternehmen zukommt;

e) was für einen bestimmten Zeitraum wirklich notwendig ist.

2. Sie kontrollieren den regelmäßigen Eingang der Materiallieferungen und deren richtige Verteilung auf die einzelnen Unternehmenszweige.

3. Sie kümmern sich um die Beschaffung der Grundstoffe, falls Mangel herrscht.

4. Sie kontrollieren den korrekten und zweckmäßigen Verbrauch der Grundstoffe.

5. Sie kontrollieren die zuverlässige Lagerung.

6. Sie überwachen die Nutzung von Abfällen und Restbeständen von Rohstoffen und Brennstoffen.

7. Sie überwachen den Zustand aller Installationen und Ausrüstungen, die Brennstoff brauchen.

8. Sie überwachen den Eingang von elektrischer Energie und deren Verteilung und führen darüber genau Buch.

Kontrolle der Sicherung der Interessen der Arbeiter und Angestellten des Unternehmens

41. Das Fabrikkomitee bzw. seine Arbeitskommission oder Unterkommission hat in diesem Bereich folgende Aufgaben:

1. Bezüglich der internen Ordnung

a) arbeitet es Regeln aus;

b) übernimmt es Einstellung und Entlassung von Arbeitern und Angestellten;

c) gewährt und bestimmt es den Urlaub der Arbeiter und Angestellten;

d) entfernt es die Personen in der Administration, die normale Beziehungen zu den Arbeitern nicht garantieren können;

e) erlaubt es die Einstellung von Personen der Betriebsleitung;

f) normiert es die Arbeitszeit;

g) löst es auf lokaler Ebene alle kleineren Konflikte zwischen Arbeitern und Betriebsleitung.

2. Bezüglich des Arbeitstarifes

a) verwirklicht es die von oberen übergeordneten Wirtschaftsorganen ausgearbeiteten Tarifsätze;

b) setzt es in diesem Rahmen die Löhne für Arbeiter und Angestellte fest;

c) überwacht es die strikte Beachtung dieser Sätze von seiten der Betriebsleitung;

d) bestimmt es — wo dies möglich ist — ein zu erreichendes Minimalsoll.

3. In sanitärer und hygienischer Hinsicht

a) überwacht es die Beachtung der allgemeinen Regeln für die sanitäre Instandhaltung des Unternehmens;

b) arbeitet es aufgrund der lokalen Bedingungen zusätzliche Regeln zur sanitären Kontrolle des Unternehmens aus;

c) kontrolliert es, ob die Betriebsleitung alle für die Sicherheit der Arbeit notwendigen Maßnahmen ergriffen hat;

d) kümmert es sich um die Todes-, Invaliden-, Alters- und andere Versicherungen der Arbeiter.

4. Auf dem Gebiet der kulturellen Aufklärung

a) leitet es alle im Unternehmen existierenden Einrichtungen zur Hebung des Lebensniveaus und der Aufklärung der Arbeiter (Kinderkrippen, Waisenhäuser, Klubs, Theater usw.);

b) ergreift es Maßnahmen, um ähnliche neue Einrichtungen zu schaffen;

c) ergreift es überhaupt alle Maßnahmen, um das kulturelle Niveau und das Klassenbewußtsein der Arbeiter und Angestellten zu heben (Vorlesungen, Diskussionen, Meetings, politische Vorstellungen usw.);

d) macht es die Mittel hierfür ausfindig.

42. Alle Zahlenangaben, die von den verschiedenen Kommissionen und Unterkommissionen der Fabrikkomitees erstellt und gesammelt worden sind, werden an die letzteren übersandt. Dort werden sie aufgearbeitet und für die Statistik-Abteilungen der übergeordneten Wirtschaftsorgane in Form von Antworten auf die von den letzteren versandten Enqueten und Fragebögen zusammengestellt.

43. Detailliertere und ausführlichere Instruktionen und Anleitungen für die verschiedenen Funktionen der Arbeiterkontrolle werden von den übergeordneten Wirtschaftsorganen ausgearbeitet, wobei die Vertreter der entsprechenden Kommissionen der einzelnen Unternehmen teilnehmen.

E. Funktionsverteilung der Fabrikkomitees

44. Um die Arbeit aufzuteilen und möglichst zu beschleunigen, richtet das Fabrikkomitee 4 Sonderkommissionen ein (in den großen Unternehmen oder bei der Ausweitung irgendeiner Funktion der Kontrolle können diese Kommissionen in verschiedene Unterkommissio-

nen untergliedert werden):

eine Kommission zur Organisation der Produktion;
eine Kommission zur Versorgung des Unternehmens mit Rohstoff;
eine Kommission zur Versorgung des Unternehmens mit Brennstoff;
eine Kommission für Arbeit.

Anmerkung 1: Die beiden Kommissionen für die Versorgung mit Rohstoff und Brennstoff können in Unternehmen, die wenig oder gar keinen Brennstoff brauchen, zu einer Kommission für die Versorgung des Unternehmens mit den notwendigen Grundstoffen verschmelzen.

Anmerkung 2: Außer diesen grundsätzlichen Kommissionen können auch noch andere Kommissionen gewählt werden, wie sie das Fabrikkomitee unter bestimmten Bedingungen jeweils für notwendig hält, um seine Arbeit im höchsten Maße zu beschleunigen (z. B. Kommission für Demobilisierung der Industrie usw.).

45. Unternehmen mit weniger als 60 Arbeitern und Angestellten entsenden ihre gewählten Vertreter in ein allgemeines, einige ähnliche mittlere Unternehmen eines Zweiges und eines Rayons vereinigendes Komitee, das die Kontrolle in allen so zusammengeschlossenen Unternehmen ausübt.

Anmerkung: Es ist wünschenswert, daß — um die Angelegenheit zu beschleunigen und um möglichst viel Kräfte und Zeit zu sparen — ähnliche Vereinigungen auch für Unternehmen mit weniger als 100 Arbeitern generell geschaffen werden (diese Zahl kann in einigen Fällen auch heraufgesetzt werden).

46. In die einzelnen Kommissionen der Fabrikkomitees können Mitglieder des technischen Personals des Unternehmens (Ingenieure, Techniker usw.) kooptiert werden, sofern sie nicht per Wahl auf der allgemeinen Versammlung der Arbeiter und Angestellten bereits in diesen mitarbeiten. In einem solchen Falle üben sie eine beratende Tätigkeit aus.

47. Alle Verordnungen der Kommissionen müssen durch das Fabrikkomitee bestätigt werden.

F. Organisation und Ordnung des Fabrikkomitees

48. Die Mitglieder des Fabrikkomitees wählen aus ihrer Mitte ein Präsidium, das aus einem Vorsitzenden, einem Sekretär, einem Kassierer und mehreren Gehilfen des Vorsitzenden besteht, deren Zahl das Fabrikkomitee allein bzw. die allgemeine Versammlung bestimmt. Die Rechte und Pflichten des Präsidiums und seiner Mitglieder werden durch eine Instruktion bestimmt, die das Fabrikkomitee ausarbeitet.

Anmerkung: Zum Sekretär des Fabrikkomitees kann eine Person ernannt werden, die das Vertrauen des Komitees genießt.

49. Das Fabrikkomitee besitzt einen eigenen Stempel.

50. Die Beschlüsse des Fabrikkomitees werden protokolliert; das Protokoll wird vom Vorsitzenden, dem Sekretär und einem der Komiteemitglieder unterzeichnet.

51. Das Fabrikkomitee versammelt sich periodisch während der Arbeitszeit, an Tagen, die vom Komitee selbst bestimmt werden.

Anmerkung: In den Zeiten zwischen den Sitzungen werden ordentliche Amtsstunden der Komiteemitglieder eingerichtet, um Erklärungen der Arbeiter und Angestellten usw. entgegenzunehmen.

52. Die ordentlichen Sitzungen der Fabrikkomitees sind rechtmäßig, wenn an ihnen mehr als die Hälfte der Mitglieder des Komitees teilnimmt.

53. Außerordentliche Sitzungen des Komitees können durch den Komitee-Vorsitzenden oder durch Erklärung eines Drittels aller Komiteemitglieder angesetzt werden.

54. Zu den Sitzungen des Fabrikkomitees können Sachverständige eingeladen werden, die beratende Stimme haben.

55. Die Abteilungskomitees werden durch Instruktionen angeleitet, die das Betriebskomitee entsprechend den oben angeführten Regeln ausgearbeitet hat. Alle Probleme die auf örtlicher Ebene vom Komitee der Abteilungen bzw. Werkstätten nicht gelöst wurden, werden dem Fabrikkomitee zur Diskussion und Entscheidung übergeben.

56. Das Fabrikkomitee informiert die Arbeiter und Angestellten über seine Verordnungen sowohl durch Aushang der Verlautbarungen an einem sichtbaren Ort als auch — in wichtigeren Fragen — durch unmittelbare Einberufung allgemeiner Versammlungen der Arbeiter und Angestellten des Unternehmens.

G. Die Mittel des Fabrikkomitees

57. Das Fabrikkomitee eines Unternehmens erhält zur Deckung der für seine Tätigkeit notwendigen Ausgaben die Mittel vom Unternehmer, von der Gesellschaft (oder wer immer das jeweilige Unternehmen finanziert); diese sind eingeschlossen in den Kostenvoranschlag und die Bilanz des Unternehmens. Die Betriebsleitung muß dem Fabrikkomitee die für seine Arbeit erforderlichen Räume mit Beheizung, Licht und den erforderlichen Dienstkräften unentgeltlich zur Verfügung stellen.

58. Die Mitglieder des Fabrikkomitees werden von der unmittelbaren Arbeit in der Werkstätte, im Kontor usw. für die Zeit, die sie zur Erfüllung ihrer Verpflichtungen als Mitglieder des Fabrikkomitees brauchen, befreit (bei Auszahlung ihres vollen Arbeitslohns).

Anmerkung 1: Mitglieder des Präsidiums sind von der Arbeit in den Werkstätten völlig befreit.

Anmerkung 2: Arbeiten des Fabrikkomitees und der Kommissionen über die Arbeitszeit hinaus werden nicht bezahlt.

59. Als Mitglieder des Fabrikkomitees können von der unmittelbaren Arbeit (in Werkstätten, Kontoren usw.) in Unternehmen mit bis zu 500 Arbeitern, nicht mehr als 5 Prozent aller Arbeiter, in Unternehmen mit bis zu 1000 Arbeitern und Angestellten nicht mehr als

3 Prozent, in Unternehmen mit bis zu 10 000 nicht mehr als 2 Prozent, in Unternehmen mit mehr als 10 000 Arbeitern und Angestellten nicht mehr als 1 Prozent freigesetzt werden.

60. Mitglieder des Fabrikkomitees, die in die übergeordneten Wirtschaftsorgane gewählt worden sind, sind von der laufenden Arbeit in ihrem Fabrikkomitee befreit und erhalten einen Durchschnittslohn.

61. Die Ausgaben des Fabrikkomitees werden vom Unternehmer oder der Betriebsleitung nach den Rechnungen bezahlt, die vom Fabrikkomitee vorgelegt werden, vesehen mit der Unterschrift des Vorsitzenden und des Sekretärs und dem Stempel des Fabrikkomitees.

62. Dabei entstehende Konflikte werden von den übergeordneten Wirtschaftsorganen gelöst, bei denen der Unternehmer auch gegen die vom Fabrikkomitee vorgelegten Forderungen im Verlauf von Tagen Protest einlegen muß.

H. Die Revisionskommission

63. Zur Revision von Finanz- und Wirtschaftsangelegenheiten und Rechnungsberichten des Fabrikkomitees wählt die allgemeine Versammlung mit einfacher Stimmenmehrheit eine Revisionskommission, die über die von ihr durchgeführten Revisionen der allgemeinen Versammlung Rechenschaft ablegen muß.

2. Verordnung über die Fabrikkomitees
(Bestätigt vom Gesamtrussischen Zentralrat der Gewerkschaften und vom Moskauer Gewerkschaftsrat im Jahre 1918 nach der Verschmelzung der Fabrikkomitees mit den Gewerkschaften)

1. Das Fabrikkomitee ist das Organ des entsprechenden Produktionsverbandes auf lokaler Ebene.

Anmerkung 1: In einem Unternehmen kann es nur ein Fabrikkomitee geben.

Anmerkung 2: Die Angestellten und Beschäftigten auf Verwaltungsposten (Direktoren, Sachverständige usw.) können an den Wahlen zum Fabrikkomitee weder aktiv noch passiv teilnehmen.

2. Das Fabrikkomitee wird auf der allgemeinen Versammlung der Arbeiter und Angestellten für 6 Monate gewählt, wobei auf Forderung der Leitung des jeweiligen Produktionsverbandes von mehr als der Hälfte der Wähler sowohl einzelne Mitglieder des Komitees als auch das Komitee insgesamt vor dem angezeigten Termin neu gewählt werden können.

Anmerkung 1: In Großunternehmen, wo keine allgemeine Versammlung durchgeführt werden kann, wird das Fabrikkomitee abteilungsweise gewählt, und zwar proportional zur Arbeiterzahl der jeweiligen Abteilung; dabei wählen alle Angestellten des jeweiligen Unternehmens auf ihrer allgemeinen Versammlung eine entsprechende Anzahl von Vertretern.

Anmerkung 2: Die Wahlordnung (geheim oder offen) wird von der Wahlkommission des jeweiligen Verbandes festgesetzt, der die Wahlen leitet, die Korrektheit der Stimmabgabe überwacht, die Stimmen auszählt und die Ergebnisse mitteilt.

3. In das Fabrikkomitee kann jeder Arbeiter und Angestellte, der Mitglied des Produktionsverbandes ist, gewählt werden.

4. Die Anzahl der Mitglieder des Fabrikkomitees wird in Übereinkunft mit dem Produktionsverband und dem lokalen Rat der Gewerkschaften bestimmt. Folgende Norm ist als exemplarisch zu empfehlen:[5]

In Betrieben mit 50 bis 150 Arbeitern = 2
in Betrieben mit 150 bis 300 Arbeitern = 3
in Betrieben mit 300 bis 500 Arbeitern = 5
in Betrieben mit 500 bis 1 000 Arbeitern = 7
in Betrieben mit 1 000 bis 2 000 Arbeitern = 9
in Betrieben mit 2 000 bis 5 000 Arbeitern = 13
in Betrieben mit 5 000 bis 10 000 Arbeitern = 17
in Betrieben mit 10 000 bis 15 000 Arbeitern = 21
in Betrieben mit 15 000 bis 20 000 Arbeitern = 25

5. Für besondere Aufgaben richtet das Fabrikkomitee Kommissionen ein: eine Kontroll-, Tarif-, Kultur-, Versorgungs-Kommission usw.; die Funktionen dieser Kommissionen werden durch besondere Instruktionen bestimmt, die die zentrale Leitung des Verbandes herausgibt.

6. Um besonders dringende Fragen zu bewältigen und die Arbeit der Kommission anzuleiten, wählt das Plenum des Fabrikkomitees ein Präsidium, dessen Bestand durch die Vorsitzenden der Kommissionen ergänzt wird.

7. Um die laufende Arbeit der Fabrikkomitees durchführen zu können, werden die Mitglieder des Präsidiums sowie andere Mitglieder des Komitees entsprechend der Norm, die von der lokalen Leitung des jeweiligen Verbandes und dem lokalen Rat der Gewerkschaften festgesetzt wurde, von der Arbeit befreit.

8. Die Mitglieder des Präsidiums sowie die Mitglieder des Fabrikkomitees, die kontinuierlich in ihm arbeiten, ebenso die Personen, die speziell zur kontinuierlichen Arbeit des Fabrikkomitees herangezogen werden, werden auf Kosten des Unternehmens bezahlt. Ihr Lohn liegt nicht niedriger als der durchschnittliche Arbeitslohn jener Gruppe und Kategorie, zu der die jeweilige Person gehört.

Alle übrigen Mitglieder des Fabrikkomitees, die während der Arbeitszeit zeitweilig mit Angelegenheiten des Komitees beschäftigt sind, werden ebenso auf Kosten des Unternehmens bezahlt, und zwar zum Durchschnittslohn jener Gruppe und Kategorie, der sie angehören.

9. Ausgaben für Bürozwecke sowie Ausgaben zum Unterhalt des Apparates des Fabrikkomitees werden vom Unternehmen entsprechend den Kostenvoranschlägen ausgelegt, die vom lokalen Gewerkschaftsverband und der Betriebsleitung bestätigt wurden.

Die Aufgaben des Fabrikkomitees

1. Das Fabrikkomitee führt als Organ des Gewerkschaftsverbandes in Unternehmen auf ökonomischem Gebiet, in der Regulierung der Industrie, zum Schutz der Arbeit, auf dem Gebiet der kulturellen Aufklärung und allen anderen Tätigkeitsfeldern alle Verordnungen der Verbandskonferenz, der Verbandsleitung und der anderen zuständigen Organe des Verbandes aus; es wird dabei von den Verordnungen der lokalen Verbandsgruppen des Gesamtrussischen Zentralrats der Gewerkschaften, des Obersten und der lokalen Volkswirtschaftsräte, dem Kommissariat für Arbeit und den Dekreten der Sowjetmacht angeleitet.

2. Um diese Aufgaben in die Tat umzusetzen;

ergreift es entsprechend den Verordnungen des Verbandes alle Maßnahmen, um alle Arbeiter und Angestellten eines Unternehmens organisatorisch zusammenzufassen;

sorgt es für die Durchsetzung strikter proletarischer Disziplin unter den Arbeitern und Angestellten;

überwacht es die genaue Erfüllung aller Maßnahmen und Verordnungen des Volkskommissariats für Arbeit, die sich auf die Verteidigung und den Schutz der Arbeiter beziehen, und sucht nach Möglichkeiten zur Erleichterung der Arbeitsbedingungen;

kontrolliert es die Durchführung aller vom Volkswirtschaftsrat und dem Produktionsverband bestimmten Maßnahmen durch das Unternehmen, die auf die Hebung der Produktivität und die Aufrechterhaltung des normalen Arbeitsverlaufs abzielen;

kontrolliert es die genaue und beiderseitige Erfüllung des Tarifvertrages und die Einhaltung der Durchschnittsproduktivität;

verwirklicht es in vollem Umfang die Arbeiterkontrolle;

kümmert es sich um die Versorgung der Arbeiter und Angestellten mit den lebensnotwendigen Gütern im Rahmen der von den Versorgungsorganen getroffenen Regelungen;

es nimmt zu diesem Zweck Verbindung auf mit den entsprechenden Organisationen zur Errichtung öffentlicher Speisehäuser, Konsumläden usw.;

schafft es unter Anleitung der Gewerkschaften Einrichtungen für kulturelle Aufklärung in der Fabrik: Schulen, Bibliotheken, Lesesäle, Volkshäuser, Kindergärten, Spielplätze, Gärten usw.

Die Rechte der Fabrikkomitees

Das Fabrikkomitee ist berechtigt,

1. zur Aufrechterhaltung der Arbeitsdisziplin die Beschlüsse des Belegschaftsgerichts auszuführen und die von ihm verhängten Strafen in Übereinstimmung mit den festgelegten Ordnungsbestimmungen und den Bestimmungen des Tarifvertrages in Anwendung zu bringen;

2. an der Einstellung und Entlassung von Arbeitern und Angestellten teilzunehmen.«[86a]

Geschäftsordnung

Das Fabrikkomitee führt Protokoll über seine Sitzungen und die allgemeinen Versammlungen nach der von der Gewerkschaft bestimmten Form. Die Protokolle sind vom Sekretär und dem Vorsitzenden des Betriebskomitees zu unterzeichnen; die Protokolle der allgemeinen Versammlungen werden vom Sekretär und dem Vorsitzenden der Versammlung unterzeichnet.

Anmerkung: Die Kommissionen führen ihre eigenen Protokolle. Die Fabrikkomitees unterzeichnen nur die Referate der Vertreter der Kommissionen auf der Sitzung des Komitees. Alle wichtigeren Beschlüsse des Komitees wie auch der allgemeinen Versammlung werden unterzeichnet und der Leitung der Gewerkschaft zur Kenntnis gebracht. Alle ein- und ausgehenden Papiere werden numeriert und in Listen eingetragen, für die die Gewerkschaft ein Muster liefert; Protokolle, Rundschreiben und sonstige wichtige Dokumente werden in einen besonderen Aktenordner eingeheftet und im Büro des Sekretärs des Fabrikkomitees aufbewahrt.

Die Listen der Mitgliederbeiträge der Arbeiter und Angestellten werden ebenfalls in einem besonderen Ordner aufbewahrt (...) Über alle Geld-Ein- und Ausgänge wird ein Kassenbuch geführt, das dem Kontrolleur und den Mitgliedern der Revisionskommission der Gewerkschaft zur Revision vorzulegen ist.

Die Vertreter auf Konferenzen der Fabrikkomitees

Mitglieder des Fabrikkomitees, die auf Grundlage der §§ 2 und 3 gewählt worden sind, sind Vertreter des Unternehmens auf der Verbandskonferenz der Fabrikkomitees. Die Verbandskonferenzen der Komitees tragen in der Hauptsache gesetzgeberischen Charakter hinsichtlich der Leitung und Bestimmung der allgemeinen Aufgaben der Gewerkschaft; um besondere Fragen zu entscheiden, wird die Konferenz der entsprechenden Organe einberufen: der Kontroll- und der Tarifkommission, der Kommission für Kultur und Aufklärung und anderer. Das Fabrikkomitee hat Stimmrecht entsprechend den von der Gewerkschaft ausgearbeiteten Normen.

Die Revisionskommission

Zur Kontrolle der Angelegenheiten des Fabrikkomitees wird eine Revisionskommission gewählt, die mindestens drei Vertreter umfaßt.

Kleine Unternehmen

Unternehmen, die eine zu kleine Zahl von Beschäftigten haben, um ein Fabrikkomitee wählen zu können, wählen je einen Vertreter; diese sind Gewerkschaftsvertreter in allen Fragen, die die Arbeiter der Werkstätte oder der Fabrik betreffen, wenden sich an ihre Gewerkschaft, sammeln die Mitgliederbeiträge ein, registrieren die zur Arbeit gehenden Mitglieder usw.

Anmerkung: Die Stunden, die diese Vertreter in Ausübung ihrer Funktionen während der Arbeitszeit benötigen, werden nach Punkt 8, Absatz 1 bezahlt. Kleinunternehmen vereinigen sich in lokalen Gewerkschaftsgruppen und wählen auf einer gemeinsamen Versammlung entsprechend § 3 ihre Vertreter in die Gewerkschaftskonferenz.

Die Arbeit der Fabrikkomitees (Registrierung der Mitglieder, Einsammeln der Beiträge usw.) wird in diesen kleinen Unternehmen, die kein Fabrikkomitee wählen können, über diese Gewerkschaftsgruppen durchgeführt.

3. *Verordnung über die Fabrikkomitees (Bestätigt vom Gesamt-Zentralrat der Gewerkschaften 1920 in der Periode des Kriegskommunismus)*

I. Allgemeine Verordnungen

1. Das Fabrikkomitee, das die Arbeiter und Angestellten in den Unternehmen zusammenfaßt, ist auf lokaler Ebene die Grundorganisation des entsprechenden Produktionsverbandes.

2. In einem Unternehmen kann es nur ein Fabrikkomitee geben.

3. Die Kreisleitung der Gewerkschaft kann anordnen, daß kleine und gleichartige Unternehmen, die nahe beisammen liegen, nach direktem Proporz ein gemeinsames Fabrikkomitee wählen.

II. Die Aufgaben des Fabrikkomitees

4. Das Fabrikkomitee leistet auf Grundlage der vorliegenden Verordnung im Unternehmen die gesamte Gewerkschaftsarbeit, die sowohl durch die Verordnungen der höheren Gewerkschaftsorgane als auch der allgemeinen bzw. Delegierten-Versammlungen der Arbeiter und Angestellten des jeweiligen Unternehmens bestimmt ist.

Anmerkung: Widersprechen die Beschlüsse der allgemeinen bzw. Delegierten-Versammlungen den Verordnungen der höheren Gewerkschaftsorgane, so können sie vom Fabrikkomitee nicht verwirklicht werden.

5. Auf organisatorischem Gebiet besteht die Aufgabe des Fabrikkomitees in

a) der Zusammenfassung aller Arbeiter und Angestellten des jeweiligen Unternehmens in einer Produktionsorganisation durch organisatorische, agitatorische und kulturell-aufklärerische Maßnahmen, die die Entwicklung des Klassenbewußtseins der Arbeiter sowie ihre Einbeziehung in die Arbeit des sozialistischen Aufbaus zum Ziel haben;

b) der Einhaltung der von der Gewerkschaft bestimmten proletarischen Arbeitsdisziplin, der Überwachung der internen Ordnung, der Mitarbeit am Disziplinar- und Belegschaftsgericht;

c) der Kontrolle der rechtzeitigen Abführung der Mitgliederbeiträge in die Gewerkschaftskasse;

d) der Vertretung der Arbeiter und Angestellten des Unternehmens in verschiedenen Einrichtungen;

6. Bei der Organisation der Produktion mischt sich das Fabrikkomitee nicht in die Verfügungen und Verordnungen der Betriebsleitung ein und übergeht oder verletzt diese in keinem Falle. Doch in diesem Zusammenhang

a) überwacht es die Erfüllung der Produktionspläne sowohl für das ganze Unternehmen als auch für die einzelnen Abteilungen und Werkstätten;

b) beteiligt es sich mit beratender Stimme an der Diskussion aller wichtigeren Fragen der Produktion, die von der Betriebsleitung geführt wird;

c) beteiligt es sich an der Arbeit der Betriebsleitung zur Versorgung der Arbeiter mit Lebensmitteln und den wichtigsten Gütern im Rahmen der Verordnungen der staatlichen Versorgungsorgane;

d) überwacht es die Einstellung und Entlassung von Arbeitern aufgrund der Bestimmung über die Registrierung und Verteilung der Arbeitskraft und die Durchschnittstarife;

e) führt es Listen über die Arbeiter, die sich mit administrativen und technischen Aufgaben beschäftigen können; diese Listen übersendet es mit einer ausführlichen Charakterisierung jedes Kandidaten in regelmäßigen Abständen an das zuständige Gewerkschaftsorgan;

f) macht es alle von den Gewerkschaftsorganen erstellten Arbeitsberichte und alle Informationen über den Gang des Unternehmens bekannt;

g) mobilisiert es auf Anweisung des Komitees für Arbeitsdienstpflicht die Arbeiter und Angestellten zur Arbeitsdienstpflicht, falls das Unternehmen seine Tätigkeit einschränkt oder plötzliche Notlagen eintreffen (Schneefall, Überschwemmungen usw.).

Anmerkung: Das Fabrikkomitee bringt alle seine Schlußfolgerungen über den Zustand des Unternehmens, über Versäumnisse oder Unkorrektheiten in der Tätigkeit der Betriebsleitung unverzüglich den höheren Gewerkschaftsorganen zur Kenntnis.

7. Auf dem Gebiet der Tariffestsetzung:

a) organisiert das Fabrikkomitee die Wahlen der Mitglieder zur Tarifkommission aus Arbeitern und Angestellten des Unternehmens;

b) unterstützt es in vollem Umfang die Arbeit der Tarifkommission;

c) informiert es die höheren Gewerkschaftsorgane über jeden Verstoß gegen die Tarifabmachungen sowohl von seiten der Tarifkommission als auch von seiten der Betriebsleitung;

8. Auf dem Gebiet des Arbeitsschutzes

a) überwacht es die Einhaltung der Regeln über die sanitärhygienischen Zustand des Unternehmens und der Arbeitsschutz-Bestimmungen;

b) arbeitet es zusätzliche Bestimmungen aus und setzt sie mit Hilfe der entsprechenden gewerkschaftlichen und staatlichen Organe in die Tat um;

c) beteiligt es sich an der Arbeit der Betriebsleitung zur Versorgung der Arbeiter und Angestellten mit der notwendigen Spezialkleidung sowie mit befriedigenden Wohnverhältnissen;

d) stimmt es seine Arbeit mit der Arbeiterinspektion[6] ab und erweist ihr jegliche Unterstützung;

e) informiert es die höheren Gewerkschaftsorgane über Verletzungen des Arbeitsschutzes und über alle vorkommenden Betriebsunfälle;

9. Auf dem Gebiet der Kultur und Propaganda

a) leistet das Fabrikkomitee Arbeit zur Hebung des allgemeinen und kulturellen Niveaus und zur politischen Erziehung der Arbeiter;

b) betreibt es Produktionspropaganda, wozu es spezielle Beratungen und Versammlungen einberuft, entsprechende Literatur verbreitet, Vorlesungen durchführt, an sichtbaren Orten Diagramme und Kartogramme über den Zustand des Unternehmens aushängt, Exkursionen in Muster-Unternehmen durchführt usw.;

c) organisiert es Bibliotheken und Lesesäle, Klubs, allgemeinbildende Schulen, Kindergärten und Spielplätze usw.;

d) beteiligt es sich an der Schaffung von berufsspezifischen technischen Kursen und Schulen, unterstützt die Realisierung der Maßnahmen von Glavprofobra[7] usw.;

Anmerkung: In den entsprechenden Fällen tritt das Fabrikkomitee in Kontakt mit den lokalen Organen von Narkompros, Proletkult[8] usw.

III. Der Aufbau der Fabrikkomitees

10. Das Fabrikkomitee wird auf der allgemeinen oder (in Großunternehmen) Delegierten-Versammlung aller Arbeiter und Angestellten des jeweiligen Unternehmens für 6 Monate gewählt, und zwar nach folgender Norm:

Unternehmen mit einer Arbeiteranzahl

von 30– 500	=	3 Vertreter
von 500–1 000	=	5 Vertreter
von 1 000–5 000	=	7 Vertreter
mehr als 5 000	=	9 Vertreter

Anmerkung 1: Das Fabrikkomitee insgesamt oder seine einzelnen Mitglieder können auf Forderung mindestens der Hälfte der Gewerkschaftsmitglieder oder auf Anordnung der oberen Gewerkschaftsorgane neu gewählt werden.

Anmerkung 2: Das System der Wahl – geheime oder offene – wird von der allgemeinen Versammlung bestimmt.

11. In den Großunternehmen, wo aus technischen Gründen die Durchführung der allgemeinen Versammlung nicht möglich ist, wird das Fabrikkomitee entsprechend einer Verordnung der lokalen Gewerkschaftsleitung auf der Versammlung der Delegierten der Abteilungen bzw. Werkstätten des jeweiligen Unternehmens gewählt.

Anmerkung: Die Wahl der Delegierten, die auf den allgemeinen Versammlungen der Werkstätten oder Abteilungen gewählt werden, geht nach strengem Proporz und nach der Norm, die von der Gewerkschaft bestimmt wurde, vor sich.

12. In kleinen Unternehmen mit unter 30 Beschäftigten nimmt der von der allgemeinen Versammlung gewählte Unternehmens-Delegierte die Funktionen des Fabrikkomitees wahr.

Anmerkung: Der Delegierte wendet sich als Vertreter der Arbeiter und Angestellten eines Unternehmens in allen Fragen, die die Arbeiter des jeweiligen Betriebes betreffen, an seine Gewerkschaft; er sammelt die Mitgliederbeiträge ein, führt die Verordnungen der Gewerkschaft durch und leitet die Organisations- und Propagandaarbeit usw.

13. Jeder Arbeiter und Angestellte eines Unternehmens, der Mitglied der Gewerkschaft ist und das 18. Lebensjahr erreicht hat, kann in das Fabrikkomitee gewählt werden.

Anmerkung 1: Personen, die das 18. Lebensjahr noch nicht erreicht haben, können nur das passive Wahlrecht ausüben.

Anmerkung 2: Personen aus dem Verwaltungs- und technischen Personal können auch den allgemeinen Versammlungen wählen und in das Fabrikkomitee gewählt werden.

14. Die Wahlversammlung gilt als rechtskräftig, wenn an ihr mindestens 1/3 aller Arbeiter und Angestellten des Unternehmens teilgenommen hat und die Versammlung, ihr Zweck, Tag und Ort drei Tage vor der Versammlung bekannt gegeben worden sind.

15. Listen der ins Fabrikkomitee gewählten Arbeiter und Angestellten werden der Gewerkschaftsleitung innerhalb von drei Tagen nach den Wahlen zur Kenntnisnahme und Bestätigung vorgelegt.

Anmerkung: Im Protokoll der allgemeinen Versammlung müssen die Zahl der Versammlungsteilnehmer, die Gesamtzahl der Arbeiter und Angestellten des Unternehmens, die Namen des Vorsitzenden, des Sekretärs und der vorgeschlagenen Kandidaten sowie die Zahl der Stimmen, die jeder Kandidat erhalten hat, angegeben sein.

16. Zur Bewältigung und Leitung der gesamten laufenden Arbeit ernennt jedes Fabrikkomitee, das aus 5 und mehr Leuten besteht, als sein Exekutivorgan ein Präsidium von drei Mann.

17. Das Fabrikkomitee teilt unter seinen Mitgliedern die Pflichten auf und wählt aus seiner Mitte einen Vorsitzenden und einen Sekretär.

Anmerkung: Wenn im Fabrikkomitee ein Präsidium gebildet ist, werden der Vorsitzende und der Seketär gewählt.

18. Die ins Präsidium gewählten Mitglieder des Fabrikkomitees werden von den übergeordneten Gewerkschafts-Organen bestätigt.

IV. Die Arbeit des Fabrikkomitees

19. Das Fabrikkomitee diskutiert und entscheidet alle Fragen gewerkschaftlich-organisatorischer, wirtschaftlicher und kulturell-propagandistischer Art im Rahmen des Unternehmens und der Kompetenzen, die durch die Verordnungen der Gewerkschaftsorgane festgelegt sind.

Anmerkung: Die Anordnungen des Fabrikkomitees können durch die Leitung der Kreisabteilung oder der Gouvernements-Abteilung der Gewerkschaft aufgehoben werden.

20. Zur Ausführung seiner Aufgaben organisiert das Fabrikkomitee spezielle Kommissionen für Arbeitsschutz, für Kultur und Propaganda usw.

21. Das Fabrikkomitee bestimmt die Arbeit der Kommissionen, geleitet von den Instruktionen und Anweisungen der entsprechenden Gewerkschaftsorgane.

22. In Kommissionsangelegenheiten nimmt das Fabrikkomitee mit allen Institutionen und Organisationen Kontakt auf.

Anmerkung: Die Kommissionen können nur mit Gewerkschaftsorganisationen unmittelbar in Verbindung treten, und zwar in Angelegenheiten, die in ihren Tätigkeitsbereich fallen.

23. Das Fabrikkomitee kann zu seinen Sitzungen und zu denen der Kommissionen Sachverständige einladen, die beratende Stimme haben.

24. Das Fabrikkomitee delegiert auf Aufforderung der Gewerkschaftsorgane Vertreter in alle gewerkschaftlichen und nichtgewerkschaftlichen Organe aus den Reihen der Gewerkschaftsmitglieder, die in dem jeweiligen Betrieb arbeiten.

25. Die Zahl der Komiteemitglieder die von der Arbeit in ihrem Beruf befreit sind, um die Geschäfte des Fabrikkomitees zu führen, wird nach folgender Norm festgesetzt:

In Betrieben von

    30—   50: 1 Mitglied   für 2 Tage pro Woche
    50—   75: 1 Mitglied   für 3 Tage pro Woche
    75— 100: 1 Mitglied   für 4 Tage pro Woche
  100— 250: 1 Mitglied   ganzzeitlich
  250— 500: 2 Mitglieder ganzzeitlich
  500—1 000: 3 Mitglieder ganzzeitlich
1 000—2 500: 4 Mitglieder ganzzeitlich
2 500—5 000: 5 Mitglieder ganzzeitlich

Bei mehr als 5000 Arbeitern werden 5 bis 6 Mitglieder befreit, falls nötig, aber nicht mehr als 7.

Anmerkung: Ein Delegierter des Fabrikkomitees (§ 24) wird für nicht mehr als 4 Tage im Monat befreit.

26. Das Fabrikkomitee ist sowohl seinen Wählern als auch den übergeordneten Gewerkschaftsorganen für seine Tätigkeit verantwortlich; einmal im Monat trägt es der allgemeinen bzw. der Delegierten-Versammlung der Arbeiter und Angestellten des jeweiligen

Betriebes einen Rechenschaftsbericht vor und legt in der von der Gewerkschaft bestimmten Form der übergeordneten Gewerkschaftsstelle einen schriftlichen Rechenschaftsbericht und Arbeitsberichte vor.

27. Die Sitzungen des Fabrikkomitees finden mindestens einmal pro Woche außerhalb der Arbeitszeit statt.

V. Die allgemeinen und die Delegierten-Versammlungen

28. Das Fabrikkomitee beruft mindestens einmal im Monat außerhalb der Arbeitszeit eine allgemeine bzw. eine Delegierten-Versammlung der Arbeiter und Angestellten des Unternehmens ein.

29. In den Tätigkeitsbereich der allgemeinen bzw. Delegierten-Versammlungen fallen:

a) Anhörung der Berichte des Fabrikkomitees, der Kommissionen sowie der Vertreter auf den Gewerkschaftskonferenzen und in den Organen der Gewerkschaft;

b) Diskussion von Fragen der Gewerkschaftsarbeit;

c) Diskussion von Fragen, die sich aus den Lebensbedingungen der Arbeiter ergeben, sowie von Fragen, die mit der Gewerkschafts- und Produktionsdisziplin und der internen Ordnung im Unternehmen zusammenhängen;

d) Entgegennahme der Referate der Betriebsleitung zu Fragen von Produktionsorganisation und Produktivitätssteigerung;

e) Wahl des Fabrikkomitees, der Kommissionen, der Revisions-Kommission, der Vertreter für die Gewerkschafts-Konferenz, für den Sowjet der Arbeiter- und Bauerndeputierten usw.

VI. Die Revisionskommission

30. Zur Überwachung der Arbeit und der Rechenschaftsberichte des Fabrikkomitees wird auf einer allgemeinen Versammlung des jeweiligen Unternehmens eine Revisionskommission gewählt.

31. Auf Anweisung der allgemeinen Versammlung kontrolliert die Revisionskommission die Finanztätigkeit des Fabrikkomitees auf ihre Korrektheit und Zweckgebundenheit und berichtet über seine Tätigkeit der allgemeinen Versammlung und den übergeordneten Gewerkschaftsorganen.

32. Die Mitglieder der Revisionskommission dürfen nicht mit Pflichten des Fabrikkomitees betraut sein.

33. Die Revisionskommission wird für 6 Monate gewählt.

34. Außer der gegebenen Revisionskommission können die übergeordneten Gewerkschaftsorgane spezielle Kommissionen zur Überprüfung der Tätigkeit des Fabrikkomitees bestimmen.

VII. Die Mittel der Fabrikkomitees

35. Die Mittel, die das Fabrikkomitee für seine Arbeit braucht, erhält es vom Unternehmen entsprechend den Kostenvoranschlägen, die von der Gewerkschaft bestätigt werden und automatisch in den

Kostenvoranschlag des Unternehmens eingehen.

36. Die Entlohnung der Komiteemitglieder und der Delegierten in den kleinen Unternehmen, die die Funktionen des Fabrikkomitees ausüben und von der Arbeit in ihrem Beruf befreit sind, erfolgt entsprechend § 24 dieser Verordnung aus den Mitteln des Fabrikkomitees, nach den vom ZK[9] festgesetzten Normen.

37. Reisen in Angelegenheiten des Fabrikkomitees werden aus den Mitteln des Komitees bezahlt und sind im Kostenvoranschlag eingeschlossen.

VIII. Geschäftsordnung der Fabrikkomitees

38. Das Fabrikkomitee führt Protokoll über seine Sitzungen und die allgemeinen Versammlungen nach den von der Gewerkschaft bestimmten Formen. Die Protokolle werden vom Vorsitzenden und Sekretär der Versammlung unterzeichnet.

39. Die Kommissionen führen ihre eigenen Protokolle; sie enthalten nur die Berichte der Kommissionsvertreter auf den Sitzungen des Fabrikkomitees.

40. Das Fabrikkomitee legt der entsprechenden Gewerkschaft Kopien seiner Protokolle vor.

41. Verfahrensweise und Berichte des Komitees erfolgen nach dem von den Gewerkschaftsorganen bestimmten System.

42. Das Fabrikkomitee muß der entsprechenden Gewerkschaft einen monatlichen Finanzbericht vorlegen.

43. Das Fabrikkomitee informiert alle Arbeiter und Angestellten des Betriebes von seinen Beschlüssen, und zwar durch Aushang an sichtbarer Stelle.

Die vorliegende Verordnung ist keine außergewöhnliche. Die Zentralkomitees aller Gewerkschaften arbeiten auf Grundlage dieser Verordnung die augenblicklich geltenden Vorschriften um und legen sie dem Gesamtrussischen Zentralrat der Gewerkschaften zur Bestätigung vor; danach erhalten sie gesetzliche Wirkung und werden verbindlich für alle staatlichen Einrichtungen.

Der Vorsitzende des Gesamtrussischen Zentralrates der Gewerkschaften: M. Tomskij

Der Volkskommissar für Arbeit: B. Šmidt[10]

4. Verordnung über die Fabrik- und Gewerkschaftskomitees
(Bestätigt vom Gesamtrussischen Zentralrat der Gewerkschaften, August 1922, im Rahmen der Neuen Ökonomischen Politik.)

Allgemeines

In jedem staatlichen und privaten Unternehmen mit mehr als 50 Arbeitern und Angestellten wird ein Fabrikkomitee oder ein Gewerkschaftskomitee organisiert.

Anmerkung: In Unternehmen mit weniger als 50 Arbeitern und Angestellten wird ein Delegierter gewählt, der die Funktionen des Fabrikkomitees in größeren Betrieben zu erfüllen hat.

2. In Unternehmen ist das Fabrikkomitee das Basisorgan der Gewerkschaften auf lokaler Ebene.

3. An den Wahlen zum Fabrikkomitee können alle Arbeiter und Angestellten teilnehmen, die berechtigt sind, Gewerkschaftsmitglieder zu sein; Mitglieder des Fabrikkomitees können nur Gewerkschaftsmitglieder sein.

4. In einem Unternehmen kann nur ein Fabrikkomitee gewählt werden.

5. Das Fabrikkomitee, das alle Anordnungen und Direktiven der oberen Gewerkschaftsorgane durchführt, trägt die Verantwortung für die gesamte Gewerkschaftsarbeit in dem Unternehmen und ist der Gewerkschaft sowie der allgemeinen Versammlung untergeordnet.

Anmerkung: Die Beschlüsse der allgemeinen Versammlung sind für das Fabrikkomitee verbindlich, wenn sie den Anordnungen der Gewerkschaftsorgane nicht widersprechen.

6. Mit Bestätigung der Gewerkschaftsleitung können sich mehrere kleinere, nahe beieinanderliegende und gleichartige Unternehmen, deren Arbeiter in ihrer Mehrheit derselben Gewerkschaft angehören, vereinigen und in direktem Proporz ein gemeinsames Fabrikkomitee (Gewerkschaftskomitee) schaffen.

Die Aufgaben des Fabrik- und Gewerkschaftskomitees

7. Grundlegende und unmittelbare Aufgaben des Fabrikkomitees sind die Verteidigung der Interessen, die Sorge um die Besserung der materiellen Lage und Existenz der Arbeiter und Angestellten, Arbeitsschutz, Hebung der kulturellen und beruflich-technischen Bildung.

Mit diesem Ziel

a) überwacht das Fabrikkomitee die Erfüllung aller Normen des Arbeitsschutzes und der Sozialversicherung durch die Verwaltung, kontrolliert die rechtzeitige Auszahlung des Lohns und die Abführung der Versicherungsbeiträge, entsendet seine Vertreter in die Konflikt- und Tarifkommission, kümmert sich um die Verbesserung der Arbeitsbedingungen, der Wohnbedingungen usw.;

b) organisiert es Klubs, Vorlesungen, Theatervorstellungen, verbreitet Literatur, fördert die Beseitigung des Analphabetentums, organisiert Schulen und Kurse für berufliche und technische Bildung.

8. Bei der Organisation der Produktion greift das Fabrikkomitee unter keinen Umständen in die Verfügungen und Handlungen der Verwaltung ein, hebt sie auf oder verstößt gegen sie, sondern stellt sich die Aufgabe,

a) sich an der Diskussion über alle wichtigen Fragen der Produktion im Betrieb zusammen mit der Leitung der Staatsbetriebe zu beteiligen;

b) in Staatsunternehmen den normalen Produktionsablauf zu fördern;

c) Berichte der Leitung der staatlichen Betriebe auf allen allgemeinen, Delegierten- und Abteilungsversammlungen zu organisieren, die diese Versammlungen über den Gang und Zustand der Produktion informieren;

d) bei Einstellung und Entlassung von Arbeitern und Angestellten auf Grundlage des abgeschlossenen Kollektiv- bzw. Tarifvertrages mitzusprechen;

9. Auf organisatorischem Gebiet besteht die Aufgabe des Fabrikkomitees

a) in der Einbeziehung der Arbeiter und Angestellten des Unternehmens in die Gewerkschaft;

b) in der Entwicklung des revolutionären Klassenbewußtseins der Arbeiter und Angestellten;

c) in der Durchsetzung der gewerkschaftlichen und proletarischen Disziplin unter den Arbeitern und Angestellten;

d) in der Aufsicht über die genaue Sammlung der Gewerkschaftsbeiträge und ihre Überweisung an die Gewerkschaft;

e) in der Vertretung der Arbeiter und Angestellten in den zuständigen Organisationen und Institutionen sowie in der Organisierung der Wahl von Arbeitern in solche Organisationen und Institutionen.

10. Festgestellte Unkorrektheiten und Unterlassungen sowie entstehende Mißverständnisse berichtet das Fabrikkomitee sofort an die Gewerkschaftsleitung.

Der Aufbau des Fabrikkomitees

11. Das Fabrikkomitee wird auf der allgemeinen bzw. Delegierten-Versammlung der Arbeiter und Angestellten des jeweiligen Unternehmens gewählt, und zwar für eine Frist von 6 Monaten und nach folgender Norm:

Unternehmen mit Arbeitern
```
        von     50 bis   300: 3 Vertreter
        von    300 bis 1 000: 5 Vertreter
        von  1 000 bis 5 000: 7 Vertreter
        über          5 000: 9 Vertreter
```
Anmerkung: Die vorfristige Neuwahl des Fabrikkomitees insgesamt bzw. einzelner Mitglieder kann auf der allgemeinen Versammlung durch die Forderung von mindestens einem Drittel der Arbeiter des Unternehmens gefordert oder von der Gewerkschaftsleitung verordnet werden.

12. In Großunternehmen, wo aus technischen Gründen allgemeine Versammlungen nicht abgehalten werden können, wird das Fabrikkomitee entsprechend der Verordnung der Gewerkschaft auf der allgemeinen Versammlung der Delegierten der Abteilungen (Werk-

stätten) gewählt.

13. Die Wahlversammlung gilt als rechtskräftig, wenn an ihr mindestens die Hälfte aller Arbeiter und Angestellten des Unternehmens teilgenommen hat und wenn Ziele, Tag und Ort der Versammlung drei Tage zuvor der Gewerkschaftsabteilung sowie den Arbeitern und Angestellten des Unternehmens bekanntgemacht worden sind.

Anmerkung: Ist das Quorum nicht gegeben, so wird die Versammlung verschoben und gilt dann bei jeder beliebigen Teilnehmerzahl als arbeitsfähig.

14. Die Zusammensetzung des Fabrikkomitees wird von der Gewerkschaftsleitung bestätigt.

15. Die Zahl der Fabrikkomitee-Mitglieder, die von der Arbeit freigestellt werden, um die Geschäfte des Fabrikkomitees wahrzunehmen, wird nach folgender Norm festgesetzt:

In Betrieben
von 30 bis 50 1 Mitglied für nicht mehr als 2 Tage pro Woche
von 50 bis 300 nicht mehr als 1 Mitglied ganzzeitlich
von 300 bis 1 000 nicht mehr als 2 Mitglieder ganzzeitlich
von 1 000 bis 5 000 nicht mehr als 3 Mitglieder ganzzeitlich
über 5 000 nicht mehr als 5 Mitglieder ganzzeitlich

Anmerkung: Für die Arbeit in der Konflikt-Kommission werden Vertreter des Fabrikkomitees über die angegebenen Zahlen hinaus freigestellt; dem ist im Kollektivvertrag Rechnung zu tragen.

16. Die von der Arbeit freigestellten Mitglieder des Fabrikkomitees werden vom Unternehmen mit einem durchschnittlichen Arbeitslohn bezahlt, der ihrer Qualifikation entspricht, aber nicht unter dem Tarifsatz liegt.

Die Arbeit des Fabrikkomitees

17. Zur Erfüllung seiner Aufgaben kann das Fabrikkomitee in den Großunternehmen Kommissionen für Arbeitsschutz und für kulturelle Arbeit einrichten, die es anleitet und für deren Arbeit es der Gewerkschaft und der allgemeinen Versammlung verantwortlich ist.

Anmerkung: Die Kommissionsarbeit findet außerhalb der Arbeitszeit statt.

18. Das Fabrikkomitee und die Kommissionen können zu ihren Versammlungen Sachverständige einladen, die beratende Stimme haben.

19. Das Fabrikkomitee delegiert auf Verlangen der Gewerkschaftsorgane Vertreter aus den Gewerkschaftsmitgliedern, die in dem jeweiligen Unternehmen arbeiten, in alle Gewerkschafts-, Wirtschafts- und Sowjetorgane.

20. Mindestens einmal im Monat beruft das Fabrikkomitee außerhalb der Arbeitszeit eine allgemeine Versammlung der Arbeiter und Angestellten des Unternehmens ein; die Delegierten-Versammlungen werden mindestens einmal alle zwei Wochen zusammengerufen.

Anmerkung: Die Versammlung zu den Wahlen für den Sowjet der

Arbeiterdeputierten und das entsprechende Sozialversicherungsgremium kann auch innerhalb der Arbeitszeit stattfinden.

21. Sitzungen des Fabrikkomitees finden mindestens einmal pro Woche außerhalb der Arbeitszeit statt.

22. Die Anordnungen des Fabrikkomitees können von der Gewerkschaftsleitung oder der allgemeinen Versammlung aufgehoben werden.

23. Die allgemeine Versammlung des Unternehmens findet statt, nachdem die Gewerkschaftsleitung informiert worden ist.

Die Mittel des Fabrikkomitees

24. Die Fabrikkomitees, die Gewerkschaftskomitees bzw. die Delegierten bei Kleinbetrieben werden auf Kosten der Unternehmensleitung unterhalten.

25. Ihr Budget richtet sich nach einem Kostenvoranschlag, der von der entsprechenden Gewerkschaft gebilligt wurde, und zwar in folgender Form:

a) in Unternehmen und Einrichtungen unter 500 Beschäftigten liegt das Budget maximal bei 2 % des Gesamtlohns der Beschäftigten des Betriebes;

b) in Unternehmen mit 500 bis 1000 Arbeitern bei 1,5 %;

c) in Unternehmen mit 1000 bis 3000 Arbeitern bei 1 %;

d) in Unternehmen mit mehr als 3000 Arbeitern bei 1,5 %.

Anmerkung: Die Auszahlung erfolgt nach folgendem Schlüssel: in Betrieben mit 500–1 000 Beschäftigten ergeben die ersten 500 2 %, die zweiten 500 1,5 % des jeweiligen Gesamtlohns für das Budget; in Betrieben von 1 000 bis 3 000 ergeben die ersten 1 000 1,5 %, die übrigen 1 %; in Betrieben mit über 3 000 Beschäftigten ergeben 3 000 Beschäftigte 1 %, die weiteren 1,5 %.

26. Die Beiträge zum Unterhalt des Fabrikkomitees (Gewerkschaftskomitees) werden dem Komitee oder dem sie ersetzenden Delegierten von der Unternehmensleitung überwiesen; sie werden unter Kontrolle der entsprechenden Gewerkschaft ausgegeben.

27. In die angegebenen Beträge gehen auch alle Ausgaben zum Unterhalt des Betriebskomitees usw. ein, ebenso die Ausgaben zur Bezahlung der Gewerkschaftsmitglieder, die ständig in den jeweils vorhandenen Organen arbeiten.

28. Außer diesen Kosten ist die Leitung des Unternehmens verpflichtet, dem Fabrikkomitee und dem Gewerkschaftskomitee voll ausgestattete Unterkünfte mit Beleuchtung und Beheizung zur Verfügung zu stellen.

Die Kontrolle der Arbeit der Fabrikkomitees

29. Um die Tätigkeit des Fabrikkomitees zu kontrollieren, wird auf der allgemeinen Versammlung eine Revisionskommission aus drei Personen gebildet, die für sechs Monate im Amt ist. Die Revisionskommission prüft mindestens einmal im Monat die Tätigkeit

des Fabrikkomitees und übermittelt seine Berichte den allgemeinen Versammlungen und der Gewerkschaftsleitung.

Der Sekretär des Gesamtrussischen Zentralrats der Gewerkschaften: M. Tomskij
Der Leiter der Organisationsabteilung des Gesamtrussischen Zentralrats der Gewerkschaften: Antipov[11]

III. Die Durchführung der Kontrolle
(Instruktion des Gesamtrussischen Rates der Arbeiterkontrolle)

A. Die Organe der Arbeiterkontrolle in den verschiedenen Unternehmen

1. Die Kontrolle wird in jedem Unternehmen entweder durch das Fabrikkomitee oder durch die allgemeine Versammlung der Arbeiter und Angestellten des Unternehmens, die eine besondere Kontrollkommission wählen, organisiert.

2. Das Fabrikkomitee kann völlig in die Kontrollkommission eingehen; in diese können auch Techniker und andere Angestellte des Unternehmens gewählt werden. In Großunternehmen müssen Vertreter der Angestellten in die Kontrollkommission eintreten. In diesen Unternehmen wird ein Teil der Mitglieder der Kontrollkommission von den Abteilungen und Werkstätten gewählt, je einer für jede Abteilung.

3. Die Arbeiter und Angestellten, die sich nicht an der Kontrollkommission beteiligen, können mit der Verwaltung des Unternehmens in Fragen der Kontrolle nur in direktem Auftrag und mit vorheriger Erlaubnis der Kontrollkommission in Verbindung treten.

4. Die Kontrollkommission des Unternehmens ist für ihre Arbeit sowohl der übergeordneten Institution der Arbeiterkontrolle, unter deren Leitung es arbeitet, als auch der allgemeinen Versammlung der Arbeiter und Angestellten des Unternehmens verantwortlich und mindestens zweimal pro Monat rechenschaftspflichtig.

B. Die Pflichten und Rechte der Kontrollkommission

5. Die Kontrollkommission eines jeden Unternehmens muß

a) die Menge der im Unternehmen vorhandenen und notwendigen verschiedenen Materialien, Brennstoffe, Produktionsinstrumente, Maschinen und Arbeitskräfte je nach ihren speziellen Qualifikationen registrieren;

b) feststellen, inwiefern die Versorgung des Unternehmens gewährleistet ist, um den normalen Arbeitsgang einzuhalten;

c) klären, ob die Ausrüstung gefährlich ist oder die Arbeit des Unternehmens eingeschränkt wird;

d) die Zahl der Arbeiter (nach ihren Qualifikationen) und der Produktionsmittel festhalten, die in Relation zur vorhandenen und möglichen Versorgung des Unternehmens mit Brennstoff und Material nicht ausgelastet sind;

e) die Maßnahmen zur Aufrechterhaltung der Arbeitsdisziplin unter Arbeitern und Angestellten bestimmen;

f) die Einhaltung der Verordnungen der staatlichen Kontrollorgane beim Ankauf und Absatz von Waren kontrollieren;

g) das willkürliche Wegschaffen von Maschinen, Materialien, Brennstoff usw. aus dem Unternehmen zu verhindern; wenn dies von den staatlichen Kontrollorganen nicht gestattet wird, und die Erhaltung des Inventars überwachen;

h) die Klärung der Ursachen für einen Produktivitätsabfall forcieren und Maßnahmen zur Steigerung der Produktivität ergreifen;

i) forciert die Möglichkeiten klären, nach denen das Unternehmen teilweise oder ganz für irgendeine andere Produktion zu Friedenszwecken genutzt werden kann; ferner klären, welche Umstellungen in der Ausrüstung und der Zusammensetzung der Arbeitskräfte hierfür notwendig sind, in welcher Frist diese Umstellung vollziehbar ist, was hierfür erforderlich ist, und welchen Umfang von Produkten man beim Übergang zu einer anderen Produktionsart als wahrscheinlich annehmen kann;

k) die Arbeit für den Friedensbedarf mit Hilfe des Drei-Schichten-Systems oder anderer Mittel ausweiten und die Unterkunftsmöglichkeiten für zusätzliche Arbeitskräfte und deren Familien auskundschaften;

l) die Wahrung jenes Ausstoßes an Produktion überwachen, der von den Organen der staatlichen Kontrolle festgesetzt wird, und in Zukunft den Stand zu kontrollieren, der für das Unternehmen bei gewissenhafter Durchführung dieser Tätigkeit normal ist;

m) die Selbstkosten der Produktion ermitteln helfen, wenn das oberste Organ der Arbeiterkontrolle oder die staatlichen Organe dies verlangen.

6. Für den Unternehmer sind die Beschlüsse der Kontrollkommission verbindlich, die die in den vorangegangenen Artikeln aufgezählten Aufgaben der Kontrollkommissionen betreffen. Die Kontrollkommission bzw. ihre Bevollmächtigten können insbesondere

a) die Geschäftskorrespondenz und alle Bücher und Berichte des laufenden wie der vorangegangenen Jahre einsehen;

b) alle Abteilungen des Unternehmens, die Werkstätten, Lager, Kontore usw. besichtigen;

c) zur Information bei den Sitzungen der Leitungsorgane anwesend sein und Erklärungen abgeben sowie zu allen die Kontrolle betreffenden Fragen Anfragen stellen.

7. Die Verfügungsrechte zur Leitung des Unternehmens, seinen Gang und seine Tätigkeit verbleiben dem Besitzer. Die Kontrollkommission nimmt nicht an der Unternehmensleitung teil und trägt keine Verantwortung für Gang und Tätigkeit des Unternehmens.

8. Die Kontrollkommission befaßt sich nicht mit den Fragen der Finanzierung des Unternehmens; tauchen solche auf, so werden die staatlichen Regulierungsorgane eingeschaltet.

9. Die Kontrollkommission eines jeden Unternehmens kann über das übergeordnete Organ der Arbeiterkontrolle den Organen der staatlichen Wirtschaftsregulierung die Frage nach Nationalisierung des Unternehmens und anderen Zwangsmaßnahmen gegenüber dem Unternehmen aufwerfen, doch ist sie selbst nicht berechtigt, das Unternehmen in eigener Regie zu übernehmen.

C. Die Mittel der Kontrollkommission in den Unternehmen

10. Für die Ausgaben der Kontrollkommission muß der Besitzer aufkommen; er braucht nicht mehr als 2 Prozent der Gesamtlohnsumme des Unternehmens dafür aufzuwenden; dabei werden aus diesen 2 Prozent auch der Verdienstausfall der Mitglieder des Fabrikkomitees und der Kontrollkommission gedeckt, der durch die Wahrnehmung der Verpflichtungen entsteht, die nicht außerhalb der Arbeitszeit erledigt werden konnten. Die Kontrolle über die Verausgabung der angewiesenen Mittel fällt der Kontrollkommission der Gewerkschaft in dem jeweiligen Industriezweig zu.

D. Die übergeordneten Organe der Arbeiterkontrolle

11. Der Kontrollkommission eines jeden Unternehmens übergeordnet ist als nächsthöheres Kontrollorgan die Kontrollkommission der Gewerkschaft des Industriezweiges, zu dem das jeweilige Unternehmen gehört. Gegen alle Anordnungen der Kontrollkommission eines Unternehmens kann bei der Kontrollkommission der entsprechenden Gewerkschaft Beschwerde eingelegt werden.

12. Mindestens die Hälfte der Mitglieder der gewerkschaftlichen Kontrollkommission wird von der Versammlung der Kontrollkommissionen (oder deren Delegierten) aller Unternehmen des jeweiligen Industriezweiges gewählt. Diese Versammlung wird von der Gewerkschaftsleitung einberufen, wobei die übrigen Mitglieder von der Leitung, von der allgemeinen oder der Delegierten-Versammlung der Gewerkschaft gewählt werden. In die gewerkschaftlichen Kontrollkommissionen können auch Ingenieure, Statistiker und andere für ihre Tätigkeit brauchbare Personen gewählt werden.

13. Die Gewerkschaftsleitung ist berechtigt, die Tätigkeit der gewerkschaftlichen Kontrollkommission und der ihr unterstellten Kontrollkommissionen der einzelnen Betriebe auszurichten und zu

kontrollieren.

14. Die Kontrollkommission des einzelnen Unternehmens ist das Exekutivorgan der Kontrollkommission des Industriezweiges und ist verpflichtet, ihre Tätigkeit mit deren Anordnungen in Einklang zu bringen.

15. Die Kontrollkommission der Gewerkschaft ist berechtigt, selbständig eine allgemeine Versammlung der Arbeiter und Angestellten eines Unternehmens einzuberufen und die Neuwahl der Kontrollkommission dieses Unternehmens zu fordern; ferner kann sie den staatlichen Regulierungsorganen Vorschläge zu einer zeitweiligen Entlassung der in ihm beschäftigten Arbeiter unterbreiten, wenn die Arbeiter eines Unternehmens sich ihren Anordnungen nicht fügen.

16. Die gewerkschaftliche Kontrollkommission kontrolliert den gesamten Industriezweig in einer Region und hilft den Unternehmen, soweit sie Brennstoff, Materialien, Produktionsausrüstung usw. brauchen und soweit es möglich ist, all dies aus den Reserven anderer arbeitender bzw. stillgelegter Unternehmen des entsprechenden Industriezweiges zu bekommen; gibt es keinen anderen Weg, so unterbreitet sie den staatlichen Organen Vorschläge zur Aufrechterhaltung der Produktion einzelner Unternehmen zwecks Unterstützung anderer, schlägt die Überführung der Arbeiter und Angestellten zeitweise geschlossener oder definitiv stillgelegter Unternehmen auf andere Unternehmen des jeweiligen Produktionszweiges vor oder macht Vorschläge für andere geeignete Maßnahmen, um Schließung und Stillegung der Unternehmen vorzubeugen und eine richtige Tätigkeit der Unternehmen entsprechend dem Plan und den Anordnungen der staatlichen Organe zu gewährleisten.

Anmerkung: Die gewerkschaftlichen Kontrollkommissionen geben technische Instruktionen an die Kontrollkommissionen ihres Industriezweiges heraus, die ihren technischen Besonderheiten angepaßt sind. Diese Instruktionen dürfen in keiner Weise der vorliegenden Verordnung widersprechen.

17. Über alle Verordnungen und Aktivitäten der gewerkschaftlichen Kontrollkommission kann beim Sowjet der Arbeiterkontrolle in der jeweiligen Region Beschwerde eingelegt werden.

18. Die Ausgaben für die Tätigkeit der gewerkschaftlichen Kontrollkommission werden durch Überschüsse von den Beiträgen der einzelnen Unternehmen (Art. 10) sowie zu gleichen Teilen vom Staat und den entsprechenden Gewerkschaften gedeckt.

19. Der lokale Rat für Arbeiterkontrolle sammelt und entscheidet die Fragen, die sich für alle oder einige der gewerkschaftlichen Kontrollkommissionen der jeweiligen Region allgemein stellen, und koordiniert ihre Tätigkeit in Übereinstimmung mit den Anweisungen des Gesamtrussischen Rates für Arbeiterkontrolle.

20. Jeder Rat für Arbeiterkontrolle muß für die Arbeiter und

Angestellten der ihm unterstellten Unternehmen verbindliche Regeln der Arbeitsdisziplin erlassen.

21. Der lokale Rat für Arbeiterkontrolle kann sich einen Rat von Wirtschaftsfachleuten, Statistikern, Ingenieuren und anderen für seine Arbeit brauchbaren Leuten schaffen.

22. Der Gesamtrussische Rat für Arbeiterkontrolle kann den Gesamtrussischen bzw. den lokalen Gewerkschaftsverband irgendeines Industriezweiges mit der Bildung einer Gebiets- oder Gesamtrussischen Kontrollkommission für den jeweiligen Industriezweig beauftragen. Die Verordnung über eine derartige Gebiets- oder Gesamtrussische Kontrollkommission wird von der Gewerkschaft ausgearbeitet und muß vom Gesamtrussischen Rat für Arbeiterkontrolle bestätigt werden.

IV. Eine Instruktion, die in der Provinz selbständig ausgearbeitet wurde
(Kurze Instruktion und Wahlordnung für das Fabrikkomitee der Šajtanskij-Betriebe im Rayon Ekaterinburg, 1918)

Die Abteilungskomitees

1. Die Abteilungskomitees bestehen ausschließlich aus Vertretern der Arbeiter oder der Angestellten und des technischen Personals, die von den Arbeitern gewählt worden sind.

2. Die Mitgliederzahl eines Abteilungskomitees wird in Abhängigkeit von der Zahl der Arbeiter und vom Gang der Arbeit bestimmt (Abteilungen, die demobilisiert und umgerüstet werden, haben mehr, intakte und funktionierende Abteilungen haben weniger Komiteemitglieder); doch darf ein Komitee nicht weniger als drei Mann umfassen.

3. Die Mitglieder des Abteilungskomitees werden auf der allgemeinen Versammlung der Arbeiter des ganzen Werkes durch offene Abstimmung (Heben der Hände) gewählt. Zu den gewählten Mitgliedern kommen auf der allgemeinen Versammlung Kandidaten hinzu, deren Zahl von der allgemeinen Versammlung bestimmt wird. Jedes Mitglied des Abteilungskomitees muß obligatorisch Mitglied der Gewerkschaft sein.

4. Die Arbeitsordnung in den Abteilungskomitees sowie die Wahl des Präsidiums wird vom Komitee selbst durchgeführt; auch die Reihenfolge der ständigen schichtweise zu organisierenden Dienstzeiten der Mitglieder des Komitees wird festgesetzt.

5. Alle weniger wichtigen Alltagsfragen werden von dem jeweils eingeteilten Mitglied des Abteilungskomitees entschieden, die wich-

tigeren vom Komitee insgesamt, noch wichtigere von der allgemeinen Versammlung der Arbeiter der Abteilung zusammen mit dem Abteilungskomitee oder auch mit Vertretern des Komitees der Fabrik insgesamt. Die kompliziertesten Probleme werden dem Fabrikkomitee insgesamt oder auch der allgemeinen Versammlung der Arbeiter des gesamten Werkes zur Entscheidung übergeben.

Wird eine Frage auf der allgemeinen Versammlung der Arbeiter des ganzen Werkes nicht entschieden, so wird sie dem Gebietsrat der Fabrikkomitees des Ural zur Entscheidung überwiesen.

6. Die Abteilungskomitees beaufsichtigen die Ordnung innerhalb der Abteilung. Über die Abteilungsleitung kontrollieren sie die rechtzeitige Lieferung von Rohstoffen und Brennstoff; sie sorgen dafür, daß die hergestellten Produkte ihren richtigen Weg aus dem Werk finden; sie überwachen den Zustand des Instrumentariums und der Maschinen und überhaupt alles, was sich im Werk tut; sie machen Methoden zur Erhöhung der Produktion und zur Einhaltung des nötigen Produktionsniveaus ausfindig, leiten das ganze Büro- und Bilanzierungswesen des Werkes und stellen die Selbstkosten der erzeugten Produktion fest.

7. Alle Informationen über den Arbeitsverlauf im Werk, die Ergebnisse der Buchhaltung sowie alle Vorschläge zur Organisierung der Arbeit werden vom Abteilungskomitee an das Fabrikkomitee weitergeleitet, wie überhaupt die Komitees in allem eng mit dem Fabrikkomitee zusammenarbeiten.

8. Um gewisse Spezialprobleme zu erarbeiten und zu klären, laden die Abteilungskomitees entweder Spezialisten aus den Reihen der Angestellten ein oder lassen sie mit beratender Stimme an den Sitzungen teilnehmen.

9. Die Mitglieder der Abteilungskomitees werden von der Werksleitung entsprechend dem Durchschnittslohn der vorangegangenen Zeit entlohnt, wobei alle folgenden Lohnerhöhungen sich einheitlich auch auf die Entlöhnung der Komiteemitglieder auswirken.

Das Fabrikkomitee

1. Die Mitgliederzahl des Fabrikkomitees wird bestimmt durch die Menge der Arbeit, die das Fabrikkomitee ständig zu leisten hat, wobei es die Hebung der Arbeiterkontrolle auf das nötige Niveau und folglich ein möglichst hohes Niveau der Produktionsorganisation im Auge hat. Die Zahl der Komiteemitglieder beläuft sich gegenwärtig auf 9 Mann.

2. Das Fabrikkomitee setzt sich aus Vertretern der Arbeiter und der Verwaltungs- und technischen Angestellten zusammen, und zwar proportional zum Anteil dieser Gruppen an der Gesamtbelegschaft. Falls aufgrund lokaler Bedingungen notwendig, kann die proportionale Repräsentation auch außer acht gelassen werden. Im

Augenblick entfallen auf die Arbeiter 6 Plätze und auf die Verwaltungs- und technischen Angestellten 3 Plätze.

3. Die Wahl der Vertreter der Arbeiter zum Fabrikkomitee geht auf der Konferenz der Abteilungskomitees des ganzen Werkes mit offener Abstimmung vor sich; dabei gilt das Hauptaugenmerk der Arbeitsfähigkeit und Bewußtheit jedes Kandidaten, und auch seiner Zugehörigkeit zu dieser oder jener bestimmten Abteilung. Jedes Mitglied des Fabrikkomitees muß Gewerkschaftsmitglied sein.

Die Vertreter der Verwaltungsangestellten und des technischen Personals werden auf der allgemeinen Versammlung der jeweiligen Belegschaftsgruppe gewählt.

4. Personen, die höhere Verwaltungsposten bekleiden (Leiter, Verwalter, Hauptbuchhalter und sein Stellvertreter, Sekretär und Abteilungsleiter) besitzen weder das aktive noch das passive Wahlrecht.

5. Eine vereinigte Versammlung von Vertretern des Sowjets der Arbeiter- und Soldatendeputierten, des Fabrikkomitees, der Gewerkschaft der Arbeiter und der Gewerkschaft der Verwaltungs- und der technischen Angestellten hat das Recht, bestimmte Mitglieder des Fabrikkomitees abzulehnen.

6. Die Neuwahl des Fabrikkomitees insgesamt wird von der allgemeinen Versammlung der Arbeiter und Angestellten des ganzen Werkes entschieden. Die allgemeine Versammlung gilt als beschlußfähig, wenn mindestens zwei Drittel aller im Unternehmen beschäftigten Arbeiter an ihr teilnehmen. Die allgemeine Versammlung kann auf Wunsch von einem Fünftel aller Arbeiter einberufen werden; die Arbeiter unterschreiben dazu eine Erklärung mit Begründung.

7. Das Fabrikkomitee wählt aus seinen Reihen einen Vorsitzenden, dessen Stellvertreter und einen Sekretär sowie einen Kassenwart.

8. Das Fabrikkomitee arbeitet ständig in voller Besetzung, und entsprechend dem Charakter der Arbeit erfolgt eine Aufteilung der Komiteemitglieder nach bestimmten Zuständigkeitsbereichen. Um kontinuierlich alle Fragen zu entscheiden, die in den Abteilungen auftauchen und nicht gelöst werden können, wird ein aus zwei Mann bestehendes Arbeitsbüro gewählt, das den Dienst für das Fabrikkomitee verrichtet; es muß tagsüber ununterbrochen erreichbar sein. Auch in den Spät- und Nachtschichten muß im Betrieb ein Mitglied des Fabrikkomitees anwesend sein, das ordnungsgemäß seine Aufgaben wahrnimmt. Alle übrigen Mitglieder des Fabrikkomitees verteilen sich auf zwei Hauptkommissionen, die Produktionskommission und die Versorgungskommission, sowie die Statistikkommission, die in dem Raum zwischen beiden arbeitet und alles Material aus den Abteilungskomitees systematisiert und über-

arbeitet, um es dann einer der beiden Hauptkommissionen zuzuleiten. Die Hauptkommissionen gliedern sich ihrerseits entsprechend dem Charakter ihrer Arbeiten in Unterabteilungen: die Produktionskommission in eine Unterabteilung für Organisation der Produktion und eine Unterabteilung für Demilitarisierung (wenn diese im Betrieb erforderlich ist), die Versorgungskommission in eine Unterabteilung für Rohstoff und eine Unterabteilung für Brennstoff.

Für die Organisierung einer Zelle des Volkswirtschaftsrates (Rats der Arbeiterkontrolle) wird der Rat der Fabrikkomitees in Zukunft zwei Mitglieder abstellen, die dem Volkswirtschaftsrat beitreten.

9. Alle weniger wichtigen Fragen, die in den Abteilungskomitees auftauchen, werden vom Arbeitsbüro des Fabrikkomitees entschieden. Wichtigere Fragen werden vom Plenum des Fabrikkomitees, die wichtigsten von der allgemeinen Versammlung der Arbeiter des ganzen Werkes entschieden.

Fragen, die in dieser letzten Instanz nicht entschieden wurden, werden dem Gebietsrat der Fabrikkomitees des Ural übergeben.

10. Das Fabrikkomitee ruft mindestens einmal alle 14 Tage eine Konferenz der Abteilungskomitees zusammen, vor der es Rechenschaft über seine Arbeit ablegt. Liegen wichtige und außerordentliche Fragen an, so kann eine solche Konferenz auch kurzfristig einberufen werden.

11. Die Mitglieder der Fabrikkomitees werden aus den Mitteln der Betriebsleitung zu Durchschnittslöhnen entlohnt bzw. mit einer Abfindung für die aufgewendete Zeit; dabei wirken sich alle folgenden Lohnerhöhungen einheitlich auch auf sie aus.

Bei Dienstreisen in Angelegenheiten des Werkes erhalten die Mitglieder des Fabrikkomitees Tages- und Reisegelder aus den Mitteln der Betriebsleitung, und zwar alle nach gleichen Kriterien.

12. In die unmittelbare Zuständigkeit des Fabrikkomitees fallen:

a) Kontrolle der Zusammensetzung der Administration und Ablehnung von Personen, die normale Beziehungen zu den Arbeitern nicht gewährleisten können oder aus technischen Erwägungen nicht von Vorteil sind;

b) Kontrolle über die Herstellung von Produkten, das Arbeitsinstrumentarium, die Produktionsmittel usw.;

c) Kontrolle von Verteilung, Verkauf, Einkauf, Lagerung und Beschaffung von Rohmaterial, Brennstoff, Halbfabrikaten und Produkten (ohne Erlaubnis des Fabrikkomitees ist jede Lieferung von Materialien und Gegenständen aus dem Betrieb unzulässig);

d) Kontrolle der Finanzen des Unternehmens: das Fabrikkomitee muß genau über die Finanzlage des Unternehmens und über alle Maßnahmen in dieser Hinsicht informiert sein; jede Aufwendung von Geld muß vom Fabrikkomitee bestätigt sein;

e) Verwirklichung der Anordnungen der staatlichen Regulierungsinstitutionen wie des Versorgungskomitees beim Gebietskommissariat, wobei das Fabrikkomitee seine Tätigkeit mit dem allgemeinen Wirtschaftsplan abstimmt.

13. Sowohl das Fabrikkomitee insgesamt als auch einzelne von ihm bevollmächtigte Mitglieder haben das Recht, alle Dokumente der Verwaltung, der Geschäfts- und der technischen Leitung einzusehen. Das Fabrikkomitee kann alle Auskünfte auch von den Sachressorts des Unternehmens verlangen. Dem Fabrikkomitee stehen alle Dienststellen des Unternehmens und alle Betriebseinrichtungen zur Inspektion und Untersuchung offen.

14. Das Fabrikkomitee lädt zwecks Ausarbeitung und Klärung spezieller Probleme Fachleute aus den Reihen der Angestellten des Unternehmens oder von außerhalb ein; diese haben beratende Stimme.

15. Die Beschlüsse der Organe der Arbeiterkontrolle sind verbindlich für die Besitzer, die Angestellten und Arbeiter des Unternehmens und können nur durch eine Anordnung der übergeordneten Organe der Arbeiterkontrolle aufgehoben werden. Der Rahmen der Kompetenzen der Kontrollorgane wird durch die »Verordnung über die Arbeiterkontrolle« entsprechend dem Dekret des Rats der Volkskommissare abgesteckt.

16. Das Fabrikkomitee liefert dem Gebietsrat der Fabrikkomitees des Ural alle Informationen über den Arbeitsgang des Unternehmens und alle Vorschläge zur Organisierung der Arbeit, wie das Fabrikkomitee überhaupt möglichst eng mit diesem zentralen Organ zusammenarbeitet.

17. Das Fabrikkomitee kann für seine speziellen Bedürfnisse das Unternehmen mit einer Sondersteuer belegen, die der Zahl der Arbeiter und Angestellten des Unternehmens angemessen ist. Ein Teil dieser Steuern wird an den Gebietsrat der Fabrikkomitees des Ural abgeführt. Gegenwärtig sind an den Gebietsrat 5 Kopeken pro Beschäftigtem abzuführen.

18. Auf dem Gebiet der Verteidigung der gewerkschaftlichen Interessen der Arbeiter sind die Fabrik- und die Abteilungskomitees die Exekutivorgane der Gewerkschaften und führen deren Beschlüsse aus.

19. Entsprechend den lokalen Bedingungen werden dort, wo es keine Gewerkschaftsorganisationen gibt bzw. wo diese Organisationen schwach sind, die Gewerkschaftsfunktionen von den Fabrik- und Abteilungskomitees übernommen, die sich aber bemühen, diese Organisationen beschleunigt aufzubauen und ihnen all die Funktionen, die sie stellvertretend ausgeführt haben, zu übergeben.

20. Die Fabrik- und Abteilungskomitees müssen sich bemühen, ihre Funktionen der Kontrolle und der Organisierung der Produk-

tion strikt von denen der Gewerkschaften abzugrenzen; dazu gehören:

a) Einstellung und Entlassung von Arbeitern;
b) Aufteilung und Umverteilung der Arbeitskräfte;
c) Bestimmung der Normen des Arbeitslohns und des Prodükteausstoßes;
d) Festsetzung der Länge des Arbeitstages, abhängig vom Typ der Produktion;
e) Schutz der Arbeiter insgesamt und Schutz der Minderjährigen und Frauen insbesondere.

21. Die Fabrik- und Abteilungskomitees sollen ständig unter den Arbeitern den Gedanken propagieren, daß sie nach Möglichkeit Gewerkschaftsmitglieder werden; nur solche Arbeiter dürfen in das Werk eingestellt werden, die bereits in der Gewerkschaft sind oder in sie eintreten.

22. Die Gewerkschaften müssen an den Orten, wo sie organisiert sind, die Tätigkeit der Fabrikkomitees leiten und ausrichten und müssen zum Zweck besserer Verbindung mit ihnen Vertreter der Fabrikkomitees in ihre Delegiertenversammlungen eingliedern.

23. Alle Abänderungen und Zusätze zu der vorliegenden Instruktion müssen, ohne Abweichung von dem allgemeinen Inhalt der grundlegenden Instruktion des Gebietsrates der Fabrikkomitees des Ural, auf den Konferenzen der Abteilungskomitees diskutiert und bestätigt werden.

V. Verordnung über die Leitung der nationalisierten Unternehmen[12]

§ 1. Das zuständige Organ der obersten Leitung

Unter dem zuständigen Organ der obersten Leitung wird in der vorliegenden Verordnung entweder der Gebiets- oder der Oberste Volkswirtschaftsrat verstanden, je nachdem, welchem von diesen Organen der jeweilige Industriezweig oder das jeweilige Unternehmen durch die spezielle Instruktion des Obersten Volkswirtschaftsrates unterstellt ist.

§ 2. Die Fabrikleitungen

In jeder Fabrik, Grube usw., die in Republikeigentum übergangen ist, wird eine Fabrikleitung gebildet.

Zwei Drittel der Leitung werden durch den Gebiets-Volkswirtschaftsrat oder den Obersten Volkswirtschaftsrat ernannt (wenn das Unternehmen unmittelbar der zentralen Leitung unterstellt ist);

dabei hat der Volkswirtschaftsrat das Recht, der Gebiets- bzw. Gesamtrussischen Gewerkschaftsvereinigung die Aufstellung der Hälfte der Kandidaten zu überlassen.

Ein Drittel der Leitungsmitglieder wird von den gewerkschaftlich organisierten Arbeitern des Unternehmens gewählt.

Die Werksleitung muß in ihren Reihen ein Drittel Spezialisten aus dem technischen und dem Verwaltungspersonal aufnehmen.

Eine Liste der Mitglieder der Leitung wird nach ihrer Konstitution und der Wahl ihres Vorsitzenden dem zuständigen höheren Organ der Leitung zur Bestätigung vorgelegt.

Anmerkung 1: Das zuständige übergeordnete Leitungsorgan ist berechtigt, falls die Notwendigkeit besteht, in die Leitung eines nationalisierten Unternehmens seinen Vertreter zu entsenden, der beschließende Stimme hat und das Recht erhält, Beschlüsse der Werksleitung aufzuschieben, wenn diese den gesellschaftlichen Interessen zuwiderlaufen; gleichzeitig übergibt er die aufgeschobene Entscheidung dem zuständigen übergeordneten Leitungsorgan zur Beurteilung.

Anmerkung 2: In außerordentlichen Fällen, wo die Leitung eines Unternehmens sich völlig außerstande sieht, mit den ihr gestellten Aufgaben fertig zu werden, ist das zuständige übergeordnete Leitungsorgan für nationalisierte Unternehmen berechtigt, in Übereinstimmung mit den zentralen Gewerkschaftsvereinigungen des Gebietes die Unternehmensleitung zu ernennen.

§ 3. Die Hauptverwaltung kombinierter Unternehmen aus geographisch zersplitterten Produktionseinheiten

Für kombinierte Unternehmen werden außer den Leitungen für jede einzelne Produktionseinheit Hauptverwaltungen eingerichtet, die vorzugsweise im Hauptzentrum des Unternehmens anzusiedeln sind.

Die Hauptverwaltungen werden auf Grundlage jener Normen und Regeln gebildet, die auf einfache Unternehmen angewandt werden (ausgeführt in § 2).

Die Leitungen der einzelnen Produktionseinheiten, die das zusammengesetzte Unternehmen bilden, sind der Hauptverwaltung untergeordnet. Diese Leitungen werden auf Grundlage der allgemeinen Normen und Regeln (ausgeführt in § 2) gebildet.

§ 4. Die Amtszeit der Werksleitungen sowie der Hauptverwaltungen

Die Mitglieder der Werksleitungen sowie der Hauptverwaltungen der nationalisierten Unternehmen werden für sechs Monate gewählt. Neuwahlen der Leitung vor Ablauf dieser Frist sind nur mit Zustimmung des zuständigen Leitungsorgans der nationalisierten Unternehmen zulässig.

§ 5. Rechte und Pflichten der Werksleitungen einfacher Unternehmen und der Hauptverwaltung kombinierter Unternehmen

Die Leitung arbeitet den Kostenvoranschlag des Unternehmens, den

Produktionsplan, den Plan zur Erweiterung und Umrüstung des Unternehmens und den Versorgungsplan aus; diese Pläne werden dem zuständigen Leitungsorgan zur Beurteilung vorgelegt. Sie erarbeitet die Regeln für die innere Ordnung, sammelt Unterlagen für die Bestimmung der Selbstkosten und die Normen für den Arbeitslohn, bestimmt vorgesetzte Sachverständige für die technischen und geschäftlichen Angelegenheiten des Unternehmens und bestätigt sie für die einzelnen Produktionseinheiten des kombinierten Unternehmens; sie überwacht die Ausführung der Kostenvoranschläge und Pläne durch die Leiter, die von der entsprechenden Instanz bestätigt worden sind, und kümmert sich um die materielle Lage der Arbeiter und Angestellten des Unternehmens. Die Leitung legt dem zuständigen Leitungsorgan der nationalisierten Unternehmen in der von letzterem bestimmten Frist den Bericht über ihre Tätigkeit und die Lage des Unternehmens vor.

§ 6. Rechte und Pflichten der Werksleitungen der einzelnen Produktionseinheiten in kombinierten Unternehmen

Die Werksleitung arbeitet die Kostenvoranschläge und die Pläne für die einzelnen Produktionseinheiten des kombinierten Unternehmens aus; sie legt diese Voranschläge und Pläne sowie die Kandidaturen der jeweiligen technischen und Verwaltungsfachleute dieser Einheiten der Hauptverwaltung zur Diskussion und Billigung vor, überwacht die Ausführung der von der Hauptverwaltung bestätigten Pläne und Voranschläge durch diese Fachleute und sorgt für die materielle Existenz der Arbeiter und Angestellten der jeweiligen Produktionseinheit, ist hier jedoch gegenüber der Hauptverwaltung rechenschaftspflichtig.

§ 7. Das technische und Verwaltungspersonal der Unternehmen

Die verantwortlichen Sachverständigen für die einfachen Unternehmen werden von den Werksleitungen, für die kombinierten Unternehmen von den Hauptverwaltungen, ernannt. Die verantwortlichen Sachverständigen für technische und geschäftliche Angelegenheiten der einzelnen Produktionseinheiten des kombinierten Unternehmens werden von den Werksleitungen dieser Einheiten ernannt.

Das zuständige Leitungsorgan für die nationalisierten Unternehmen (Gebiets- oder Zentralverwaltung) ist berechtigt, Kandidaten in übergeordnete Leitungsstellen zu befördern und in außerordentlichen Fällen seine eigenen Kandidaten zu ernennen.

Die Hauptverwaltung kombinierter Unternehmen bestätigt die verantwortlichen Leiter, die von den Werksleitungen der einzelnen Produktionseinheiten des kombinierten Unternehmens gewählt worden sind.

§ 8. Die übergeordneten Leitungsorgane der nationalisierten Unternehmen

In den Gebiets-Volkswirtschaftsräten werden Organe zur Leitung der Unternehmen nach Produktionszweigen gebildet. Diese Organe (die Gebietsverwaltungen der nationalisierten Unternehmen) werden aus Kandidaten gebildet, die auf gemeinsamen Konferenzen von Vertretern der Werksleitungen und Vertretern der Gewerkschaftsvereinigungen gewählt und vom Gebiets-Volkswirtschaftsrat bestätigt worden sind. In die Gebietsleitung wird mindestens ein Vertreter der Gebiets-Gewerkschaftsvereinigung und mindestens ein Vertreter des Obersten Volkswirtschaftsrates delegiert. Im Obersten Volkswirtschaftsrat werden Zentralverwaltungen der nationalisierten Unternehmen gebildet. Mitglieder dieser Verwaltungen werden auf gemeinsamen Konferenzen von Vertretern der Werksleitungen und Vertretern der gesamtrussischen Gewerkschaftsvereinigungen gewählt und vom Obersten Volkswirtschaftsrat bestätigt.

In die Zentralverwaltung wird mindestens ein Vertreter der Gebietsverwaltungen des jeweiligen Produktionszweiges delegiert.

§ 9. Die Rechte und Pflichten der Gebiets-Verwaltung der nationalisierten Unternehmen

Die Gebietsverwaltung koordiniert die ihr zugegangenen Kostenvoranschläge und Pläne der Werksleitungen zu einem Gebiets-Kostenvoranschlag bzw. Plan. Sie verteilt diese Kostenvoranschläge in geeigneter Weise auf die einzelnen Unternehmen und legt sie der Zentralverwaltung zur Bestätigung vor; ebenso legt sie demselben Organ Entwürfe für Festpreise und Lohntarife in den Unternehmen der Republik zur Begutachtung vor, die sie gemeinsam mit den Gewerkschaften ausarbeitet; sie führt Buch über die hergestellten Produkte, übernimmt in Vollmacht der zentralen Verwaltung Aufträge, verteilt die Waren nach den zentralen Anweisungen; sie leitet die Versorgung des Unternehmens mit Produktionsmitteln entsprechend den Normen, die von der Zentralverwaltung gebilligt wurden. Sie verändert die Zusammensetzung der innerhalb der Gebietsgrenzen gelegenen Unternehmen. Sie bildet, falls nötig, aus ihnen einzelne Produktionseinheiten und neue Produktionsverbände. Sie hat das Recht, verantwortliche Leiter der technischen und geschäftlichen Angelegenheiten des Unternehmens als Kandidaten abzulehnen und in Ausnahmefälle ihre Kandidaten in der Leitung der nationalisierten Unternehmen zu ernennen sowie ihre Vertreter in diese Verwaltungen zu entsenden. Sie leitet die Arbeit der Werksleitungen, koordiniert und stimmt sie ab, kann jeden Beschluß aufschieben und legt der Zentralverwaltung Rechenschaftsberichte in der von dieser genannten Frist vor.

§ 10. Rechte und Pflichten der Zentralverwaltung der nationalisierten Unternehmen

Die Zentralverwaltung diskutiert, bestätigt oder hebt die Kostenvoranschläge der Gebietsverwaltungen, die Produktionspläne, die Pläne zur Erweiterung und Umrüstung der Unternehmen usw. auf, koordiniert sie zu einem gesamtrussischen Voranschlag und Plan, der dann zur endgültigen Bestätigung durch die allgemeinen Exekutivorgane des Obersten Volkswirtschaftsrats vorgelegt wird; sie erarbeitet gemeinsam mit der Gewerkschaftszentrale für Gesamtrußland gültige Festpreise und Lohntarife, die zur endgültigen Bestätigung den Exekutivorganen des Obersten Volkswirtschaftsrats vorgelegt werden. Sie sammelt die eingehenden Aufträge, verteilt diese nach Rayons auf die Produktionszweige, gibt Anweisungen über die hergestellten Waren, schließt Unternehmen, die mit Verlust arbeiten oder schlecht ausgerüstet sind, verändert die Zusammensetzung der kombinierten Unternehmen, die auf zwei oder mehr Gebiete verteilt sind, schafft aus ihnen — wenn nötig — verschiedene Produktionseinheiten und bildet neue, über die Grenzen des Gebiets sich erstreckende Produktionsverbände. Sie leitet die Arbeit der Gebietsverwaltungen an, koordiniert und stimmt sie ab, kann jeden Beschluß der Gebietsverwaltungen aufschieben und legt den allgemeinen Exekutivorganen des Obersten Volkswirtschaftsrats Rechenschaftsberichte in der von ihnen bestimmten Frist vor.

§ 11. Rechte und Pflichten der zentralen Verwaltung der nationalisierten Unternehmen und des Obersten Volkswirtschaftsrates, wenn ihm ein Produktionszweig (Betrieb) unmittelbar unterstellt wird.

Wenn ein bestimmter Produktionszweig oder ein bestimmtes Unternehmen dem Obersten Volkswirtschaftsrat unterstellt wird, übernimmt die Zentralverwaltung der nationalisierten Unternehmen alle Rechte und Pflichten, die der Gebietsverwaltung zukommen, und der Oberste Volkswirtschaftsrat übernimmt alle Rechte, die dem Gebiets-Volkswirtschaftsrat zukommen.

Anmerkung: Die Kontrolle der Arbeit der Fabrik- und Werksverwaltungen aller Unternehmen, darunter auch jener, die unmittelbar dem Obersten Volkswirtschaftsrat untergeordnet sind, fällt in den Kreis der Pflichten der Gebiets-Volkswirtschaftsräte, die, falls irgendeine Leitung Beschlüsse faßt, die eindeutig den gesellschaftlichen Interessen schaden, berechtigt sind, solche Beschlüsse aufzuschieben und gleichzeitig die Frage dem Obersten Volkswirtschaftsrat zur Entscheidung vorzulegen.

§ 12. Die Leitung der ehemaligen staatlichen Betriebe

Die Verwaltung der ehemaligen staatlichen Betriebe muß im Laufe von zwei Monaten, beginnend mit dem Tag der Herausgabe der vorliegenden Verordnung, auf Grundlage der vorliegenden Verordnung neu gebildet werden.

Sendler

Der Streik der Metallarbeiter in Bremen, März 1974
Analyse und Dokumentation
Herausgegeben von einem Autorenkollektiv des Kommunistischen Bundes Westdeutschland, Ortsgruppe Bremen
118 Seiten DM 4,80
Best.Nr.: 88011

Faschismusanalyse und antifaschistischer Kampf der Kommunistischen Internationale und der KPD 1923–1945
Verlag Jürgen Sendler, Mannheim
370 Seiten DM 10,00
Best.Nr.: 88001

Das Buch enthält Dokumente der Kommunistischen Internationale und der KPD, die direkt zum antifaschistischen Kampf und zum Faschismus Stellung nehmen und einen guten allgemeinen Überblick über die Analysen und Stellungnahmen der Kommunistischen Internationale und der KPD geben.
„Diese Broschüre ist um so notwendiger geworden, als der Kampf zweier Linien, der Kampf zwischen dialektischem Materialismus und bürgerlichem Idealismus sich gegenwärtig in der ‚Faschismusfrage' und der Frage des antifaschistischen Kampfes zuspitzt. Dahinter steht die Frage der richtigen Einschätzung der gegenwärtigen Klassenkampfsituation. Sie ist entscheidend. Die Geschichte der Arbeiterbewegung zeigt, ‚daß der Kampf zweier Linien immer mit der unterschiedlichen Einschätzung der revolutionären Lage beginnt'. (Peking Rundschau Nr. 8/72, Seite 12) Bei der Einschätzung der gegenwärtigen Klassenkampfsituation kann uns die Geschichte der Arbeiterbewegung nur mittelbar von Nutzen sein. Es ist also reiner bürgerlicher Idealismus, die Lehren der Geschichte der Arbeiterbewegung einer bestimmten historischen Situation auf eine andere Situation einfach zu übertragen und dabei die Grundannahme, daß die Situationen sich gleichen, in keiner Weise zu beweisen: Die Dokumente der Komintern und der KPD, denen manchmal selbst schon eine falsche Einschätzung der Klassenkampfsituation zugrundeliegt, auf die heutige Situation schlicht übertragen zu wollen, ist ein durch und durch bürgerliches Unterfangen, ein Zeichen von Faulheit. Unsere Dokumentensammlung ist also nicht ein weiterer Versuch solche fehlerhaften Herangehens an die Geschichte der Arbeiterbewegung, sondern im Gegenteil der Versuch, solchen Fehlern durch die Bereitstellung eines breiteren Dokumentenmaterials für eine große Anzahl von Genossen die Grundlage zu entziehen." (Aus der Einleitung)

Bestellungen an: Buchvertrieb Hager GmbH, 6800 Mannheim, Postfach 5129
Auslieferung für die Schweiz: Pinkus Genossenschaft, CH-8025 Zürich, Postfach, SCHWEIZ

Anmerkungen

Einleitung

1 Vgl. dazu den Artikel von M. N. Pokrovskij, dem Leiter des Instituts der Roten Professur und stellvertretenden Volkskommissar für Bildungswesen, zum ersten Jahrestag des Instituts in: Russische Korrespondenz, Jg. III/2, H. XI–XII, S. 812 ff.

2 W. H. Chamberlin, Geschichte der russischen Revolution, Frankfurt 1958, Bd. 1, S. 4 führt eine Schätzung an, nach der bei einer Gesamtbevölkerung von 36 Millionen um 1800 34 Millionen der Leibeigenschaft unterworfen waren.

3 Die russischen Städte entstanden und entwickelten sich vorwiegend nicht als Handels- und Handwerksstädte, sondern als Verwaltungszentren und Beamtenstädte. Vgl. dazu L. D. Trockij, Die russische Revolution 1905, Berlin 1923 (zuerst veröffentlicht: Dresden 1909), S. 26 ff.

4 Peter I. versuchte Rußland mit Gewalt zu europäisieren, scheiterte letztlich aber ebenso an den Vorbedingungen wie an seinen imperialen Zielen. Der bekannte russische Historiker Ključevskij charakterisierte — in: Kurs russkoj istorii (Der Gang der russischen Geschichte) Bd. IV, zit. bei Chamberlin, op. cit. Bd. 1, S. 10 — Peters Politik folgendermaßen: »Seine guten Taten wurden mit abstoßender Gewalt vollbracht. Peters Reform war ein Kampf des Despotismus mit dem Volk und dessen Trägheit. Er hoffte durch seinen Machtspruch Initiative in einer versklavten Gesellschaft auszulösen und vermittels einer Aristokratie von Sklavenbesitzern europäische Wissenschaften und Volkserziehung nach Rußland zu verpflanzen, als notwendige Voraussetzung zur Entfaltung gesellschaftlicher Initiative. Er wünschte, daß der Sklave, der weiter ein Sklave blieb, bewußt und in Freiheit handeln sollte. Dieses Ineinandergreifen von Despotismus und Freiheit, von Erziehung und Sklaverei ist die politische Quadratur des Zirkels, das Rätsel, das wir uns zwei Jahrhunderte lang seit Peter zu lösen bemühen, das jedoch noch immer ungelöst bleibt.«

5 Vgl. dazu im vorliegenden Band Teil II, Zweites Kapitel.

6 Das zeigt sich z. B. auch an der Gegenüberstellung statistischer Daten aus Deutschland und aus Rußland, wie sie Trockij in: Die russische Revolution 1905 op. cit. S. 26 durchgeführt hat. Aus ihr geht hervor, daß der Anteil der Arbeiter, die in ausgesprochenen Großbetrieben mit mehr als 1000 Beschäftigten beschäftigt waren, an der Gesamtarbeiterzahl um die Jahrhundertwende in Rußland fast viermal so hoch lag als in Deutschland.

7 Ebd. S. 22.

8 Zur konkreten Situation der russischen Fabrikarbeiter in diesem Zeitraum vgl. vor allem Lenin, Erläuterung des Gesetzes über die Geldstrafen, die den Arbeitern in den Fabriken und Werken auferlegt wer-

den (1895) und: Das neue Fabrikgesetz (1897), beide in LW Bd. 2, S. 15—63 bzw. S. 265—316.
9 Vgl. Ju. Martov, Geschichte der russischen Sozialdemokratie, mit einem Nachtrag von Th. Dan: Die Sozialdemokratie Rußlands nach dem Jahre 1908, Berlin 1926, S. 26, sowie Lenin, Das neue Fabrikgesetz, op. cit.
10 »Den Anstoß zu dieser Bewegung gaben Lohndifferenzen in den Werkstätten der Vladikaukasischen Eisenbahn. Die Verwaltung wollte die Löhne herabsetzen, darauf gab das Donsche Komitee der Sozialdemokratie einen Aufruf heraus, mit der Aufforderung zum Streik um folgende Forderungen: Neunstundentag, Lohnaufbesserung, Abschaffung der Strafen, Entlassung unbeliebter Ingenieure usw. Sämtliche Eisenbahnwerkstätten traten in den Ausstand. Ihnen schlossen sich alsbald alle anderen Berufe an, und plötzlich herrschte in Rostov ein nie dagewesener Zustand: jede gewerbliche Arbeit ruht, dafür werden Tag für Tag Monster-Meetings von 15 000 bis 20 000 Arbeitern im Freien abgehalten, manchmal umzingelt von einem Kordon Kosaken, wobei zum ersten Mal sozialdemokratische Volksredner offen auftreten, zündende Reden über Sozialismus und politische Freiheit gehalten und mit ungeheurer Begeisterung aufgenommen, revolutionäre Aufrufe in Zehntausenden von Exemplaren verbreitet werden. Mitten in dem starren absolutistischen Rußland erobert das Proletariat Rostovs zum ersten Mal sein Versammlungsrecht, seine Redefreiheit im Sturm. Freilich geht es auch hier nicht ohne ein Massaker ab. Die Lohndifferenzen der Vladikaukasischen Eisenbahnwerkstätten haben sich in wenigen Tagen zu einem politischen Generalstreik und zu einer revolutionären Straßenschlacht ausgewachsen.« (Rosa Luxemburg, Massenstreik, Partei und Gewerkschaften, in: Rosa Luxemburg, Politische Schriften I, Frankfurt 1966, S. 150).
11 »In *Odessa* beginnt die Bewegung mit einem Lohnkampfe, in den der von Regierungsagenten nach dem Programm des berühmten Gendarmen *Zubatov* gegründete ›legale‹ Arbeiterverein verwickelt wurde. Die geschichtliche Dialektik hat wieder Gelegenheit genommen, einen ihrer hübschen boshaften Streiche auszuführen: (...) der große revolutionäre Strom (drehte) das Schifflein mit der falschen Flagge um und zwang es, gerade an der Spitze der revolutionären proletarischen Flottille zu schwimmen. Die Zubatovschen Vereine gaben im Frühling 1904 die Parole zu dem großen Generalstreik in Odessa, wie im Januar 1905 zu dem Generalstreik in Petersburg. Die Arbeiter in Odessa, die in den Wahn von der aufrichtigen Arbeiterfreundlichkeit der Regierung und ihrer Sympathie für rein ökonomischen Kampf gewiegt wurden, wollten plötzlich eine Probe aufs Exempel machen und zwangen den Zubatovschen ›Arbeiterverein‹, in einer Fabrik den Streik um bescheidenste Forderungen zu erklären. Sie wurden darauf vom Unternehmer einfach aufs Pflaster gesetzt, und als sie von dem Leiter ihres Vereins den versprochenen obrigkeitlichen Schutz forderten, verduftete der Herr und ließ die Arbeiter in wilder Gärung zurück. Alsbald stellten sich die Sozialdemokraten an die Spitze, und die Streikbewegung sprang auf andere Fabriken über (...); es bildet sich ein Zug, der von Fabrik zu Fabrik geht und, lawinenartig anwachsend, schon als eine 40 000 bis 50 000köpfige Menge sich zum Hafen begibt, um hier jede Arbeit zum Stillstand zu bringen. Bald herrscht in der ganzen Stadt der Generalstreik.« (Ebd. S. 151 f.)
12 1899 bis etwa 1901 bestand in Rußland an fast allen Universitäten eine breite liberale bis revolutionär-demokratische Studentenbewe-

gung, deren Zentren in Petersburg, Moskau, Kiev und Char'kov lagen. Der Höhepunkt dieser Bewegung fiel in das Jahr 1901, als es in den großen Universitätstädten zu Straßenschlachten zwischen Studentendemonstrationen und Polizei und Kosaken kam, die begleitet waren von terroristischen Vergeltungsaktionen einzelner studentischer Kampfgruppen. Diese Bewegung schien so stark, daß sozialdemokratische Exilzeitungen in ihr einen »historischen Wendepunkt« — so die Überschrift eines Leitartikels des »Rabočee Delo« — sahen und eine grundlegende Änderung der sozialdemokratischen Taktik in Richtung auf Massen-Kampfstreiks forderten. Der zaristischen Bürokratie gelang es jedoch ziemlich rasch, dieser Auseinandersetzungen, die die Arbeiterklasse unmittelbar nicht erfaßt hatten, Herr zu werden — probates Mittel dazu war die massenhafte Einziehung der Studenten zum Militärdienst.

13 Die Zemstvos (vom russischen »zemlja« = Land) waren eine seit 1864 bestehende Ständevertretung (Adel, Städte, Bauern) auf Kreis- und Gouvernementsebene; der Adel — d. h. der Großgrundbesitz — dominierte allerdings eindeutig. Abgesehen davon, daß die bis 1917 bestehenden Zemstvo-Körperschaften niemals im ganzen russischen Imperium eingeführt waren, sondern nur in einer beschränkten Anzahl von Gouvernements, besaßen sie gegenüber der staatlichen Administration keinerlei Einspruchsrecht; ihre Kompetenzen waren von vornherein auf Bereiche wie Straßenunterhaltung, Gesundheits- und Schulwesen etc. beschränkt. Zu Beginn des 20. Jahrhunderts gruppierten sich um die Zemstvos die sogenannten »Zemstvo-Liberalen«, die sich nach 1905 in bürgerlich-oppositionellen Organisationen wie »Kadetten« und den »Oktobristen« gruppierten.
14 Siehe dazu W. H. Chamberlin, Geschichte der russischen Revolution, op. cit. S. 44.
15 Vgl. dazu Teil II, Anm. 29.
16 Oskar Anweiler, Die Rätebewegung in Rußland 1905–1921, Leiden 1958, S. 42 f.
17 Siehe dazu ebd. S. 43 f.
18 Die Bulyginsche Duma — benannt nach dem damaligen Innenminister — war ein Projekt der Einberufung einer nur beratenden Körperschaft des öffentlichen Lebens im Sommer 1905; es wurde nie verwirklicht, weil dem Zaren durch die Kämpfe im Herbst weit größere Zugeständnisse abgenötigt wurden, die sich im sogenannten Oktobermanifest niederschlugen.
19 Anweiler führt folgende Namen an: Delegierten- bzw. Deputiertenversammlung, Arbeiterkommission, Ältestenrat, Bevollmächtigtenrat, Rat der Arbeiterdeputierten oder ganz einfach Deputierte oder Bevollmächtigte (op. cit. S. 45 f).
20 Vgl. dazu Trockij, Die russische Revolution, op. cit. 86 ff.
21 »Die Sozialdemokraten — Menschewiken wie Bolschewiken (von 1906 bis 1912 waren die beiden Fraktionen wieder formal in einer Gesamtpartei vereinigt) — haben die Bedeutung der Duma als eines nationalen Forums politischer Meinungsäußerung sehr wohl erkannt und, nachdem sie die erste Duma boykottiert hatten, in die folgenden Dumen ihre Vertreter entsandt, deren Zahl allerdings von 65 in der zweiten auf 14 in der vierten Duma sank; die Sozialrevolutionäre waren nur in der zweiten Duma vertreten und kehrten danach in die terroristische Illegalität zurück. Die Rechtsradikalen (Bund des russischen Volkes, Erzengel Michael-Bund u. a. [Sammelname: Schwarze Hundert]), die (...) in Puriškevič einen Führer hervorbrachten, der nur noch von

dem Polizeiagenten Malinovskij als Führer der bolschewistischen Fraktion in der vierten Duma an Fragwürdigkeit übertroffen wurde, brauchten das Licht der Dumaöffentlichkeit nicht zu scheuen; sie genossen allerhöchste Gunst und Förderung.« (Günter Stökl, Russische Geschichte, Stuttgart 1962, S. 604.)

22 Auf die Juden wurden im zaristischen Rußland ähnlich wie im Dritten Reich gezielt soziale Aggressionen umgelenkt, um sie nicht gegen das politische und soziale System selbst zur Explosion kommen zu lassen.
23 So Plechanov in: Protokoly pjatyj (londonskij) s"ezd RSDRP [Protokolle des 5. (Londoner) Kongresses der SDAPR], Moskau 1963, S. 5.
24 Siehe O. Anweiler, op. cit. S. 119.
25 Siehe ebd. S. 120; Pankratova gibt — vgl. Teil II, Anm. 108 — für 1911 bereits über 250 000 streikende Arbeiter an.
26 Auf den Konferenzen von Zimmerwald und Kienthal 1915 und 1916 in der Schweiz formierte sich die sozialdemokratische Linke ganz Europas, die sogenannten Internationalisten, die Kriegsgegner, die die Burgfriedenspolitik der jeweiligen nationalen Sozialdemokratien nicht mitgemacht hatten und revolutionäre Opposition gegen den Krieg in ihren Heimatländern zu betreiben versuchten; nach der Oktoberrevolution bildete sich aus den auf diesen Konferenzen geschaffenen internationalen organisatorischen Ansätzen die Dritte Internationale.
27 Siehe O. Anweiler, op. cit. S. 120.
28 Siehe ebd. S. 121.
29 Bei Kriegsbeginn wurde der historische Name Sankt Petersburg aufgrund seiner deutschen Herkunft zu Petrograd russifiziert.
30 Vgl. dazu O. Anweiler, op. cit. S. 122.
31 Vgl. dazu ebd. S. 125.
32 Siehe dazu die häufigen Bestimmungen der im Anhang abgedruckten Statuten, die es den Fabrikkomitees untersagen, sich in Leitung und Verwaltung der Betriebe einzumischen — eine durchgehende Bestimmung seit 1918. Das Problem der Wieder- und Weiterverwendung bürgerlicher Spezialisten sowohl im Produktionsprozeß wie in der Roten Armee stellte sich besonders scharf: Auf der einen Seite war sie notwendig, weil das neue Regime über keine bzw. zu wenig eigene ausgebildete Kräfte verfügte, auf der anderen Seite liegt hier eine der entscheidenden Wurzeln für das Wiedererstarken kapitalistischer Produktionsbedingungen in der Sowjetunion.
33 Vgl. dazu Mary McAuley, Labour dispute in Soviet Union 1956—1958, ein Buch, das die Auseinandersetzungen in Leningrader Betrieben behandelt und den »Petrograder Fabrikkomitees« gewidmet ist.
34 I. Deutscher, Der bewaffnete Prophet, Stuttgart 1962, S. 474.
35 Ebd. S. 476.
36 Ebd. S. 475.
37 Wir können hier auf die Arbeiteropposition nicht ausführlicher eingehen; vgl. grundsätzlich dazu: Die russische Arbeiteropposition. Die Gewerkschaften in der Revolution, hg. von G. Mergner, Reinbek 1972, vor allem auch die umfangreiche und sehr ausführliche Einleitung des Herausgebers.
38 Lenin, Über die Gewerkschaften, die gegenwärtige Lage und die Fehler Trockijs, LW Bd. 32, S. 7 f.
39 Siehe ebd. S. 93.
40 Die Literatur über Kronstadt ist zwar reichhaltig, aber sehr stark von der jeweiligen Position des Berichterstatters und seiner persönlichen Parteinahme einseitig gefärbt. Vgl. im einzelnen dazu von anarchistischer Seite I. Steinberg, Gewalt und Terror in der Revolution, Berlin

1974, und A. Berkman, Der Aufstand in Kronstadt, Berlin o. J.; von bolschewistischer Seite Lenin, Werke Bd. 32, S. 182 ff; sowie Trockij, Das Zetergeschrei über Kronstadt (1938), in: Die Internationale, Jg. 12, Nr. 4, November 1967, und A. Morizet, Chez Lénine et Trotzki, Paris 1922, S. 78 ff., und schließlich allgemein J. Ch. Traut (Hrsg.), Rußland zwischen Revolution und Konterrevolution, Bd. I, München 1974.

41 Vgl. nur Lenins Einschätzung des Taylorismus, also des Systems der Effektivierung der menschlichen Arbeitskraft durch Zerlegung und Spezialisierung der Arbeitsprozesse, und die mögliche Rolle, die Lenin einem solchen System für den sozialistischen Aufbau zuweist. Siehe dazu konkret Angelika Ebbinghaus, Taylor in Rußland, in: Autonomie Nr. 1, 10/1975, S. 3—15.

42 Grundsätzlich dazu: Ch. Bettelheim, China nach der Kulturrevolution: Industrielle Organisation, dezentralisierte Planung und Wertgesetz, München 1974. Wir wagen keinerlei Vorhersage über die dauerhafte Durchführbarkeit dieses Experiments.

43 Vgl. Teil I (Einführung), Anm. 11.

I Einführung

1 [Die Autorin faßt unter »Fabrikkomitees« sehr verschiedene Arbeiterorganisationen wie die russischen Fabrikkomitees, die deutschen Betriebsräte nach der Novemberrevolution oder die englischen Factory Committees bzw. Shop Steward Committees zusammen; im folgenden werden diese Organisationen, sofern sie allgemein in ihrer Eigenschaft als Arbeiterkomitees aus den Betrieben angesprochen sind, ebenfalls als »Fabrikkomitees« übersetzt. Sind jedoch bestimmte historische Organisationsformen der Arbeiterklasse in nationalem Rahmen — wie etwa die deutschen Betriebsräte — gemeint, ist das auch entsprechend wiedergegeben.]

2 [Vgl. dazu z. B. die Dokumentation über die Stellungnahme der Gewerkschaften zum Rätesystem in: D. Schneider/R. Kuda, Arbeiterräte in der Novemberrevolution. Ideen, Wirkungen, Dokumente, Frankfurt 1968, S. 139 ff.]

3 [A. Ure, zitiert von Marx in: Das Kapital Bd. I, MEW Bd. 23, S. 441; die letzte zitierte Formulierung stammt von Marx.]

4 [Ebd. S. 445.]

5 [Ebd. S. 350.]

6 [Ebd. S. 351.]

7 S. und B. Webb, Industrial democracy, London 1897.

8 Karl Marx, Das Kapital Bd. I, [MEW Bd. 23, S. 447].

9 [Vgl. dazu W. Friedensburg, Stephan Born und die Organisationsbestrebungen der Berliner Arbeiterschaft bis zum Berliner Arbeiterkongreß, in: Beihefte zum Archiv für die Geschichte des Sozialismus und der Arbeiterbewegung, 1, Leipzig 1923, S. 73 ff.]

10 Das Kapital Bd. I [MEW Bd. 23, S. 504].

11 [Ein gutes Beispiel zur Ambivalenz kapitalistischer Gesetzgebung zu Fabrikkomitees bzw. Betriebsräten bietet das deutsche Reichsbetriebsrätegesetz vom 4. Februar 1920. Hier kann nicht die inzwischen sehr umfangreiche Literatur — neue und über Neuauflagen bzw. Reprints wieder zugänglich gemachte Titel — zu Rätegeschichte und politischer Praxis autonomer Arbeitergruppen im einzelnen angeführt werden. Einen relativ leichten Einstieg in die Problematik der deutschen Räte bietet — auch von der angeführten Literatur her — Schneider/Kuda, op. cit. Zur Geschichte der Arbeit

autonomer Arbeitergruppen und autonomer revolutionärer Ansätze ist vor allem grundsätzlich wichtig: K. H. Roth, Die »andere« Arbeiterbewegung und die Entwicklung der kapitalistischen Repression von 1880 bis zur Gegenwart, München 1974, mit sehr ausführlicher, kommentierter Bibliographie.]

II Die Fabrikverfassung in Rußland bis zur Revolution von 1917

1 [M. N. Tugan-Baranovskij (1865–1919), Ökonom und Wirtschaftsgeschichtler, war einer der bedeutendsten Vertreter der sogenannten Legalmarxisten; seine Arbeiten bildeten jedoch eine wesentliche politisch-theoretische Quelle für die revolutionäre Literatur insgesamt. Pankratova bezieht sich mit ihrer Charakteristik vor allem auf sein Buch: Russkaja fabrika v prošlom i nastojaščem (Die russische Fabrik in Vergangenheit und Gegenwart), SPb 1907³.]
2 [Alte russische Münzen: Altyn war ein silbernes Dreikopekenstück, Den'ga eine Kupfermünze im Wert von einer halben Kopeke.]
3 [Im Zuge der Verwaltungsreform von 1718–1722 bildete Peter I. sogenannte »Kollegien«, die die alten Moskauer »Prikazy« als reine Fachministerien ersetzten. Die »Prikazy« (Sing. Prikaz) waren Ämter, die teils nach fachlichen, teils nach territorialen Gesichtspunkten aufgegliedert waren und sehr schwerfällig gearbeitet hatten. Gerade im industriell-wirtschaftlichen Bereich wurden die neuen »Kollegien« durch Peter vorwiegend mit Ausländern besetzt. Eines dieser Kollegien war das Manufakturkollegium, gewissermaßen also ein Industrieministerium.]
4 K. Nisselovič, Istorija fabrično-zavodskogo zakonodatel'stva Rossijskoj imperii [Die Geschichte der Fabrikgesetzgebung im russischen Reich], SPb 1883, Bd. 1, S. 71.
5 [Votčina-Fabriken waren Fabriken, die zu adeligen Erbgütern gehörten; Possessionsfabriken waren Industriebetriebe, die auf der Ausbeutung leibeigener Bauern, der sogenannten Possessionsbauern, beruhten.]
6 [V. I.] Semevskij, Gornozavodskie krest'jane vo vtoroj polovine XVIII v. [Die Bauern in der Bergbau- und Hüttenindustrie in der zweiten Hälfte des 18. Jahrhunderts, SPb 1881].
7 I. Sigov, Narod i possessionnye vladenija v Urale, in: Russkoe Bogatstvo Nr. 3, 1899.
8 Rožkov, Gorod i derevnja [Stadt und Land. Diese Angaben sind jedoch nicht unbestritten; vgl. dazu allgemein G. Stöckl, Russische Geschichte, Stuttgart 1962, S. 424 ff.]
9 [Ju. Martov, Geschichte der russischen Sozialdemokratie. Mit einem Nachtrag von Th. Dan: Die Sozialdemokratie Rußlands nach dem Jahr 1908, Berlin 1926, S. 9.]
10 Siehe: Archiv istorii truda v Rossii [Archiv der Geschichte der Arbeit in Rußland], Nr. 2, S. 5: Na Moskovsko-Novgorodskogo parusnoj fabrike. Dela Auditoriatskogo Departamenta, 23 maja 1816 g. [Zur Segelfabrik in Moskau-Novgorod. Strafsache vor dem Auditoriatsdepartement vom 23. Mai 1816. Das Auditoriatsdepartement war ein besonderer Gerichtshof.]
11 Siehe ebd. S. 6.
12 Siehe die Auszüge aus diesen Materialien, ebd. S. 86 ff.
13 Tugan-Baranovskij, Russkaja fabrika, op. cit. S. 96 ff; V. Posse, Russkie stački [Russische Streiks, Petrograd 1917].
14 Zit. nach Tugan-Baranovskij, op. cit. S. 124.

15 [Zit. nach Martov, op. cit. S. 10 f.]
16 Tugan-Baranovskij, op, cit. S. 10.
17 [Bekannte Petersburger Fabrikanten.]
18 Eine besonders merkwürdige Figur in der Reihe dieser Ideologen bildet der preußische Beamte Freiherr v. Haxthausen, der sich bei der russischen Regierung großer Beliebtheit erfreute [v. Haxthausen hatte in seinen dreibändigen »Studien über die inneren Zustände, das Volksleben und insbesondere die ländlichen Einrichtungen in Rußland« (1847–1852), Ergebnis einer ausgedehnten Studienreise, die russische Dorfgemeinde sozusagen »entdeckt« und wissenschaftlich publik gemacht].
19 [Dement'ev, Fabrika, čto ona daet naseleniju i čto ona beret u nego (Die Fabrik — was sie der Bevölkerung gibt und sie ihr nimmt), Moskau 1897.]
20 Dement'ev stützt seine Zahlenangaben hauptsächlich auf eine Untersuchung der Fabriken in drei Industrierayons des Moskauer Gouvernements; diese Angaben sind jedoch durchaus hinreichend, um die kapitalistische Fabrik in Rußland insgesamt zu charakterisieren.
21 K. Pažitnov, Položenie rabočego klassa v Rossii [Die Lage der Arbeiterklasse in Rußland, SPb 1906], S. 144.
22 Siehe die diesbezüglichen Zahlenangaben bei Tugan-Baranovskij, op. cit. S. 434, sowie bei Peskov, Fabričnyj byt Vladimirskoj gubernii [Das Fabrikleben im Gouvernement von Vladimir] und Pažitnov, op. cit.
23 Nr. 168 vom 22. Juni 1870 [»Novoe Vremja« (Neue Zeit) erschien als Tageszeitung in Petersburg von 1868 bis Oktober 1917; anfangs gemäßigt liberal, verwandelte sie sich rasch in ein Organ des konservativen Gutsbesitzeradels und der Beamtenschaft].
24 Siehe dazu: Archiv istorija truda v Rossii, op. cit.
25 [Vgl. dazu allgemein Lenin, Erläuterung des Gesetzes über die Geldstrafen LW 2, S. 17 ff.]
26 Siehe dazu Ju. Martov, Razvitie krupnoj promyšlennosti i rabočee dviženie do 1892 g. [Die Entwicklung der großen Industrie und die Arbeiterbewegung bis 1892, in: Istorija Rossii v XIX v. (Geschichte Rußlands im 19. Jh.), Bd. VI, S. 114–162].
27 Vgl. dazu im einzelnen Plechanov, Russkij rabočij v revoljucionnom dviženii [Der russische Arbeiter in der revolutionären Bewegung, Sočinenija Bd. III, Moskau 1924, S. 127–205.]
28 Janžul, Fabričnyj byt v Moskovskoj gubernii [Das Fabrikleben im Moskauer Gouvernement], S. 83.
28a [Vgl. dazu: Rabočee dviženie v Rossii v XIX v. Sbornik dokumentov i materialov, pod red. A. M. Pankratovoj (Die Arbeiterbewegung in Rußland im 19. Jh. Dokumente und Materialien, Red.: A. M. Pankratova), Moskau 1950, Bd. II/1.]
29 [Die »Zubatovščina« — siehe hierzu vor allem Teil II, drittes Kapitel — war eine spezifische, vom Moskauer Polizeichef S. V. Zubatov (1847–1917) entwickelte Strategie und Taktik der russischen Geheimpolizei. Zubatov hatte seine Laufbahn als Mitglied revolutionärer Zirkel begonnen, wurde jedoch sehr rasch Polizeispitzel und agent provocateur. 1889 Polizeichef von Moskau geworden, ließ er durch Spitzel »revolutionäre« Arbeiterorganisationen gründen, die zwar durchaus Lohnforderungen formulierten und zum Teil auch Kämpfe gegen die Unternehmer zur Durchsetzung dieser Forderungen durchführten, aber unter Polizeikontrolle standen und eine politische Stoßrichtung der Kämpfe der Arbeiter auszuschalten suchten, um der So-

zialdemokratie das Wasser abzugraben. Der Priester Gapon, Anführer der Arbeiterdemonstration in Petersburg am »Blutsonntag« 1905, war Führer eines solchen Zubatovschen Arbeitervereins.]
30 [Siehe dazu Teil II, drittes Kapitel, Abschnitt 4.]
31 Aus einer Mitteilung des Finanzministeriums.
32 Ausführlicher siehe dazu M. G. Lunc, Fabričnoe zakonodatel'stvo [Fabrikgesetzgebung] in: Rabočij ežegodnik [Arbeiterjahrbuch] 1906 sowie Litvinov-Falinskij, Fabričnoe zakonodatel'stvo i fabričnaja inspekcija v Rossii [Fabrikgesetzgebung und Fabrikinspektion in Rußland, SPb] 1900.
33 Siehe dazu die Übersicht über den industriellen Aufschwung von 1893—1899 bei Finn-Enotaevskij, Sovremennoe chozjajstvo Rossii [Die moderne Wirtschaft Rußlands] (1890—1910 gg.).
34 Martov führt [in: Razvitie krupnoj promyšlennosti, op. cit.] folgende Tabelle an, um seine Feststellung, der Großteil der Streiks sei auf die großen kapitalistischen Fabriken entfallen, zu untermauern:

Unternehmen bis zu 20 Arbeitern	2,7 %
21— 50 Arbeiter	7,5 %
51— 100 Arbeiter	9,4 %
101— 500 Arbeiter	21,5 %
501—1000 Arbeiter	49,9 %
über 1000 Arbeiter	89,7 %

35 Genauere Zahlenangaben dazu siehe bei Pogožev, Učet čislennosti i sostava rabočich v Rossii [Übersicht und Bestandsaufnahme der Arbeiter in Rußland], und Dement'ev, op. cit.
36 Dement'ev, op. cit. S. 45 f.
37 Materialy dlja istorii staček v načale 70 gg. [Materialien zur Streikgeschichte zu Beginn der siebziger Jahre] in: Archiv istorii truda, Nr. 5, S. 19.
38 Die Texte der Rundschreiben und eine umfassende Darstellung der polizeilichen Politik siehe bei I. Ch. Ozerov, Politika po rabočemu voprosu [Die Politik in der Arbeiterfrage], Moskau 1905.
39 [Siehe dazu den folgenden Abschnitt.]
40 Dieser Vortrag ist abgedruckt in: [M. N.] Ljadov, Istorija RSDRP [Geschichte der SDAPR] Teil 2, S. 234 f.
41 Siehe dazu Ozerov, op. cit. S. 148.
42 Siehe dazu Ozerov, Nuždy rabočego klassa v Rossii (Zapiska, podannaja Vitte v 1902) [Die Nöte der Arbeiterklasse in Rußland. Denkschrift, übergeben an Witte im Jahr 1902] Moskau 1905.
43 Die Rede Zubatovs zu dieser Gelegenheit sowie eine allgemeine Darstellung seiner Tätigkeit siehe bei Grigor'evskij, Policejskij socializm v Rossii (čto takoe zubatovščina) [Polizeisozialismus in Rußland — die sogenannte Zubatovščina] SPb 1906. Das »Programm« Zubatovs ist abgedruckt in dem Artikel: Kak ustraivali v Moskve rabočij vopros [Wie man in Moskau die Arbeiterfrage erledigt hat] in: Russkoe Delo [Russische Sache] Nr. 3—5, 1905.
44 Grigor'evskij, op. cit. S. 11.
45 Zubatovcy i social'-demokraty v ijunskie dni [Zubatovleute und Sozialdemokraten in den Junitagen] in: Proletarskoe Delo [Proletarische Sache] Nr. 1, August 1905.
46 Das ist ein ganz typisches Flugblatt, das von den Zubatov-Leuten an die Arbeiter verteilt wurde; wir entnahmen es dem Parteiarchiv von Odessa.
47 Svod otčetov fabričnych inspektorov za 1902 god [Sammlung der Berichte der Fabrikinspektoren für das Jahr 1902] S. XVIII.

48 Nr. 15, 1902.
49 [Šaevič war Polizeispitzel und agent provocateur und als solcher Vorsitzender der »Unabhängigen Arbeiterpartei«, des Zubatovschen Arbeitervereins in Odessa.]
50 Kapital buntuet [Das Kapital rebelliert] in: Iskra Nr. 88, 1905.
51 Diese Zuschriften von Arbeitern stammen aus den Nummern der Rabočaja Mysl' [Arbeitergedanke] vom Januar 1902.
52 Rabočaja Mysl' Nr. 14, 1902.
53 Uslovija truda rabočich na Peterburgskom zavode po dannym 1901 g. [Die Arbeitsbedingungen der Arbeiter in Petersburger Fabriken nach Angaben für das Jahr 1901], in: Archiv istorii truda, Nr. 2, op. cit.
54 Siehe das Rundschreiben zur Einrichtung von Fabrikältesten in Industrieunternehmen, zit. bei Ozerov, Politika po rabočemu voprosu, op. cit. S. 272.
55 [Siehe Anhang I; vgl. auch die Einschätzung dieses Gesetzes durch Lenin, Das Zeitalter der Reformen, LW Bd. 6, S. 509 ff.]
56 P. A. Sevalev, Vestnik fabričnogo zakonodatel'stva [Bote der Fabrikgesetzgebung], SPb 1905, Bd. III.
57 S. N. Prokopovič, K rabočemu voprosu v Rossii [Zur Arbeiterfrage in Rußland, SPb 1905. Kokovcev, damals Finanzminister, leitete persönlich eine Kommission, die sich nach dem 9./22. Januar 1905 mit dem Studium der deutschen Arbeitergesetzgebung und den Möglichkeiten einer Anwendung solcher Gesetze in Rußland beschäftigte; vgl. den Bericht Kokovcevs an den Zaren in: Krasnyj Archiv (Rotes Archiv) Nr. 11/12, 1925, S. 1 ff.]
58 Interessant ist hier ein Gespräch zwischen Lopuchin, dem Chef der Polizei von Odessa, und Rajch, einem Arbeiterdeputierten, der zu einer Aussprache über die Arbeiterbewegung und die Maßnahmen zur Pazifizierung der Arbeiter nach dem Julistreik eingeladen worden war. Wir geben diesen Dialog nach einem Flugblatt des sozialdemokratischen Komitees von Odessa wieder, das die Überschrift trug: »So winden sie sich!«
— »Sagen Sie doch bitte, was denken sie über das neue Gesetz der Fabrikältesten? fragte Lopuchin.
— Es war so, daß man mich zum Fabrikältesten wählen wollte, aber da kam plötzlich das Zirkular des Charkover Gouverneurs dazwischen. Unsere Arbeiter können fast alle Zeitung lesen, und dieses Zirkular, das die Ältesten verpflichtete, Leute, die Proklamationen heimlich in Umlauf bringen, und überhaupt ›politisch unzuverlässige‹ Leute anzugeben, brachte auf einen Schlag alle Leute im Betrieb auf die Beine, und überall fingen sie an, über die Spione von Ältesten zu reden. Ich beeilte mich, meine Kandidatur zurückzuziehen.
— Was für ein Zirkular meinen sie denn? Ich habe nichts gehört, sagte der verwirrte Lopuchin, der von nichts wissen wollte. In Petersburg werde ich unverzüglich alles in Erfahrung bringen. Nein, ein solches Zirkular kann es nicht geben. Ich selbst habe in der Kommission gesessen, die das Gesetz über die Fabrikältesten ausgearbeitet hat, und da bin ich entschieden dafür eingetreten, daß der Älteste keine Polizeipflichten übernimmt. Ich habe in der Kommission gesagt, daß der Fabrikant mit Geld auf den Ältesten Einfluß nehmen kann, damit er so was macht . . . Mit diesem Gesetz, so erinnerte sich plötzlich Lopuchin, wollten wir den Arbeitern den Beginn ihrer Selbstverwaltung erleichtern, diese extremen Parteien aber entstellen den Sinn des Gesetzes . . .«
Wir denken, daß der angeführte Dialog keines Kommentars bedarf.

59 Die diesbezüglichen Flugblätter befinden sich im Archiv zur Erforschung der Parteigeschichte in Odessa.
60 Rabočij sojuz [Arbeiterbund] Nr. 10, S. 12.
61 O rabočich v železnoj promyšlennosti [Die Arbeiter in der Eisenindustrie], 1903, S. 4.
62 Zapiska s"ezda soveta gornopromyšlennikov Ural'skoj oblasti po rabočemu voprosu na Urale [Denkschrift des Kongresses des Rates der Hüttenindustriellen des Uralgebiets zur Arbeiterfrage im Ural] Februar 1905.
63 [Zur Šidlovskij-Kommission siehe Einleitung des Herausgebers, Abschnitt 5.]
64 Svoboda staček i sojuzov v ministerskich proektach [Streik- und Vereinigungsfreiheit in den ministeriellen Projekten] in: Social'-Demokrat Nr. 8/1905.
65 [Die Bulyginsche Duma war ein unter dem Druck der revolutionären Ereignisse entstandenes Projekt einer lediglich beratenden Staatsversammlung, das aber nie wirklich realisiert wurde. A. G. Bulygin war der damalige Innenminister, Nachfolger von Fürst Svjatopolk-Mirskij.]
66 Diese Denkschrift wird angeführt bei K. Pažitnov, Nekotorye itogi i perspektivy v oblasti rabočego voprosa v Rossii [Einige Ergebnisse und Perspektiven auf dem Gebiet der Arbeiterfrage in Rußland, SPb 1910].
67 Iskra Nr. 89, 24. Februar 1905 [worauf sich dieser Kommentar bezieht und wer gegen wen streikte, war nicht zu ermitteln].
68 Von Streiks für Erhöhung des Arbeitslohns (der am weitesten verbreiteten Forderung) endeten:
81 % zugunsten der Arbeiter
19 % zugunsten der Unternehmer;
von Streiks für Verkürzung des Arbeitstags endeten:
79,4 % zugunsten der Arbeiter
20,6 % zugunsten der Unternehmer;
von Streiks für rechtliche Garantien im Rahmen der Arbeits- und Lebensbedingungen der Arbeiter endeten:
63,8 % zugunsten der Arbeiter
36,2 % zugunsten der Unternehmer.
69 Abgedruckt in: Osvoboždenie [Die Befreiung] Nr. 65, 9. Februar 1905.
70 Siehe Archiv istorii truda, Nr. 4.
71 Ebd. S. 165.
72 Abgedruckt bei Pažitnov, Položenie rabočego klassa v Rossii, op. cit. S. 278.
73 Siehe Proletarij [Der Proletarier] Nr. 14 und 26, 1905.
74 Siehe dazu: Opyty soglašenij rabočich s predprinimateljami [Erfahrungen von Übereinkünften zwischen Arbeitern und Unternehmern] in: Professional'nyj sojuz [Die Gewerkschaft] Nr. 14—15 und Nr. 16, 1906, wo der vollständige Text dieser Übereinkunft abgedruckt ist.
75 Siehe Social'-Demokrat Nr. 5, März 1905.
76 Diese Übereinkunft, die Antwort auf die Forderung nach der Fabrikverfassung, sah folgendermaßen aus:
»1. Gegenüber den Forderungen nach Verkürzung der Arbeitszeit dürfen keine Zugeständnisse gemacht werden. Den Arbeitern soll vielmehr empfohlen werden, die Entscheidung dieser Frage auf gesetzmäßigem Weg abzuwarten.
2. Eine Bezahlung der durch Streiks versäumten Arbeitszeit ist ausgeschlossen.
3. Die Beteiligung der Arbeiter an der Bestimmung des Arbeitslohns und der Regeln der Betriebsordnung ist unzulässig.

4. Bei der Entscheidung über die Entlassung von Arbeitern ist die Beteiligung von Arbeitervertretern, sei es auch nur mit beratender Stimme, unzulässig.
5. Strafgelder für Arbeiter wegen schlechter Arbeit sind unumgänglich.
6. Es wird nicht gestattet, einen Mindestlohn festzulegen, unter welchen die Bezahlung eines Tagesarbeiters nicht sinken darf.«

77 Siehe: Vo važeskom stane [Im feindlichen Lager] in: Social'-Demokrat Nr. 6, April-Mai 1905.
78 Alle diese Zeugnisse stammen aus den Protokollen der Deputiertenversammlungen in Moskau in: Bjulleten' Museja sodejstvija truda [Bulletin des Arbeitsmuseums], Nr. 1—2.
79 Novaja Žizn' [Neues Leben] Nr. 9, 1905 [Novaja Žizn' war eine bolschewistische Zeitung].
80 [Die Obuchov-Werke waren einer der größten Betriebe Petersburgs; neben den Putilov-Arbeitern bildeten die Obuchov-Arbeiter die am weitesten entwickelte kämpferische Avantgarde der Petersburger Arbeiter.]
81 Die Vyborger Seite war der Teil Petersburgs, der auf der nördlichen, jenseits der Neva-Mündung gelegenen Seite des Finnischen Meerbusens lag.
82 Novaja Žizn', 20. November 1905.
83 Dieses Statut findet sich vollständig bei [Ju.] Larin, Rabočie neftjanogo dela [Die Arbeiter der Erdölindustrie].
84 Položenie o fabričnych deputatov [Bestimmung über die Fabrikdeputierten] in: Protokol II Vserossijskoj Konferencii profsojuzov [Protokolle der II. Gesamtrussischen Gewerkschaftskonferenz, Moskau 1907] sowie in: Professional'nyj sojuz [Die Gewerkschaft], Nr. 16—17, 1906.
85 Genauere Angaben in: Materialy ob ekonomičeskom položenii i professional'noj organizacii petersburgskich rabočich po metallu [Materialien zur wirtschaftlichen Lage und zur gewerkschaftlichen Organisation der Petersburger Metallarbeiter, SPb 1907].
86 [Sprachliches Bild: Die »Hausmeister« (dvorniki) waren vor allem in Petersburg traditionellerweise Spitzel und Gewährsmänner der politischen Polizei.]
87 Pervaja konferencija professional'nych sojuzov rabočich po metallu Moskovskogo promyšlennogo rajona, s učastiem Bakinskogo, Peterburgskogo, Vitebskogo i Luganskogo [Erste Konferenz der Metallarbeiterverbände des Moskauer Industrierayons, unter Beteiligung der Rayons von Baku, Petersburg, Vitebsk und Lugansk], April 1906 [Moskau 1907].
88 Ebd. S. 43.
89 Vor allem »Novaja Žizn'«
90 Erste Konferenz der Metallarbeiterverbände..., op. cit. S. 8.
91 Siehe: Protokoly Vserossijskoj konferencii sojuzov rabočich pečatnogo dela [Protokolle der Gesamtrussischen Konferenz der Arbeiterverbände des Druckereigewerbes].
92 Vgl. ebd.
93 Art. 5 und Art. 10.
94 [Damit ist die blutige Niederschlagung des Rats der Arbeiterdeputierten und der Bewegung in Moskau im Dezember 1905 gemeint, der einzigen Stadt, in der die Arbeiter bewaffneten Widerstand gegen die zaristischen Truppen leisteten, die die Revolution von 1905 und die »Freiheitstage« nach dem Oktobermanifest des Zaren beendeten.]
95 Resolution der Petersburger Stadtkonferenz der SDAPR [Februar 1907; auf dieser Konferenz setzten sich die Bol'ševiki gegen die Vorschläge

des menschewistischen ZK der SDAPR durch].
96 Professional'nyj sojuz [Die Gewerkschaft] Nr. 6—7, 1906.
97 V mire bratstva i ljuba [In einer Welt von Brüderlichkeit und Liebe] in: Rabočij sojuz [Der Arbeiterverband] Nr. 3, 1906.
98 [Die Kadetten (von K.-D. — Konstitutionelle Demokraten) waren eine Partei der liberalen Großbourgeoisie und der bürgerlichen Intelligenz. In der ersten und der zweiten Duma (1906—1907) bildeten sie die weitaus stärkste Partei.]
99 M. B-ov, F. Dan. Rabočie deputaty v 1 Gosudarstvennoj Dume [Die Arbeiterdeputierten in der ersten Reichsduma].
100 Der Direktor Stefenson war »beleidigt« worden.
101 Die angeführten Zeugnisse zu der Aussperrung in Lodz stammen aus den Zeitungen »Narodnaja gazeta« [Volkszeitung] Nr. 2, April 1907, und »Ternija truda« [Dornen der Arbeit].
102 Narodnaja gazeta Nr. 2, op. cit.
103 Professional [Der Gewerkschafter] Nr. 5, 1907.
104 Vollständigere Angaben siehe bei: Letnie stački i zadači rabočich [Die Sommerstreiks und die Aufgaben der Arbeiter), in: Rabočaja gazeta [Arbeiterzeitung] Nr. 1, 1910, die im Ausland erschienen ist.
105 Die einzelnen Fakten dieser Repression sind so vielzählig und über die Chroniken so vieler Arbeiterzeitungen verstreut, daß es unmöglich ist, sie alle gesammelt anzuführen; man muß sich auf die charakteristischen Beispiele beschränken. Zu den Ereignissen in Odessa siehe: Odesskij rabočij [Der Odessaer Arbeiter] Organ der SDAPR, Nr. 2, 1908. [Die »Schwarzen Hundert«, der gängige Name für die Organisationen der extremen Rechten wie den rassistisch-nationalistischen »Bund des russischen Volkes« oder den »Bund der echt russischen Leute«, waren eine Art reaktionäre Kampforganisation in den russischen Städten, die mit offener Billigung und Unterstützung durch die Polizei Judenprogrome organisierte und gegen streikende Arbeiter und Arbeiterorganisationen vorging. Der Vergleich mit der Weimarer SA oder den faschistischen Stoßtrupps in Italien nach dem Ersten Weltkrieg liegt nahe.]
106 [Der 9. bzw. 22. Januar 1905, der Auslöser der Revolution von 1905; an diesem »Blutsonntag« war eine von Gapon geführte friedliche Bittdemonstration Petersburger Arbeiter zum Zaren von den Kosaken zusammengeschossen worden.]
107 Odesskij rabočij Nr. 1, 9. Februar 1908.
108 Die Entwicklung dieser Bewegung zeigt die folgende Tabelle:

Jahr	Zahl der Streiks	Zahl der streikenden Arbeiter
1908	892	176 000
1909	340	64 000
1910	222	46 000
1911	422	256 000

109 Pečatnoe delo [Die Sache der Drucker], Januar 1912.
110 [Die Petitionskampagne war ein von Trockij und Vertretern menschewistischer Gruppen initiierter Versuch, über eine Petition an die III. Reichsduma, die, von möglichst vielen Arbeitern unterschrieben, Koalitions-, Versammlungs- und Streikfreiheit fordern sollte, die relativ starke politische Stagnation aufzubrechen. Die Kampagne hatte keinen Erfolg.]
111 Zur Reaktion auf die »Petitionskommission« in Rußland und in Westeuropa vgl. die [bolschewistische] Pravda Nr. 13, 10. 12. 1911.
112 Zur Resonanz der Lena-Ereignisse in der ausländischen Presse vgl.

Pravda Nr. 25, 23. April 1912 [Im Frühjahr 1912 wurden in einem Arbeitskonflikt auf den Goldfeldern an der Lena Hunderte von Arbeitern vom Militär erschossen, was einen der Reaktion auf den »Blutsonntag« vergleichbaren Entrüstungssturm auslöste und zu einer Welle heftiger Proteststreiks führte; die Lena-Ereignisse trugen entschieden zur Wiederbelebung der Arbeiterbewegung bei.]
113 [Ausspruch des Innenministeriums Makarov in der Reichsduma am 11./24. April 1912 auf eine Anfrage der sozialdemokratischen Fraktion anläßlich des Blutbads an der Lena.]
114 Novoe pečatnoe delo [Neue Sache der Drucker], Nr. 7, SPb 1913.
115 Rabočij trud [wörtl.: Die Arbeiter-Arbeit] Nr. 2, 1914.
116 Izvestija Moskovskogo obščetva fabrikantov i zavodčikov [Nachrichten der Gesellschaft der Moskauer Fabrikanten und Unternehmer].
117 Einzelheiten zu den Streiks im Jahre 1913 in: Rabočij trud Nr. 2, 1914.
118 Cyperovič, Sindikaty i tresty v Rossii [Syndikate und Trusts in Rußland] Ausgabe von 1919.
119 Vortrag auf dem VIII. Kongreß von Industrie und Handel 1915 mit dem Titel: Promyšlennost' i torgovlja v zakonodatel'nych učreždenijach za 1913—14 g. [Industrie und Handel in den legislativen Institutionen in den Jahren 1913 und 1914].
120 Storožev, Pravovye osnovy osobogo soveščanija [Die rechtlichen Grundlagen der Sonderkonferenz], in: Izvestija Moskovskogo Voenno-Promyšlennogo Komiteta [Nachrichten des Moskauer Kriegsindustriekomitees], Nr. 27, 30. August 1916.
121 Storožev, Iz materialov po voprosam ob učastii torgovo-promyšlennogo soslovija v oborone strany [Materialien zur Frage einer Beteiligung der Handels- und Industrieschicht an der Verteidigung des Landes] in: Izvestija Moskovskogo Voenno-Promyšlennogo Komiteta, Nr. 25—26, Juli 1916.
122 Ausführlicher zum Einfluß des Kriegs auf die Industrie siehe die Arbeiten der »Kommission zum Studium der Teuerung« sowie [S. N.] Prokopovič, Vojna i narodnoe chozjajstvo [Der Krieg und die Volkswirtschaft].
123 Nakanune 1917 g [Am Vorabend des Jahres 1917] hg. vom Moskauer Staatsverlag, Teil 1, Moskau 1922, S. 138.
124 Ekonomičeskoe obozrenie [Wirtschaftliche Rundschau] Nr. 1.
125 Naše pečatnoe delo [Unsere Sache der Drucker] Nr. 23.
126 Maevskij [Ps. f. V. A. Gutovskij], Kanun revoljucii [Vor der Revolution, Petrograd 1918] S. 89—92.
127 [A. G.] Šljapnikov, Kanun 1917 g. [Am Vorabend des Jahres 1917, Moskau 1922].
128 Zitiert nach Maevskij, op. cit. S. 47.
129 Zitiert nach Šljapnikov, op. cit. S. 150.
130 [Bereits im Sommer 1915 setzte die durch den Kriegsausbruch von 1914 abgeschnittene Streikbewegung wieder ein und verstärkte sich vor allem im Verlauf des Jahres 1916 erneut bis zu den Dimensionen des Jahres 1905; vgl. dazu Einleitung des Herausgebers, Abschnitt 6.]
131 Siehe: Delo o Voenno-Promyšlennogo Komiteta [Über die Kriegsindustriekomitees], Zentrales Staatsarchiv.
132 Zitiert nach Maevskij, op. cit. S. 33—35. [Gučkov war der Vorsitzende der Partei der sog. »Oktobristen«].
133 Delo o Voenno-Promyšlennogo Komiteta, op. cit.
134 Siehe dazu: Den' [Der Tag], 9. Juni 1916.
135 Delo o Voenno-Promyšlennogo Komiteta, op. cit.
136 Ebd.

137 Die Begründung im Jahr 1916 war die gleiche wie 1903: »Die Fabrikverwaltungen sollen besser mit den Vertretern einer Gruppe von Arbeitern als mit der ganzen Masse reden und verhandeln, die oftmals erregt und nicht in der Lage ist, Fragen, die beide Seiten angehen und tief berühren, in Ruhe zu überlegen und zu diskutieren.« Hier zeigt sich wieder die Unfähigkeit der Bourgeoisie, im Arbeiter sowohl eine individuelle als auch eine gesellschaftliche Person zu sehen.

137a Nach Gvozdev, dem Vorsitzenden der Arbeitergruppe beim Zentralen Kriegsindustriekomitee.

138 Wir können uns nicht bei der politischen Seite dieses Kampfes weiter aufhalten und verweisen auf das Buch des Genossen Trockij: Vojna i revoljucija [Krieg und Revolution], vor allem auf Teil II (Sozialpatriotismus in Rußland) und auf das Buch des Genossen Rjazanov: Meždunarodnyj proletariat i vojna [Das internationale Proletariat und der Krieg].

139 [L. D. Trockij, Političeskie štrejkbrechery: Novye »vybory« v voenno-promyšlennyj komitet (Politische Streikbrecher: Neue »Wahlen« zum Kriegsindustriekomitee), in: Naše slovo (Unser Wort) Nr. 277, Paris, 29. November 1915].

140 Aus der Resolution der Wahlversammlung der Vertreter der Petrograder Fabriken zur Bestimmung der Wahlmänner für die Kriegsindustriekomitees am 27. September 1915.

141 Ne zabyvajte urokov prošlogo [Vergeßt nicht die Lehren der Vergangenheit] in: Naš golos [Unsere Stimme] Nr. 16.

142 Siehe: Delo o Voenno-Promyšlennogo Komiteta, op. cit. [Die »Otzovisten« (Abberufer) waren eine Fraktion der SDAPR in den Jahren nach der Revolution von 1905, die die sozialdemokratischen Abgeordneten aus der Duma »abberufen« und eine Boykottaktik verfolgen wollte. Hier wird der Name als Anspielung auf die Gegner der »Arbeitergruppe« gebraucht. Mit den »SDAPR-Internationalisten« sind die Bol'ševiki und Teile der linken Men'ševiki gemeint, die sich im Lauf des Krieges auf den Konferenzen von Kienthal und Zimmerwald formiert hatten.]

III Die Fabrikkomitees in Rußland in der Epoche der Revolution 1917–1922

1 [Karl Marx, Die Klassenkämpfe in Frankreich 1848–1850, MEW Bd. 7, S. 41 f.]
2 Ebd. S. 42.
3 M. V. Rodzjanko, Gosudarstvennaja Duma i Fevral'skaja 1917 goda revoljucija [Die Reichsduma und die Februarrevolution 1917], Paris 1919.
4 [Der Sowjet der Arbeiter- und Soldatendeputierten in Petrograd war zunächst die Neuauflage des Rats der Arbeiterdeputierten aus der Revolution von 1905, einer Tradition, die unvergessen war. Sie erfolgte sehr rasch nach den ersten Unruhen, die schließlich zum Sturz der Selbstherrschaft führten, und ging auf die Initiative der Mitglieder der Arbeitergruppe beim Kriegsindustriekomitee sowie linker Parteienvertreter zurück. Wir verwenden – im Gegensatz zu der Revolution von 1905, wo vom Arbeiterdeputiertenrat gesprochen wurde, hier den Begriff: Sowjet der Arbeiter- und Soldatendeputierten. Obgleich es sich grundsätzlich um die gleiche Sache handelte, hat sich dieser Unterschied im Sprachgebrauch der deutschen Historiographie doch mehr oder minder durchgesetzt.]
5 [Čcheidze war ein bekannter Men'ševik, der im Petrograder Sowjet

von Anfang an eine führende Rolle spielte.]
6 Siehe: Pervaja rabočaja konferencija fabričnych-zavodskich komitetov [Erste Arbeiterkonferenz der Fabrikkomitees, Petrograd 1917, Ausgabe des Zentralrats der Fabrikkomitees].
7 Rede von Gendel'man auf der Sitzung des Moskauer Sowjets vom 16. März 1917 (Izvestija Moskovskogo Soveta rabočich deputatov [Nachrichten des Moskauer Sowjets der Arbeiterdeputierten] Nr. 14).
8 Rabočie starosty [Arbeiterälteste], in: Izvestija Odesskogo Soveta rabočich deputatov [Nachrichten des Odessaer Sowjets der Arbeiterdeputierten], Nr. 2—3, 19. März 1917.
9 P. N. Miljukov, Istorija vtoroj russkoj revoljucii [Geschichte der zweiten russischen Revolution] Sofia 1922 Teil I.
10 [Gučkov, Miljukov und Konovalov, Vertreter der Industrie- und Handelsbourgeoisie, waren Minister in der ersten Provisorischen Regierung unter dem Ministerpräsidenten Fürst Lvov. Gučkov, damaliger Kriegsminister, war der Führer der Oktobristen (des Bundes des 17. Oktobers, so genannt nach dem Zarenmanifest vom 17. Oktober 1905, das unter dem Druck der revolutionären Bewegung eine Verfassung versprochen hatte); Miljukov, Außenminister, war der Führer der Kadetten (vgl. Anm. 98 in Teil II); der Industrielle Konovalov, der im Kriegsindustriekomitee sehr aktiv gewesen war, wurde Handelsminister. Mit »Regierung Gučkov-Miljukov« bzw. »Gučkov-Konovalov« ist also die erste Provisorische Regierung gemeint.]
11 Ob avtonomnych pravilach [Über die autonomen Regeln] in: Pečatnoe delo [Sache der Drucker bzw. Das Druckereigewerbe] Nr. 3 vom 17. Juni und Nr. 4, 17. Juli 1917.
12 Abgedruckt bei Krajzel', Iz istorii profdviženija Char'kova 1917 g. [Aus der Geschichte der Gewerkschaftsbewegung in Charkov im Jahre 1917], Charkov 1921.
13 Den Entwurf zu diesem Abkommen siehe in: Izvestija Odesskogo Soveta Rabočich deputatov [Nachrichten des Odessaer Sowjets der Arbeiterdeputierten] Nr. 6 vom 8. April 1917, die Instruktion in Nr. 35 vom 19. Mai 1917.
14 [Am 5./18. Mai 1917 traten nach längeren Verhandlungen sechs Sozialisten (Men'ševiki und Sozialisten-Revolutionäre) als Minister in die Provisorische Regierung ein; Fürst Lvov blieb zunächst noch Ministerpräsident und wurde im Juli von Kerenskij abgelöst. Die Provisorische Regierung hatte somit den Charakter einer liberal-sozialistischen Koalitionsregierung unter Ausschluß der Bol'ševiki.]
15 [Früherer Mitarbeiter Trockijs an der Wiener »Pravda«, der sich im Krieg zum Sozialpatrioten entwickelt hatte und 1917 menschewistischer Dumaabgeordneter war; in der Koalitionsregierung wurde Skobelev Arbeitsminister.]
16 Pervaja rabočaja konferencija fabričnych-zavodskich komitetov [Erste Arbeiterkonferenz der Fabrikkomitees] hg. vom Zentralrat der Fabrikkomitees, Petrograd 1917.
17 [Vgl. dazu Lenin in: LW Bd. 24, S. 561 ff und LW Bd. 25, S. 31 ff.]
17a [D. h. Umstellung von der Kriegs- auf die Friedensproduktion nach Abschluß eines Friedensvertrags.]
18 [Vertreter der Partei der Sozialisten-Revolutionäre; in der Koalitionsregierung Ernährungsminister. Der Erste Gesamtrussische Sowjetkongreß fand in Petrograd vom 3./16 Juni bis 24. Juni/7. Juli 1917 statt. Vgl. dazu LW Bd. 25, S. 1 ff.]
19 [Kerenskij war in der Koalitionsregierung zunächst Kriegsminister. Die nach ihm benannte und von ihm eingeleitete Offensive im Juni

1917 war ein Versuch, sozusagen durch eine Vorwärtsverteidigung die Disziplin in der Armee wiederherzustellen. Nach Anfangserfolgen endete die Kerenskij-Offensive in einem blutigen Fiasko.]

20 [Am 3./16. Juli kam es in Petrograd zu bewaffneten Massendemonstrationen, die die Forderung »Alle Macht den Sowjets« durchzusetzen versuchten. Die Zeit war jedoch für den Umsturz noch nicht reif; die Provisorische Regierung wurde der Bewegung Herr und benutzte sie zur Verteufelung und Kriminalisierung der Bol'ševiki. Lenin wurde beschuldigt, von den Deutschen gekauft zu sein, und mußte untertauchen, Trockij und eine Reihe bolschewistischer Führer wurden verhaftet.]

21 N. Suchanov, Zapiski o revoljucii [Erinnerungen an die Revolution Bd. 1–7, Berlin-Petrograd-Moskau 1922/23. Zitat: Bd. 4, S. 430 f.]

22 [Torgovo-promyšlennaja gazeta (Handels- und Industriezeitung) war, wie der Name sagt, eine Zeitung der industriellen Großbourgeoisie, die sich ökonomisch-politisch in den Kriegsindustriekomitees formiert hatte.]

23 Izvestija Central'nogo Voenno-Promyšlennogo Komiteta [Nachrichten des Zentralen Kriegsindustriekomitees] Nr. 49, 29. Juni 1917.

24 Ščupajut počvu [Die Grundlage wird angetastet] in: Pečatnoe delo Nr. 7, 18. August 1917.

25 [Diese Konferenz war – wie die spätere Staatskonferenz (s. Anm. 29) ein Versuch der Provisorischen Regierung, sich eine breitere Legitimationsbasis zu verschaffen.]

26 Otčet o Moskovskom soveščanii obščestva dejatelej 8–10 avgusta 1917 g. [Bericht über die Moskauer Beratung von Gesellschaftspolitikern vom 8.–10. August 1917, Moskau 1917], S. 124 und S. 63 [Unter »dejatel'« (wörtl.: »Macher«, hier als »Gesellschaftspolitiker« wiedergegeben) sind Persönlichkeiten des öffentlichen Lebens, Wissenschaftler, Journalisten, Vertreter von Verbänden und Korporationen usw. zu verstehen.]

27 [Peter Struve, von dem das Manifest des Gründungskongresses der SDAPR von 1898 stammt, entwickelte sich vom Legalmarxisten zum Liberalen; seit 1902 gab er – zunächst in Stuttgart – die Zeitung »Osvoboždenie« (Die Befreiung) heraus, um die herum sich als politische Gruppierung 1904 der »Bund der Befreiung« bildete, die die Vororganisation für die 1905 sich formierende Konstitutionell-Demokratische Partei, die Kadetten, darstellte. Struve gehörte dem ZK der Kadetten seit Beginn des Bestehens dieser Partei an.]

28 [Rjabušinskij war ein bekannter Industrieller; dieser Ausspruch wird ebenfalls angeführt von W. H. Chamberlin, Die russische Revolution 1917–1921, Frankfurt 1958, Bd. 1, S. 246.]

29 [Die Staatskonferenz in Moskau Ende August 1917 war der Versuch der Provisorischen Regierung, sich durch ein Parlamentssurrogat den Anschein größerer Legalität zu verleihen. Sie sollte keine legislative Versammlung, sondern lediglich eine beratende Körperschaft sein, die von den Vertretern jeder Klasse und jedes Standes beschickt werden sollte. Die 2500 Mitglieder der Staatsberatung setzten sich zusammen aus Vertretern der vier Dumen, von Kooperativen, Gewerkschaften, Banken, Handels- und Industrieorganisationen, aus Städtevertretern, Vertretern der Sowjets, der Armee usw., wobei die zahlenmäßige Zusammensetzung der liberalen Bourgeoisie ein Übergewicht sichern sollte. Sie blieb ohne weitere Folgen. Der Men'ševik Ceretelli und der Großindustrielle Bublikov zelebrierten als öffentliche Versöhnungsgeste einen feierlichen Händedruck.]

30 Diese Haltung des Fabrikproletariats drückt sich deutlich in den Beiträgen der einzelnen Fabrikvertreter auf der Sitzung des Moskauer Sowjets vom 1./14. August aus; siehe dazu den stenographischen Bericht in: Izvestija Moskovskogo Soveta Rabočich deputatov, Nr. 158, Beilage.
31 Ebd., Bericht vom 18./31. August.
32 Resolution einer südrussischen Industriellenkonferenz vom 25. September/8. Oktober 1917.
33 Ähnliche Erklärungen kamen auch von den Metallindustriellen, dem Verband der Ölindustriellen in Baku, dem Verband der vereinigten Textilfabriken des zentralen Industriegebiets, den südrussischen Kohlegrubenbesitzern und einer Reihe anderer Unternehmerorganisationen, letztlich von fast allen Organisationen des vereinigten Kapitals.
34 Aus der Rede von Bymanov, dem Präsidenten dieses Kongresses.
35 [General Kornilov war Ende Juli 1917 zum Oberbefehlshaber der russischen Truppen ernannt worden. Anfang September 1917 zog er Truppen zusammen, die er für loyal hielt, und marschierte auf Petrograd, um dort »Ordnung« zu schaffen — letztlich wohl mit dem Ziel der Errichtung einer Militärdiktatur. Die Provisorische Regierung bekämpfte den schon Wochen vorher sich abzeichnenden Militärputsch halb, halb war sie in seine Vorbereitung mit verwickelt. Die Truppen, die Kornilov schließlich gegen Petrograd einsetzte, meuterten jedoch sehr rasch und fraternisierten sich mit den Arbeitern und den Petrograder Soldaten. Der Kornilovputsch brach unblutig zusammen und brachte eine entscheidende Stärkung der Bol'ševiki mit sich.]
36 K pochodu na zavodskie komitety [Zur Kampagne gegen die Fabrikkomitees], in: Novyj put' [Neuer Weg], Organ des Zentralrats der Fabrikkomitees, Nr. 1–2, 15./28. Oktober 1917.
37 [Vgl. dazu Anhang, I 2.]
38 Ankety odesskich promyšlennikov [Die Untersuchungen der Odessaer Industriellen] in: Izvestija Odesskogo Soveta rabočich deputatov Nr. 118, 28. August/10. September 1917.
39 Južnyj Professional'nyj Vestnik [Gewerkschaftsbote des Südens] Nr. 2, September 1917,
40 Metallist [Der Metallarbeiter] vom 17./30. August 1917.
41 [Kornilovščina: der Gesamtzusammenhang des Kornilov-Putsches; vgl. Anm. 35.]
42 Golos Koževnika [Die Stimme des Lederarbeiters] Nr. 2–3, 7./20. Oktober 1917; zur Chronik des Streiks und zu seiner Entwicklung siehe ebd. und Nr. 4–5.
43 [Im Russischen mit »Sekvestr« (Sequestration) ausgedrückt; damit sind nicht so sehr Fabrikbesetzungen durch die Arbeiter im heutigen Sinn gemeint, als vielmehr eine Enteignung und Inbesitznahme der Fabriken durch die Sowjets.]
44 K Moskovskoj stačke [Zum Moskauer Streik] in: Golos Koževnika Nr. 4–5.
45 Zum Verlauf der Tarifverhandlungen der Drucker siehe: Pečatnoe delo Nr. 7–8, August/September 1917.
46 Die Beschreibung dieses Streiks siehe in dem Büchlein von Klimochin über die Geschichte des Textilarbeiterstreiks im Gebiet von Ivanovo-Kinešemsk (1918).
47 Sojuz tekstil'ščikov [Die Gewerkschaft der Textilarbeiter] in: Izvestija Moskovskogo Soveta rabočich deputatov Nr. 185.
48 Siehe Anm. 20.
49 Oblastnaja konferencija metallistov [Die Gebietskonferenz der Metall-

arbeiter] in: Izvestija Moskovskogo Soveta rabičich deputatov Nr. 85.
50 Siehe die Resolutionen der 3. Konferenz der Fabrikkomitees Petrograds in: Novyj put' [Neuer Weg] Nr. 1–2, Oktober 1917.
51 Izvestija Moskovskogo Soveta rabočich deputatov, Nr. 191.
52 Ebd. Nr. 189.
53 S"jezd po bor'be s lokautom v tekstil'noj promyšlennosti [Kongreß zum Kampf gegen die Aussperrung in der Textilindustrie], in: Social'-Demokrat Nr. 86, Moskau 1917.
54 [Lenin bezeichnet als »Halbproletarier« die Parzellenbauern und die Dorfarmut, die in Industriebetrieben arbeiten und nebenher noch ein Stückchen Land bestellen; vgl. Lenin, Ursprünglicher Entwurf der Thesen zur Agrarfrage (für den II. Weltkongreß der Kommunistischen Internationale), LW Bd. 31, S. 140 ff.]
55 Siehe: RKP v rezoljucijach ee s"ezdov i konferencij [Die KPR in den Resolutionen ihrer Parteitage und -konferenzen] Moskau 1922.
[Der VI. Parteitag der KPR fand im August 1917 in Petrograd statt; Lenin lebte damals in der Illegalität und konnte nicht an ihm teilnehmen. Auf dem VI. Parteitag wurden die Losungen aufgestellt, in deren Namen die Oktoberrevolution vollzogen wurde.]
56 Pravda Nr. 51, 7./20. Mai 1917 [V. I. Lenin, Sie wollen uns zuvorkommen, LW 24, S. 363].
57 Pravda Nr. 58, 16./29. Mai 1917 [V. I. Lenin, Die unvermeidliche Katastrophe und die maßlosen Versprechungen, LW 24, S. 426 und S. 424; Lenin zitiert hier Skobelev].
58 [Siehe Anm. 29; Prokopovič, ein bekannter Wirtschaftswissenschaftler, war zuletzt Ernährungsminister in der Provisorischen Regierung.]
59 S. N. Prokopovič, Narodnoe chozjastvo v dni revoljucii [Die Volkswirtschaft in den Tagen der Revolution], Moskau 1918; das ist Prokopovičs Rede in der Staatskonferenz.
60 Miljukov, op. cit., führt folgende Unternehmen an: Die Neva-Spinnerei, die Neva-Stearinfabrik, die Neva-Baumwollfabrik von Voronin, Ljutč und Češer, die Spasskij-Baumwollfabrik, die Kalinkinskij-Brauerei, die Russische Erdölfabrik und die Aktiengesellschaft William Hartley.
61 [Kaledin war Hetman (gewählter Gouverneur) des Donkosaken-Gebietes und zaristischer General. Ein offener Parteigänger der Reaktion, war er am Kornilov-Putsch beteiligt und kämpfte später im Bürgerkrieg gegen die Sowjetmacht.]
62 Izvestija Moskovskogo Soveta rabočich deputatov Nr. 191, 1917.
63 V Doneckom bassejne [Im Donecbecken] in: Pravda Nr. 201, 11./24. Dezember 1917.
64 [Kiškin und Buryškin waren Vertreter des Großbourgeoisie und waren Kadetten bzw. standen ihnen nahe. Kiškin war Mitglied des letzten Kabinetts der Provisorischen Regierung.]
65 Siehe die Thesen und Resolutionen der 1. Gesamtrussischen Konferenz der Fabrikkomitees in: Novyj put' Nr. 3–4, op. cit.
66 [Das Militärische Revolutionskomitee des Petrograder Sowjets, das am 9./22. Oktober 1917 auf menschewistischen Antrag zur Abwehr drohender konterrevolutionärer Bewegungen gegründet worden war, wurde unter der Führung Trockijs sehr rasch zum bolschewistischen Generalstab für die Machtergreifung. Es konnte der Provisorischen Regierung die Befehlsgewalt über die Truppen endgültig entreißen und den Umsturz in Petrograd am 24. 10./6. 11. 1917 durchführen.]
67 [Frieden, Land und Brot — das waren die drei zentralen Losungen der Bol'ševiki vor der Oktoberrevolution. Die ersten drei Dekrete der So-

wjetmacht waren folgerichtig auch das Dekret über den Frieden, das
Dekret über die Landaufteilung und das Dekret über die Bildung einer
provisorischen Arbeiter- und Bauernregierung vom 27. Oktober/
9. November.]

68 [V. I. Lenin, Werden die Bol'ševiki die Staatsmacht behaupten?, LW 26, S. 88 f.]
69 [Siehe: RKP v rezoljucijach ee s''ezdov i konferencij, op. cit.]
69a [Siehe Anhang I, 3]
70 [Lenin versuchte zu diesem Zeitpunkt, die Bewegung der Übernahme der Fabriken insgesamt durch die Fabrikkomitees zu bremsen, um sie in geordnete Bahnen lenken zu können. Anhand der Frage der Weiterbeschäftigung der Unternehmer und des Leitungspersonals in den nationalisierten Fabriken setzte auch die für das Verständnis der weiteren Entwicklung der Sowjetunion zentral wichtige Diskussion um die Verwendung bürgerlicher Spezialisten beim Aufbau der sozialistischen Wirtschaft ein, die besondere Zuspitzung in der Frage der Wiederverwendung zaristischer Offiziere beim Aufbau der Roten Armee erfuhr. Vgl. dazu W. H. Chamberlin, op. cit. Bd. 1, S. 383 ff, vor allem S. 384.]
71 I. I. Stepanov, Ot rabočego kontrolja k rabočemu upravleniju v promyšlennosti i zemledelii [Von der Arbeiterkontrolle zur Arbeiterverwaltung in Industrie und Landwirtschaft, Moskau 1918].
72 [Siehe: RKP v rezoljucijach ee s''ezdov i konferencij, op. cit.]
73 Die vom Gesamtrussischen Rat für Arbeiterkontrolle ausgearbeitete Instruktion zur Arbeiterkontrolle siehe in: Rabočij kontrol' [Arbeiterkontrolle] Nr. 2, 23. Februar 1918; diese Zeitung war das Organ des Rats für Arbeiterkontrolle im zentralen Industrierayon. [Siehe Anhang, I 3]
74 Siehe solche Verordnungen z. B. in: Vestnik Komissariata Truda [Bote des Volkskommissariats für Arbeit] Nr. 1, 1918. Noch einige Fakten zur Praxis der Arbeiterkontrolle im Ural: Im Bogoslovskij-Werk wurde infolge des Widerstands gegen die Einführung der Arbeiterkontrolle ein Militärisches Revolutionskomitee organisiert, das auf revolutionäre administrative Weise eine neue Ordnung einführte. In einem Betrieb in Nev'jansk mußte eine Verwaltungs- und Wirtschaftskommission eingerichtet werden — nicht mehr bloß zur Kontrolle, sondern zur Leitung des Betriebes, da sich die Verwaltung auf und davon gemacht hatte. Auf den Sitzungen des Rates der Arbeiterkontrolle wurden beinahe täglich Bittgesuche der einzelnen Betriebe und Fabriken behandelt, die bald verlangten, daß gegen die sich der Kontrolle widersetzenden Fabrikanten vorgegangen werden sollte, bald forderten, daß die Unternehmen den Arbeitern selbst übergeben werden sollten.
75 Den Entwurf zu dieser Instruktion über die Arbeiterkontrolle, ausgearbeitet vom Zentralrat der Fabrikkomitees, sowie das ebenfalls von ihm ausgearbeitete Statut der Fabrikkomitees siehe in: Novyj put' Nr. 1–2, 1918, op. cit.
76 Allein im Gebiet von Moskau existierten bis zum 1. März 1918 nach Angabe des Moskauer Gebietswirtschaftsrates 22 Kontrollkommissionen. Die von dieser Abteilung durchgeführte Untersuchung gab Aufschlüsse über die Organisierung der Arbeiterkontrolle zu Beginn des Jahres 1918: Von den 326 befragten Unternehmen hatten 284 auf die Frage, ob bei ihnen Kontrollkommissionen existierten, positiv geantwortet; nur 7 % von ihnen hatten zu diesem Zeitpunkt noch keine funktionierenden Kontrollkommissionen. Vor allem in mittleren Un-

ternehmen gab es noch keine Kontrollkommissionen.
77 [1918 geschaffenes oberstes Wirtschaftsorgan, dem mit 40 Unterabteilungen die Organisierung der Wirtschaft — Verstaatlichung der Unternehmen, Demobilisierung der Produktion, Versorgung der Betriebe mit Roh- und Brennstoffen, Leitung der Produktion usw., oblag. Der Oberste Volkswirtschaftsrat erwies sich bald als zu schwerfällig und zu anfällig gegenüber der rasch fortschreitenden Bürokratisierung. Im Zuge der NEP wurde er aufgelöst und durch dezentralisierte Planungs- und Leitungsinstanzen ersetzt.]
79 Trudy I Vserossijskogo s″ezda Sovetov Narodnogo Chozjajstva [Arbeiten des 1. Gesamtrussischen Kongresses der Volkswirtschaftsräte], Moskau 1918, S. 92.
80 Vgl. z. B. die Intervention der Anarcho-Syndikalisten auf der 1. Konferenz der Fabrikkomitees Petrograds im Mai 1917, [in: Pervaja rabočaja konferencija fabričnych-zavodskich komitetov, op. cit.]
81 Rede eines Vertreters der Fabrik der Allgemeinen Elektrizitätsgesellschaft auf der Konferenz der Fabrikkomitees von Char'kov Ende Mai 1917, [in: Krajzel', Iz istorii profdviženija Char'kova 1917 g, op. cit.].
82 Siehe ebd.
83 Protokolle der Konferenzen der Fabrikkomitees. Archiv des Petrograder Rayonskomitees der Metallarbeitergewerkschaft.
84 Otčet Vserossijskogo Central'nogo Soveta Professional'nych Sojuzov za ijul' — dekabr' 1917 g [Bericht des Gesamtrussischen Zentralrats der Gewerkschaften für Juli — Dezember 1917, Moskau 1918], S. 48 f.
85 [Der 1. Gesamtrussische Gewerkschaftskongreß fand im Januar 1918 statt; vgl.: Pervyj Vserossijskij s″ezd Professional'nych Sojuzov 14 janvarja 1918 g. Stenografičeskij otčet (1. Gesamtrussischer Gewerkschaftskongreß, 14./27. Januar 1917. Stenographischer Bericht) Moskau 1918].
86 [Siehe: Vtoroj Vserossijskij s″ezd Professional'nych Sojuzov 10—25 janvarja 1919 g. Stenografičeskij otčet (2. Gesamtrussischer Gewerkschaftskongreß, 10.—25. Januar 1919. Stenographischer Bericht) Moskau 1921].
86a [Siehe weiter unten S. 289 f.]
87 [Karl Marx/Friedrich Engels, Manifest der Kommunistischen Partei, MEW Bd. 4, S. 481; von Pankratova wird dieses Zitat im russischen Original irrtümlich mit 1850 datiert.]
88 Karl Marx, [Randglossen zum Programm der deutschen Arbeiterpartei. Kritik des Gothaer Programms, MEW Bd. 19, S. 28].
89 Rede auf dem 1. Gesamtrussischen Kongreß der Volkswirtschaftsräte [am 26. Mai 1918, LW Bd. 27, S. 404].
90 Rundschreiben Nr. 2 vom 28. Dezember 1917/10. Januar 1918. Archiv des Petrograder Rayonkomitees der Metallarbeitergewerkschaft.
91 In: Professional'nyj Vestnik [Gewerkschaftsbote] Nr. 11—12, 15. August 1918.
92 Ebd.
93 Ebd.
94 Ebd.
95 Samodisciplina trudjaščichsja [Die Selbstdisziplin der Werktätigen] in: Professional'nyj Vestnik Nr. 5—6 [20. April 1918].
96 Siehe die Protokolle, Resolutionen und Aufrufe in: Črezvyčajnoe sobranie upolnomočennych fabrik i zavodov goroda Petrograda [Außerordentliche Versammlung der Bevollmächtigten der Fabriken der Stadt Petrograd], Nr. 1—2 und Nr. 3—4, Petrograd 1918.
97 [Die Sowjetmacht stützte sich in ihrem Kampf gegen die Kulaken,

die reichen und die Mittelbauern, die ihre Produkte zurückhielten, auf dem Schwarzmarkt absetzten und die Versorgung der Städte sabotierten, auf die sogenannte »Dorfarmut«, d. h. die kleinen Bauern und die Landarbeiter, die sie gegen die Kulaken organisierte.]

98 Trudy Il Vserossijskogo S''ezda Sovetov Narodnogo Chozjajstva 19—27 dekabrja 1918 g. Stenografičeskij otčet [Die Arbeiten des 2. Gesamtrussischen Kongresses der Volkswirtschaftsräte vom 19. bis 27. Dezember 1918. Stenographischer Bericht], Moskau 1918, S. 55.

99 Protokolle der Konferenzen der Fabrikkomitees und der Metallarbeitergewerkschaft Petrograds in den Jahren 1918 und 1919. Archiv des Petrograder Rayonkomitees der Metallarbeitergewerkschaft.

100 Trudy Il Vserossijskogo S''ezda Sovetov Narodnogo Chozjajstva, op. cit.

101 Siehe Anhang I/3.

102 Vtoroj Vserossijskij S''ezd Professional'nych Sojuzov 10—25 janvarja 1919, op. cit. S. 113.

103 Stenographischer Bericht S. 39. Archiv des Petrograder Rayonskomitees der Metallarbeitergewerkschaft.

104 [Rossijskaja Sovetskaja Federativnaja Socialističeskaja Respublika (Russische Sozialistische Föderative Sowjetrepublik) ist die russische Teilrepublik der UdSSR.]

105 [Dieser Vergleich ist nicht leicht verständlich: J. Murat (1767—1815), französischer Feldherr und Kampfgenosse Napoleons, wurde dessen Schwager und König von Neapel. Marie-Luise (1791—1847), eine österreichische Prinzessin, war die zweite Frau Napoleons nach seiner Trennung von Josephine Beauharnais. Beide gelten hier offensichtlich als Beispiel für selbstherrliche Unbekümmertheit.]

106 Tretij Vserossijskij S''ezd Professional'nych Sojuzov, Moskau 1921, S. 131.

107 Ebd. S. 106 [Die Arbeiter- und Bauerninspektion war eine zentrale Kontrollinstanz, der Stalin als Volkskommissar vorstand und die sich, trotz Lenins Warnungen, extrem rasch bürokratisierte.]

108 [Auf dem X. Parteitag der KPR (b) (8.—16. März 1921) wurde der endgültige Übergang zur Neuen Ökonomischen Politik beschlossen; auch der IV. Gesamtrussische Gewerkschaftskongreß vom 17.—25. Mai 1921 stand im Zeichen dieses Übergangs.]

109 Resolution des X. Parteitags der KPR (b) siehe im Sammelband: Partija i Sojuzy [Partei und Gewerkschaften, Moskau 1921], S. 23.

110 [Die Neue Ökonomische Politik (Novaja Ekonomičeskaja Politika — deshalb abgekürzt NEP) löste den Kriegskommunismus ab. Sie war notwendig aufgrund der katastrophalen Ernährungslage des durch den Bürgerkrieg ausgepowerten Landes und sollte den Aufbau des Sozialismus durch staatskapitalistische Vorstufen ermöglichen. Der zentrale Punkt war die Ersetzung der bäuerlichen Ablieferungspflicht durch die Naturalsteuer, wodurch sehr rasch über die Schaffung eines materiellen Anreizes für die Bauern, die ihre überschüssigen Produkte auf dem Markt verkaufen konnten, die landwirtschaftliche Produktion gesteigert wurde und auch die Konsumgüterindustrie einen raschen Aufschwung nahm. Zwei weitere zentrale Maßnahmen waren die Wiederzulassung des freien Binnenhandels in beträchtlichem Maß und die Erteilung von Konzessionen an meist ausländische Privatunternehmer. Das Außenhandelsmonopol allerdings behielt sich der Staat weiter vor.]

111 [V. I. Lenin, Über die Rolle und die Aufgaben der Gewerkschaften unter den Verhältnissen der Neuen Ökonomischen Politik. Beschluß

des ZK der KPR (b) vom 12. Januar 1922, LW Bd. 33, S. 169.]
112 [Ebd.]
113 [Ebd. S. 170.]
114 [Ebd. S. 174.]
115 [Ebd.]
116 [Ebd. S. 175.]
117 [Ebd. S. 177 f.]
118 Novye puti professional'nogo dviženija [Neue Wege der gewerkschaftlichen Bewegung]. Sammelband, hg. vom Gesamtrussischen Zentralrat der Gewerkschaften, Moskau 1922.
119 [Siehe Anhang II/4, Punkt 7—9.]
120 [Siehe Teil I (Einführung), Anm. 1.]

Anhang

1 Reglement der Industriearbeit. Gesetzessammlung Bd. II, Teil 2, Ausgabe (russ.) von 1913, Art. 202—210.
2 [Unter diesen Gruppen sind explizit keine Abteilungen bzw. Abteilungsgruppen zu verstehen; vgl. die Einschätzung dieses Gesetzes durch Lenin: Das Zeitalter der Reformen, in: Iskra Nr. 46 vom 15./28. August 1903 bzw. LW Bd. 6, S. 509 ff.]
3 [Vgl. dazu: V. I. Lenin, Entwurf von Bestimmungen über die Arbeiterkontrolle, LW Bd. 26, S. 267 f.]
4 [Diese Namensvielfalt bezeichnet die Vielzahl der diversen Organisationen, die seit Februar 1917 entstanden waren, und ihre vielfältigen organisatorischen Überschneidungen. Dieser Organisationswust lichtete sich zwar bald nach der Oktoberrevolution, die organisatorischen Überschneidungen blieben jedoch aufgrund der extremen und meist rein mechanisch durchgeführten Zentralisierung der Verwaltungsbürokratie in der Zeit des Kriegskommunismus häufig weiterhin bestehen.
5 Sie wurde ersetzt durch die im Statut jedes Produktionsverbands festgesetzte Norm, die mit dem lokalen Rat der Gewerkschaften abgestimmt wird.
6 [Siehe Teil III, Anm. 107.]
7 [Glavprofobra: Glavnoe upravlenie professional'nogo obrazovanija (Hauptverwaltung für berufliche Bildung).]
8 [Narkompros: Narodnyj kommissariat prosveščenija (Volkskommissariat für Kultur und Bildung); Proletkult: Abgekürzte Bezeichnung für die Bildungs- und Kulturorganisation Proletarskaja kul'tura (Proletarische Kultur), die, im September 1917 gegründet, nach der Oktoberrevolution dem Volkskommissariat für Kultur und Bildung angegliedert wurde.]
9 [Damit sind die gewerkschaftlichen Zentralinstanzen gemeint.]
10 Bulletin des Gesamtrussischen Zentralrats der Gewerkschaften, Nr. 7, 12. November 1920.
11 Bulletin des Gesamtrussischen Zentralrats der Gewerkschaften, Nr. 16, 15. September 1922.
12 Erarbeitet auf dem 1. Gesamtrussischen Kongreß der Volkswirtschaftsräte.